国家社科基金
GUOJIA SHEKE JIJIN HOUQI ZIZHU XIANGMU
后期资助项目

美国民族史学

American Ethnohistory

刘海涛　著

中国社会科学出版社

图书在版编目（CIP）数据

美国民族史学 / 刘海涛著 . —北京：中国社会科学出版社，2021.5
ISBN 978 - 7 - 5203 - 8485 - 8

Ⅰ.①美… Ⅱ.①刘… Ⅲ.①民族历史—研究—美国
Ⅳ.①K712.8

中国版本图书馆 CIP 数据核字（2021）第 088246 号

出 版 人　赵剑英
责任编辑　张　湉
责任校对　姜志菊
责任印制　王　超

出　　　版　中国社会科学出版社
社　　　址　北京鼓楼西大街甲 158 号
邮　　　编　100720
网　　　址　http://www.csspw.cn
发 行 部　010 - 84083685
门 市 部　010 - 84029450
经　　　销　新华书店及其他书店

印　　　刷　北京君升印刷有限公司
装　　　订　廊坊市广阳区广增装订厂
版　　　次　2021 年 5 月第 1 版
印　　　次　2021 年 5 月第 1 次印刷

开　　　本　710 × 1000　1/16
印　　　张　23.75
字　　　数　426 千字
定　　　价　118.00 元

国家社科基金后期资助项目

出 版 说 明

后期资助项目是国家社科基金设立的一类重要项目，旨在鼓励广大社科研究者潜心治学，支持基础研究多出优秀成果。它是经过严格评审，从接近完成的科研成果中遴选立项的。为扩大后期资助项目的影响，更好地推动学术发展，促进成果转化，全国哲学社会科学工作办公室按照"统一设计、统一标识、统一版式、形成系列"的总体要求，组织出版国家社科基金后期资助项目成果。

全国哲学社会科学工作办公室

前　言

"美国民族史学"（American ethnohistory）既是本书锁定的问题研究对象，也是展开研究的核心分析工具。本书力图展示一个由述而作的"美国民族史学"。

基于民族史学（ethnohistory）在美国学界的发展和演变，从历史学、民族学人类学两个学科发展脉络出发，在一个以民族学人类学学科知识与方法论为主体、兼顾史学学科知识与方法论的复述中，从宏观到细部，本书建构出一个独特的美国民族史学新形象、一个活态的西方历史人类学嬗变类型。这既是美国史研究的一种新尝试，也是西方历史人类学研究的一种新尝试。

从"当今世界百年未有之大变局"时代视域出发，基于"美国民族史学百年发展"这一具体视角，本书还对处于"白人中心论解构、白人极端主义复燃"悖论之中的美国历史和社会进行揭示，为深入解读美国及其自我认知提供一种重要的历史反思。

以美国学界为代表的西方学界在理解和运用 ethnohistory 时，主要体现在档案文献记载相对缺乏的土著族群（不仅包括北美的印第安人，还包括拉丁美洲、澳洲、非洲等世界各地的土著族群）的历史研究上，彰显的是二战后民族学人类学与历史学互相趋近的一种新的发展态势。ethnohistory 与民族学人类学的关系相对更为密切，无论是其发生发展、还是主要的理论和方法成果，都深深嵌入在民族学人类学脉络之中。ethnohistory 突出地由 20 世纪 70 年代以来美国民族学人类学、美国史学各自学科的变化，尤其是美国民族学人类学、美国史学之间的彼此"协奏"来体现，即主要由这一时期彼此学科资源包括视野方法的互相借鉴和整合来体现。目前而言，它并非一个独立而成熟的学科。

二战以来，作为美国民族史学的重要构成和重要表征——无论是美国民族学人类学的"历史化"，还是美国史学的"人类学转向"，均与美国及西方学术和社会转型有关，受到了 20 世纪下半叶席卷全球的后现代思潮以及时代整体"自反"（reflexive）与人文学科"表述危机"（crisis of representation）的深刻影响，它们共享了"他者"和"文化"主题，体现了由"欧洲殖民史"到"美洲土著史"研究视野的历史性转变，提供了民族学人类学与历史学尝试共同建构一种新的区域文化史乃至全球文化史研究进路的可能性。作为一种活态的独特的历史人类学嬗变类型，美国民族史学正在逐步彰显其核心问题意识和历史意识。与法国年鉴史学、英国社会史学一样，美国民族史学在西方历史人类学中应有自己的一席之地，当属英国历史学家杰弗里·巴勒克拉夫（Geoffrey Barraclough）在《当前史学主要趋势》中所称的"历史研究领域扩大中最重要的方面"。

美国民族史学是美国及西方学者反思白人中心论、西方中心论的理论工具，也是美洲印第安人及世界各地土著族群彰显历史能动性的理论工具，成为族裔政治、多元文化主义的重要组成部分。在此意义上讲，美国民族史学不仅是一种展示历史人类学活态嬗变的学术现象，更是一种负载政治和伦理话语的社会运动。"美国民族史学"（American ethnohistory）本身既是一种学术话语，同时也是一种政治伦理话语。美国民族史学对于当代"美利坚"民族国家的不断建构有着重要的影响。

美国史学、美国民族学人类学基于一种共同的"民族史学"视角——对"我者—他者"二元对立进行解构的"美国民族史学"新视角，尝试共同推动美国史研究的"跨国转向"，拓展美国史研究的全球史视野，构建美国史研究的世界史研究范式，为二战后西方史学的创新发展寻求了一条新的探索之路。其中，美国民族学人类学发挥了尤为突出的动力源泉的作用。

事实上，美国民族史学也反映出以美国学者为主的西方学者对"美国民族史"的一种认知：美国民族史不仅代表美国印第安人历史的一种重要发展趋势、美国历史的一种新视野，也在探求世界各地土著历史何以可能，探求包括美洲史、澳洲史和非洲史等在内的世界历史何以可能。

美国民族史学亦是一种知识生产活动，目前虽未形成专门而完备的知识体系，尚处于锻造专属研究领域的知识探索过程之中，但已经具备如英国学者迈克尔·吉本斯（Michael Gibbons）所言的"知识生产新模式"的潜在特征——在知识生产的源头上注重应用语境、在学科框架上注重跨学科和超学科性、在场所和从业者上注重异质性和社会弥散性、在社会责任上注重社会问责和自我反思性。作为一种知识生产活动，作为一种潜在的知识生产新模式，美国民族史学突出展示出了知识社会学的反思价值，在反思美国历史和社会的发生发展中，在反思美国的自我认知中，在反思"白人中心论解构、白人极端主义复燃"的历史悖论中扮演着越来越重要的角色，有着广阔的知识生产与再生产空间和应用前景。

目　录

导　论

一　研究缘起与问题的提出

20 世纪 80 年代以来，历史人类学日渐成为国内学界，尤其是民族学人类学①界和历史学界的关注热点。学者们在对"历史人类学"概念、理论、方法和学科归属进行热烈讨论的同时，也给出了很多以"历史人类学"命名的经验研究，但众说纷纭，内容庞杂，角度各异。无论是国内的民族学人类学界，还是历史学界（多以社会史研究者为主），都试图从对方汲取"养分"，走出一条历史人类学学术创新之路。而汲取什么，怎样汲取，如何将民族学人类学与历史学有机结合起来，就目前的研究现状而言，尚处于初步的探索阶段。这种状况，与对历史人类学这种学术现象本身缺乏深入认识有关。

从西方学界来看，历史人类学已经经历了较长时间的累积发展。20 世纪 70 年代以来，西方历史人类学不断发展，也遇到了一些新的问题与挑战。②西方历史人类学的源流与最新发展，不仅与我国的历史人类学构成了一种潜在的中西对比、比照，事实上也在一定意义上影响、启示乃至一定程度上推

---

① 关于民族学、文化人类学和社会人类学是否为同一个学科，存在争论。一般而言，国内外大多学者持肯定态度。很多学者都认为法国的民族学、美国的文化人类学、英国的社会人类学属于同一学科，但也有一些国内学者认为，中国的民族学与人类学是泾渭分明的两个学科。有关人类学与民族学关系问题的深入探讨，参见何星亮《关于"人类学"与"民族学"的关系问题》，《民族研究》2006 年第 5 期，第 41—50 页（该文被《新华文摘》2007 年第 2 期全文转载）。为叙述方便，兼顾上下文语境，本文中分别使用民族学人类学、民族学、人类学指代同一学科，针对美国学界通常使用的文化人类学用民族学人类学、民族学、人类学这种一般用法来代称。

② 笔者曾在 2013 年 11 月 18—19 日 "中日人类学民族学理论创新与田野调查国际学术研讨会"上与一些日本学者就西方历史人类学相关问题进行过交流。不少日本学者认为，20 世纪 70—80 年代日本学界对西方历史人类学的历史与现状即有研究。在笔者看来，不仅要关注 20 世纪 70—80 年代及之前的西方历史人类学，更应该关注 20 世纪 70—80 年代以来，尤其是新世纪以来西方历史人类学的新发展和新情况。

动着我国历史人类学的发展。

对西方历史人类学进行研究，了解历史人类学在西方的发生、发展和演变，观其成果、经验及其存在的问题、局限性，目的不在于照抄照搬西方学者有关历史人类学的现成解释和答案，也不是为了把我国当成西方历史人类学简单验证及应用的"实验场"，而在于获得准确把握当前西方学界变动趋向的背景知识，深入洞悉外部世界及由此来反观我们自己，[①] 同时对其提出的问题及其理解方式做出新的思考，学习他们是如何创造性地提出、分析和解决问题的，为提高我们的思想力提供借鉴，[②] 为我国相关学科的学术创新提供理论和方法参照，为构建中国特色历史人类学学科体系、学术体系和话语体系累积必要的基础条件。

就我国民族学人类学界而言，如何充分利用我们所拥有的任何一个西方国家都难以比拟的丰富历史文献资料，在借鉴和反思西方人类学传统的基础上将其精髓有机植入我们的学术土壤，以历史人类学为探索路径实现人类学的本土化创新，成为亟待解决的重要课题；就我国史学界而言，如何与民族学人类学联姻，走出一条史学创新之路，也需要考察和参考西方的有关经验。

关于西方历史人类学（国内学界一般沿用英文中的 historical anthropology 来指称西方的历史人类学）的学科归属问题，国内外学界见解不一。据台湾学者林富士的归纳，主要有以下几种代表性观点：

其一，历史人类学是西方人类学最新的发展趋势和结果；其二，历史人类学是某种形式的历史学，是西方"新史学"中的一部分；其三，历史人类学既不是人类学，也不是历史学，而是结合了历史学和人类学的一种新的"学科"（discipline）或新的研究"领域"（field）；其四，历史人类学既不是一种独立的学科或亚学科（sub‐discipline），也不是一个独特的研究领域方法，而是一种研究的取向或途经（approach），既属于历史学的范畴，也可归入人类学的版图，它代表着西方历史学和西方人类学在二战后（尤其是20世纪80年代以来）逐渐的合流（convergence）或复交（rapprochement）；其五，历史人类学的出现，既显示了西方历史学的"人类学化"（anthropologization），也显示了西方人类学的"历史化"（historicization，historicized）。[③]

---

① 李剑鸣：《历史学家的修养和技艺》，上海三联书店 2007 年版，第 154 页。

② 叶秀山：《说"学问"》，《中国社会科学院院报》2008 年 6 月 5 日第 2 版。

③ 林富士：《历史人类学：旧传统与新潮流》，载《学术史与方法学的省思》，台北"中研院"史语所七十周年研讨会论文集，2000 年，第 368 页。这里需要指出的是，文中将 rapprochement 写成了 reapproachment，应系笔误。rapprochement 源自法文，即指友好关系的建立或恢复。

在笔者看来，西方历史人类学并非西方人类学最新的发展趋势和结果，西方人类学的"历史化"与西方史学的"人类学转向"并不能在"最新发展趋势和结果"层面等量齐观。[①] 当然，不可否认的是，从总体上来看，西方历史人类学不外乎是西方人类学与历史学互相交流和借鉴的产物，因此，既存在一个西方人类学学科脉络中的"历史人类学"，也存在一个西方历史学学科脉络中的"历史人类学"，尽管"历史人类学"这个名称已为历史学"抢注"。[②]

一方面，上述相关见解各有所长，因为研究者各有自己的学科背景，有具体而独特的观察视角；另一方面，这些见解属于宏观性概论，有待细化深入，并未系统全面回答西方历史人类学究竟是怎样一种学术现象的问题，并未细致揭示出西方历史人类学的来龙去脉、内涵及特点。

从国内学界对西方历史人类学的有关研究来看，西方历史人类学也是近年来国内学界（以世界史学界、人类学界为代表）关注的热点。世界史学界多把西方历史人类学当作西方新史学的一个组成部分，重点关注法国年鉴学派、英美社会文化史学派等；而人类学界则多把西方历史人类学视为西方人类学的"历史化"，重点关注西方人类学"历史化"过程中产生的新观点、新理论和新方法。事实上，西方历史人类学既是西方新史学的组成部分，同时也是贯穿于西方人类学之中的西方人类学不断"历史化"的一种演变趋势和结果，代表着西方史学和西方人类学在二战后，尤其是 20 世纪 70 年代以来的逐渐合流或复交，既显示了 20 世纪 80 年代以来西方史学的"人类学转向"，也展现了西方人类学的不断"历史化"以及二战后和 20 世纪 70 年代以来西方人类学"历史化"的日益加深，是西方史学、西方人类学两个学科发展脉络由各自"独奏"到不断"协奏"的产物。西方史学脉络中的历史人类学与西方人类学脉络中的历史人类学共同构建出了西方历史人类学自身独特的知识传统。

在美国学界，ethnohistory，即民族史学（按照 ethnology 译为"民族学"的逻辑，本文将 ethnohistory 相应译为民族史学[③]）这种学术现象，其发生、发展和演进的过程，同时涵盖美国史学的"人类学转向"和美国人类学的"历史化"，从史学、民族学人类学两个学科各自变化和彼此"协奏"的双

[①] 此问题不属于本课题的研讨范畴，需要另文专论。事实上，此问题与本课题研究之间构成一种重要的"延伸"关系。关于西方人类学"历史化"的专门讨论，参见第三章第二节中的相关内容。

[②] 张小军：《历史的人类学化和人类学的历史化：兼论被史学"抢注"的历史人类学》，《历史人类学学刊》第 1 卷第 1 期，2003 年 4 月，第 1 页。

[③] 详见导论"二　国内学界对 ethnohistory 一词的翻译、使用及相关研究"中的具体论述。

重学科维度，以特殊案例的形式具体展示了二战以来西方史学、西方民族学人类学相互趋近的发展态势，清晰展示出一种活态的历史人类学嬗变类型，在反思历史人类学知识传统形成与建构过程及特点中具有特殊意义。

在长期的历史演变过程中，在二战以来民权运动、女权运动的影响下，在少数群体族裔意识高涨、多元文化主义滥觞的时代背景下，美国民族史学（ethnohistory）不仅受到美国国家政治行为、国家政策的直接干预，成为政治力量深刻影响下的重要产物，而且越来越重视与族裔政治之间的联系，重视与多元文化主义的意识形态之间的联系，日渐成为为印第安人等土著代言的"族裔政治"的一部分，成为反思和解构"白人中心论""西方中心论"以及重塑印第安人等他者历史主体地位的重要场域。

21世纪初"9·11"事件之后，美国白人极端主义活动日渐频繁，白人极端主义组织不断出现。复燃的白人极端主义现象（White Extremist Phenomenon）使得美国社会日趋对立化，种族歧视等社会问题日益严重。[①]"白人中心论不断解构"与"白人极端主义复燃"形成一种鲜明的对比，也构成了一种"悖论"。民族史学在美国学界的百年历史演变，不仅展示出受到社会政治力量制约的美国民族史学在不同历史发展阶段对"白人中心论"及"西方中心论"不同程度、不同层面、不同意义的解构，也为如何看待"白人中心论解构"与"白人极端主义复燃"的"悖论"提供了一种重要的历史反思视野，对于深入认识美国历史和社会而言具有特殊意义。

基于美国民族史学对于反思西方历史人类学知识传统形成与建构的特殊意义，基于美国民族史学在反思白人中心论不断解构、白人极端主义复燃的美国历史和社会中所展示出的特殊价值，本文将研究对象锁定于美国民族史学（American ethnohistory），由此反思西方历史人类学知识传统的形成与建构过程及特点，并以此推动西方历史人类学研究，为推进我国历史人类学的创新发展提供借鉴；同时，为反思美国的种族歧视等社会问题、洞悉日趋对立的美国社会提供新的视角和路径。这既是本文所要追索的问题意识的集中体现，也是本课题研究的逻辑起点。

二　国内学界对 ethnohistory 一词的翻译、使用及相关研究

（一）国内学界对 ethnohistory 一词的翻译与使用

从形式上看，与 ethnography、ethnology、ethnic group 等一样，ethnohisto-

---

① 参见王伟《21世纪美国白人极端主义现象研究》，《民族研究》2019年第5期，第38—54页。

ry 一词是 ethno 类学术概念中的重要一员；与 historical anthropology、anthro-pology of history 等一样，ethnohistory 一词也是西方历史人类学概念群中的重要一员，是表征西方历史人类学的主要概念工具之一。①

国内学界在涉及 ethnohistory、nation history、nationalities history 等相关概念的翻译及使用问题上，缺乏统一认识。国内的民族学人类学界，一般将 ethnohistory 译为"民族历史"（"民族历史学"）②、"民族史"（"民族史学"）③、"族群史研究"④，也有学者将之与西方"历史人类学"对等看待；⑤国内的外国史学界，有学者把 ethnohistory 译为"人种历史学"，⑥ 也有学者将 nation history 与中文学术语境中的"民族史"（"民族史学"）等量齐观，⑦也有学者将 ethnohistory 译为"族裔史"，认为在美国学界的实际研究中，ethnohistory 主要关注较小的部族社会，尤其是北美土著群体的研究，因此，将 ethnohistory 译为"族裔史"可能更为符合 20 世纪 50 年代以后族裔史作为

① 国内学界对 ethnography、ethnology、ethnic group、historical anthropology 等概念已有较多了解和研究，取得了不少成果。国内一些相关词典对 ethnography、ethnology 已做出解释和界说，尽管存在一定的分歧。参见《中国大百科全书》编辑委员会编《中国大百科全书》（民族卷），中国大百科全书出版社 1986 年版，第 321—326 页；陈永龄主编：《民族词典》，上海辞书出版社 1987 年版，第 345、346 页；陈国强主编：《简明文化人类学词典》，浙江人民出版社 1990 年版，第 158、159 页。有关 ethnic group 的研讨，国内也有很多，代表性研究可参见郝时远《对西方学界有关族群（ethnic group）释义的辨析》，《广西民族学院学报》（哲学社会科学版）2002 年第 4 期，第 10—17 页；郝时远《中文"民族"一词源流考辨》，《民族研究》2004 年第 6 期，第 60—69 页；范可《中西文语境的"族群"与"民族"》，《广西民族学院学报》（哲学社会科学版）2003 年第 4 期，第 66—73 页；等等。

② 黄应贵：《历史与文化：对于"历史人类学"之我见》，《历史人类学学刊》第 2 卷第 2 期，2004 年 10 月，第 115—116 页；拙作《美国"民族历史学"研究》，中国社会科学院 2009 年博士后出站报告；孙丽萍：《民族历史学（ethnohistory）简介》，《史学集刊》2011 年第 2 期；〔美〕埃里克·R·沃尔夫：《欧洲与没有历史的人》，贾士蘅译，民主与建设出版社 2018 年版，第 20 页。

③ 〔美〕雷金纳德·霍斯曼：《美国土著史研究的最近趋势及新动向》，胡锦山译，丁则民、黄兆群校，《世界民族》1990 年第 5 期，第 27—37 页；庄孔韶：《历史人类学》，载庄孔韶主编《人类学通论》，山西教育出版社 2004 年版，第 454—455 页；张小军：《历史的人类学化与人类学的历史化：兼论被史学"抢注"的历史人类学》，《历史人类学学刊》第 1 卷第 1 期，2003 年 4 月，第 1—2 页。

④ 参见拙作《二战后族群史研究凸显于美国学界的动因分析》，《世界民族》2014 年第 2 期，第 16—27 页。

⑤ 参见拙作《美国"民族历史学"研究》（中国社会科学院 2009 年博士后出站报告）导论及结语中的有关论述；拙作《对西方学界"ethnohistory"一词的历史考察》，《民族研究》2011 年第 2 期，第 43 页。

⑥ 张友伦：《美国西进运动探要》，人民出版社 2005 年版，第 80 页。

⑦ 徐波：《西方史学中的民族史传统》，《社会科学研究》2004 年第 5 期，第 132—137 页；徐波：《文艺复兴时期法国民族史学研究》，四川人民出版社 2006 年版。

一种研究路径的实际情况。①

此外，国内的民族史学界，对"民族历史"（"民族历史学"）或者"民族史"（"民族史学"）一般有两种英译方式：其一，20 世纪 80 年代的译法多为 history of nationalities 或 nationalities history。如，"中国民族史"被译为"history of Chinese nationalities"，②"中国民族史学会"被译为"Chinese Association of Nationalities History"。③ 其二，近年来的译法多为 ethnic history 或 ethnohistory。如系列丛书《中国历代民族史》（社会科学文献出版社 2007 年版）的书名被译为 *Series of Chinese Ethnic History in Past Dynasties*。在郝时远、罗贤佑主编的《蒙元史暨民族史论集：纪念翁独健先生诞辰一百周年》（社会科学文献出版社 2006 年版）中，书名被译为 *Festschrift on the history of the Mongol – Yuan period and ethnohistory*，即用 ethnohistory 来表达中文学术语境中的"民族史"，ethnohistory 与 the history of the Mongol – Yuan（蒙元史）被并置在同一层面上。

在本文中，按照 ethnology 译为"民族学"的逻辑，将 ethnohistory 译为"民族史学"。

鉴于丁见民《二十世纪中期以来美国早期印第安人史研究》（《历史研究》2012 年第 6 期）一文在论述 ethnohistory 译为"族裔史"的时候，参考了拙作《对西方学界"ethnohistory"一词的历史考察》（《民族研究》2011 年第 2 期）中的有关分析，并对国内学界的"民族历史""民族历史学""民族史""民族史学"等译法提出"质疑"，④ 这里有必要对丁见民的"族裔史"译法进行回应，同时进一步强调指出将 ethnohistory 译为"民族史学"的合理之处及不足之处：

族裔是中国学界的学术概念，主要用来指称和分析美国的印第安土著族群与大量移民群体，如印第安裔、华裔、日裔、意大利裔、非裔、西班牙语裔等。中文语境中的族裔既可以对应英文语境中的 ethnic groups（强调群体性），也可对应 descendant 或 origin（强调后裔），也可以对应于 ethnic minor-

---

① 丁见民：《二十世纪中期以来美国早期印第安人史研究》，《历史研究》2012 年第 6 期，第 177 页（注释 4）。

② 《中国大百科全书》编辑委员会编：《中国大百科全书》（民族卷），中国大百科全书出版社 1986 年版，第 543 页。

③ 《中国大百科全书》编辑委员会编：《中国大百科全书》（民族卷），中国大百科全书出版社 1986 年版，第 549 页。

④ 丁见民：《二十世纪中期以来美国早期印第安人史研究》，《历史研究》2012 年第 6 期，第 177 页（注释 4）。

ities（强调少数族裔）。①

美国印第安裔的历史，称为"族裔史"自然没有问题。ethnohistory 研究中的重要分支——印第安人早期历史，是可以称为"族裔史"的。当然，需要注意的是，"印第安裔"本身的用法是有问题的，易形成一种误解，即有可能把作为美洲土著的印第安人误认为与华裔、日裔、非裔等一样的外来移民群体。严格意义上讲，"印第安人"并不等于"印第安裔"，使用"印第安裔"是对美国历史发展中印第安人主体地位的一种"忽视"。②

就美国学界尤其是美国民族学人类学界的 ethnohistory 研究而言，不仅指涉美国印第安人等北美土著族群，还涉及南美洲、大洋洲等地的土著族群。1966 年"美国印第安民族史协会"（the American Indian Ethnohistoric Conference，AIEC）更名为"美国民族史学会"（the American Society for Ethnohistory，ASE），充分展示了其研究对象从美国印第安人扩展到了世界各地土著族群。③对于美国之外的这些土著人群的历史而言，若用"族裔史"来指称，则有些牵强附会。

从词源上看，ethnohistory（民族史学）、ethnography（民族志）、ethnology（民族学）等词的前缀 ethno－，源自希腊语 ethnos。希腊语中的 ethnos，一般被用以指称原始族群、野蛮人（barbarian），即"他者"（the Other④）。此类含义被保留进上述英文词汇之中。ethnohistory 中的 ethno 不仅依然含有此类意指，还增添了"少数族群"（minority）的含义。⑤ 事实上，ethnohisto-

---

① 此处见解得益于与中央民族大学民族学与社会学学院施琳教授的讨论，特此鸣谢！同时可参见施琳主编《美国族裔概论》，中央民族大学出版社 2006 年版。

② 〔美〕威尔科姆·E·沃什布恩：《美国印第安人》，陆毅译，商务印书馆 1997 年版，第262—263 页。

③ 详见第二章第二节中的有关论述。

④ "人类学是通过研究文化来理解人性的学科，或通过研究时空和结构中的异文化来理解人类共性（human commonality）、自性（self－identity）和他性（otherness，or other's identity）的学科"。参见张海洋《文化理论轨迹》，载庄孔韶主编：《人类学通论》，山西教育出版社2004 年版，第37 页。"他者"（other）一直是西方民族学人类学关注的重要研究对象和主题之一，多被西方民族学人类学学者用来宽泛指涉民族志的记述对象和民族学人类学的研究对象——"非我族类"的原始土著族群社会。随着时代的发展，这种见解受到了批判，"他者"的内涵也在不断变化和更新。限于篇幅，这里只对"他者"进行这种一般意义上的界定。在本文中，沿用"他者"的传统一般含义，即主要指原始土著族群。后文中出现的"他者"也采用此意，不再重复给出解释。

⑤ Shepard Krech III，"The State of Ethnohistory"，*Annual Review of Anthropology*，Vol. 20，1991，p. 364；Shepard Krech III，"Ethnohistory"，in David Levinson and Melvin Ember eds.，*Encyclopedia of Cultural Anthropology*，New York：Henry Holt and Company，1996，Volume 2，p. 425。参见第四章第一节"（四）对传统共识的反思与新的主流释义阶段（20 世纪 70—90 年代）"中的详论。

ry 指涉的是包括美国印第安人在内的世界各地的他者、土著、原始族群的历史，与移民群体无关，用族裔史这样一个涵盖美国印第安裔、华裔、日裔、意大利裔、非裔、西班牙语裔在内的学术概念来对应指称，并不准确，同时会陷入"少数族裔史""族裔史""南美洲大洋洲等地土著族群历史"之间关系的复杂纠结之中。

ethnology 是专门研究北美、南美、非洲、大洋洲等世界各地土著族群的学科。国内的民族学人类学界用"民族学"来对应英文语境中的 ethnology，已经约定俗成。按照 ethnology 译为"民族学"的逻辑，ethnohistory 相应可以译为"民族史学"。

当然，用"民族史学"来指称 ethnohistory 也并非完美，也容易引起一些歧义。后文将专门检视和反思国内民族史学界在把中文"民族史学"概念译为"ethnohistory"中所存在的种种负面问题。事实上，中国民族史学界使用的民族史学，无论是研究视野、关注的问题，还是理论和方法，都与美国民族史学有着较大的不同。①

综上，中文语境中并无一个合适的概念用来翻译 ethnohistory。本文用"民族史学"这样一个中文概念来"姑且"对应美国学界中的 ethnohistory，更多的是基于国内民族学人类学界用"民族学"来指称"ethnology"，以及用"民族史学"来相应指称"ethnohistory"的一种"约定"。在本文的具体表述中，根据不同语境，为了体现或者说兼顾民族史学、民族史学概念、民族史学（经验）研究在表述"ethnohistory"上的差异，适当使用 ethnohistory（即不进行翻译）、民族史学、民族史学概念、民族史学（经验）研究等不同方式来表达"ethnohistory"不同层面的内涵。

（二）国内学界对 ethnohistory 的认识与研究

从目前公开发表的主要研究成果来看，国内学界对 ethnohistory 这种学术现象的认识与研究处于零星介绍、简单触及的层面。20 世纪 80 年代初，国内的民族学人类学学界主要借助苏联学者对国外民族学史的一些研究成果获得对 ethnohistory 的初步了解。②

近些年来，尤其是 2000 年以来，国内的一些民族学人类学者，在讨论历史人类学以及人类学与历史学的关系时，对 ethnohistory 有所涉及，开始关注 ethnohistory。黄应贵在《历史与文化：对于"历史人类学"之我见》中，

---

① 参见导论"（三）国内学界对民族史、民族历史学的理解与英译困境"中的相关论述。
② 参见汤正方编译《国外民族学现状》，中国社会科学院民族研究所编印，1980 年 8 月，第 20—22 页；参见〔苏〕C. A. 托卡列夫著《外国民族学史》，汤正方译，中国社会科学出版社 1983 年版，第 312—313 页。

在述及 ethnohistory 与历史人类学的关系时指出："在美国鲍亚士历史学派理论的影响下，有关被研究民族的历史之探讨，一直是民族历史学（ethnohistory）的工作。虽然，民族历史学在人类学的发展史上，并没有重要的成就与影响力，但其悠久的研究领域，终究累积出一些具理论意涵而属抽象层次的研究提纲，成为历史人类学形成与发展的重要源泉之一。这正可见于该研究领域的代表性人物孔恩（Bernard S. Cohn）的研究上……孔恩虽然集民族历史学研究的大成，提出人类学与历史学结合之研究领域的提纲，但这些想法，必须等到萨林斯发展出文化结构论的理论观点来处理库克船长造访夏威夷所发生的一连串事件，才开花结果。"① 在叶春荣主持的台北"中研院"历史人类学（Historical Anthropology）研究群网站（2004 年成立）上，也有一些文章，在对西方历史人类学进行介绍时，也间或涉及了 ethnohistory。文章指出，人类学自博阿斯（Franz Boas）以来，无论是马克思学派、功能学派、结构学派，对历史面向的研究从未忽略，譬如 ethnohistory 在人类学里就有悠久的传统。庄孔韶在论述西方历史学和人类学关系的时候，提到了 ethnohistory 的含义和名称问题，认为"由民族史（ethnohistory）的术语及其实际研究的传统引出的问题依然涉及上述人类学和民族史/历史学的关系与内涵"②。张小军在论述被历史"抢注"的历史人类学时强调，"20 世纪 30—50 年代的民族史（ethnohistory）研究，本来就是人类学的领域"③。

此外，我国的一些外国史研究者，尤其是一些美国史研究者，也有一些初步的探讨。张友伦在对美国印第安史学（Indian History）进行评述的过程中，间或涉及 ethnohistory 这种学术现象的一些发展情况。④ 丁见民的学术述评《二十世纪中期以来美国早期印第安人史研究》系统地展示 20 世纪中期以来美国学界（主要是美国的史学界）在早期印第安人史研究领域的新进展与新的阐释框架（如"边界地带""中间区域""相遇"等），探讨了族裔政治与早期印第安人史研究之间的关系，揭示了美国早期印第安人史研究与意识形态的纠葛。其中，有一部分专门涉及并探讨了"族裔史"（ethnohistory）

---

① 黄应贵：《历史与文化：对于"历史人类学"之我见》，《历史人类学学刊》第 2 卷第 2 期，2004 年 10 月，第 115—116 页。

② 庄孔韶：《历史人类学》，载庄孔韶主编：《人类学通论》，山西教育出版社 2004 年版，第 454—455 页。

③ 张小军：《历史的人类学化与人类学的历史化：兼论被史学"抢注"的历史人类学》，《历史人类学学刊》第 1 卷第 1 期，2003 年 4 月，第 1—2 页。

④ 张友伦：《美国西进运动探要》，人民出版社 2005 年版，第 73—91 页。

研究的兴起。① 孙丽萍在国外史学名刊介绍中对美国的专业学术刊物 *Ethno-history* 进行了简介。②

杨生茂③、郭圣铭④、罗凤礼⑤、李剑鸣⑥、张广智⑦、杨豫⑧等外国史学者，在对美国史学史进行评述的过程中，虽未涉及 ethnohistory，但为认识 ethnohistory 在美国学界发生发展的学术环境提供了重要的背景知识。

另外，在 20 世纪 30—40 年代，我国很多前辈民族学人类学家，如吴文藻⑨、杨成志⑩、林惠祥⑪、孙本文和黄文山⑫、林耀华⑬、戴裔煊⑭等，在对西方民族学人类学及社会学进行引入和介绍的时候，曾深入探讨了美国人类学界的博阿斯学派。20 世纪 80 年代以来，大陆以及台湾又有许多学者（以民族学人类学学者为主）对战后西方民族学人类学的新变化进行介绍，对美

---

① 丁见民：《二十世纪中期以来美国早期印第安人史研究》，《历史研究》2012 年第 6 期，第 174—188 页。

② 孙丽萍：《民族历史学（ethnohistory）简介》，《史学集刊》2011 年第 2 期。

③ 杨生茂：《论弗雷德里克·杰克逊·特纳的边疆和区域说》，载杨生茂编：《美国历史学家特纳及其学派》，商务印书馆 1984 年版，第 1—18 页（导论）。

④ 郭圣铭：《西方史学史概要》，上海人民出版社 1983 年版，第 178—184、223—238 页。

⑤ 罗凤礼：《当代美国史学状况》，载《史学理论丛书》编辑部编：《八十年代的西方史学》，中国社会科学出版社 1990 年版，第 88—105 页。

⑥ 李剑鸣：《关于二十世纪美国史学的思考》，《美国研究》1999 年第 1 期，第 17—37 页；《历史学家的修养和记忆》，上海三联书店 2007 年版，第 106、221、241、303 页，等等。

⑦ 张广智主著：《西方史学史》，复旦大学出版社 2000 年版，第 197—202、265—272、301、318—320 页。

⑧ 杨豫：《西方史学史》，江西人民出版社 1993 年版，第 1—32、384—391 页。

⑨ 吴文藻：《文化人类学》，载孙寒冰主编：《社会科学大纲》，上海黎明书局 1932 年版。还可参见吴文藻《吴文藻人类学社会学研究文集》，民族出版社 1990 年版，第 37—74 页。

⑩ 参见杨成志《杨成志人类学民族学文集》（民族出版社 2003 年版）中的有关文章，这些文章多写于 20 世纪 30—40 年代。

⑪ 林惠祥：《文化人类学》，商务印书馆 1991 年版（1934 年第 1 版），第 40—49 页。

⑫ 孙本文宣传的"文化社会学派"的社会学，其理论基础和方法论，有一部分来自博阿斯学派的民族学。因此，美国博阿斯学派的一些见解通过孙本文的有关著作在当时国内学界有广泛的传播。黄文山也是美国博阿斯学派在中国的重要代表。参见陈永龄、王晓义《二十世纪前期的中国民族学》，载中国民族学研究会编：《民族学研究》第一辑，民族出版社 1981 年版，第 278—281 页；参见李绍明《民族学》，四川民族出版社 1986 年版，第 30—31 页。

⑬ 林耀华：《社会研究四大学派的评判》，载《现代知识》第一卷第六期（1936）；《从书斋到田野》，中央民族大学出版社 2000 年版，第 149—155 页。

⑭ 戴裔煊：《鲍亚士及其学说述略》，《民族学研究集刊》（商务印书馆印行）第 3 期，1943 年 9 月，第 103—119 页；《民族学理论与方法的递演》，《民族学研究集刊》（商务印书馆印行）第 5 期，1946 年 5 月，第 119—153 页；以及戴裔煊《西方民族学史》（社会科学文献出版社 2001 年版）中的有关内容（该书原计划于 1940 年代初出版，见该书的出版说明）。

国博阿斯学派及美国人类学的今昔发展展开综述和研究。代表人物主要有吴文藻①、吴泽霖和张雪慧②、施正一③、杨堃④、陈永龄和王晓义⑤、宋蜀华⑥、李绍明⑦、乔健⑧、黄淑娉和龚佩华⑨、王庆仁⑩、何星亮⑪、孟慧英⑫、张海洋⑬、夏建中⑭、林开世⑮、陈山⑯、王铭铭⑰、和少英⑱、施琳⑲，等等。这些研究，虽未直接与 ethnohistory 相关联，但对深入研究 ethnohistory 在美国学界的源起与流变具有一定的参考价值。

　　需要着重指出的是，近年来笔者曾发表了与 ethnohistory 相关的系列研究

① 吴文藻：《战后西方民族学的变化》（1982）、《新进化论试析》（1985），载吴文藻：《吴文藻人类学社会学研究文集》，民族出版社 1990 年版，第 309—321、322—336 页。

② 吴泽霖、张雪慧：《简论博阿斯与美国历史学派》，载中国民族学研究会编：《民族学研究》第一辑，民族出版社 1981 年版，第 319—337 页。

③ 参见施正一《西方民族学史》（时事出版社 1990 年版）中的有关内容。

④ 杨堃：《论列维·斯特劳斯的结构人类学派》，载中国民族学研究会编：《民族学研究》第一辑，民族出版社 1981 年版，第 310 页。该文曾谈及了博阿斯与结构人类学的渊源联系。还可参见杨堃《民族学概论》，中国社会科学出版社 1984 年版，第 89—91、162—165 页。

⑤ 陈永龄、王晓义：《二十世纪前期的中国民族学》，载中国民族学研究会编：《民族学研究》第一辑，民族出版社 1981 年版，第 261—299 页。

⑥ 宋蜀华：《中国的民族学研究必须和历史学紧密结合》，载中国民族学研究会编：《民族学研究》第一辑，民族出版社 1981 年版，第 194—196 页。

⑦ 李绍明：《民族学》，四川民族出版社 1986 年版，第 14—28 页。

⑧ 乔健：《美国历史学派》，载周星等主编：《社会文化人类学讲演集》，天津人民出版社 1996 年版，第 137—156 页。

⑨ 黄淑娉、龚佩华：《文化人类学理论方法研究》，广东高等教育出版社 1998 年版，第 152—208、280—340 页。

⑩ 王庆仁：《西方民族学流派》，载林耀华主编：《民族学通论》，中央民族大学出版社 1997 年版，第 117—135 页。

⑪ 参见何星亮《文化人类学理论》（中国社会科学院研究生院讲稿课注教材，未刊稿）中的有关内容。

⑫ 参见孟慧英《西方民俗学史》（中国社会科学出版社 2006 年版）中的有关内容。

⑬ 张海洋：《文化理论轨迹》，载庄孔韶主编：《人类学通论》，山西教育出版社 2004 年版，第 37—74 页。

⑭ 夏建中：《文化人类学理论学派》，中国人民大学出版社 1997 年版，第 68—94 页、158—253 页。

⑮ 林开世：《鲍亚士》，载黄应贵主编：《见证与诠释：当代人类学家》，台北正中书局 1992 年版，第 2—51 页。

⑯ 陈山：《痛苦的智慧——文化学说发展的轨迹》，辽宁人民出版社 1997 年版，第 202—237 页。

⑰ 王铭铭：《西方人类学思潮十讲》，广西师范大学出版社 2005 年版，第 13—18 页。

⑱ 参见和少英《社会文化人类学初探》（云南大学出版社 2007 年版）中的相关内容。

⑲ 参见施琳《经济人类学》（中央民族大学出版社 2002 年版）中的有关内容，以及施琳主编的《美国族裔概论》（中央民族大学出版社 2006 年版）中的有关内容。

论文：揭示了美国"民族历史学"（ethnohistory）对西方人类学"历史化"的重要影响；① 就西方学界有关"ethnohistory"一词的诠释给出了历史考察；② 从 ethnohistory 的角度对西方"历史人类学"在美国学界的孕育及兴起进行了深入考察；③ 对二战前制约 ethnohistory 发展的美国博阿斯学派进行解析；④ 对国内学界有关"ethnohistory"的研究与认知进行综述和评析；⑤ 对国外学界当代民族史学观进行揭示；⑥ 对美国民族史学的发展历程进行回溯和反思；⑦ 等等。笔者的这些阶段性研究成果，一定意义上讲，开启了国内学界对 ethnohistory 的深入探究。

（三）国内学界对民族史、民族历史学的理解与英译困境

在《中国大百科全书》（民族卷）中，我国著名民族史学家翁独健先生对中国民族史的内涵给出了高屋建瓴式的界定："中国民族史是中国各民族（包括当代民族和古代民族）历史的总称。……中国民族史包括中国古今各民族的族别史，各个地区的民族史，各民族的政治、经济、文化专史和民族关系史等项目。"⑧ 这种见解，基本上代表了国内民族史学界 20 世纪 80 年代的整体看法。随着 20 世纪 90 年代族群（ethnic group）概念影响的不断扩大，以及族群概念与民族（nation）概念差别的不断挖掘，国内民族史学界认识到中国民族史研究很大程度上是族群层面上的民族史研究。这主要体现在对外翻译中已经逐渐由原来的 nationalities history 转变为 ethnohistory 或 eth-

① 参见拙作《论西方人类学"历史化"的学术环境》，《世界民族》2008 年第 5 期，第 50—51 页；《西方人类学"历史化"的动因分析：以美国"民族历史学"的影响为中心》，《中南民族大学学报》（人文社会科学版）2009 年第 1 期，第 8—10 页。

② 参见拙作《对西方学界"ethnohistory"一词的历史考察》，《民族研究》2011 年第 2 期，第 32—43 页。

③ 参见拙作《20 世纪上半叶美国学界的 ethnohistory：民族学人类学的一种有益补充》，《西南民族大学学报》（人文社会科学版）2013 年第 3 期，第 1—7 页；《二战后 ethnohistory 在美国学界的兴起》，《广西民族研究》2013 年第 4 期，第 73—82 页；《二战后族群史研究凸显于美国学界的动因分析》，《世界民族》2014 年第 2 期，第 16—27 页。

④ 参见拙作《结构视域中的历史观：博阿斯学派新解》，《中央民族大学学报》（哲学社会科学版）2017 年第 1 期，第 43—50 页。

⑤ 参见拙作《国内外学界对"ethnohistory"的研究与认知》，《青海民族研究》2018 年第 2 期，第 79—86 页。

⑥ 参见拙作《评述、反思与整合：西方学界当代"民族史学"观》，《中央民族大学学报》（哲学社会科学版）2018 年第 6 期，第 21—32 页。

⑦ 参见拙作《美国"民族史学"发展历程：回溯、反思与展望》，《思想战线》2020 年第 1 期，第 84—98 页。

⑧ 《中国大百科全书》编辑委员会编：《中国大百科全书》（民族卷），中国大百科全书出版社 1986 年版，第 543—549 页。

nic history。①

　　民族学人类学界对民族历史学的理解与对历史民族学（历史人类学）的理解相伴而生：在宋蜀华看来，"民族历史学（ethnohistory）则是按照时代的顺序，运用具体的历史事实，研究和阐述某一民族的社会发展的具体过程和规律，因而是纵向的探索和研究"，同时他指出，"历史人类学（historical anthropology），或称历史民族学（historical ethnology），主要是对历史上某一民族和社群的社会、经济、生活、文化和信仰、习俗等方面进行横向的剖析和比较研究，而且资料的来源往往是亲身经历和当事人对当时的事情的描述"②。杨圣敏认为，"民族历史学以古代的和已经消失的民族为研究对象，是历史学的一部分，而不是民族学的分支；历史民族学是民族学的一个学派，主要从历史的角度来观察、分析和解释当前人类社会的文化现象，也可以说是一种角度和方法"③。白振声指出，"民族历史学是以对民族社会历史过程的纵向研究为主，不论是单一民族还是区域内的全体民族，也不论是政治的、经济的、文化的以及民族关系的各个方面，都遵循着这一程式，尤其重视对人物、事件的叙述及其因果关系的探讨。历史民族学是着眼于对历史上某个时代的某个民族和某些民族的社会的横断面的研究，强调的是对这些民族社会生活文化和思想文化等现象的具体描述记载，进行深入的分析、探讨，或者是相互比较研究"。他还指出，民族历史学和历史民族学都有一个共同的目标，即阐明民族共同体产生发展的规律。④

　　从我国教育部门的学科设置来看，民族史也主要作为专门史（二级学科）被列在了历史学（一级学科）之下。⑤

　　如前所述，"ethnohistory"是西方学术概念，中文语境中并无一个合适的概念与之对应。用"民族史学"来指称"ethnohistory"只能算作一种"约定俗成"。那么，中文语境中的"民族史学"用"ethnohistory"来指称是否

---

① 参见导论"（一）国内学界对 ethnohistory 一词的翻译与使用"中的相关论述。

② 宋蜀华：《论历史人类学与西南民族文化研究》，《思想战线》1997 年第 3 期；《中国民族学理论探索与实践》，中央民族大学出版社 1999 年版，第 3 页。

③ 杨圣敏：《历史文献与民族学研究》，中国民族学学会第六届学术讨论会，打印稿，1997 年。

④ 白振声：《历史民族学》，载施正一主编：《简编广义民族学》，中央民族大学出版社 1996 年版，第 199—200 页。

⑤ 20 世纪 80 年代初，我国开始实行学位制度，1983 年国务院学位委员会和国家教委制定了《授予博士、硕士学位和培养研究生的学科、专业目录》（试行草案），1988 年颁布了修订草案，到 1990 年正式公布。1997 年教育部修改分类目录，调整《授予博士、硕士学位和培养研究生的学科、专业目录》。在 1997 年新分类目录的历史学门类中，历史学被定为一级学科，其下包括专门史等一些二级学科。我国的民族史研究多是在专门史（隶属于历史学）的平台上展开的。

合适？

一般而言，以美国为代表的西方学界在理解和运用 ethnohistory 时，主要体现在档案文献记载相对缺乏的土著族群（不仅包括北美的印第安人，还包括拉丁美洲、澳洲、非洲等世界各地的土著族群）的历史研究上，彰显的是战后以来民族学人类学与历史学互相趋近的一种新的发展态势。它与民族学人类学的关系相对更为密切，无论是它的发生发展、还是其主要的理论和方法成果，都深深嵌入在民族学人类学脉络之中。目前而言，它并非一个独立而成熟的学科。① 西方的蒙古史（history of the Mongol）、藏史（history of the Tibetan）等研究，体系相对成熟而完善，往往不被纳入"民族史学"（ethnohistory）的研究范畴，它们可能多是各自国家的外国史、世界史或者东方学研究的一部分。

相比而言，我国的民族史则主要侧重研究我国的相对于汉族而言的"少数族群"的历史，如蒙古史、藏史等均属于中国民族史的研究范畴。中国的民族史涵盖范围更为广泛，研究体系更为完善，有关的文献记载也比较丰富，是一个成熟独立的隶属于历史学的学科。

就美国民族史学研究范畴而言，美国民族史学研究中有与我国传统民族史相近的部分，如从古到今的专门史研究；也有我国的民族史不能涵盖的部分，如从今到古的历史民族志研究，以及他者如何认识与建构自身历史及为什么这样建构历史的俗民史研究。②

因此，在笔者看来，目前国内民族史学界用 Chinese ethnohistory 或 Chinese ethnic history 来指称、来翻译中国民族史学，本身值得进一步商榷。

需要着重指出的是，这种指称和翻译方式，还有可能会使西方学者对中国民族史产生理解和认识上的误区。西方学者见到 Chinese ethnic history 或者 Chinese ethnohistory，有可能将中国民族史理解为中国民族学人类学与历史学互相趋近的新近发展态势，与目前我国民族学人类学的"历史化"倾向、历史学的"人类学转向"等同起来，尤其是可能将中国民族史纳入民族学人类学研究范畴，不一定能与我国历来成熟发达的蒙古史（history of the Mongol）、藏史（history of the Tibetan）等隶属于史学范畴的民族史研究联系起来。另外，由于 ethnohistory 在词源上具有"野蛮人的历史"等种族歧视色彩，本身暗含"西方中心论"思想，因此很多西方学者对它进行了深入批判

---

① 参见正文中的有关论述。
② 参见正文中的有关论述。

与反思，主张换用其他词汇或者赋予它新的含义。① 就我国的民族史而言，主要侧重研究我国的相对于汉族而言的"少数族群"的历史，并无任何"野蛮人的历史"的含义。若将中国民族史译为 Chinese ethnic history 或者 Chinese ethnohistory，有可能让西方学者误以为中国民族史内具这层意涵。

总之，中文中的"民族史""民族史学"或"民族历史学"怎样译为英文才恰当，而 ethnohistory 又如何准确译成汉语，是一个仍需国内学界进一步深入研究的问题。②

综上，从笔者目前掌握的材料来看，国内学界对 ethnohistory 这种学术现象尚缺乏足够关注和深入研究，在相关问题的认识上较为模糊，存在一定的争论乃至一些认知误区，未能看到其潜在的重要研究价值。以 ethnohistory 在美国学界的形成与演变及其意义作为问题聚焦中心进行专题研究，可以促进国内学界在相关研究领域的深入思考和探索。

三　国外学界对 ethnohistory 一词的诠释及相关研究

早在 20 世纪初，美国人类学界就已出现 ethnohistory 这种学术现象。1909 年，美国人类学家博阿斯（Franz Boas）的学生威斯勒（Clark Wissler）在引介考古学系列报告《大纽约和哈德逊河下游的印第安人》时，从方法层面简要揭示了 ethnohistory 在那个时代的内涵。③ 总的来看，20 世纪上半叶，由于当时以博阿斯为首的美国人类学界对其并不赞赏，此类研究一直发展缓慢。④ 这一时期，无论是与 ethnohistory 相关的经验研究，还是对 ethnohistory 的理论阐释，都处于原初使用阶段。西方学界对 ethnohistory 的广泛关注、集中介绍与深入探讨，始自其日渐凸显的 20 世纪 50 年代，与其在美国的兴起相伴而生。伴随 ethnohistory 在美国学界的发生发展与流变，这些追踪性的关注，表现出了不同的时代特点。

---

① 参见正文中的有关论述。

② 参见拙作《对西方学界"ethnohistory"一词的历史考察》，《民族研究》2011 年第 2 期，第 43 页。目前来看，中文中的"民族"用汉语拼音"minzu"来英译是一种正在逐步被认可和接受的选择。受此影响，"民族史""民族史学"或"民族历史""民族历史学"可相应译为 minzu history 或 history of minzu。另外，本文所力主的将"ethnohistory"译为"民族史（学）"的翻译方式，也是当前较有代表性的一种重要译法。

③ Clark Wissler ed., *The Indians of Greater New York and the Lower Hudson*, Anthropological Papers, American Museum of Natural History, Vol. 3. New York, 1909, p. xiii. （Introduction）同时，可参见 David A. Baerreis, "The Ethnohistoric Approach and Archaeology", *Ethnohistory*, Vol. 8, No. 1, Winter 1961, pp. 48–49.

④ 具体参见第一章第一节中的有关论述。

（一）20 世纪 50 年代

20 世纪 50 年代的探讨，多来自民族学家，多从民族学人类学学科中出现的新方法的角度来展开。1954 年女人类学家沃格林（Erminie W. Voegelin）在 *Ethnohistory* 期刊创刊卷（1954 年卷）第 2 期上，发表专题研讨文章《一个"民族史学"家的观点》（An Ethnohistorian's Viewpoint），从民族学中出现的一种新方法的角度对 ethnohistory 进行阐释，同时揭示了 20 世纪 50 年代 ethnohistory 在美国学界兴起的一些具体特点。① 1952 年民族学家芬顿（William N. Fenton）对战前美国民族学家从事档案研究的情况进行了介绍，总结了这一时期 ethnohistory 在研究方法上的特点。② 1957 年达克（Philip Dark）对 ethnohistory 经验研究中综合（synthesis）方法的运用进行了系统回顾。③ 1959 年尤勒（Robert C. Euler）从研究方法的角度揭示了 ethnohistory 在当时美国学界的具体表现。④

（二）20 世纪 60 年代

20 世纪 60 年代，有关 ethnohistory 的介绍和研讨多体现在相关学会的年会论文之中。1960 年 11 月 12—13 日，在印第安纳州立大学举办的"美国印第安民族史学协会"（the American Indian Ethnohistoric Conference，AIEC）⑤ 第 8 届年会上，专门召开了关于 ethnohistory 概念的学术研讨会（Symposium on the Concept of Ethnohistory）。民俗学家多尔森（Richard Dorson）、历史学家沃什布恩（Wilcomb Washburn）、考古学家贝雷斯（David Baerreis）、民族

① Erminie W. Voegelin, "An Ethnohistorian's Viewpoint", *Ethnohistory*, Vol. 1, No. 2, Nov. 1954, pp. 166 – 171.

② William N. Fenton, "The Training of Historical Ethnologists in America", *American Anthropologist*, New Series, Vol. 54, No. 3, Jul. – Sep. 1952, pp. 328 – 339.

③ Philip Dark, "Methods of Synthesis in Ethnohistory", *Ethnohistory*, Vol. 4, No. 3, Summer 1957, pp. 231 – 278.

④ Robert C. Euler, *Ethnographic methodology—A Tri – Chronic Study in Culture Change, Informant Reliability, and Validity from the Southern Paiute*, in Carroll L. Riley and Walter W. Taylor, eds. , with a pref. by W. W. Hill; contributors: Harold L. Amoss … [et al.], *American historical anthropology: essays in honor of Leslie Spier*, Carbondale: Southern Illinois University Press, 1967, pp. 61 – 67. 尤勒的这篇文章最初写于 1959 年 12 月，是墨西哥城举行的美国人类学联合会（American Anthropological Association, AAA）1959 年年会上的一篇参会论文。后经简要修改收入了上述 1967 年版的 *American Historical Anthropology* 论文集之中。

⑤ 美国民族史学会几经更名：在 1953 年第 1 届年会上，最初名为 "the Ohio Valley Historical Indian Conference"（OVHIC，俄亥俄流域印第安史协会）；在 1956 年第 4 届年会上，更名为 "the American Indian Ethnohistorical Conference"（AIEC，美国印第安民族史协会）；在 1966 年第 14 届年会上，更名为 "the American Society for Ethnohistory"（ASE，美国民族史学会），并沿用至今。详见第二章中的有关论述。

学家卢里（Nancy Lurie）分别从各自的学科角度出发，专门讨论了 ethnohistory 的含义及其与民俗学、历史学、考古学和民族学之间的关系。① 在 1961 年卷第 3 期的 *Ethnohistory* 上，利科克（Eleanor Leacock）、瓦伦丁（Charles A. Valentine）、尤尔斯（John C. Ewers）等民族学学者分别发表文章，对研讨会中的上述论文进行了集中评论。② 在这届年会的晚宴会议上，埃根（Fred Eggan）对二战前有关 ethnohistory 在美国学界的酝酿情况进行介绍，并简要回顾了其在 20 世纪 50 年代的发展概况。③

1961 年 10 月 20—21 日，在罗得岛州首府普罗维登斯（Providence, Rhode Island）的布朗大学（Brown University）约翰—卡特—布朗图书馆（the John Carter Brown Library）举办的美国印第安民族史学协会（the American Indian Ethnohistoric Conference）第 9 届年会上，召开了题为"世界其他主要地区'民族史学'研究方法"的研讨会（symposium on Ethnohistorical Research Methods in Other Major World Areas）。其中，简·范西纳（Jan Vansina）对 ethnohistory 在非洲开展的情况进行了介绍，④ 理查德·亚当斯（Richard N. Adams）对 ethnohistory 方法的拉丁美洲特色进行了总结。⑤ 在本届年会的晚宴会议上，民族学家芬顿（William N. Fenton）还就 ethnohistory 的性质、方法等有关问题进行讨论。⑥ 另外，在 1969 年，科里斯（Peter Corris）对 ethnohistory 在澳大利亚的发展进行简介，⑦ 威廉·亚当斯（William

---

① 这四篇文章后发表于 1961 年卷的 *Ethnohistory* 上：Richard M. Dorson, "Ethnohistory and Ethnic Folklore", *Ethnohistory*, Vol. 8, No. 1, Winter 1961, pp. 12 – 25 + 27 – 30; Wilcomb E. Washburn, "Ethnohistory: History ' in the Round '", *Ethnohistory*, Vol. 8, No. 1, Winter 1961, pp. 31 – 48; David A. Baerreis, "The Ethnohistoric Approach and Archaeology", *Ethnohistory*, Vol. 8, No. 1, Winter 1961, pp. 49 – 77; Nancy Oestreich Lurie, "Ethnohistory: An Ethnological Point of View", *Ethnohistory*, Vol. 8, No. 1, Winter 1961, pp. 78 – 92.

② Eleanor Leacock, John C. Ewers, Charles A. Valentine, "Symposium on the Concept of Ethnohistory – Comment", *Ethnohistory*, Vol. 8, No. 3, Summer 1961, pp. 256 – 280.

③ 该文后发表于 1961 年卷的 *Ethnohistory* 上：Fred Eggan, "Some Anthropological Approaches to the Understanding of Ethnological Cultures", *Ethnohistory*, Vol. 8, No. 1, Winter 1961, pp. 1 – 11.

④ 该文后发表于 1962 年卷的 *Ethnohistory* 上：Jan Vansina, "Ethnohistory in Africa", *Ethnohistory*, Vol. 9, No. 2, Spring 1962, pp. 126 – 136.

⑤ 该文后发表于 1962 年卷的 *Ethnohistory* 上：Richard N. Adams, "Ethnohistoric Research Methods: Some Latin American Features", *Ethnohistory*, Vol. 9, No. 2, Spring 1962, pp. 179 – 205.

⑥ 该文后发表于 1962 年卷的 *Ethnohistory* 上：William N. Fenton, "Ethnohistory and Its Problems", *Ethnohistory*, Vol. 9, No. 1, Winter 1962, pp. 1 – 23.

⑦ Peter Corris, "Ethnohistory in Australia", *Ethnohistory*, Vol. 16, No. 3, Summer 1969, pp. 201 – 210.

Y. Adams）对 ethnohistory 与非洲伊斯兰传统之间的联系进行讨论，① 进一步深化了这届年会的主题。

1966 年 10 月在加拿大首都渥太华召开的第 14 届年会上，赖特（J. V. Wright）的论文对 ethnohistory 中所谓的“直接历史方法”（direct historical approach）进行了集中探讨。②

另外，在 1966 年卷第 1/2 期的 *Ethnohistory* 期刊上，斯特蒂文特（William C. Sturtevant）对人类学、历史学和 ethnohistory 的关系，③ 赫德森（Charles Hudson）对俗民史（folk history）与 ethnohistory 的关系，④ 芬顿（William N. Fenton）对田野调查、博物馆研究以及 ethnohistory 研究之间的关系进行了讨论。⑤ 其中，斯特蒂文特（William C. Sturtevant）的文章，是这一时期对以往 ethnohistory 研讨进行回顾与总结的一篇代表之作。此外，在这一时期，斯特蒂文特还从认知人类学的角度，从“民族科学”（ethnoscience）的意义上来解释和使用 ethnohistory，认为 ethnohistory 标志着一种新的研究取向。⑥

1969 年 10 月 24 日在纽约伊萨卡召开的“美国民族史学会”第 17 届年会上，多宾斯（Henry F. Dobyns）的会议提交论文将 ethnohistory 与美国当代社会问题联系起来。⑦

1968 年，在《国际社会科学百科全书》（*International Encyclopedia of the Social Sciences*）中，史学家科恩（Bernard S. Cohn）专门撰写了词条 Ethnohistory，从概念、主题、方法及与传统殖民史学的差异等方面揭示了 ethno-

---

① William Y. Adams，“Ethnohistory and Islamic Tradition in Africa”，*Ethnohistory*，Vol. 16，No. 4，Autumn 1969，pp. 277 – 288.

② 该文后发表于 1968 年卷的 *Ethnohistory* 上：J. V. Wright，“The Application of the Direct Historical Approach to the Iroquois and the Ojibwa”，*Ethnohistory*，Vol. 15，No. 1，Winter 1968，pp. 96 – 111.

③ William C. Sturtevant，“Anthropology，History，and Ethnohistory”，*Ethnohistory*，Vol. 13，No. 1/2，Winter – Spring 1966，pp. 1 – 51.

④ Charles Hudson，“Folk History and Ethnohistory”，*Ethnohistory*，Vol. 13，No. 1/2，Winter – Spring 1966，pp. 52 – 70.

⑤ William N. Fenton，“Field Work，Museum Studies，and Ethnohistorical Research”，*Ethnohistory*，Vol. 13，No. 1/2，Winter – Spring 1966，pp. 71 – 85.

⑥ William C. Sturtevent，“Studies in Ethnoscience”，in *Theory in Anthropology*，edited by Robert A. Manners and David Klan，Aldine Publishling Company，New York，1968，pp. 475，476，491；William C. Sturtevant，“Studies in Ethnoscience”，*American Anthropologist*，New Series，Vol. 66，No. 3，Part 2：Transcultural Studies in Cognition，Jun. 1964，pp. 99，100，123.

⑦ 该文后发表于 1972 年卷的 *Ethnohistory* 上：Henry F. Dobyns，“Ethnohistory and Contemporary United States Social Problems”，*Ethnohistory*，Vol. 19，No. 1，Winter 1972，pp. 1 – 12.

history 的内涵，对 20 世纪 70 年代之前 ethnohistory 在美国学界的发生发展进行了回顾。① 该文是 20 世纪 70 年代前，从历史学的角度对 ethnohistory 进行总体界说、对 ethnohistory 在美国学界的发展历程进行集中研讨的重要代表作。

（三）20 世纪 70 年代

进入 20 世纪 70 年代，随着 ethnohistory 在美国学界的日渐繁盛，有关讨论越来越深入。1971 年卡马克（Robert M. Carmack）对民族志方法与 ethnohistory 方法在中美洲研究中的整合、应用进行了回顾;② 1972 年卡马克对 ethnohistory 的发展、定义、方法和目标进行了讨论，系统总结了 ethnohistory 的方法论特色及其在世界各地的开展情况。③ 1972 年，尤勒（Robert C. Euler）的文章，对 20 世纪 50 年代学界有关 ethnohistory 一词释义的特点进行了总结，回顾了 20 世纪 70 年代前 ethnohistory 在美国学界的发展历程。④ 1973 年，怀利（Kenneth C. Wylie）讨论了 ethnohistory 研究的应用及误用问题，彰显了口述资源在 ethnohistory 研究中的重要性。⑤

在 20 世纪 70 年代，又有几届年会，对以往 ethnohistory 的发展进行了集中讨论。1974 年 10 月，在明尼苏达州圣保罗召开的美国民族史学会第 22 届年会的会长致辞上，施韦因（Karl H. Schwerin）通过对 1963—1973 年 10 年间 Ethnohistory 期刊所载文章的回顾和分析，对 ethnohistory 研究中历史分析、科学分析的价值分别进行了揭示，认为 ethnohistory 既可以被看作文化人类学的一个分支学科，也可看作历史学的一个分支学科。⑥ 1978 年 11 月 3 日，在德克萨斯州奥斯丁举行的第 26 届年会上，斯波思（Ronald Spores）的会长致辞，通过分析 1954—1976 年 Ethnohistory 期刊所载的主要文章，指出"已到中年"的 ethnohistory 有待新的发展。⑦

① Bernard S. Cohn, "Ethnohistory", in David L. Sills, ed., *International Encyclopedia of the Social Sciences*, New York: The Free Press, 1968, Volume 5, pp. 440 – 448.
② Robert M. Carmack, "Ethnography and Ethnohistory: Their Application in Middle American Studies", *Ethnohistory*, Vol. 18, No. 2, Spring 1971, pp. 127 – 145.
③ Robert M. Carmack, "Ethnohistory: A Review of Its Development, Definitions, Methods, and Aims", *Annual Review of Anthropology*, Vol. 1, 1972, pp. 227 – 246.
④ Robert C. Euler, "Ethnohistory in the United States", *Ethnohistory*, Vol. 19, No. 3, Summer 1972, pp. 201 – 207.
⑤ Kenneth C. Wylie, "The Uses and Misuses of Ethnohistory", *Journal of Interdisciplinary History*, Vol. 3, No. 4, Spring 1973, pp. 707 – 720.
⑥ 该文后发表于 1976 年卷的 *Ethnohistory* 上: Karl H. Schwerin, "The Future of Ethnohistory", *Ethnohistory*, Vol. 23, No. 4, Autumn 1976, pp. 323 – 341.
⑦ 该文后发表于 1978 年卷的 *Ethnohistory* 上: Ronald Spores, "Ethnohistory in Middle Age: An Assessment and a Call for Action", *Ethnohistory*, Vol. 25, No. 3, Summer 1978, pp. 199 – 205.

1977 年，在芝加哥召开的第 25 届年会上，阿克斯特尔（James Axtell）揭示了美国历史学脉络中 ethnohistory 的特点。① 在此基础上，1978 年他又发表文章对之前有关 ethnohistory 的讨论进行综述，对美国历史学脉络中 ethno-history 的代表性实证研究作品进行了评析。② 阿克斯特尔的这两篇文章，是 20 世纪 80 年代前对美国历史学脉络中 ethnohistory 进行研讨的重要代表作。

（四）20 世纪 80 年代

进入 20 世纪 80 年代，西方学者对 ethnohistory 的追踪研讨进入了新的阶段。突出表现在：其一，研究数量日渐增加，研究角度日渐扩展；其二，不再停留在 ethnohistory 的表层，而日渐触及 ethnohistory 的本质；其三，见解越来越多样化，缺乏统一认识。

斯托费尔（Richard W. Stoffle）和希姆金（Demitri B. Shimkin）对 ethno-history 在非裔美洲的开展做了总结；③ 斯波思（Ronald Spores）揭示了新世界 ethnohistory 的特点及其与考古学的密切联系，④ 对《中美洲印第安人手册》之 ethnohistory 卷（1986 年增补卷）进行了介绍；⑤ 弗格森（Raymond D. Fogelson）对 ethnohistory 中的"事件"与"非事件"进行了深入讨论，并对 ethno – ethnohistory 等概念进行了反思；⑥ 詹宁斯（Francis Jennings）揭示了历史学家、民族学家和美国印第安史之间的关系，指出 ethnohistory 是一种新的研究范式。⑦

---

① 该文后发表于 1979 年卷的 *Ethnohistory* 上：James Axtell, "Ethnohistory：An Historian's View-point", *Ethnohistory*, Vol. 26, No. 1, Winter 1979, pp. 1 – 13.

② James Axtell, "The Ethnohistory of Early America：A Review Essay", *The William and Mary Quarterly*, 3rd Ser. , Vol. 35, No. 1, Jan. 1978, pp. 110 – 144.

③ Richard W. Stoffle；Demitri B. Shimkin, "Explorations in Afro – American Ethnohistory", *Ethnohistory*, Vol. 27, No. 1, Winter 1980, pp. 1 – 12.

④ Ronald Spores, "New World Ethnohistory and Archaeology, 1970 – 1980", *Annual Review of Anthropology*, Vol. 9, 1980, pp. 575 – 603.

⑤ Ronald Spores, volume editor, with the assistance of Patricia A. Andrews, *Ethnohistory*, (*volume 4) Supplement to the handbook of Middle American Indians*, Austin：University of Texas Press, 1986, pp. 3 – 6.

⑥ Raymond D. Fogelson, " The Ethnohistory of Events and Nonevents", *Ethnohistory*, Vol. 36, No. 2, Spring 1989, pp. 133 – 147. 这篇文章最早发表于 1988 年 11 月 12 日在弗吉尼亚州的威廉斯堡举行的美国民族史学会第 36 届年会的会长致辞上。还可参见 Raymond D. Fogelson, "On the Varieties of Indian History：Sequoyah and Traveller Bird", *Journal of Ethnic Studies* 2, 1974, pp. 105 – 112. , 在该文中 Raymond D. Fogelson 提出了 ethno – ethnohistory 的概念并进行了相关解释。

⑦ Francis Jennings, "A Growing Partnership：Historians, Anthropologists and American Indian History", *Ethnohistory*, Vol. 29, No. 1, Winter 1982, pp. 21 – 34.

另外，克鲁克曼（Laurence Kruckman）、奎因（William W. Quinn）、伯顿（John W. Burton）、帕曼（Donald L. Parman）和普莱斯（Catherine Price）等学者的文章，也都从不同角度、不同方面涉及了 ethnohistory，并给出了相关介绍与讨论。① 在沃尔夫的专著《欧洲与没有历史的人》中，也涉及到 ethnohistory 的相关讨论。②

需要着重指出的是，耶韦特（Deborah Gewertz）和席费林（Edward Schiefflin）曾对 ethnohistory 的本质给出了一种很具影响力的解释；③ 特里杰（Bruce G. Trigger）的《民族史学：问题和前景》（Ethnohistory：Problems and Prospects）重点揭示了 ethnohistory 方法的特点，④ 特里杰的另一篇文章《民族史学：未完成的大厦》（Ethnohistory：The Unfinished Edifice）主要对 ethnohistory 的发展历程进行了回顾；⑤ 西蒙斯（William S. Simmons）的《当代民族史学中的文化理论》（Culture Theory in Contemporary Ethnohistory），揭示了 ethnohistory 在西方文化理论演变中的重要意义；⑥ 威斯康星大学历史系教

① Laurence Kruckman, "The Role of Remote Sensing in Ethnohistorical Research", *Journal of Field Archaeology*, Vol. 14, No. 3, Autumn 1987, pp. 343 – 351; William W. Quinn, Jr., "Public Ethnohistory? Or, Writing Tribal Histories at the Bureau of Indian Affairs", *The Public Historian*, Vol. 10, No. 2, Spring 1988, pp. 71 – 76; John W. Burton, "Shadows at Twilight: A Note on History and the Ethnographic Present", *Proceedings of the American Philosophical Society*, Vol. 132, No. 4, Dec. 1988, pp. 420 – 433; Donald L. Parman and Catherine Price, "A 'Work in Progress': The Emergence of Indian History as a Professional Field", *The Western Historical Quarterly*, Vol. 20, No. 2, May 1989, pp. 185 – 196.

② Eric R. Wolf, *Europe and the people without history*, Berkeley and London: University of California Press, 1982;〔美〕埃里克·R·沃尔夫:《欧洲与没有历史的人》，贾士蘅译，民主与建设出版社 2018 年版，第 20 页。

③ Deborah Gewertz & Edward Schieffelin eds, *History and Ethnohistory in Papua New Guinea*, University of Sydney Press, Sydney, 1985, p. 3.（Introduction）还可参见 Shepard Krech III, "The State of Ethnohistory", *Annual Review of Anthropology*, Vol. 20, 1991, p. 349; Shepard Krech III, "Ethnohistory", in David Levinson and Melvin Ember eds., *Encyclopedia of Cultural Anthropology*, New York: Henry Holt and Company, 1996, Volume 2, p. 424; 台湾人类学学者叶春荣主持的台北"中研院"历史人类学（Historical Anthropology）研究群网站（2004 年成立）上有关 ethnohistory 的简介。

④ Bruce G. Trigger, "Ethnohistory: Problems and Prospects", *Ethnohistory*, Vol. 29, No. 1, Winter 1982, pp. 1 – 19.

⑤ Bruce G. Trigger, "Ethnohistory: The Unfinished Edifice", *Ethnohistory*, Vol. 33, No. 3, Summer 1986, pp. 253 – 267. 这篇文章最早发表于 1985 年 11 月 9 日在伊利诺伊州的芝加哥举行的美国民族史学会第 33 届年会的会长致辞上。

⑥ William S. Simmons, "Culture Theory in Contemporary Ethnohistory", *Ethnohistory*, Vol. 35, No. 1, Winter 1988, pp. 1 – 14. 这篇文章最早发表于 1987 年 11 月 7 日在加利福尼亚州的伯克利举行的美国民族史学会第 35 届年会的会长致辞上。

授雷金纳德·霍斯曼（Reginald Horseman）《美国土著史研究的最近趋势及新动向》［该文来自杰罗姆·O·斯蒂芬编《美国的西部：新观点，新视野》（俄克拉何马大学出版社 1987 年再版）中第 5 篇论文］，对那个时代美国土著史研究的最近趋势及新动向进行总结，其中涉及 ethnohistory 研究的一些新情况。①

（五）20 世纪 90 年代以来

20 世纪 90 年代以来，出现了为数不多的归纳性和总结性讨论。最有代表性的专题研讨论文是凯琦（Shepard Krech III）的《民族史学的发展状况》（The State of Ethnohistory）② 以及他在《文化人类学百科全书》（*Encyclopedia of Cultural Anthropology*）中所撰写的词条 Ethnohistory。③

另外，在《人类学中的历史学》（History in Anthropology）中，弗宾（James D. Faubion）对科恩（Bernard S. Cohn）有关 ethnohistory 的见解进行了评价，在此基础上，揭示了 ethnohistory 与"人类学的历史化"（the historicization of anthropology）、"历史化的人类学"（an anthropology of historicization）之间的关系，指出 ethnohistory 将朝向人类学的"历史化"（historicization）方向发展。④ 在《别了，忧郁的譬喻：现代世界历史中的民族志》（Goodby to Tristes Tropes：Ethnography in the Context of Modern World History）中，萨林斯（Marshall Sahlins）对 ethnohistory 做出了重要诠释和分类，认为 ethnohistory 构成了一种新的研究范式。⑤ 日本女人类学家大贯惠美子（Emiko Ohnuki‐Tierney）在论述人类学的"历史化"（historicization）、文化概念的历史化（historicized）的时候，也涉及了 ethnohistory。⑥ 在《美洲土

---

① 〔美〕雷金纳德·霍斯曼：《美国土著史研究的最近趋势及新动向》，胡锦山译，丁则民、黄兆群校，《世界民族》1990 年第 5 期，第 27—37 页。

② Shepard Krech III, "The State of Ethnohistory", *Annual Review of Anthropology*, Vol. 20, 1991, pp. 345 – 375. 该文最早发表于 1990 年 11 月 1—4 日在加拿大安大略省首府多伦多举行的美国民族史学会第 38 届年会上。

③ Shepard Krech III, "Ethnohistory", in David Levinson and Melvin Ember eds., *Encyclopedia of Cultural Anthropology*, New York：Henry Holt and Company, 1996, Volume 2, pp. 422 – 429.

④ James D. Faubion, "History in Anthropology", *Annual Review of Anthropology*, Vol. 22, 1993, pp. 35 – 54.

⑤ Marshall Sahlins, "Goodby to Tristes Tropes：Ethnography in the Context of Modern World History", *The Journal of Modern History*, Vol. 65, No. 1, Mar. 1993, p. 1.

⑥ Emiko Ohnuki‐Tierney, "Introduction：The Historicization of Anthropology", in Emiko Ohnuki‐Tierney, ed., *Culture through time：anthropological approaches*, Stanford, Calif.：Stanford University Press, 1990, pp. 1 – 25；Emiko Ohnuki‐Tierney, "Always Discontinuous/ Continuous, and 'Hybrid' by Its Very Nature：The Culture Concept Historicized", *Ethnohistory*, Vol. 52, No. 1, Winter 2005, pp. 179 – 195；等等。

著史、民族史学与情境》（Native American History, ethnohistory, and Context）中，文德（John R. Wunder）阐述了 ethnohistory 在美洲土著史（Native American History）研究中的诸多贡献，以及美洲土著史对 ethnohistory 未来发展的重要意义。① 曾任 *Ethnohistory* 期刊主编长达 10 年之久（1998—2007）的怀特海德（Neil L. Whitehead），在他即将卸任之际（2007 年底），也曾撰文，给出了 ethnohistory 的总结性界说，认为它标志着范式的转换（shift of paradigm）。②

此外，坦纳（Helen Hornbeck Tanner）对沃格林（Erminie Wheeler – Voegelin）（美国民族史学会的重要创办人之一）的学术生涯进行了系统介绍，③ 布朗（Jennifer S. H. Brown）对"民族史学家"（ethnohistorian）的一些具体特点进行了总结，④ 迈尔斯（William F. S. Miles）对 ethnohistory 在西非的发展情况进行了介绍，⑤ 凯洛格（Susan Kellogg）、钱斯（John K. Chance）、霍克西（Frederick E. Hoxie）等学者的文章也都间或涉及了 ethnohistory。⑥ 这类相关性介绍还有很多，因篇幅所限，这里不再一一列举。

综上所述，根据以上国外学界的相关研讨，可作如下初步推断：

第一，国外学者对 ethnohistory 的研讨，显示了 ethnohistory 这种学术现象的发生发展与美国学界之间的密切关联。早在 20 世纪初，美国人类学界就开始使用 ethnohistory 一词，并对其进行诠释。20 纪 50 年代，ethnohistory

① John R. Wunder, "Native American History, ethnohistory, and Context", *Ethnohistory*, Vol. 54, No. 4, fall 2007, pp. 591 – 604.

② Neil L. Whitehead, "Editor's Introduction", *Ethnohistory*, Vol. 54, No. 4, fall 2007, pp. 581 – 582.

③ Helen Hornbeck Tanner, "Erminie Wheeler – Voegelin（1903 – 1988）, Founder of the American Society for Ethnohistory", *Ethnohistory*, Vol. 38, No. 1, Winter 1991, pp. 58 – 72. 这篇文章最早发表于 1988 年 11 月 12 日在弗吉尼亚州的威廉斯堡举行的美国民族史学会第 36 届年会上。

④ Jennifer S. H. Brown, "Ethnohistorians: Strange Bedfellows, Kindred Spirits", *Ethnohistory*, Vol. 38, No. 2, Spring 1991, pp. 113 – 123. 这篇文章最早发表于 1990 年 11 月 1—4 日在加拿大安大略省首府多伦多举行的美国民族史学会第 38 届年会的会长致辞上。

⑤ William F. S. Miles, "Colonial Hausa Idioms: Toward a West African Ethno – Ethnohistory", *African Studies Review*, Vol. 36, No. 2, Sep. 1993, pp. 11 – 30.

⑥ Susan Kellogg, "Histories for Anthropology: Ten Years of Historical Research and Writing by Anthropologists, 1980 – 1990", *Social Science History*, Vol. 15, No. 4, Winter 1991, pp. 417 – 455; John K. Chance, "Mesoamerica's Ethnographic Past", *Ethnohistory*, Vol. 43, No. 3, Summer 1996, pp. 379 – 403（这篇文章最早发表于 1995 年 11 月 4 日在密歇根州卡拉马祖举行的美国民族史学会第 43 届年会的会长致辞上）; Frederick E. Hoxie, "Ethnohistory for a Tribal World", *Ethnohistory*, Vol. 44, No. 4, Autumn 1997, pp. 595 – 615.

逐渐凸显于美国学界：不仅组建了与 ethnohistory 直接相关的专业学会——美国民族史学会（Amrerican Society for Ethnohistory）、定期召开年会，还出版了专业期刊（*Ethnohistory*），并一直延续下来。不少民族学家投身其中，一些历史学家也纷纷加盟，并展开了初步合作。相对二战前而言，既有概念方面的新讨论，也有经验层面的新研究。20 世纪 70 年代以来，ethnohistory 在美国学界日渐繁盛，有关概念讨论和实证研究越来越多。总之，美国学界是 ethnohistory 的重要发源地和主要展演舞台。

第二，国外学者对 ethnohistory 的研讨，充分说明 ethnohistory 的历史源头虽与民族学（ethnology）一样悠长，但它是一种在二战后才日渐凸显繁盛、逐渐为人们所认可和关注的学术现象。战后以来，越来越多的西方学者对它表现出了浓厚的兴趣。其中，既有学者自己的讨论，也有对其他学者讨论的综述；他们既考察 ethnohistory 在美国学界某一时期某一方面的具体表现问题（如某些具体理论、方法），也探讨 ethnohistory 的一般性总体界定问题，对 ethnohistory 进行深入反思。尽管存在争论，也不乏共识。这也充分彰显了 ethnohistory 这种历史悠长、战后勃兴的学术现象的特有学术价值。

第三，国外学者的有关研究与讨论，虽数量众多，但众说纷纭。以国外学者对 ethnohistory 的总体界说来看，就有多种不同角度以及多种不同见解：有不少学者从民族学人类学与历史学之关系的发展变化来对 ethnohistory 进行定性；也有学者将 ethnohistory 视为二战后出现的一种新的研究方法；也有少部分学者视之为二战后出现的一种新的学科；还有人将它当作二战后新的研究取向；也有学者认为它是二战后出现的一种新的研究范式（paradigm）。这种众说纷纭状况的出现，与他们多注意 ethnohistory 在美国学界某一时期某一方面（如某些具体理论、方法）的表现、忽视 ethnohistory 在美国学界发生发展的流变过程有关，与他们多从各自的学科背景出发、忽视综合研究有关。这些研究与讨论，具有明显的阶段性和过渡性，有待拓展和深入。

第四，国外学者的研讨，多就 ethnohistory 本身而展开，未能将 ethnohistory 在美国学界的演变与西方"历史人类学"的发生发展联系起来，未能发现美国民族史学在西方历史人类学中的独特地位。西方学者所揭示的 ethnohistory 的范式意义多是针对人类学或历史学而言的，未能充分看到 ethnohistory 对于历史人类学的范式建构意义。与法国年鉴史学、英国社会史学一样，美国民族史学在西方历史人类学中应有自己的一席之地。长期以来，国外学者因美国民族史学自身松散杂乱等问题对其形成了负面刻板印象，存在因瑕掩瑜、见木不见林的认知误区。

第五，ethnohistory 在美国学界的演变发展，是美国人类学与历史学之间关系变化的一种折射；无论是人类学脉络中的、还是史学脉络中的历史人类学都能在美国 ethnohistory 的演变中得到一定程度的体现。ethnohistory 在美国学界的演变，突出展示了西方历史人类学的整体发展轨迹及特点，是全面认识西方历史人类学的一个重要窗口；依托于 ethnohistory 在美国学界的演变这一具体视角来反思西方历史人类学知识传统的形成与建构，是认识纷繁杂乱、不断流变的西方历史人类学的一条重要途径，一个不可或缺的重要环节，对全面总结西方历史人类学的类型、特点和内涵有着重要助益。

第六，国外学者述评性研究中的很大一部分，与有关的实证研究一起，共同展示了 ethnohistory 在美国学界的演变，是 ethnohistory 在美国学界发展演变历程的重要组成部分。在这些述评性探讨之中，有些还带有阶段总结的性质，因此它们往往成为 ethnohistory 在美国学界发展演变的重要标志。可以说，对本课题研究而言，这些述评性研究有着特殊的参考价值。

由上可见，专题研究美国民族史学，不仅具有重要的价值和意义，同时也存在研究的空间与可能。

四　研究思路和内容

鉴于目前西方学者多从 ethnohistory 在美国学界某一时期、某一方面的表现对其进行总体界说的现状，鉴于西方学者既往提出的方法说、学科说、研究取向说、研究范式说等单一视角难以概括拥有丰富内涵、处于发展与流变之中的 ethnohistory 的缺陷，鉴于西方学者研究中未对 ethnohistory 与西方"历史人类学"之间关联进行深入考察的疏漏，笔者认为，有必要对 ethnohistory 在美国学界的孕育、凸显与繁盛进行全程系统考察，对 ethnohistory 在美国学界的源起、表现（学会期刊、理论流派、代表人物、概念内涵、经验研究、研究方法、发展趋势）、影响，进行多角度透视，揭示出其阶段性内涵、整体特征、演变轨迹与发展态势，给出有关 ethnohistory 的全面理解，给出其新的过程性的定性思考，由此反思历史人类学知识传统的形成与建构。这是目前认识和界说尚在发展过程中的 ethnohistory 的必由途径，是进一步解析西方历史人类学诸多悬疑问题的一把钥匙。另外，专题研究 ethnohistory 在美国学界孕育、凸显与繁盛的历史演变，可以为解析美国当代社会问题提供一种历史反思。

（一）研究思路

对 ethnohistory 在美国学界孕育、凸显与繁盛的发展演变历程进行专题研究，需要集中系统解决下列问题。解决这些问题的过程，即是全面深入解析美国民族史学这种学术现象的过程。

其一，ethnohistory 早在 20 世纪初即在美国民族学人类学界出现，在二战前也有一些相关的实证研究，为什么在二战后才得以凸显？二战前 ethnohistory 有何种具体表现？它与二战前占据美国民族学人类学主导的博阿斯学派之间是何种关系？

其二，二战后 ethnohistory 在美国学界的凸显与繁盛，有何具体表现？它有何种研究主题？有哪些代表性著述？概念内涵与经验研究有何特征？研究方法有何特色？美国民族学人类学、美国史学及其他相关学科在其凸显与繁盛中扮演了何种角色？相对英法等其他西方国家而言，为什么 ethnohistory 在美国学界得以突出展示？

其三，进入新世纪，美国民族史学又有哪些新的表现？将有怎样的发展走向和态势？

其四，将美国民族史学放在二战以来美国及西方学术和社会转型的宏观视野之下来审视，它有何作用和影响？如何看待其学术地位？如何研判它对西方历史人类学的推动意义？如何客观认识和评价它的社会影响？

其五，对于我国的民族史学、历史人类学等相关学科和领域而言，美国民族史学有何借鉴和启示意义？

——对这些问题的追索，相应构成了本课题研究的基本思路。据此，全文分若干章节，围绕 ethnohistory 在美国学界的百年发展演变历程这一中心重点问题（由上述分问题组成）展开研究。

（二）研究内容

本书重点关注的问题研究对象为美国民族史学：第一，美国民族史学孕育、凸显和繁盛的历史演变脉络；第二，美国民族史学发展过程中出现的代表性研究范式、人物著述、理论流派、经验研究、研究方法、概念诠释、研究述评；第三，美国民族史学的学术地位与社会影响。

全文内容由导论、正文、结语三部分组成。

导论部分，从选题、国内外研究现状、研究材料、研究方法等若干方面，对选题意义与研究的可行性进行系统论证。

正文包括五章：

第一章《美国民族史学的源起与缓慢发展（20 世纪上半叶）》揭示了 20 世纪上半叶民族史学在美国学界的源起，并对这一时期即孕育阶段其缓慢发展的学术背景与社会环境进行分析。

第二章《二战后美国民族史学的兴起（20 世纪 50—70 年代）》揭示了

二战后 20 世纪 50—70 年代美国民族史学兴起的时代背景、直接诱因和具体表现，对这一时期即凸显阶段引发其日渐凸显的各种相关因素进行分析。

第三章《美国民族史学流派的形成与分野（20 世纪 70 年代以来）》主要关注美国民族史学流派，分别对美国印第安人史研究中的民族史学流派与美国民族学人类学中的民族史学流派进行总结和揭示，呈现美国史学、美国民族学人类学在印第安人等土著族群历史研究上的不同路径、不同理论建树与不同影响，由此展示 20 世纪中期以来，尤其是 20 世纪 70 年代以来，即繁盛阶段美国民族史学"学科分野明晰"的面相。

第四章《美国民族史学核心概念内涵的流变、经验研究的拓展与当代反思》对美国民族史学历史演变所涵盖的核心概念内涵的流变、经验研究的拓展、研究范式与方法的转换与综合，以及美国学界对民族史学的当代反思进行揭示，由此展示处于不断发展演变过程之中的美国民族史学"学科交融、混杂多样"的面相及"嬗变与整合"的特点。

第五章《美国民族史学的发展历程、趋势与影响》对美国民族史学孕育、凸显与繁盛的发展历程进行回溯和总结，对美国民族史学的未来发展趋势进行初步展望，揭示美国民族史学取得的成就、面临的问题与影响。

结语部分以正文研究为基础，从二战以来美国及西方学术和社会转型的视野出发，系统总结和客观评述美国民族史学的学术地位和社会影响，归纳出一个由述而作的独特的美国民族史学新形象。同时，指出美国民族史学对于我国相关学科及领域的借鉴或启示意义。

五　研究的基本材料与研究方法

（一）研究的基本材料

作为一种活态的学术运动，作为一种复杂的社会运动，美国民族史学主要由美国民族史学百年发展中出现的代表性学术著述和相关文献展示出来。本文的研究材料和解读对象即为美国民族史学百年发展中出现的代表性学术著述和相关文献。

本文的基本研究材料主要包括以下几类：第一，自 1954 年创刊以来，*Ethnohistory* 期刊所刊载的代表性文章（主要包括经验研究类和史实介绍类等两大类）；第二，20 世纪上半叶以及二战以来，美国民族学人类学家有关 ethnohistory 的代表性经验研究（*Ethnohistory* 期刊之外的文章和著作）；第三，二战以来美国历史学家有关 ethnohistory 的代表性经验研究（*Ethnohistory*

期刊之外的文章和著作）；第四，西方学者对 ethnohistory 所做的述评性讨论。①

（二）研究方法

研究的内容、类型将决定研究的方法。② 本文采取了与研究内容、类型相符合的方法：

第一，以文献研究为主，以与国内外有关专家学者进行访谈、交流和讨论为辅。这主要是由本文的解读对象——美国民族史学百年发展中出现的代表性学术著述和相关文献——所决定的。

第二，坚持历史与逻辑相统一的原则和方法。ethnohistory 在美国学界如何产生、怎样发展，本文就力求在现有条件下，在尽可能全面占有代表性材料的基础上，"如实客观"地把它描述和揭示出来，努力向它的"真实"原貌靠近。

第三，采用跨文化比较的方法。"研究外国史的学者，不仅要面对时空的制约，还要突破文化的隔膜，具备'跨文化的同情'，才能向理解的方向前进"。③ 对处于不同语境、不同文化、不同学术传统中的学术思想进行研究和讨论，跨文化比较的方法是必不可少的。

第四，概述与专题研究、概述与典型个案相结合。对美国学界中 ethnohistory 的百年发展历程进行全面揭示和解析，将涉及众多学者的著述，将面对众多的人物、活动和事件。为了"如实客观"地对此进行反映及准确把握，既需要粗线条勾勒出其发展脉络和轮廓，同时又需要抓住其中的关键，突出重点。

另外，注意采用历史研究与结构分析相统一的方法，在历时考察中结合横向结构剖析；注意辩证地看待问题，从对立统一的两方面对同一事物进行分析；还注意参考西方学者和中国学者的有关研究成果，并加以细致梳理和

---

① 除了这些基本材料之外，本文还利用了一些相关联的辅助材料，所有材料（分为研究的基本材料、研究的辅助材料两大类），详见文后参考文献。这些材料，主要通过中国社会科学院院图书馆、民族所图书馆、北京大学图书馆、国家图书馆、台北"中研院"图书馆来查阅和获取，以及从国外期刊网上（主要利用 Jstor 等数据库）下载。在从台北"中研院"图书馆查阅和获取资料的过程中，台北"中研院"民族所前所长黄应贵研究员以及中国社会科学院民族所何星亮研究员提供了重要帮助，特此鸣谢！由于条件所限，一些与美国民族史学相关的更为基础性的档案原始材料本文并未涉及，这是本文的一个缺憾。

② 何星亮：《中西学术研究之异同》，《社会科学管理与评论》2003 年第 3 期，第 15—28 页；《略说学术研究的类型》，《中国社会科学院院报》2005 年 3 月 15 日；《文化人类学：调查与研究方法》，中国社会科学出版社 2017 年版。

③ 李剑鸣：《历史学家的修养和技艺》，上海三联书店 2007 年版，第 304 页。

有机吸纳。

六　研究的难点、主要创新点与意义

ethnohistory 在美国学界的演变，所经历的时间跨度大，涉及的研究材料（包括述评性材料）不仅繁多，而且分散零乱，这种状况掩盖着其发生发展的真实原貌。只有充分占有、合理遴选和深入分析材料，才能发掘并厘清研究线索。另外，要对处于不同语境、不同文化、不同学术传统中的学术思想进行客观介绍和评析，存在一个思维及表达转换的问题，需要大量的翻译、阐释与解读工作。再者，对交叉学科中生存发展的 ethnohistory 进行全面深入解析，还相应要求具有相对广阔的学术视野以及一定的跨学科知识背景和理论背景。这些都是课题研究中必须面对的难点所在。

另外，由于美国民族史学主要由美国民族学人类学的"历史化"和美国史学的"人类学转向"来表征，因此课题研究过程中容易陷入"要不断强化民族史学的知识论和方法论，同时要不断弱化人类学和历史学的相关知识论与方法论"的复杂纠结之中。本文需要妥善处理美国民族史学、美国民族学人类学、美国史学之间的关系，并由此力图展示出独特的美国民族史学形象，建构出独特的美国民族史学知识，揭示出独特的美国民族史学问题意识和历史意识。这也是课题研究的一个难点。①

需要指出的是，由于客观条件②及研究能力的局限，本课题是参考借鉴西方学者的相关研究，结合自己的专题研究的一种综合之作，是一种"述和作"的综合。这种"述和作"的综合，也可理解为在现有主客观条件下中国学者完成外国史研究课题的一种"权宜性变通"。另外，本课题亦属于外国史学史研究范畴，"述"的内容自然会相对更为丰富。因此，合理把握"述"和"作"的关系，实现"以述为作""由述转作""由述而作"，既是课题研究不可回避的难点，也是课题研究的努力方向。③

诚如美国史研究专家李剑鸣所言，目前国内的外国史研究整体上处于以"述"为主的阶段，④ 但是，"外国史研究者如果借助本土文化的底蕴和独特的现实关怀，完全可能找到不同的视角，提出新的见解，做出新的阐释，也

---

① 此处部分吸纳了国家社科基金匿名评审专家的审读意见，特此鸣谢！
② 例如，研究中涉及的材料，大多能够找到，但也面临着一些重要的一手研究材料难以寻觅的困境。
③ 结语对此问题展开进一步的论述。
④ 李剑鸣：《历史学家的修养和技艺》，上海三联书店 2007 年版，第 234 页。

就是所谓'发人之覆'和'推陈出新'。这是中国学者研究外国史的优长所在"。① 对难点的尝试性突破，相应构成了本课题的主要创新点，体现了本课题研究的意义：

"美国民族史学"（American ethnohistory）既是本书锁定的问题研究对象，也是展开研究的核心分析工具。本书力图展示一个由述而作的"美国民族史学"。

本书基于民族史学（ethnohistory）在美国学界的发展和演变，从历史学、民族学人类学两个学科发展脉络出发，在一个以民族学人类学学科知识与方法论为主体、② 兼顾史学学科知识与方法论的复述中，从宏观到细部，建构出一个独特的美国民族史学新形象、一个活态的西方历史人类学嬗变类型。这既是美国史研究的一种新尝试，也是西方历史人类学研究的一种新尝试。

本书突破了以往西方历史人类学研究中的"单一学科视角"（单一的西方史学脉络或者单一的西方人类学脉络，尤其是过于关注和强调法国年鉴学派、英美社会文化史等单一的西方史学脉络）和"抽象的理论事实认知模式"（视西方历史人类学为一个抽象的理论事实总体），拓宽了西方历史人类学研究的路径和视野，为西方历史人类学研究提供了新的学术支点，对于国内学界进一步深入理解西方历史人类学的历史演变，以及深入理解美国及西方民族学人类学、史学的学科发展史和最新动态具有积极意义，对于推动我国的世界史、外国史、美国史、史学史、史学理论、历史人类学、民族史学及世界民族研究等相关领域的学科建设也有一定的助益。

本书基于美国史学、美国人类学双重学科视角，系统揭示美国民族史学孕育（"民族学人类学附庸"阶段）、凸显（"学会期刊"阶段）和繁盛（"民族史学流派"阶段）的百年历史演变，全面总结美国民族史学发展过程中出现的代表性的研究范式、人物著述、理论流派、经验研究、研究方法、概念诠释、研究述评，客观评价美国民族史学的学术地位和现实影响，不仅试图冲刷学界因美国民族史学自身存在的一些不足而形成的低估乃至漠视其学术地位的传统认知误区和刻板印象，重塑美国民族史学在西方历史人类学中的特有地位，彰显美国民族史学在历史人类学知识传统形成与建构中的特殊意义，而且尝试展示美国民族史学的"族裔政治"特性及与"多元文化主义"之间的复杂关联，对白人中心论不断解构、白人极端主义复燃的"悖论"的美国历史和社会进行揭示，为认识美国历史和社会及其自我认知提供一种新的历史反思路径。

---

① 李剑鸣：《历史学家的修养和技艺》，上海三联书店 2007 年版，第 232 页。
② 此处部分吸纳了国家社科基金匿名评审专家的审读意见，特此鸣谢！

第一章 美国民族史学的源起与缓慢发展
（20世纪上半叶）

　　本章揭示了 20 世纪上半叶民族史学在美国学界的源起，并对这一时期即孕育阶段其缓慢发展的学术背景与社会环境进行分析。

　　不少西方学者认为，ethnohistory 不是一种新的研究方法或研究领域。实际上，它与民族学学科本身的历史一样久远。早在民族学肇始的 19 世纪，一些学者就开始利用档案证据来帮助解释民族志或考古学材料。二战以来，所谓从事 ethnohistory 研究的学者们逐渐对自己的工作有了自我认识，ethnohistory 研究得以强化。这些学者有意识地研究土著族群的变化，或者批判性地意识到"出于民族志的目的而使用历史证据"。ethnohistory 研究的意义是逐渐显示出的，二战后 ethnohistory 才称得上是一个相对新的学术现象。①"不管研究者的学术背景是来自民族学，还是来自历史学，都会承认这一点。"② 上述见解有一定的代表性，已基本上为西方学界所认可。

　　在西方民族学人类学肇始之初的理性—进化论时期（19 世纪 50—90 年代），③ 就有很多西方学者，如麦克伦南（J. F. McLennan）、巴霍芬（J. J. Bachofen）、摩尔根（L. H. Morgan）、泰勒（E. B. Tylor）和梅特兰（F. W. Maitland）等，对异域族群文化史研究表现出兴趣。他们既是民族学

---

① 民族学家卢里（Nancy Oestreich Lurie）有这样的见解，参见 Nancy Oestreich Lurie, "Ethnohistory: An Ethnological Point of View", *Ethnohistory*, Vol. 8, No. 1, Winter 1961, p. 79, p. 89。历史学家特里杰（Bruce G. Trigger）和詹宁斯（Francis Jennings）也持相近的观点，参见 Bruce G. Trigger, "Ethnohistory: Problems and Prospects", *Ethnohistory*, Vol. 29, No. 1, Winter 1982, pp. 2 – 3; Francis Jennings, "A Growing Partnership: Historians, Anthropologists and American Indian History", *Ethnohistory*, Vol. 29, No. 1, Winter 1982, p. 23.

② Ronald Spores, "Ethnohistory in Middle Age: An Assessment and a Call for Action", *Ethnohistory*, Vol. 25, No. 3, Summer 1978, p. 200.

③ 张海洋：《文化理论轨迹》，载庄孔韶主编：《人类学通论》，山西教育出版社 2004 年版，第 39—43 页。

人类学的开创者，也是 ethnohistory 研究的先驱。① 在美国，ethnohistory 研究至少可以追溯到摩尔根时代。② 作为美国及西方民族学人类学的主要奠基人，摩尔根在其名著《古代社会》（1877 年出版）中，援引了大量历史纪录，通过考察氏族的历史、亲属制度及婚姻家庭的历史，对原始社会历史进行了分期，以人类心智的一致性解释了文化发展的普同性，以具有欧洲文化中心主义色彩的单线进化论诠释了历史上的文化变迁。③ 摩尔根等 19 世纪民族学人类学先驱们所做的早期探索，对 20 世纪上半叶 ethnohistory 在美国学界的孕育及二战后的凸显，具有筚路蓝缕、开启山林的重要意义。

第一节　ethnohistory 在美国学界的源起及其表现

美国民族学人类学界是 ethnohistory 的重要发源地。"20 世纪 30—50 年代的民族史（ethnohistory）研究，本来就是人类学的领域"。④

一　原初使用

早在 20 世纪之初，美国民族学人类学界就已经出现 ethnohistory 的"足迹"。较早论述 ethnohistory 一词的，当推美国民族学人类学家博阿斯（Franz Boas）的学生威斯勒（Clark Wissler）。⑤

1909 年，威斯勒在引介考古学系列报告《大纽约和哈德逊河下游的印第安人》时，涉及了"ethno – historical"，并进行了论述："从整体上而言，一般的史前文化重构，所依靠的就是所获得的 ethno – historical 数据和考古学数据的联合，但是，这种方法被证明是徒劳的，因为它没有找到古代的地方

① James D. Faubion, "History in Anthropology", *Annual Review of Anthropology*, Vol. 22, 1993, p. 42.

② Karl H. Schwerin, "The Future of Ethnohistory", *Ethnohistory*, Vol. 23, No. 4, Autumn 1976, p. 323.

③ 参见〔美〕路易斯·亨利·摩尔根《古代社会》，杨东莼等译，商务印书馆 1981 年版。

④ 张小军:《历史的人类学化与人类学的历史化：兼论被史学"抢注"的历史人类学》，《历史人类学学刊》第 1 卷第 1 期，2003 年 4 月，第 1—2 页。

⑤ David A. Baerreis, "The Ethnohistoric Approach and Archaeology", *Ethnohistory*, Vol. 8, No. 1, Winter 1961, pp. 48 – 49; Shepard Krech III, "The State of Ethnohistory", *Annual Review of Anthropology*, Vol. 20, 1991, p. 347; Shepard Krech III, "Ethnohistory", in David Levinson and Melvin Ember eds., *Encyclopedia of Cultural Anthropology*, New York: Henry Holt and Company, 1996, Volume 2, p. 423.

证据，也没有指示出继承下来的或当今的文化类型。"①

威斯勒所论述的"ethno‑historical"，关涉的是一种研究方法类型，即由曾经长住某一地区的族群的相关民族志之重构组成，并力求将文化数据整合进历史叙述之中。它体现了纽约地区印第安族群研究中的一种方法论特色——利用整合到早期历史叙述中的民族学数据和考古挖掘数据，来建构一个有关原始文化的综合描述。② 换言之，威斯勒所论及的"ethno‑historical"，就是"纪实"档案（documentary）的同义语。这种档案并不是由当地土著族群提供的。这种研究，无论是对当时的民族学人类学家还是史学家，都是一样的，即主要利用档案资源来讨论"他者"（这里主要指以北美印第安人为代表的原始土著族群）的过去。③

总之，20世纪初的 ethnohistory，代表的是一种研究类型：利用并不是由当地土著提供的、并不充裕的档案资源和考古材料来研究北美印第安族群的过去，重建其史前文化。除与民族学人类学有着不可分割的联系外，与考古学也有一定的关联，与原始族群史前文化的重构息息相关。"'ethnohistory'既是民族志的附庸、也是考古学的侍女"，④ "ethnohistory 主要由北美的民族学人类学研究来体现，处于它的孕育阶段"。⑤ 由于威斯勒等美国民族学人类学家对其并不赞赏，此类研究未能在当时的美国民族学人类学界获得充分的发展。

二　发展概况

从20世纪初到二战，以斯旺顿（John R. Swanton）、狄克逊（Roland B. Dixon）、斯特朗（William Duncan Strong）、斯佩克（Frank G. Speck）、斯图尔德（Julian H. Steward）、芬顿（William N. Fenton）等为代表的一些为数不多的美国人类学民族学家，使用档案材料来重构印白接触前北美印第安部

---

① Clark Wissler ed., *The Indians of Greater New York and the Lower Hudson*, Anthropological Papers, American Museum of Natural History, Vol. 3. New York, 1909, p. xiii.（Introduction）同时，可参见 David A. Baerreis, "The Ethnohistoric Approach and Archaeology", *Ethnohistory*, Vol. 8, No. 1, Winter 1961, pp. 48–49.

② David A. Baerreis, "The Ethnohistoric Approach and Archaeology", *Ethnohistory*, Vol. 8, No. 1, Winter 1961, pp. 49–50.

③ Shepard Krech III, "The State of Ethnohistory", *Annual Review of Anthropology*, Vol. 20, 1991, p. 347.

④ John K. Chance, "Mesoamerica's Ethnographic Past", *Ethnohistory*, Vol. 43, No. 3, Summer 1996, p. 380.

⑤ John K. Chance, "Mesoamerica's Ethnographic Past", *Ethnohistory*, Vol. 43, No. 3, Summer 1996, p. 380.

族社会的过去，表现出对档案材料、土著历史重构的浓厚兴趣，继承并进一步彰显了与 1909 年威斯勒对 ethnohistory 所做论述相近的研究旨趣。二战前 ethnohistory 的"星星之火"，虽然微弱，但也一直在美国民族学人类学界中延续和发展。

1914 年，斯旺顿和狄克逊在《美国人类学家》（*American Anthropologist*）上发表文章《美洲土著史》（Primitive American History），展示了相关研究，提示了这种研究的重要价值。①

在 1922、1946 年，斯旺顿（John R. Swanton）分别出版了《克里克印第安人及他们的邻居的早期历史》（*Early History of the Creek Indians and Their Neighbors*）、《美国东南部的印第安人》（*The Indians of the Southeastern United States*），研究了美国东南部印第安人的历史；1928 年，斯佩克（Frank G. Speck）出版了《马萨诸塞的万帕诺亚格人与瑙塞特印第安人的版图划分与边界》（*Territorial Subdivisions and Boundaries of the Wampanoag，Massachusetts and Nauset Indians*），研究了美国东北部的部族史。斯旺顿和斯佩克将田野工作放在部族遗迹存在的地区，大量使用了范围广泛的档案材料。②

1931 年，斯旺顿（John R. Swanton）的《乔克托印第安人的社会和仪式生活的材料来源》（*Source Material for the Social and Ceremonial Life of the Choctaw Indians*）是这一时期 ethnohistory 研究的重要代表作。③

1940 年，旨在"献给斯旺顿"的北美"历史人类学"系列论文（*Essays in Historical Anthropology of North America in Honor of John R. Swanton*，由史密森研究院 Smithsonian Institution 出版）成为 ethnohistory 研究中最为清晰的早期案例：芬顿的文章《问题源自历史上的易洛魁东北部驻留》（Problems Arising from the Historical Northeastern Position of the Iroquois）使用 17 世纪和 18 世纪的文献来追溯易洛魁人（Iroquois band）的定居和迁移；斯特朗的文章《从历史到史前的北部大平原地区》（From History to Prehistory in the Northern Great Plains）证明了档案材料可以与考古学数据一起使用，从而提供了一种持续性的从现在到特殊地点的过去的记录；斯图尔德的文章《大盆地地区的

---

① John R. Swanton and Roland B. Dixon, "Primitive American History", *American Anthropologist*, New Series, Vol. 16, No. 3, Facts and Problems of North American Anthropology 1, Jul. – Sep. 1914, pp. 376 – 412.

② Bernard S. Cohn, "Ethnohistory", in David L. Sills ed., *International Encyclopedia of the Social Sciences*, New York: The Free Press, 1968, Volume 5, p. 442.

③ Robert C. Euler, "Ethnohistory in the United States", *Ethnohistory*, Vol. 19, No. 3, Summer 1972, pp. 202 – 203.

土著文化》［Native Cultures of the Intermontane（Great Basin）Area］研究了大盆地（Great Basin）社会，与生态学、历史学、考古学和民族志联系在一起，考察的是结构和文化过程。①

需要着重指出的是，上面提到的斯特朗，是在具有"反历史"倾向（即忽视土著历史重构）的博阿斯学派传统中来接受学术训练的。但是，在他继博阿斯和林顿（Ralph Linton）成为哥伦比亚大学人类学系主任后，对前辈开创的"反历史"传统进行了批判。与博阿斯学派相比较，斯特朗等人的突出贡献在于，使用"直接的历史方法"（direct historical approach），将史前文化单元与北美大平原的现代族群联系起来。这种研究方式，深深影响和促进了美国民族学人类学家将民族志、历史学、考古学中获得的数据在文化史重构中连接起来的意图，② 进一步彰显了 20 世纪初 ethnohistory 的研究旨趣。

20 世纪 30—40 年代，从事 ethnohistory、ethnoarchaeology 等类研究的人员依然有限，且依然集中在少数民族学人类学家之中。国家档案（the National Archives）的建立，为更大范围开展美国印第安族群历史的研究，以及拓展 ethnohistory 研究空间创造了条件。但是，这些研究在一开始都面临困难，浪费了很多时间和经费。③

美国史学家开始关注族群问题、对北美印第安族群进行专题研究，也多集中在二战后，主要包括编年史研究、族群史研究、殖民地时期东南部印第安人研究、史料研究、新英格兰地区印—白关系研究等几大类。④

整体来看，就二战前的美国人类学界和史学界而言，ethnohistory 既非一个引人注目的学术概念，也不是一种值得重视的学术现象。尽管如此，它作为美国学者开始关注哥伦布时代之前印第安人历史的一种重要体现，作为民族学、史学与考古学相结合的"史前史"（prehistory）研究的一种典型例证，当属英国历史学家杰弗里·巴勒克拉夫（Geoffrey Barraclough）在《当前史

① Bernard S. Cohn, "Ethnohistory", in David L. Sills ed., *International Encyclopedia of the Social Sciences*, New York: The Free Press, 1968, Volume 5, p. 442.

② Robert C. Euler, "Ethnohistory in the United States", *Ethnohistory*, Vol. 19, No. 3, Summer 1972, p. 203.

③ Fred Eggan, "Some Anthropological Approaches to the Understanding of Ethnological Cultures", *Ethnohistory*, Vol. 8, No. 1, Winter 1961, p. 6.

④ Wilcomb E. Washburn, *The Indian in America*, New York: Harper Colophon Books, 1975, pp. 277 – 288, p. 283.

学主要趋势》中所称的"历史研究领域扩大中最重要的方面"。①

三　主要特征

（一）运用"直接的历史方法"

二战前，上述"档案研究"（利用档案材料等直接的历史证据来研究土著的过去）的旨趣，多在于建立考古学联合体（archaeological complexes）或考古学地点（archaeological sites）中的族群确认（ethnic identity）上，以尽可能从年代学上确认这些族群。基于此，从事此类研究的学者们，如芬顿、斯图尔德和斯特朗等美国民族学人类学家，一般都强调所谓"直接的历史方法"（direct historical approach）。这种方法，也被称为溯流而上（from the present back into the past）的方法，②或"历史民族志"（historical ethnography）方法。③

20 世纪上半叶处于孕育阶段的 ethnohistory，在研究方法上主要体现在对档案感兴趣的民族学家即"历史民族学家"（historical ethnologist）或"民族史学家"（ethno‐historian）④与考古学家在史前文化研究中所用技术的联合上，体现在"直接的历史方法"的运用上。⑤这种特殊的研究方法方式，与当时占民族学人类学主流的现在时田野调查方法有着明显的不同，是孕育阶段 ethnohistory 的主要表现形式和重要特征。

在对北美大平原地区进行民族志研究的过程之中，博阿斯学派的成员，如威斯勒等人，主要以一种单调的现在时视角对待平原文化。对他们来说，似乎不能获得历史资源。在数据的收集和描述方面，他们也往往不参考早期

---

① 〔英〕杰弗里·巴勒克拉夫：《当代史学主要趋势》，杨豫译，北京大学出版社 2006 年版，第133 页。

② Fred Eggan, "Some Anthropological Approaches to the Understanding of Ethnological Cultures", *Ethnohistory*, Vol. 8, No. 1, Winter 1961, p. 6.

③ Robert M. Carmack, "Ethnohistory: A Review of Its Development, Definitions, Methods, and Aims", *Annual Review of Anthropology*, Vol. 1, 1972, pp. 238 – 239; Shepard Krech III, "Ethnohistory", in David Levinson and Melvin Ember eds., *Encyclopedia of Cultural Anthropology*, New York: Henry Holt and Company, 1996, Volume 2, p. 424; Shepard Krech III, "The State of Ethnohistory", *Annual Review of Anthropology*, Vol. 20, 1991, p. 348.

④ 在这一时期，对档案感兴趣的民族学家，就是"历史民族学家"（historical ethnologist）或"民族史学家"（ethno‐historian）。historical ethnology 与 ethnohistory 之间，以及 historical ethnologist 与 ethno‐historian 之间在这一时期没有严格区别。参见 Harold E. Driver, "Ethnology (Historical Ethnology)", in David L. Sills ed., *International Encyclopedia of the Social Sciences*, New York: The Free Press, 1968, Volume 5, pp. 179 – 181.

⑤ William N. Fenton, "Field Work, Museum Studies, and Ethnohistorical Research", *Ethnohistory*, Vol. 13, No. 1/2, Winter – Spring 1966, p. 71.

的相似的民族学"标本"。① 在芬顿（William N. Fenton）看来，虽然时间跨度很大，但是依然能从一些长者口中得到关于关键"标本"的一些额外历史数据，这将有助于研究者的田野工作。② 芬顿还认为，必须把注意力限制在对社会的描述性整合（descriptive integrations）之中，以之为框架，来组织丰富的历史和民族志文献，其中涵盖了建构起来的主要文化模式的时间维度和空间关系。这种档案文献，即，直接的历史证据，对于欧洲、亚洲和北美新世界等许多社会的历史而言，是存在的。③ 这也是"直接的历史方法"（Direct Historical Approach）名称的由来。

二战前，最早把"直接的历史方法"应用于田野的建议来自尤尔斯（John C. Ewers）。他发展出一种技术，即应用早期的民族学"标本"，作为从信息员那里引出历史信息和检查传统记录的工具。④

这种方法，开始大范围运用于北美印第安等土著族群地区，主要出现在纳尔逊（Nelson）对新墨西哥一个叫作 Galisteo 的地方之遗迹的相关研究之中（这项研究以斯旺顿研究东南印第安人的名义出现），以及在斯特朗和韦德尔（Wedel）对平原地区印第安人的研究中。⑤

这种方法被多样化运用，则集中体现在二战前斯佩克、斯旺顿、韦德尔、芬顿、库珀（Cooper）、斯特朗、斯图尔德等人的相关研究和作品中。⑥

斯佩克直观地应用该方法于破碎不完整的文化之中，即由访谈对象对现在功能社会的描述追溯到访谈对象释放朦胧的文化记忆；⑦ 斯佩克还应用该方法，结合他的东部民族志知识，对阿尔冈琴语系文化模式进行深入研究，唤醒了印第安老人对其童年的模糊记忆。⑧

---

① William N. Fenton, "The Training of Historical Ethnologists in America", *American Anthropologist*, New Series, Vol. 54, No. 3, Jul. – Sep. 1952, p. 335.

② William N. Fenton, "The Training of Historical Ethnologists in America", *American Anthropologist*, New Series, Vol. 54, No. 3, Jul. – Sep. 1952, p. 335.

③ William N. Fenton, "The Training of Historical Ethnologists in America", *American Anthropologist*, New Series, Vol. 54, No. 3, Jul. – Sep. 1952, pp. 329 – 330.

④ William N. Fenton, "The Training of Historical Ethnologists in America", *American Anthropologist*, New Series, Vol. 54, No. 3, Jul. – Sep. 1952, p. 335.

⑤ William N. Fenton, "The Training of Historical Ethnologists in America", *American Anthropologist*, New Series, Vol. 54, No. 3, Jul. – Sep. 1952, p. 333.

⑥ William N. Fenton, "The Training of Historical Ethnologists in America", *American Anthropologist*, New Series, Vol. 54, No. 3, Jul. – Sep. 1952, p. 333.

⑦ William N. Fenton, "The Training of Historical Ethnologists in America", *American Anthropologist*, New Series, Vol. 54, No. 3, Jul. – Sep. 1952, pp. 333 – 334.

⑧ William N. Fenton, "The Training of Historical Ethnologists in America", *American Anthropologist*, New Series, Vol. 54, No. 3, Jul. – Sep. 1952, p. 334.

对印第安人的研究，能与斯佩克的研究能力相媲美的是斯旺顿。包括他的名著《美国印第安人手册》（*Handbook of American Indians*）在内，斯旺顿的著作均堪称"直接的历史方法"的典范。① 斯旺顿运用这种方法主要研究了北美东南地区的印第安人。②

针对考古学而言，"直接的历史方法"的最清晰表现，就是韦德尔对北美平原地区波尼族印第安人（Pawnee）的研究。③

芬顿在对六个易洛魁民族（the Six Nations④）即易洛魁诸部族（易洛魁联盟）的政治史收集材料时，也使用了这种方法。⑤

斯特朗采用该方法研究了北美平原地区，⑥ 通过分析历史档案文献，从已知到未知，将已知的北美大平原现代族群与未知的史前文化单元联系起来。⑦

斯图尔德利用此方法研究了美国大盆地社会（Great Basin）。⑧

总之，在这一时期，尽管习惯于现在时田野调查的民族学家对"直接的历史方法"心存疑虑，但还是在尝试使用它，尤其是将这种方法应用在拥有深厚历史传统的土著人群之中。对于北美地区而言，斯图尔德（Julian H. Steward）在20世纪40年代早期就曾说过，"直接的历史方法"大量应用于美国西南、东北、大平原（Great Plains）和东南部等土著文化地区。这种方法的使用范围，后来日益扩大，逐渐扩展至如中美洲、伊斯兰非洲、西部

---

① William N. Fenton, "The Training of Historical Ethnologists in America", *American Anthropologist*, New Series, Vol. 54, No. 3, Jul. – Sep. 1952, p. 334.

② William N. Fenton, "Field Work, Museum Studies, and Ethnohistorical Research", *Ethnohistory*, Vol. 13, No. 1/2, Winter – Spring, 1966, p. 71.

③ William N. Fenton, "The Training of Historical Ethnologists in America", *American Anthropologist*, New Series, Vol. 54, No. 3, Jul. – Sep. , 1952, p. 334.

④ 1750年左右，奥奈达族、辛尼加族、翁那达加族、开犹加族、摩和克族的易洛魁人五大部族组成"易洛魁联盟"。在1752年，北卡罗来纳的属易洛魁部族的塔斯卡罗拉族被英国人驱逐到北部，也加入"易洛魁联盟"。易洛魁诸部族在美国史上一般被称为"六大族"。参见〔美〕弗雷德里克·杰克逊·特纳《边疆在美国历史上的重要性》，黄巨兴译、张芝联校，载杨生茂编：《美国历史学家特纳及其学派》，商务印书馆1984年版，第17页（译者注）。

⑤ William N. Fenton, "The Training of Historical Ethnologists in America", *American Anthropologist*, New Series, Vol. 54, No. 3, Jul. – Sep. , 1952, p. 335.

⑥ William N. Fenton, "Field Work, Museum Studies, and Ethnohistorical Research", *Ethnohistory*, Vol. 13, No. 1/2, Winter – Spring, 1966, p. 71.

⑦ Robert C. Euler, "Ethnohistory in the United States", *Ethnohistory*, Vol 19, No. 3, Summer 1972, p. 203.

⑧ Bernard S. Cohn, "Ethnohistory", in David L. Sills ed. , *International Encyclopedia of the Social Sciences*, New York: The Free Press, 1968, Volume 5, p. 442.

非洲和湖间非洲（Interlacustrine Africa），以及波利尼西亚群岛，即中太平洋群岛，包括夏威夷、汤加、萨摩亚群岛等地。①

1942 年，根据有关的经验研究作品，斯图尔德对"直接的历史方法"进行了系统总结。他认为，在方法论上讲，"直接的历史方法"涉及了从已知到未知、从现在到史前的基本逻辑，即溯时间之流而上（upstreaming，backward in time）。它有三个特征：其一，明确历史阶段；其二，确定文化丛结（cultural complexes）；其三，溯流而上至前史学阶段。此与一般史学研究的朝向相反，因为史学研究一般是从古到今来编年叙述，即以古知今。②

在赖特（J. V. Wright）看来，1942 年斯图尔德（Julian H. Steward）的界定，即人类学对"直接的历史方法"的界定，具有很大的灵活性，以容纳广泛的数据、不同的分析性技术、不同的学科导向和多样的研究目的。其中，在多样的研究目的中，人类学家的中心目的在于文化史重构。尽管有很多的学科支持了这种"直接的历史方法"，但赖特认为，只有三种方法——考古学方法、ethnohistory 方法和民族学方法——是基本的，对文化史重构做出了重要贡献。③ 考古学的贡献，在于提供史前文化记录以及各种分析的方式和手段；ethnohistory 展示的是多样的书面档案材料；民族学则依靠描写活文化来推断（extrapolations）其祖先文化（祖先文化由考古学和 ethnohistory 来描述）。④"直接的历史方法"，需要考古学、ethnohistory、民族学的合作，需要具有不同学科背景的学者之间的联合，只有如此，才能克服学科间的偏见，用最少的材料开发出最大的效能。⑤

芬顿（William N. Fenton）认为，"直接的历史方法"，也就是"溯流而上"（upstreaming，是芬顿从 Sir Flinders Petrie 那里借来的概念）的方法，即，在本质上，依靠把现在与早期的文化模式用直接的序列联系起来，使用存在于活文化中的文化模式来重新解释早期文化及过程，从已知的现在回溯

---

① Robert M. Carmack, "Ethnohistory: A Review of Its Development, Definitions, Methods, and Aims", *Annual Review of Anthropology*, Vol. 1, 1972, p. 234.

② David A. Baerreis, "The Ethnohistoric Approach and Archaeology", *Ethnohistory*, Vol. 8, No. 1, Winter 1961, p. 51; J. V. Wright, "The Application of the Direct Historical Approach to the Iroquois and the Ojibwa", *Ethnohistory*, Vol. 15, No. 1, Winter 1968, p. 96; Julian H. Steward, "The Direct Historical Approach to Archaeology", *American Antiquity*, Vol. 7, 1942, p. 337.

③ J. V. Wright, "The Application of the Direct Historical Approach to the Iroquois and the Ojibwa", *Ethnohistory*, Vol. 15, No. 1, Winter 1968, p. 96.

④ J. V. Wright, "The Application of the Direct Historical Approach to the Iroquois and the Ojibwa", *Ethnohistory*, Vol. 15, No. 1, Winter 1968, p. 97.

⑤ J. V. Wright, "The Application of the Direct Historical Approach to the Iroquois and the Ojibwa", *Ethnohistory*, Vol. 15, No. 1, Winter 1968, p. 108.

（backwards）未知的过去。① 这种文化史重构，在芬顿看来，需要四种基本学科——考古学、ethnohistory、民族学和语言学（涉及每种特殊的研究可能会仅限于其中的某种学科）。成功的方法在于它们之间的合作，而少有某项研究能同时跨越上述学科，多是各有侧重。②

斯特蒂文特（William C. Sturtevant）指出，ethnohistory 研究的重要源泉之一，在于北美考古学家从事的所谓"直接的历史方法"——使用历史档案证据把考古学地点和现在已知族群统一起来，将考古学序列的上端和历史学和民族志数据联系起来，依靠把历史学、考古学和民族志数据联合起来生产一种针对晚近考古学时期的"历史民族志"（historical ethnographies），经由对早期遗址的考察，从已知的现在回溯过去，溯时间之流而上（upstreaming; backward in time）。③ 这种所谓"溯流而上"（upstreaming）的方法，用当代的民族志数据来批评和解释先前的文化，其重要关怀之一即在于纠正前辈观察中可能具有的文化偏见。④ ethnohistory 的出现及"直接的历史方法"的运用，依赖于离开了田野调查的人类学家对异域文化的描写，是一种局部的回归——回归到"书斋"民族学时期的前田野调查阶段。其意义在于，对解决文化偏见、种族中心论有帮助。而检查前辈留下的可能拥有文化偏见的档案材料，是 ethnohistory 的重要关怀，也是对历史学家的修正和完善。⑤

此外，钱斯（John K. Chance）⑥、卡马克（Robert M. Carmack）⑦、阿克

① William N. Fenton, "Ethnohistory and Its Problems", *Ethnohistory*, Vol. 9, No. 1, Winter 1962, p. 12.

② William N. Fenton, "Field Work, Museum Studies, and Ethnohistorical Research", *Ethnohistory*, Vol. 13, No. 1/2, Winter – Spring 1966, pp. 71 – 72.

③ William C. Sturtevant, "Anthropology, History, and Ethnohistory", *Ethnohistory*, Vol. 13, No. 1/2, Winter – Spring 1966, p. 9.

④ William C. Sturtevant, "Anthropology, History, and Ethnohistory", *Ethnohistory*, Vol. 13, No. 1/2, Winter – Spring 1966, p. 14.

⑤ William C. Sturtevant, "Anthropology, History, and Ethnohistory", *Ethnohistory*, Vol. 13, No. 1/2, Winter – Spring 1966, p. 13.

⑥ John K. Chance, "Mesoamerica's Ethnographic Past", *Ethnohistory*, Vol. 43, No. 3, Summer 1996, p. 380.

⑦ Robert M. Carmack, "Ethnography and Ethnohistory: Their Application in Middle American Studies", *Ethnohistory*, Vol. 18, No. 2, Spring 1971, p. 130, 136; Robert M. Carmack, "Ethnohistory: A Review of Its Development, Definitions, Methods, and Aims", *Annual Review of Anthropology*, Vol. 1, 1972, p. 238.

斯特尔（James Axtell）[1] 等学者，也有相近的论述。这里不再一一列举。

总之，20 世纪上半叶，由为数不多的一些民族学家所使用的"直接的历史方法"，是"一种研究方式，一种在根本意义上讲，与有关人类文化史的广阔叙述联系在一起的研究方式"。[2] 它源自考古学家重构族群文化史的方法（考古学家"工具箱"中的重要组成部分），目的在于重构土著族群的史前文化：根据充分的已知，主要是直接的历史证据（由现在时民族志调查形成的档案材料，也可能是考古学或语言学性质的材料），获得史前文化模式保存下来的有关详细信息，然后通过一种溯时间之流而上（upstreaming；backward in time）的时间中的比较，用现在的已知资料填补、解释和建构先前的模糊的文化。

这种比较，基于下面的假设，即规律存在于社会文化的构造之中，两个不同时间段之间存在一些基本的相似性。主要的文化模式在长时段中能够保持稳定而且能够自我复制；先使用近来的资源，再使用稍晚时候的资料，这样依次类推，从已知的民族志现在到未知的过去。依靠这种程序能够发现过去的文化模式，因为处于时间跨度之间的材料资源一般是可信的。

这里所说的溯时间之流而上（upstreaming；backward in time），是针对顺时间之流而下（downstreaming；forward in time）来说的。尽管民族学家和历史学家分享了 ethnohistory 理论和方法论，但他们的贡献是存在差异的，在源流和风格上也不尽相同。民族学家研究文化是从现在到过去，即向后追溯，溯时间之流而上（upstreaming；backward in time）；历史学家研究文化，是从过去到现在，即向前发展，顺时间之流而下（downstreaming；forward in time）。

这种溯时间之流而上（upstreaming）的方法，与民族学人类学中的"历史民族志"（historical ethnographies）方法（即以某一部分的制度或文化来整体重构过去的社会和文化）相近。"历史民族志"，在北美印第安部族研究中表现较多，其中有很多是人类学文献中的重要组成部分。其主要表现在于，人类学家询问一些对其先前文化有清晰记忆的老者（采用记忆民族志的方式），并将人类学家自己对现存文化模式的观察与这些记忆数据结合起来。这种方法，是民族学人类学中 ethnohistory 的主要表现，历史学家也有该方面

---

[1]　James Axtell, "The Ethnohistory of Early America: A Review Essay", *The William and Mary Quarterly*, 3rd Ser., Vol. 35, No. 1, Jan. 1978, pp. 116 – 117; James Axtell, "Ethnohistory: An Historian's Viewpoint", *Ethnohistory*, Vol. 26, No. 1, Winter 1979, pp. 4 – 5.

[2]　David A. Baerreis, "The Ethnohistoric Approach and Archaeology", *Ethnohistory*, Vol. 8, No. 1, Winter 1961, p. 70.

的追求，因此，这也是两个学科交叉重叠的主要部分。由此，这种溯时间之流而上的方法有时也被称为"历史民族志"（historical ethnographies）方法。

这种方法，可以测量文化中变化的程度，理解卷入和决定这种变化的历史因素。由于变化（为历史学家所强调）和持久（为人类学家所强调）是同一过程中的两个方面，因此，"直接的历史方法"为检验文化模式增长和衰落模式的理论提供了机会，为证明文化的变化和解释稳定性提供了机会。

这种方法，还在于检查前辈留下的可能拥有文化偏见的档案材料，[1] 纠正原始观察可能具有的文化偏见；[2] 以重新解释长者对先前文化的叙述。[3] 另外，单独的历史证据太琐碎，单独的民族志调查和结构功能分析也难以获得对史前文化的全面理解，而"直接的历史方法"由于综合了多种研究手段和多种性质的资料，既研究文化的变化，也研究文化的持久，对史前文化的重构和全面深入理解具有重要意义。[4]

"如果人类学家缺乏对历史的真正理解，必然忽视直接的历史证据，即使有了直接的证据，也只是使用间接证据。同样，会发现历史学家很难能够抓住文化概念。即，抓不住文化的历史学家与抓不住历史的人类学家一样普遍。"[5] 这种局面，随着 ethnohistory 在美国学界的原初使用和不断发展，即美国民族学人类学界对"直接的历史方法"的日渐重视而得以改观。当然，这种研究在 20 世纪上半叶美国民族学人类学界并不是主导方法，现在时田野调查方法依然占据美国民族学人类学的核心地位。

（二）以残缺不全、尚待开发的书面档案材料为主，认可口述材料的价值，采用综合的文化研究视角

1. 以残缺不全、尚待开发的书面档案材料为主

20 世纪上半叶，美国人类学与历史研究之间的关系，就整体而言，是疏远的，彼此间存在隔阂。美国人类学家对印第安土著历史研究缺乏兴趣。这除了深受当时占据美国人类学主导的博阿斯学派特有的研究取向等因素影响

---

① William C. Sturtevant, "Anthropology, History, and Ethnohistory", *Ethnohistory*, Vol. 13, No. 1/2, Winter – Spring 1966, p. 13.

② William C. Sturtevant, "Anthropology, History, and Ethnohistory", *Ethnohistory*, Vol. 13, No. 1/2, Winter – Spring 1966, p. 14.

③ Kenneth C. Wylie, "The Uses and Misuses of Ethnohistory", *Journal of Interdisciplinary History*, Vol. 3, No. 4, Spring 1973, p. 715.

④ William C. Sturtevant, "Anthropology, History, and Ethnohistory", *Ethnohistory*, Vol. 13, No. 1/2, Winter – Spring 1966, p. 16.

⑤ William N. Fenton, "The Training of Historical Ethnologists in America", *American Anthropologist*, New Series, Vol. 54, No. 3, Jul. – Sep. 1952, p. 330.

之外,①还受到了档案材料残缺不全、有待开发等条件的限制。

对印第安土著进行历史研究所需的书面档案材料,残缺不全,其中涉及了很多不确定性的因素。在《美洲土著史》 (*Primitive American History*)(1914) 中,ethnohistory 研究的早期代表斯旺顿 (John R. Swanton) 和狄克逊 (Roland B. Dixon) 曾指出,有关印第安人部族运动的新信息,主要来自两种资源:其一,发现新的手稿,尤其是一些已经出版的但被忽视的材料;其二,直接来自有关印第安人的从田野工作者中获得的资料(包括口述史材料)。在他们看来,由于田野调查材料有一部分没有出版(这部分田野调查材料只是一种个人化的偶然附带品),而有关的正式出版物又很分散,因此,很难从中得出真正的历史知识,至多只能将这些材料联系起来形成一种保守的陈述。②

在印第安土著历史研究中,最大的和被忽视的财富,就是大量的前辈民族学家留下来的已经过时的备有证明文件记录的民族学标本。丰富的长达一个半世纪的印第安记录堆在国家档案馆 (the National Archives) 等处保存。③但是,少有大学人类学系来训练学生使用和开发这些贮存材料。④博阿斯学派的主要成员,如威斯勒、罗维 (R. H. Lowie)、克鲁伯 (A. L. Kroeber)等,不认为直接使用历史材料就能重构土著社会的历史,他们都忽视了这类材料的存在与价值。克鲁伯曾明确指出:"研究没有日期的初民社会,甚至很难拥有在我们时代之前的一条真正意义上的书面档案材料。"⑤

在与欧洲发生接触之前,印第安土著文明以其自己的方式,如象形文字、图画文字和会意文字等⑥来记录历史——记录在石头上、在图画中、在古代经典的抄本上。尽管这一时期少有经典抄本流传下来,但是在与西方发

① 参见本章第二节"二战前美国民族史学缓慢发展的制约因素"中的详论。

② John R. Swanton; Roland B. Dixon, "Primitive American History", *American Anthropologist*, New Series, Vol. 16, No. 3, Facts and Problems of North American Anthropology 1, Jul. – Sep. 1914, p. 377.

③ William N. Fenton, "The Training of Historical Ethnologists in America", *American Anthropologist*, New Series, Vol. 54, No. 3, Jul. – Sep. 1952, pp. 332 – 333.

④ William N. Fenton, "The Training of Historical Ethnologists in America", *American Anthropologist*, New Series, Vol. 54, No. 3, Jul. – Sep. 1952, p. 333.

⑤ 参见 Bernard S. Cohn, "Ethnohistory", in David L. Sills ed., *International Encyclopedia of the Social Sciences*, New York: The Free Press, 1968. Volume 5, p. 441.

⑥ 在欧洲人来到美洲大陆的时候,大多数地区的印第安人没有普遍形成完整成熟的文字系统,但他们中的某些族群创造出了自己的文字,如玛雅人的象形文字、阿斯特克人和库纳人的图画文字、印加人的会意文字等。详见李玉君《印第安人》,东方出版社 2008 年版,第83—85 页。

生接触之后，却留下了很多记录。其作者可能是土著，也可能不是土著，他们用西班牙文等欧洲殖民者语言或本土语言（如使用拉丁字母①）来记录和书写。西班牙人等欧洲殖民者和印第安人为 ethnohistory 研究留下了丰富的宗教和世俗方面的档案文献，这类材料开启了印第安土著历史文化研究的多样化窗口。很大程度上由于这类档案资源的存在，这一时期 ethnohistory 研究主要集中在 15、16 世纪（前哥伦布时代）殖民地的早期文化上。但是，总的来看，多数人尤其是民族学人类学家的兴趣不大，更多的民族学人类学家在从事 19 世纪的后殖民时代的研究。ethnohistory 研究，对早期（即 15、16 世纪）印第安社会的关注，是有益的，但是却倾向于把 ethnohistory 从 20 世纪民族志的关怀中孤立出来。②

这些有待开发的档案材料，成为二战后尤其是 20 世纪 70 年代以来，即 ethnohistory 凸显和繁盛时期，ethnohistory 研究的主要依托对象。③

2. 认可口述材料的价值

从整体来看，20 世纪上半叶，美国民族学人类学家所从事的土著历史研究，相比这一时期的民族志研究而言，不仅数量有限，而且方式不一、存在争论。除了使用残缺不全、有待开发的档案材料之外，另一种土著历史编纂的重要资源就是口述材料。而如何看待口述材料在土著历史重构中的价值，ethnohistory 研究的代表人物与美国博阿斯学派之间曾经存在不小的分歧。

就二战前 ethnohistory 研究的代表人物而言，他们一般都认可口述材料的价值。在《美洲土著史》（*Primitive American History*）（1914）中，美国民族学家斯旺顿（John R. Swanton）和狄克逊（Roland B. Dixon）明确表示，客观的分类具有历史意义，而唯一可以获得的分类基于语言，因此，在讨论有关土著历史的时候，应该关注口述传统（Oral Tradition）和历史研究之间的关系。④

1915 年，博阿斯的弟子罗维提出了针锋相对的意见："我不能将口述传统（Oral Tradition）与任何的历史价值联系起来，无论在何种条件下。我们不能知道它们是不是真实的。……口述传统是多余的，因为语言学、民族学

---

① 殖民时期结束之后，有些印第安人不同程度地创造并发展了自己的文字，为其语言编制了字母表。参见李玉君《印第安人》，东方出版社 2008 年版，第 86 页。

② John K. Chance, "Mesoamerica's Ethnographic Past", *Ethnohistory*, Vol. 43, No. 3, Summer 1996, p. 381.

③ 详见第二、三章中的有关论述。

④ 参见 Robert H. Lowie, "Oral Tradition and History", *American Anthropologist*, New Series, Vol. 17, No. 3, Jul. – Sep. 1915, p. 597.

和考古学数据，对于建立有关问题的结论，已经足够了。口述传统也不会给语言学比较研究有所助益。如果由于其他方面的证据缺乏而使用口述传统，来进行历史重构，那就必须得受到阻止，这是基于方法论上的谨慎考虑。"①罗维的唯一让步在于："涉及遥远过去的口述传统，只能为语言学、考古学或者其他的调查提供一个出发点，我们对土著历史的知识最终主要依赖于这些语言学、考古学或者其他的调查等研究。"② 针对罗维的论断，美国民族学家狄克逊做出了相应的回应："罗维的观点——'不能将口述传统与任何的历史价值联系起来，无论在何种条件下'——太极端了。"③

随着时代的发展，口述材料的价值日渐彰显。除了在 ethnohistory 研究中受到较大程度的认可之外，很多民族学者（包括博阿斯学派在内）也逐渐认识到其重要意义。1915 年之后的若干年中，在罗维的相对成熟的作品中，他也曾毫不犹豫地从 20 世纪报告人提供的信息中构造了一幅 1834 年前的"准历史的文本"（quasi-historical text）。④

3. 采用综合的文化研究视角

为了弥补因档案材料残缺给 ethnohistory 研究带来的不利影响，当时从事 ethnohistory 研究的代表人物，采用了综合的文化研究视角——整合考古学、民族学、历史学等多个学科资源，对印第安等土著族群的社会生活史进行了文化意义上的重构，而不再局限于一般意义上的史实重构。

斯旺顿（John R. Swanton）和狄克逊（Roland B. Dixon）在 ethnohistory 经典作品《美洲土著史》（*Primitive American History*）（1914）中，对此进行了详细阐述，同时精辟论证了综合的文化视角在 ethnohistory 研究中的特殊价值：墨西哥北部印第安人的历史，从严格意义上讲，包含在征服他们的殖民者的记录之中，也几乎完全限制在过去的四个世纪之内。当然，古老东方国家的考古学调查，已经显示了一个国家的历史知识，并不开始于最早的记录，也不开始于最早的碑刻，而是靠远远超越记录和碑刻的文化来运载，靠研究拥有这些文化的族群现存后代来实现。在调查如美国印第安人的现存族群之中，研究者首先被其传统所吸引，尽管有时由于各种原因也会出现不明

① Robert H. Lowie, "Oral Tradition and History", *American Anthropologist*, New Series, Vol. 17, No. 3, Jul. – Sep. 1915, p. 598.

② Robert H. Lowie, "Oral Tradition and History", *American Anthropologist*, New Series, Vol. 17, No. 3, Jul. – Sep. 1915, p. 599.

③ Robert H. Lowie, "Oral Tradition and History", *American Anthropologist*, New Series, Vol. 17, No. 3, Jul. – Sep. 1915, p. 599. （Dixon 的回应）。

④ John C. Ewers, "Symposium on the Concept of Ethnohistory – Comment", *Ethnohistory*, Vol. 8, No. 3, Summer 1961, p. 264.

朗和出现误导。这些原因，既有不同人的记载所造成的，也有因其他数据造成的。这些数据主要包括考古学和民族学调查数据。在根据体质特征、语言和一般文化进行分类的时候，这些数据往往会有一些问题。① 现在某些分散的族群，实际上属于一个文化集团，暗示着他们之间存在着接触和互相影响。这其中涉及了真正的史实，尽管他们缺乏专门记录。② 在研究印第安各分支族群的起源和迁移中，需要更多的传统证据，更多的民族学材料，更准确的语言学信息、体质人类学知识。对非洲土著史进行研究，需要更多的视角，这有助于丰富而不是混淆目前非洲土著史的概念。文化特色的研究，可以产生有价值的结果，至少是可以证实的价值。文化研究和体质人类学研究，比语言学研究更有优势，因为它还可以得到考古学调查的辅助。③

四　"历史民族志"研究范式：民族学人类学的一种有益补充

概而言之，20 世纪上半叶逐现端倪于美国学界的 ethnohistory，是这样一种学术现象：一些为数不多的对印第安土著族群相关档案感兴趣的美国民族学人类学家，以印白接触前北美印第安人等土著族群为研究对象，以残缺不全、尚待开发的档案材料为主，同时认可口述材料的价值，采用综合的文化研究视角，运用"直接的历史方法"（Direct Historical Approach），主要对前哥伦布时代印第安等土著族群"静态"的即能够稳定自我复制的社会生活史进行文化意义上的重构，重构其史前文化。

这种"直接的历史方法"，可称为"溯流而上"（from the present back into the past）的方法，也可称为"历史民族志"（historical ethnography）的方法，是一种源自考古学家重构族群文化史的方法：根据充分的已知，主要是直接的历史证据，可以是早期的现在时民族志调查形成的档案材料，也可能是考古学或语言学性质的材料，获得史前文化模式保存下来的相关详细信息，然后通过一种溯时间之流而上（upstreaming；backward in time）的时间中的比较，用现在的已知资料来填补、解释和建构先前的模糊的史前文化。

① John R. Swanton and Roland B. Dixon, "Primitive American History", *American Anthropologist*, New Series, Vol. 16, No. 3, Facts and Problems of North American Anthropology 1, Jul. – Sep. 1914, pp. 376 – 377.

② John R. Swanton and Roland B. Dixon, "Primitive American History", *American Anthropologist*, New Series, Vol. 16, No. 3, Facts and Problems of North American Anthropology 1, Jul. – Sep. 1914, p. 377.

③ John R. Swanton and Roland B. Dixon, "Primitive American History", *American Anthropologist*, New Series, Vol. 16, No. 3, Facts and Problems of North American Anthropology 1, Jul. – Sep. 1914, pp. 410 – 412.

综合国外学者的有关称谓，笔者将这种具有"民族志附庸和考古学侍女"特点的研究类型归纳为"历史民族志"（historical ethnography）研究范式。

总的来看，20世纪上半叶的美国学界对此类土著历史研究都不太关注。因为小规模族群社会不是当时史学研究关注的重点，而民族学人类学的研究目光也主要聚焦于尚与历史有严重隔阂的现在时民族志上。因此，这一阶段的 ethnohistory 研究，影响微弱，发展缓慢，尚未充分凸显出来，处于其发生发展的孕育时期；同时，它又主要附着在民族学学科脉络之中，处于"民族学人类学附庸"的缓慢发展阶段。

这一时期，ethnohistory 虽未引起美国史学界的关注，也不是当时美国人类学的主流，但它与当时居美国人类学主导的博阿斯学派并行发展，也是一种重要的有代表性的研究类型。其影响力虽远不如博阿斯学派，却也在美国民族学人类学界中延续下来。无论是 ethnohistory 的理论旨趣，还是其研究方法，都是对这一阶段包括以现在时田野调查为主、忽视土著历史重构的博阿斯学派在内的美国民族学人类学的一种有益补充。

此外，20世纪上半叶，就整体而言，美国民族学人类学与历史学之间的关系是疏远的。逐现端倪于20世纪上半叶美国学界的 ethnohistory，突出反映了当时的民族学人类学尝试引入史学视角的发展倾向，客观上为美国民族学与历史学之间保留了一条并不宽绰、但能够彼此交流沟通的渠道，为二战后美国民族学与历史学之间关系由疏离到日益密切及"历史人类学"在美国和西方学界的兴起起到了重要的铺垫作用。

第二节　二战前美国民族史学缓慢发展的制约因素

如前所述，20世纪上半叶 ethnohistory 未能在美国学界获得充分发展。究其原因，与这一时期美国史学界不太关注土著历史有关。而更为重要的原因则在于，主导这一时期美国民族学人类学发展的博阿斯学派对当时主要附着在美国民族学人类学学科脉络之中生存发展的 ethnohistory 并不赞赏。

这种不赞赏的态度，由博阿斯学派与历史研究之间的张力关系①所决定，

---

① 中外学者对博阿斯学派的研究很多（可参见导论文献综述中的有关讨论），其中也涉及了对该学派与历史研究之关系的探讨，但多是零散的讨论，缺乏系统梳理和论证。这里在参考以往研究成果的基础上，对博阿斯学派与历史研究之间的关系展进行系统梳理和进一步论证，给出笔者的一孔之见。

并由此映射到博阿斯学派对 ethnohistory 研究的关系处理上。

一　博阿斯学派：历史特殊论

从 19 世纪末到 20 世纪上半叶，在美国人类学职业化、专业化及形成独立的学术性学科的过程之中，博阿斯（Franz Boas，国内学界通常也译为鲍亚士或博厄斯，1858—1942）和他的学生们做出了重要贡献。1899 年，博阿斯成为哥伦比亚大学第一个人类学教授；在他的领导下，美国最早的人类学系得以组建。博阿斯和他的学生组成的博阿斯学派，一直引领着 20 世纪前 30 年的美国人类学，① 对之后美国人类学乃至西方人类学的发展亦产生了重要影响。

"鲍亚士领导一代人类学家脱离线性演化论而转向文化史研究，并且率先批评种族理论……配合着时代精神，社会科学界最富创造力的思想家们已经不再以维持现存社会的枝枝节节及为它们找藉口作为目标。他们正尝试着更精确地描述社会，从新的观点去了解它、改造它。"② 他们既批判 19 世纪"书斋"人类学家推测历史的研究方法，力主亲身进行田野调查；同时，也批判单线进化论、欧洲中心论，提倡文化相对主义。③ 到 20 世纪 20 年代，博阿斯倡导的田野调查方法已经成为美国人类学的标准模式，进化论思想在美国人类学界几乎消失。④

1900—1930 年间，博阿斯和他的学生们热衷具体文化的纯客观描述，在对考古学资料和民族志资料进行分类归纳时，生产了以"文化区"（culture area）为核心的一系列分析概念。他们在一个有限的文化区内，基于不同文化的相互影响而谨慎地致力于有限的局部的历史复原，并尽可能避免一般化的理论建构。⑤

这里的文化区（culture area），即指一个共享同一生态区位的共同的文

---

① Clifford Wilcox, *Robert Redfield and the development of American anthropology*, Lanham, Md.: Lexington Books, 2004, p. 1. （Introduction）
② 〔美〕R·霍夫施塔特：《美国思想中的社会达尔文主义》，郭正昭译，台北联经出版事业公司 1982 年版，第 188 页。
③ Clifford Wilcox, *Robert Redfield and the development of American anthropology*, Lanham, Md.: Lexington Books, 2004, pp. 1 – 2. （Introduction）
④ Clifford Wilcox, *Robert Redfield and the development of American anthropology*, Lanham, Md.: Lexington Books, 2004, p. 2. （Introduction）
⑤ 参见〔美〕克莱德·M·伍兹《文化变迁》，何瑞福译，河北人民出版社 1989 年版，第 2 页（吴奈所做的中译本序）和第 119 页。

化传统，① 这种文化区研究，只限于它的历史地理的所在，就自然环境、邻近文化及许多错综复杂的心理学上的组合所形成的在文化上的不同方面作一透视。②

博阿斯指出，美国人类学的研究重点应该放在北美印第安族群上，在现代文明把这些族群特有的生活方式抹去之前，研究者应基于个人的亲历观察，以民族志描述的方式，尽可能多地生产有关这些族群的历史叙述。博阿斯坚信，只有生产了足够的科学的历史叙述，人类学家才能对文化过程进行理论概括。③ 这一时期，即20世纪前30年，在博阿斯的影响下，这种文化史研究模式统治了美国人类学界：他们主要依靠分析民族志数据，来确定地理上相邻文化之间的文化传播，来重构文化变化的时间序列。④

20世纪30—40年代，以博阿斯的学生克鲁伯（A. L. Kroeber）、卡丁纳（Abram Kardiner）、林顿（Ralph Linton）、米德（Margaret Mead）、本尼迪克特（Ruth Benedict）等为代表，形成了所谓"心理结构"学派（"文化与人格"学派），开始对文化和人性的相互作用、基本人格类型感兴趣，弗洛伊德的精神分析及格式塔心理完型等技术被应用到美国人类学研究中来，⑤ 形成了所谓文化模式研究类型。

戈登威泽（Alexander Goldenweiser，1880—1939），作为博阿斯学派的重要成员，曾对他们这一学派的主张进行了归纳："历史学派的原则，简单述之，不外下列诸种：集中研究于一定的地理历史区域内，一方面求纵的历史背景，一方面调查横的部落间的接触。在追寻文化特质及文化丛的途径时，应用客观及统计的方法。在研究文化的关联、互相吸收及同化诸问题上，则应用心理学方法。在描写部落文化或区域文化，尤其是关于吸收内生或外来的新文化特质时，使用文化式（culture style）或文化型（culture pattern）的观念。在一文化区内，尤需使用甄别的方法，分别研究较部落为小的单位间

---

① 参见〔美〕克莱德·M·伍兹《文化变迁》，何瑞福译，河北人民出版社1989年版，第119页。

② 参见戴裔煊《西方民族学史》，社会科学文献出版社2001年版（该书原计划于20世纪40年代初出版），第298页。

③ Clifford Wilcox, *Robert Redfield and the development of American anthropology*, Lanham, Md.: Lexington Books, 2004, p. 2. (Introduction)

④ Robert M. Carmack, "Ethnography and Ethnohistory: Their Application in Middle American Studies", *Ethnohistory*, Vol. 18, No. 2, Spring 1971, p. 127.

⑤ Carroll. I. Riley, "American historical anthropology: an appraisal", in Carroll L. Riley and Walter W. Taylor eds., with a pref. by W. W. Hill; contributors: Harold L. Amoss... [et al.], *American historical anthropology: essays in honor of Leslie Spier*, Carbondale: Southern Illinois University Press, 1967, pp. 18 – 19.

及个人间的差异。如遇需要确定某种文化特质（culture trait）的标准意义或决定其价值时，则应用语言的方法。注意分析文化丛（cultural complex）的历史及心理成分，否认古典式的进化论及环境论；采用'传播'、'独自发明'、'并行论（Parallelism）'、'辏合'（Convergence）等概念，惟并不视为武断的理论而仅目为追求真理的工具而已。"①

总之，博阿斯学派大体包括两个发展阶段，先后形成了1900—1930年间所谓的文化史研究类型，以及1930—1940年间所谓的文化模式研究类型。无论是哪种研究类型，都充分体现了博阿斯学派整体一直秉承的文化决定论、尤其是历史特殊论的学术风格。

二　博阿斯学派与历史研究之间的张力关系

从国内外学界对博阿斯学派的有关解读与批评来看，概而言之，存在两种不同的见解：

其一，一种看法是，也是为大多数学者所认可的主流见解在于，博阿斯学派提倡历史的方法，反对思辨的方法，认为每个文化集团都有自己独一无二的历史，有其自身的特点和发展规律，不赞成从各民族独特历史中得出普遍、抽象的理论或发展规律的进化论观点。由此，博阿斯学派又被称为"历史特殊论学派"或"文化历史学派"。② 他们"对于演进论或传播论都加以批评，自己在积极方面则提出一种历史的方法"，因此又有"批评派和历史派"（Critical or Historical School）这两种名称。③ 也有学者把博阿斯学派笼统称为"美国历史学派"。④

其二，另一种看法是，博阿斯学派源于对进化学派的批评以及对德奥地理传播学派的继承，多注重资料在空间上的不同，而忽视资料在时间上的历史发展连续性；强调文化区、文化圈等地理性概念，强调文化特点的相互关

---

① 〔美〕戈登威泽：《文化人类学》（《历史、心理学与文化论文集之社会科学史纲第五册》）（本书原名为《文化传播辩论集》）（1932），陆德音译，载〔美〕斯密斯等：《文化的传播》，周骏章译，上海文艺出版社1991年版（据商务印书馆1937年版影印），第316页。也可参见杨成志《杨成志人类学民族学文集》，民族出版社2003年版，第328、329、479、480页。

② 参见夏建中《文化人类学理论学派》，中国人民大学出版社1997年版，第68页。

③ 林惠祥：《文化人类学》，商务印书馆1991年版（1934年第1版），第40页；杨成志：《杨成志人类学民族学文集》，民族出版社2003年版（文章《人类学史的发展鸟瞰》原载《民族学研究集刊》1943年第3期），第328页；戴裔煊：《西方民族学史》，社会科学文献出版社2001年版（该书原计划于20世纪40年代初出版），第294—324页。

④ 乔健：《美国历史学派》，周星、王铭铭主编：《社会文化人类学讲演集》，天津人民出版社1996年版，第143页。

系在于心理基础，把心理现象作为第一性的东西。他们虽以历史学派自命，并认为重视历史因素，多采用历史观察法，但实际上却是反历史主义的。① 该学派所说的"历史"是对各种文化现象、"文化区"、文化特点和传播作经验的机械的描述，多舍本求末地记载许多琐碎的文化现象加以整理分类，体现的是一种文化决定论。② 他们的研究，与传统的历史研究存在差别，可以说是一种文化史研究，宜称他们为"历史文化"学派。③

事实上，后一种见解，即批评博阿斯学派忽视历史研究，对土著历史重构缺乏兴趣，认为博阿斯学派与历史研究一直存在张力的观点，虽不是目前的主流看法，但也有一定的代表性。因此，这里有必要对此做进一步的揭示和延伸论证。

（一）来自博阿斯学派外部的有关批评

20 世纪 20 年代中后期，美国新一代人类学家，如雷德菲尔德（Robert Redfield）等，开始反思统治美国人类学多年的博阿斯学派。他们将博阿斯学派的所谓历史研究称为"拯救式人类学"（salvage anthropology）④ 和"古文物收集"。在这种"拯救式人类学"研究中，调查者多忽视引发印第安群传统生活方式变化的因素，其目的在于生产具有长久特性的族群生活方式的"民族志照片"，多依赖族群长者的记忆来构造特殊生活方式的印象。大量的所谓历史研究没有产生重要的概括。⑤

二战后以来，这类批评更为集中和深入。Ethnohistory 期刊（1954 年创刊）的重要创办人沃格林（Erminie W. Voegelin），曾这样评价美国博阿斯学派："他们对长时段的历史研究缺乏兴趣，但依然被认为具有历史性。他们以特殊文化的增长和变化为第一要务，而不是以一种历史的观点来研究长时段，同时忽视了档案文献的作用，对历史重构问题不感兴趣。"⑥

---

① 陈永龄、王晓义：《二十世纪前期的中国民族学》，载中国民族学研究会编《民族学研究》第一辑，民族出版社 1981 年版，第 278 页。

② 吴泽霖、张雪慧：《简论博阿斯与美国历史学派》，载中国民族学研究会编：《民族学研究》第一辑，民族出版社 1981 年版，第 322—324 页。

③ 参见何星亮《文化人类学理论》，中国社会科学院研究生院课程教材，未刊稿。

④ "拯救式人类学"的内涵在于，研究者基于个人的亲历观察来生产有关印第安族群的历史叙事，在现代文明把这些族群特有的生活方式抹去之前，尽可能多地生产有关他们的民族志描述，以此"保存"和"拯救"这些原始文化。

⑤ Clifford Wilcox, *Robert Redfield and the development of American anthropology*, Lanham, Md.: Lexington Books, 2004, pp. 2-3.（Introduction）

⑥ Erminie W. Voegelin, "An Ethnohistorian's Viewpoint", *Ethnohistory*, Vol. 1, No. 2, Nov. 1954, p. 167. 还可参见 Robert M. Carmack, "Ethnohistory: A Review of Its Development, Definitions, Methods, and Aims", *Annual Review of Anthropology*, Vol. 1, 1972, p. 228.

科恩（Bernard S. Cohn）在总结 20 世纪 70 年代之前 ethnohistory 研究的特征时指出：美国文化区学派，或历史学派，主要依靠对具体的文化特质（culture trait）和文化丛（cultural complex）进行分区（distribution）研究，忽视档案和口述历史（oral histories）的使用，倾向于生产来自某一地区的无时间画面，或关于某一特殊记忆文化的描述性的共时叙述。他们基于从健在的美国印第安部族长者成员的"记忆文化"中来揭示文化和社会"细目"。这些"细目"，即物质文化或语言学数据，在地理学的意义上是分散的，被用来揭示部族间的历史和年代关系。因此，实际上，他们并不关心某部族的历史。① 此外，科恩在谈及 ethnohistory 研究的先驱时，没有提到或很少提到文化传播理论，也没有提到博阿斯，同时把文化涵化（acculturation）排除在 ethnohistory 研究之外。② 换言之，科恩未把博阿斯学派归为 ethnohistory 研究类型，不认为博阿斯学派从事的是一种历史研究，最多算是一种文化传播或者文化涵化研究。

尤勒（Robert C. Euler）认为，该学派在名称上被称为美国历史学派，但实际上有些自相矛盾，因为在其表现来看，基本上是一种共时研究。该学派的调查者们，一般找到印第安人中的老者，作为自己的信息提供者，同时假设他们所提供的叙述是土著生活的真实反映（调查者们并不直接使用历史材料）。③ 尤勒还举出实例，历数了该学派成员由于忽视档案材料所造成的诸多缺陷：1918 年，该学派成员施皮尔（Leslie Spier）在共时性描写和论述当地酋长的时候，得出了人群中酋长并不重要的结论；如果施皮尔能够使用和分析早期的历史文献，就能知道酋长在人群中的领导关系在 40 年前是如此的重要。1928 年，施皮尔根据有关盎格鲁美国人版图拓展的历史讲述，试图弄清楚哈瓦苏派（Havasupai）印第安人的土地使用情况，由此得出结论——沿着现在的圣菲铁路线，存在一个无人居住的巨大版图拓展；要是施皮尔能根据他广泛注意的文化模式来分析有关的档案材料，结论上就会有新的发现。④

无论是沃格林、科恩还是尤勒，都曾对萨丕尔（Edward Sapir）（博阿斯

① Bernard S. Cohn, "Ethnohistory", in David L. Sills ed., *International Encyclopedia of the Social Sciences*, New York: The Free Press, 1968, Volume 5, p. 441.

② James D. Faubion, "History in Anthropology", *Annual Review of Anthropology*, Vol. 22, 1993, p. 42.

③ Robert C. Euler, "Ethnohistory in the United States", *Ethnohistory*, Vol. 19, No. 3, Summer 1972, p. 202.

④ Robert C. Euler, "Ethnohistory in the United States", *Ethnohistory*, Vol. 19, No. 3, Summer 1972, p. 202.

学派成员) 研究美洲土著文化的专著《美国土著文化中的时间观念》(*Time Perspective in Aboriginal American Culture*, 1916 年出版) 进行了评析, 得出了较为一致的结论。他们都认为, 虽然萨丕尔用长达 86 页的篇幅建立起一种时间的视角, 重视美国土著文化中时间观念的研究 (就整个博阿斯学派而言, 他们显然对此有所忽略), 但该著作的影响微乎其微。因为只有 5 页涉及直接历史证据的使用 (the use of direct historical evidence); 在这 5 页之中, 又只有 1 页涉及民族学研究文化增长和变化中所用的档案证据。①

在卡马克 (Robert M. Carmack) 看来, "博阿斯等美国文化史学家, 正如他们的英国伙伴, 一般不使用档案资源, 民族志调查是其研究的必要条件。在部分意义上讲, 这对迅速消失的土著文化是一种反映, 但同时显示出对历史资源和历史问题的不信任和缺乏兴趣"。②

特里杰 (Bruce G. Trigger) 认为, 博阿斯学派研究的是土著印第安人的传统文化、历史、体质和语言, 没有把因欧洲人的到来而引发的土著生活变化作为研究的主要部分。他们一般认为, 土著文化是相对稳定而缺少变化的。在作为美国人类学传统分支的史前考古学中, 虽强调了历史的观点, 但也把土著文化视为静态 (static) 的: 在这些史前时代的文化中, 地区之间的变化能够在地理学意义上看到 (如文化区理论); 考古学家记录中体现的变化, 反映了族群如是运动, 即把静态的 (static) 文化从一个地区带到另一个地区。③

赖利 (Carroll. I. Riley) 在对博阿斯学派进行整体评估时指出: "历史重构并不是博阿斯学派的目的, 只是因为它是博阿斯学派用以攻击其他学派, 尤其是有关文化动力学中的其他基本见解的有力工具。"④

---

① Erminie W. Voegelin, "An Ethnohistorian's Viewpoint", *Ethnohistory*, Vol. 1, No. 2, Nov. 1954, p. 167. 还可参见 Robert M. Carmack, "Ethnohistory: A Review of Its Development, Definitions, Methods, and Aims", *Annual Review of Anthropology*, Vol. 1, 1972, p. 228; Bernard S. Cohn, "Ethnohistory", in David L. Sills ed., *International Encyclopedia of the Social Sciences*, New York: The Free Press, 1968, Volume 5, p. 441; Robert C. Euler, "Ethnohistory in the United States", *Ethnohistory*, Vol. 19, No. 3, Summer 1972, p. 202.

② Robert M. Carmack, "Ethnohistory: A Review of Its Development, Definitions, Methods, and Aims", *Annual Review of Anthropology*, Vol. 1, 1972, p. 228.

③ Bruce G. Trigger, "Ethnohistory: Problems and Prospects", *Ethnohistory*, Vol. 29, No. 1, Winter 1982, p. 3.

④ Carroll. I. Riley, "American historical anthropology: an appraisal", in Carroll L. Riley and Walter W. Taylor eds., with a pref. by W. W. Hill; contributors: Harold L. Amoss... [et al.], *American historical anthropology: essays in honor of Leslie Spier*, Carbondale: Southern Illinois University Press, 1967, p. 18.

（二）博阿斯学派内部的有关争论与共识

在某种意义上讲，博阿斯学派与历史研究之间的张力，尤为突出地表现在博阿斯学派内部关于"历史研究"的博弈①之中，由此清晰折射出博阿斯学派所持有的一种特殊的结构视域中的历史观。换言之，之所以博阿斯学派与历史研究之间一直存在张力，与博阿斯学派秉承的这种结构视域中的历史观有着直接的联系。如前所述，为数不多的一些中外学者，已经认识到博阿斯学派与历史研究之间存在张力，但他们未能透过博阿斯学派结构视域中的历史观来发掘张力存在的内在动因。

博阿斯认为，文化的现象只能从历史来解释，只能通过历史才能了解现在，但这个历史并不是全人类的历史，而是个别族群的历史，只能通过这个社会或民族自己的历史来了解它的文化。② 可以说，这是该学派的整体共识，也是能够组建起博阿斯学派的主要依据和基础。

博阿斯还指出，历史研究主要体现在事件、资料的堆砌上，以关心过程为主，即把事件本身按时间顺序罗列出来即可，无须进行重建整合，无须进行理论上的分析整理。因为历史现象的复杂性使得只有在资料的累积到达某个程度时，才有可能建立一个实证性的理论框架。但在他看来，资料达到这种程度的机会很小。③ 在博阿斯看来，"基于确切数据的谨慎重构与多少有些空想的泛泛归纳之间，是有区别的"。④

另外，博阿斯也注意到了文化整体性的重要，相信在理论上存在一个文化的整体观，有一个文化模式（culture pattern）的支配性概念。也正源于

---

① 有关争论及之后对此的有关评价可参见：A. L. Kroeber, "History and Science in Anthropology", *American Anthropologist*, New Series, Vol. 37, No. 4, Part 1, Oct. – Dec. 1935, pp. 539 – 569；Franz Boas, "History and Science in Anthropology：A Reply", *American Anthropologist*, New Series, Vol. 38, No. 1, Jan. – Mar. 1936, pp. 137 – 141；Marc J. Swartz, "History and Science in Anthropology", *Philosophy of Science*, Vol. 25, No. 1, Jan. 1958, pp. 59 – 70.

② 乔健：《美国历史学派》，周星、王铭铭主编：《社会文化人类学讲演集》，天津人民出版社1996 年版，第 143 页。

③ 参见夏建中《文化人类学理论学派》，中国人民大学出版社 1997 年版，第 77 页。其实这也是历史研究中的传统问题。即，能不能对历史现象进行归纳、或者说能进行多大程度的归纳。在斯瓦茨（Marc J. Swartz）看来，"不管如何对待、使用历史数据，都离不开有关归纳、规律等的假设。以历史数据为基础的因果解释，与所谓的纯历史描述之间的差别不大，因为它们有很多共同的因素。历史与科学，都应用一般性的陈述，使用如规则一样的原则，如果说这是二者的差别的话，那只是外在的，并不影响二者的一致性。'好'历史与'好'科学一样，都使用一般性陈述来为其寻求证据"。详见 Marc J. Swartz, "History and Science in Anthropology", *Philosophy of Science*, Vol. 25, No. 1, Jan. 1958, p. 69.

④ Franz Boas, "History and Science in Anthropology：A Reply", *American Anthropologist*, New Series, Vol. 38, No. 1, Jan. – Mar. 1936, p. 140.

此，萨林斯（Marshall Sahlins）和列维—斯特劳斯（Levi‐Strauss）称他为结构主义的先驱。① 这在博阿斯为《文化模式》［博阿斯的女弟子本尼迪克特（Ruth Benedict）的代表作，1934 年出版］所做的序言中得到了集中体现："人们试图在各种文化特性之间建立起坚固的纽带，并利用它们建立更为广泛的历史性联系。……把一种文化的意义作为一个整体来加以把握……这种对社会—心理问题的兴趣与历史方法并行不悖……，相反，它显示了文化变迁中那种具有生机的动力进程……这种处理方法与解决社会现象问题的功能方法不同，与其说它关心的是每一文化内容的功能关系，不如说它关心的是那种对基本观念的发现。除了在一般结构范围以外，它都是历史的方法，但只要这种结构延续下去，它就会对仍从属于它的变化方向予以限制。与文化内容的变化相比较，结构常常有很显著的持久性。"② 由上观之，在博阿斯看来，就这种文化模式的实质而言，依然是历史范畴内的问题。

博阿斯的大弟子克鲁伯（A. L. Kroeber）曾这样评价他的老师：博阿斯的主要兴趣在于结构间的关联、变化和过程，处理一系列与过程相关的问题——他研究的主要是"过程"，而不是"历史"。因此，"他不曾做历史（do history）"。③

在批判自己导师的基础上，克鲁伯提出了他对历史研究的理解："历史方法并不主要在于处理事件的时间顺序……而在于描述性整合（descriptive integration）。"④ 换言之，事件本身或资料本身并不具有秩序，因此，描述出现象的整体性是如何整合起来的才是历史研究真正要关注的。因此，他把历史研究的目标具体化为"描述性整合"，即建立一种"模式"（Pattern），显示事件组织成的系统、秩序。"与其说将过程隔离，倒不如说是呈现出了一幅整合的文化画面，这种方法因此可称为动力的、功能的或者心理的方法，而最终是一种历史的方法。这似乎是抛弃了时间的因素，而成为'非历史'，但是，时间只是历史中的一个维度，尽管它是一个很重要的维度。"⑤ 因此，

---

① 林开世：《鲍亚士》，载黄应贵主编：《见证与诠释——当代人类学家》，台北正中书局1992 年版，第 14、25、35 页。

② 〔美〕弗兰茨·博厄斯：《绪言》，载〔美〕露丝·本尼迪克：《文化模式》，何锡章等译，华夏出版社1987 年版，第1—3 页。

③ A. L. Kroeber, "History and Science in Anthropology", American Anthropologist, New Series, Vol. 37, No. 4, Part 1, Oct. ‐ Dec. 1935, pp. 541 ‐543.

④ A. L. Kroeber, "History and Science in Anthropology", American Anthropologist, New Series, Vol. 37, No. 4, Part 1, Oct. ‐ Dec. 1935, p. 545.

⑤ A. L. Kroeber, "History and Science in Anthropology", American Anthropologist, New Series, Vol. 37, No. 4, Part 1, Oct. ‐ Dec. 1935, p. 556.

他很赞同本尼迪克特（Ruth Benedict）、米德（Margaret Mead）关于某一特定历史时期的心理整合的主张，认为那才是一种"理性的文化史"重建，尽管他们并没有把时间作为一项重要因素。①

以上述见解为基础，克鲁伯把过程研究与模式研究进行了对比："过程研究不能取代模式研究，……但二者也并不冲突，有了过程知识，模式才能被很好地理解；而认识不到内在模式，应用过程材料就会导致不完整的结果。当然，也不能将二者混为一谈"；②"历史不会忽略过程，但过程不是历史研究的首要目标；过程是现象之间的连接，而不是从现象中抽取出来的；历史研究，在本质上是一个整合现象的程序"；③"一个模式并非一个过程；在现象的真实中……它是有其基础的描述性整合的典型……当然，建立模式与寻求规则是不同的"。④ 由上观之，克鲁伯看重的模式研究，他心目中的历史研究，与结构功能研究有相似之处，即都注重描述并抽象出现象所呈现的不同模式及模式之间的关系，但其目的在于建立模式，与以寻求社会规则为目的的英国社会人类学之"结构功能"论又存在明显差异。

另外，克鲁伯还把历史研究与科学研究进行了区分。克鲁伯认为，将现象析解为更为细小的过程本身，这是一种自然科学式的做法，更适合于自然现象的研究。而历史的探究方式，即综合的方法，尝试获取"描述性整合"，其整体构成一个模式，它并不分解被研究的资料，而视之为较大整体的部分，追溯元素之间的关系。除综合外，历史方法尽可能保存个别事件的复杂性，同时也将它们整合进一种具有一定连续性的设计中。这种方法更适合于文化和人类行为的研究。⑤

博阿斯不同意这种形式的历史研究与科学研究的二分方式；在博阿斯看来，历史研究与科学研究的差别并不如克鲁伯所言是一种知识论意义上的，

① A. L. Kroeber, "History and Science in Anthropology", *American Anthropologist*, New Series, Vol. 37, No. 4, Part 1, Oct. – Dec. 1935, p. 557. 但正是由于本尼迪克特、米德等人的研究缺少时间维度，有学者由此认为本尼迪克特、米德等人背离了博阿斯历史主义的路径，而被视为一种新的学派，即心理结构学派（文化与人格学派）。参见〔苏〕C. A. 托卡列夫《外国民族学史》，汤正方译，中国社会科学出版社1983年版，第312页。

② A. L. Kroeber, "History and Science in Anthropology", *American Anthropologist*, New Series, Vol. 37, No. 4, Part 1, Oct. – Dec. 1935, p. 560.

③ A. L. Kroeber, "History and Science in Anthropology", *American Anthropologist*, New Series, Vol. 37, No. 4, Part 1, Oct. – Dec. 1935, pp. 545 – 546.

④ A. L. Kroeber, "History and Science in Anthropology", *American Anthropologist*, New Series, Vol. 37, No. 4, Part 1, Oct. – Dec. 1935, pp. 567 – 568.

⑤ A. L. Kroeber, "History and Science in Anthropology", *American Anthropologist*, New Series, Vol. 37, No. 4, Part 1, Oct. – Dec. 1935, pp. 546 – 547.

充其量在于一个是历时（diachronic）问题，一个是共时（synchronic）问题。因此，博阿斯并不认为在具体研究中二者必选其一。①

在克鲁伯研究生涯的后期，其历史观又有了局部性细微转变，有向其导师博阿斯回归的倾向。克鲁伯认为，文化人类学追求的不是通则，而是特例，整合出来的整体根植于特殊的情境。文化人类学提供的分析可能是严格共时的，但在文化形式与其更大范围的情境相关联的时候，也会有历时分析。同时，克鲁伯又强调，无论是共时分析，还是历时分析，都不应该仅限于按年代顺序来精确排列。②

由上可见，博阿斯与克鲁伯在有关"历史研究"问题上的主要差异，集中体现在两个方面：第一，能不能对历史现象进行归纳，或者说能进行多大程度的归纳。博阿斯在使用归纳上疑虑重重。在博阿斯看来，将事件本身按时间顺序罗列出来即可，但这样做事实上很难做到，需要借助如"文化模式"这样的结构性概念来实现对历史现象的描述；而克鲁伯则提倡归纳，当然，他不是用之来生产通则，而是建立模式，意在"描述性整合"。第二，博阿斯注重历史现象的过程性，而克鲁伯则认为时间及过程因素并不是历史研究中最重要的维度。

总体来看，虽然博阿斯与克鲁伯在对待历史研究的问题上存在一定的分歧，但又明显具有一定的共同性。从其博弈过程来看，他们共同展示出了一种特殊的结构视域中的历史观：历史研究主要关注描述出来的现象的整体性是如何整合起来的，即通过建立一种结构（模式），来显示历史事件组织成的系统、秩序，注重结构（模式）间的关联和变化。这种结构视域中的历史观，不仅形塑了博阿斯学派与历史研究之间的张力，而且彰显了美国文化人类学发展过程之中存在的结构与历史之间的矛盾，以及博阿斯学派为消解、整合结构与历史之间的矛盾所做的初步努力。由此也体现了历史人类学在美国学界发展演进中的早期特点，为历史人类学成为美国学界的一种重要研究范式做出了重要探索和贡献。博阿斯学派结构视域中的历史观，以及列维—斯特劳斯的结构史观，共同为之后美国人类学家萨林斯更为深入地处理结构与历史之间的关系乃至其历史人类学思想体系的形成，提供了重要的理论基

---

① 林开世：《鲍亚士》，载黄应贵主编：《见证与诠释——当代人类学家》，台北正中书局1992年版，第28—29页。

② James D. Faubion, "History in Anthropology", *Annual Review of Anthropology*, Vol. 22, 1993, pp. 38 – 39.

础和源泉。①

博阿斯学派内部一直存在的有关"历史研究"的争论以及共识，贯穿于博阿斯学派的发展过程之中，从学派内部彰显出他们与历史研究之间的张力关系。也正由于这种张力关系的存在，推动着博阿斯学派及美国人类学不断开拓向前。

综上所述，无论从来自博阿斯学派之外的有关批评来看，还是从博阿斯学派内部固有的相关争论来看，虽然博阿斯被学界称为或自称为"历史"学派、"历史文化"学派，但它与历史研究之间存在着一定的张力。"历史主义作为一种方法在过去和现在的美国民族学中的地位问题是复杂的。"② 一方面，博阿斯学派在批判古典进化论的基础上，吸收了德奥文化传播论的有关思想而形成自己的学术见解，发生了由地理空间探讨到心理结构研究的转变，形成了自己重点研究特定民族文化史的风格和传统；另一方面，在博阿斯学派发生发展及演变的历史进程中，与历史研究之间形成了一种特定的张力关系。这种张力关系的存在，并不能说明 20 世纪上半叶一直统治美国人类学界的博阿斯学派与历史研究之间是截然对立、泾渭分明的，但至少有一点可以说明，诚如克鲁伯评价的那样："（这一时期）美国文化人类学具有反历史的倾向（anti‑historical in tendency）",③ "在美国，我们几乎专一地依赖于传播主义和独立的地区发展，用以解释文化是如何发展成现在这样的。民族志作者从应该长时间驻足于图书馆和档案馆中来展开族群运动的研究中退却"。④

三　博阿斯学派对 ethnohistory 研究的排斥

博阿斯学派与历史研究之间存在的张力，还直接映射在博阿斯学派对 ethnohistory 研究的排斥上。

---

① 相关研讨需要另文专论。事实上，对博阿斯学派结构视域中的历史观进行深入揭示和论证，有助于我国民族学人类学界进一步理解博阿斯学派的深层样态及其在美国历史人类学发展和演进过程中所处的特殊地位，对于我国民族学人类学基本理论研究而言，尤其是对于我国的历史人类学学科建设与发展而言，具有一定的参考价值和启发意义。

② 〔苏〕C. A. 托卡列夫：《外国民族学史》，汤正方译，中国社会科学出版社 1983 年版，第312 页。

③ A. L. Kroeber, " History and Science in Anthropology", *American Anthropologist*, New Series, Vol. 37, No. 4, Part 1, Oct. – Dec. 1935, pp. 539 – 569, p. 558. 还可参见 Shepard Krech III, "Ethnohistory", in David Levinson and Melvin Ember eds., *Encyclopedia of Cultural Anthropology*, New York: Henry Holt and Company, 1996, Volume 2, p. 422.

④ 转引自 William N. Fenton, "The Training of Historical Ethnologists in America", *American Anthropologist*, New Series, Vol. 54, No. 3, Jul. – Sep. 1952, p. 329.

如前所述，博阿斯学派的重要代表人物，博阿斯的学生威斯勒（Clark Wissler）很早就对 ethnohistory 进行了论述，同时明确表示出对这种研究类型的不满："这种方法被证明是徒劳的，因为它没有找到古代的地方证据，也没有指示出继承下来的或当今的文化类型。"①

博阿斯学派对这一时期 ethnohistory 研究的有关作品也持批判态度。如前所述，博阿斯的弟子罗维曾攻击了 ethnohistory 研究的重要代表人物斯旺顿和狄克逊的有关著述，对他们在有关北美印第安移民研究中使用的口述传统和旅行者的叙述材料进行了批评。在此基础上，罗维明确指出："我不能将口述传统（Oral Tradition）与任何的历史价值联系起来，无论在何种条件下。我们不能知道它们是不是真实的。……口述传统是多余的，因为语言学、民族学和考古学数据，对于建立有关问题的结论，已经足够了。口述传统也不会给语言学比较研究有所助益。如果由于其他方面的证据缺乏而使用口述传统，来进行历史重构，那就必须得受到阻止，这是基于方法论上的谨慎考虑"，②"涉及遥远过去的口述传统，只能为语言学、考古学或者其他的调查提供一个出发点，我们对土著历史的知识最终主要依赖于这些语言学、考古学或者其他的调查等研究"。③ 另外，罗维还进一步公开指出，原始人不具有历史意识和历史观点，他甚至认为，人类学家的历史问题之解决，只能靠比较民族学、考古学、语言学和体质人类学等客观主义的方法。④

从某种意义讲，以亲身田野调查为主，较少涉及直接的历史档案证据，注重历史地理意义上的文化变迁（即把静态的文化从一个地区带到另一个地区），强调结构和心理因素，占据二战前美国文化人类学主导的博阿斯学派，对附着在美国民族学人类学学科脉络中生存发展、以土著历史的文化重构为旨趣的 ethnohistory 研究并不赞赏，一定程度上制约了 ethnohistory 研究的发展，是导致 20 世纪上半叶 ethnohistory 研究发展缓慢的重要外在力量。正如尤勒（Robert C. Euler）所指出的，"ethnohistory 在美国学界发展延迟的主要

① Clark Wissler ed., *The Indians of Greater New York and the Lower Hudson*, Anthropological Papers, American Museum of Natural History, Vol. 3. New York, 1909, p. xiii. (Introduction) 同时，可参见 David A. Baerreis, "The Ethnohistoric Approach and Archaeology", *Ethnohistory*, Vol. 8, No. 1, Winter 1961, pp. 48–49.

② Robert H. Lowie, "Oral Tradition and History", *American Anthropologist*, New Series, Vol. 17, No. 3, Jul. –Sep. 1915, p. 598.

③ Robert H. Lowie, "Oral Tradition and History", *American Anthropologist*, New Series, Vol. 17, No. 3, Jul. –Sep. 1915, p. 599.

④ 参见 Bernard S. Cohn, "Ethnohistory", in David L. Sills ed., *International Encyclopedia of the Social Sciences*, New York: The Free Press, 1968. Volume 5, p. 441.

原因之一，在于至少半个世纪以来美国民族学人类学一直受到博阿斯学派的统治"。①

　　总之，20世纪上半叶美国民族学人类学界从整体上是排斥 ethnohistory 发展的，20世纪上半叶美国史学界从整体上是忽视印第安等土著族群历史研究的。这一时期，美国人类学民族学与历史学在整体上存在着较深的隔阂。在这样的一种不太有利的外部学术环境影响之下，ethnohistory 研究的"星星之火"附着在美国民族学人类学学科脉络之中缓慢前行。正如一枚孕育中的"学术种子"，ethnohistory 等待着时代需求的召唤而呼之欲出、"破土发芽"。

---

① Robert C. Euler, *Ethnohistory in the United States*, Ethnohistory, Vol 19, No. 3, Summer 1972, p. 202.

第二章　二战后美国民族史学的兴起
（20世纪50—70年代）

本章揭示了二战后20世纪50—70年代美国民族史学兴起的时代背景、直接诱因和具体表现，对这一时期即凸显阶段引发其日渐凸显的各种相关因素进行分析。

第一节　美国民族史学日渐兴起的学科背景
与直接政治诱因

二战后，美国进入了一个新的不断变革的发展阶段。20世纪50年代，希望稳定、维持现状、赞赏美国价值观念和生活方式的保守主义成为美国社会的主导思潮；20世纪50年代末，美国经济下滑，各种社会矛盾日益尖锐，黑人民权运动、青年反主流文化运动、反战运动、妇女运动此起彼伏，各种社会批判思潮尤其是马克思主义和法兰克福学派的理论风行于美国；20世纪60年代，美国出现了新的激烈的社会动荡，种族歧视、种族骚动不断发生，少数族裔作为重要的政治力量开始在美国社会崛起。战后美国社会及思想条件的变化，诱发了美国史学的革新，对美国史学研究框架、领域和方法的变革均产生了重要影响。[1]

二战后，第三世界迅速崛起，原来的西方殖民地纷纷独立，以描写"静态"的"无文字""无历史"的小规模社会、原始社会为主的包括美国人类学在内的西方民族学人类学因缺乏表述对象，陷入了一定程度的"表述危机"之中，而主动拥抱"历史"、不断"历史化"成为其化解危机、寻求出路的重要手段和路径。

二战后尤其是20世纪50年代末期以来，美国国内外社会环境的变化，

---

① 参见李剑鸣《关于二十世纪美国史学的思考》，《美国研究》1999年第1期，第19—21页。

为美国史学和民族学人类学的发展和变革提供了新的契机，为二战后 ethno-history 在美国学界的日渐兴起提供了不可或缺的外部社会条件。下面集中对二战后 ethnohistory 凸显于美国学界的学科背景与直接政治诱因进行深入揭示和分析。

一　西方史学与西方民族学人类学交流互动的逐步加强

（一）西方新史学对民族学人类学理论和方法的关注

"在过去的很多年中（战后以来），历史学发生了很大变化。出现了跨学科的社会史，或者称为底层（from the bottom up）的历史，日常生活（everyday life）的历史，政治之外（with the politics left out）的历史，刺激了对北美人、非裔美国人、妇女、儿童、工人、移民等进行新的描写。这些人物均不代表政府机构或政治决定者，因此都是被传统史学家所忽略的对象。使用来自人类学、社会学、民俗学以及其他领域的方法，以及沿着所谓的 ethnohistory 所开创的道路，历史学家发出了新的声音。传统历史学课程中的学生，以一种奇怪的前所未有的方式面对过去。"①

德国兰克史学，作为西方传统史学（政治史阶段）的代表，在进入 20世纪之后，尤其在二战后，遭到了法国年鉴学派、英国马克思主义史学和美国社会科学史学的批判。② 这些后起之秀主张跨学科，提倡总体史，注重底层的历史（history from below），关注经济社会史，由此引发了战后以经济社会史为主要标志的西方新史学（社会史阶段）的到来。在稍后的 20 世纪70—80 年代，以后现代主义文化批评、历史叙述主义和文化人类学为理论源泉的新文化史应运而生，即西方史学又出现了由经济社会史向文化史过渡的新趋势。③ 在实现这两次转型的过程中，西方史学对人类学的理论和方法表现出了极大关注，或者说人类学在其中扮演了重要角色。

在第一次转型过程中（社会史阶段），西方史学开始对人类学传统主题和方法产生兴趣。法国年鉴学派主要开创者马克·布洛赫（Marc Bloch）的《创造奇迹的国王》（1923），从那时的宗教礼仪、风俗习惯、医疗状况等为传统史学家所忽视的相关史料入手，研究了法国民众的风俗与信仰，揭示了当时普遍的社会心态；另一位开创者吕西安·费弗尔（Lucien Febvre）的《拉伯雷的宗教》（1942），没有像传统史学那样以拉伯雷的书为史料去探讨

---

① Frederick E. Hoxie, "Ethnohistory for a Tribal World", *Ethnohistory*, Vol. 44, No. 4, Autumn 1997, p. 598.

② 参见张广智主著《西方史学史》，复旦大学出版社 2000 年版，第 318 页。

③ 参见周兵《西方新文化史的兴起与走向》，《河北学刊》2004 年第 6 期，第 151—156 页。

拉伯雷的思想，而是着力考察拉伯雷所处时代的社会文化和风俗，剖析该时代的各种社会文化因素和社会心态结构。法国年鉴学派的第二代领军人物布罗代尔（Fernand Braudel）在《地中海与菲利普二世时代的地中海世界》（1949）中，强调了长时段中的结构，认为传统史学中所关注的事件并不是最重要的。法国年鉴学派第三代代表人物勒华拉杜里（Emmanuel Le Roy Ladurie）的《蒙塔尤》（1975），利用宗教法庭的审讯记录，吸收了民族志撰写中的一些表现手法，生动地描绘了蒙塔尤这个 14 世纪法国小村庄普通村民的家庭生活状况。英国马克思主义社会史学家爱德华·汤普森（Edward Palmer Thompson）在《英国工人阶级的形成》（1963）中，把 19 世纪英国工人阶级的态度和意识作为研究对象，研究其文化的构成，认为工人阶级身份的真正形成不仅仅是社会经济意义上的，还包括工人阶级对自身地位的文化认同。①

　　在第二次转型过程中（文化史阶段），人类学中的一些重要思想和新方法被借鉴到史学领域中来，对西方史学的影响更为直接和深刻。被视为"宏观意义上"②的历史学家的美国人类学家格尔茨（Clifford Geertz，有时也译作格尔兹等），将文化比喻为寻找解释意义的文本（text），倡导深描（thick description）的写作方法。③ 这些见解和方法受到了许多新文化史家的青睐。美国史学家金兹伯格（Carlo Ginzburg）的《乳酪与蠕虫》（1976），以 16 世纪的一个磨坊主的世界观为研究对象，通过对历史资料的深入挖掘和整理，运用大量的描述和解释，建构起一个微观化的个人。④ 美国史学家戴维斯（Natalie Z. Davis）的《马丁·盖赫返乡记》（1984），以 16 世纪法国农村中的一个冒充农妇丈夫的陌生人如何被接受和被拒绝为题材，指出通过深入研究该地区的社会经济状况和两性关系的史料，史学家可以重构农妇的思想历程，即历史学家可以通过一个基于史料来定向、但又超越于它以外的想象力来填补史料中的漏缺。在戴维斯看来，事实与虚构之间并无明显的界线，但首先要承认来源于解释学的，存在一个诸如农民文化之类的更大的整体性联

---

① 参见陈彦《历史人类学在法国》，《法国研究》1988 年第 3 期，第 100—101 页；吕一民：《法国心态史学述评》，《史学理论研究》1992 年第 3 期，第 140—141 页；周兵：《西方新文化史的兴起与走向》，《河北学刊》2004 年第 6 期，第 151—152 页。

② 参见陈恒《卷首语》，载陈恒主编：《新史学（第四辑）——新文化史》，大象出版社 2005 年版，第 3 页。

③ 〔美〕克利福德·格尔兹：《文化的解释》，纳日碧力戈等译，上海人民出版社 1999 年版，第 3—36 页。

④ 参见周兵《西方新文化史的兴起与走向》，《河北学刊》2004 年第 6 期，第 155 页。

系，这样的重构才能成为可能。① 美国史学家罗伯特·达恩顿（Robert Darnton）的《屠猫记》（1999），从解释 18 世纪一群印刷工人集体屠猫这样一个事件出发，用人类学家研究异文化的同一方式处理自身文化，用民族志细致入微的方式洞察历史，揭示出当时法国人心态中有关猫的种种象征意义以及屠猫行为所具有的仪式性和文化解释，从而深入探讨了 18 世纪法国人的思考方式。② 作为新文化史的旗手，美国史学家林·亨特（Lynn Hunt）和英国史学家彼得·伯克（Peter Burke）对历史人类学（historical anthropology）（即借重人类学的理论方法来研究史学问题）也表现出了浓厚的兴趣：林·亨特主编的《新文化史》中的很多篇章都是历史人类学方面的名作；彼得·伯克的很多实证研究作品都与历史人类学有关，他在理论方面的一些探讨也多涉及了历史人类学。③

自结构功能学派出现到 20 世纪 60 年代，西方民族学人类学在整体上多是拒斥历史的，这使得民族学人类学主动疏远了历史学，它们之间的界线变得泾渭分明。西方史学在战后的两次更新转型，对人类学理论方法的关注和借重，使两个学科之间的关系逐步密切起来，为二者逐渐的合流（convergence）或复交（rapprochement）提供了有利条件。④

总之，"新的研究领域、新的分析方法都成为历史学研究和教学中的标准特色，而新的研究主题也同时点亮了 ethnohistory 的发展前景"。⑤

（二）西方民族学人类学对历史的强调⑥

二战后，西方民族学人类学对历史的强调越来越明显。此与这一时期西

---

① 参见〔美〕格奥尔格·G·伊格尔斯《二十世纪的历史科学——国际背景评述（续四）》，王燕生译，《史学理论研究》1996 年第 1 期，第 156 页。

② 参见〔美〕罗伯特·达恩顿《屠猫记》，吕健忠译，新星出版社 2006 年版；参见周兵《西方新文化史的兴起与走向》，《河北学刊》2004 年第 6 期，第 155 页。

③ 参见〔美〕林·亨特主编《新文化史》，江政宽译，台北麦田出版社 2002 年版；Peter Burke, *The historical anthropology of early modern Italy—essays on perception and communication*, Cambridge［Cambridgeshire］；New York：Cambridge University Press, 1987；Peter Burke, "Historians, anthropologists, and symbols", in Emiko Ohnuki - Tierney ed., *Culture through time：anthropological approaches*, Stanford, Calif.：Stanford University Press, 1990；〔英〕彼得·伯克：《历史学与社会理论》，姚朋等译，上海人民出版社 2001 年版；Peter Burke, *Varieties of cultural history*, Cambridge：Polity Pr., 1997；Peter Burke, *New perspectives on Historical Writing*, University Park, Pa.：Pennsylvania State University Press, 2001.

④ 参见林富士《历史人类学：旧传统与新潮流》，载《学术史与方法学的省思》，台北"中研院"史语所七十周年研讨会论文集，2000 年，第 368 页。

⑤ Frederick E. Hoxie, "Ethnohistory for a Tribal World", *Ethnohistory*, Vol. 44, No. 4, Autumn 1997, p. 598.

⑥ 关于西方民族学人类学"历史化"问题将在第三章第二节中详论。

方社会科学的整体"自反"(reflexive)① 及西方民族学人类学的"自反"(reflexive)有关，同时与该阶段民族学人类学研究对象的变化有关。

源自对学术研究中"殖民情境"(colonial situation)的检讨以及西方学术霸权的解构(deconstruction)，西方社会科学出现了整体"自反"(reflexive)。② 这种整体"自反"，建立在西方20世纪60年代以来蓬勃开展的各种社会反省运动的基础之上。③ "社会科学是否能够充分而恰切地描述社会现实?"④ 这种所谓的"表述危机"(crisis of representation)成为战后西方社会科学整体"自反"的重要表现。对人类学而言，这种"表述危机"成为人类学检视传统写作方式的动力和源泉。以往无历史的田园诗般的科学现实主义民族志⑤成为反思和批判对象，历史人文主义成为新实验民族志的主要追寻目标之一。

美国人类学家哈里斯(Marvin Harris)指出，后现代主义在人类学中最有代表性的体现之一，就是后过程主义(postprocessualism)，即不存在客观的过去，我们对过去的呈现只是个人社会文化视角所制造的文本(text)，是我们自己的一种"创造"。他认为，考古学等研究进化的科学忽视了社会行动的意义建构以及人类文化的历史特殊性，科学思想根深蒂固的早期人类学家试图客观地描述现在，但实际上与写小说无异。⑥ 这些后现代主义时代思潮使20世纪70年代的人类学逐渐从"科学"人类学的影子中走出来，历史人文主义成为新一代人类学家深切关怀的时代主题。有学者认为，这会从整

① reflexive(reflexivity)的含义为"自反"("自反性")，一般指研究者对研究过程以及研究成果所产生影响的自我反诘，与一般意义上的"反省""反思""反射"(reflection, reflective)的含义并不相同。目前，学界习惯将reflexive(reflexivity)与"反思"对等看待。例如，reflexive anthropology在中文中被视为"反思人类学"，详见黄平等主编:《社会学人类学新词典》，吉林人民出版社2003年版，第31页。另外，高丙中在《写文化》代译序中用的也是"整体反思"。参见高丙中《〈写文化〉与民族志发展的三个时代(代译序)》，载〔美〕詹姆斯·克利福德、乔治·E·马库斯编:《写文化》，高丙中等译，商务印书馆2006年版，第11页。此处的思考，得益于与中国社会科学院民族学与人类学研究所周旭芳老师的讨论，特此鸣谢!

② 高丙中:《〈写文化〉与民族志发展的三个时代(代译序)》，载〔美〕詹姆斯·克利福德、乔治·E·马库斯编:《写文化》，高丙中等译，商务印书馆2006年版，第11页。

③ 黄平等主编:《社会学人类学新词典》，吉林人民出版社2003年版，第31页。

④ 有关的详细讨论可参见〔美〕乔治·E·马尔库斯、米开尔·M·J·费彻尔《作为文化批评的人类学》，王铭铭、蓝达居译，生活·读书·新知三联书店1998年版，第23—36页。

⑤ 有关的详细讨论可参见〔美〕乔治·E·马尔库斯、米开尔·M·J·费彻尔《作为文化批评的人类学》，王铭铭、蓝达居译，生活·读书·新知三联书店1998年版，第83—87页。

⑥ Marvin Harris, *Theories of culture in postmodern times*, Walnut Creek, CA: AltaMira Press, 1999, pp. 153 – 160.

体上对人类学造成"危机",也有学者认为,这是人类学激动人心的新时代的开始。①

由时代新思潮武装起来的新一代人类学家,试图使人类学带有敏锐的政治感和历史感,力求使人们对文化多样性的方式有新的洞察。在对传统的文化撰写方式进行反思的同时,他们开始尝试和实验新的表述方式。一是涉及对描述困境的新感受性,即在文化全球均质化观念下表述文化差异的困难感受;二是涉及对历史和政治经济现实的再认识。② 在后一种实验策略中,又有两个不同的走向。其一,受到马克思主义政治经济学、世界体系理论的强烈影响,试图克服以往人类学将自己局限于地方社会、相对缺少历史观点的局面,将大规模政治经济体系与地方文化状况联系起来。这种走向还对民族志美学化、诗学化③提出批评,认为要把民族志作为一种历史现象去理解,结合社会、政治和物质去理解。其二,受到解释学的影响,探讨民族志叙述中历史时间与场合的恰当表述方式,对传统民族志或者将叙述简单置于历时背景之下或者将历史一并放弃的种种做法提出批评。这种新的实验策略就是要使民族志富有历史感,在民族志叙述框架中展示时间和历史的视野。④

二战后英国功能主义人类学的革新,法国结构马克思主义人类学的兴起,ethnohistory 在美国学界的凸显及繁盛,在某种意义上讲,从不同角度折射出人类学对"历史"的关怀,是上述西方人类学反思的重要体现:作为英国功能主义的开创者和传统英国功能主义人类学的代表,马林诺夫斯基(Bronislaw Malinowski)晚年(20 世纪 40 年代)注意到了人类学研究要从田野调查的"桃花源"中解脱出来,提出了"文化动态论";利奇(Edmund Ronald Leach)与普里查德(E. E. Evans – Pritchard),作为老一辈英国功能论学派正宗传人的代表,一个引入了历史变迁的研究视野,提出了"动态平衡论",另一个对历史研究"情有独钟",彻底走出了功能论之"社会有机体""自然科学化"的窠臼,将人类学视为一门与历史研究相通的人文学科(humanities,human studies;笔者注:不宜译为人文科学),认为结构功能分

① Emiko Ohnuki – Tierney, "Introduction: The Historicization of Anthropology", in Emiko Ohnuki – Tierney ed. , *Culture through time: anthropological approaches*, Stanford, Calif. : Stanford University Press, 1990. p. 1.

② 〔美〕乔治·E·马尔库斯、米开尔·M·J·费彻尔:《作为文化批评的人类学》,王铭铭、蓝达居译,生活·读书·新知三联书店 1998 年版,第 20 页。

③ 〔美〕琼·文森特:《迷人的历史决定论》,载〔美〕理查德·G·福克斯主编:《重新把握人类学》,和少英、何昌邑等译,云南大学出版社 1994 年版,第 55—71 页。

④ 〔美〕乔治·E·马尔库斯、米开尔·M·J·费彻尔:《作为文化批评的人类学》,王铭铭、蓝达居译,生活·读书·新知三联书店 1998 年版,第 136—154 页。

析与历史研究应该、也能够有机结合起来；另外，以法国人类学家葛德利尔
（Maurice Godelier，国内学界有时也译为郭德烈）为代表的结构马克思主义
学派，在列维—斯特劳斯结构主义的影响下，试图对马克思主义的生产模式
（mode of production）和历史唯物论（historical materialism）进行修正，在
"静态"的结构理论的架构上建立起新的社会进化史模式。在美国人类学界，
以文化复兴、内生事件、历史记忆为研究主题的 ethnohistory，充分展示了美
国人类学的"历史化"。

　　西方民族学人类学的"自反"，既是时代整体"自反"的产物，也是其
中的重要组成部分。西方民族学人类学在反思和实验中所体现出的对人文历
史主义的推崇，对民族志描述历史化的诉求，加速了其研究方法范式的更
新，促进了西方民族学人类学"历史化"（historicization；historicized）潮流
的酝酿与形成，也为西方民族学人类学与历史学之间架设了彼此沟通的
桥梁。

　　第三世界在二战后也发生了巨大变化。"去殖民化运动"（movement of
decolonization）①、民族独立与解放运动在亚非拉国家中蓬勃展开，由此涌现
出了一批新的民族独立国家。这些民族独立国家，不再是西方民族学人类学
传统研究视域中"无文字""无历史"的"原始"社会。它们不仅累积了一
定数量的"历史文献"，还通过接受西方文字或自创文字，开始利用"历史
文献"来书写自己的历史。研究对象的这种变化使得以描写"静态"的
"无文字""无历史"的小规模社会、原始社会为主的西方民族学及民族志
渐渐失去了传统表述对象。西方民族学人类学家不仅开始深入反思学科与殖
民主义之间千丝万缕的联系，也在重新规划学科的未来发展方向。②

　　这些在当代历史中发挥着重要作用的新独立的民族国家，一直在努力寻
找自己以前曾为欧洲统治者所忽视和拒斥的历史发展背景。民族学人类学家
与以前的殖民管理者一样，在这些民族国家中不受欢迎；但是，历史学家却
很容易在当地展开研究，尤其是当他们的研究兴趣与当地民族国家倡导的民
族国家主义相一致的时候。在某种意义上讲，这主要是因为历史学家的研
究，能为这些民族国家提供和确认历史上的合法性。③　因此，很多学者认为，

---

① 参见林富士《历史人类学：旧传统与新潮流》，载《学术史与方法学的省思》，台北"中研
院"史语所 70 周年研讨会论文集 2000 年版，第 369 页。
② 参见林富士《历史人类学：旧传统与新潮流》，载《学术史与方法学的省思》，台北"中研
院"史语所 70 周年研讨会论文集 2000 年版，第 370—371 页。
③ Karl H. Schwerin, "The Future of Ethnohistory", *Ethnohistory*, Vol. 23, No. 4, Autumn 1976,
pp. 323 –324.

民族学人类学要想生存发展下去，要想从"表述危机"中摆脱出来，就必须改弦更张，向历史学家的研究取向靠近，自动、热切"拥抱"历史，向"历史化"方向发展。①

出于国家自豪感的考虑，这些民族独立国家要求修正以前殖民史中的偏差和误解，重构自己的历史。他们所要重构的历史，一般而言，就是 ethnohistory 研究的产物，具有 ethnohistory 研究的特征。这种类型的历史重构，由于档案文献相对缺乏，很大程度上要依赖于早期民族学人类学的调查材料和证据。因此，在书写和重构自己历史的时候，这些民族国家欢迎具有"历史化"取向的西方民族学人类学家的参与。② 就西方民族学人类学家而言，ethnohistory 研究自然成为他们开始"拥抱"历史、研究取向逐步"历史化"的依托平台和"天然港湾"，也成为其摆脱"表述危机"、寻求新的学科发展方向的一条捷径。

总之，战后西方史学对民族学人类学的关注及西方民族学人类学研究取向"历史化"的出现，反映了西方史学与西方民族学人类学之间互动与交流的加强，为处于民族学人类学与历史学学科交叉地带的民族史研究（ethnohistory）之兴起与凸显提供了有利的学术环境。

二　美国史学界对印第安人史学研究的广泛关注

19 世纪末 20 世纪初，美国史学完成了专业化，并由传统的描述性史学转变为现代的分析性史学。二战前，进步主义史学一直占主导，美国历史被书写为一部美国文明、美国民主不断成长和壮大的历史。③ 战后的 20 世纪 50年代，保守主义史学、"一致论"史学（consensus history）代替了进步主义史学，美国历史不再是进步主义史学家所描述的种种冲突和变革，而是一部和谐与连续的历史。④

20 世纪 60 年代，伴随激烈的社会动荡，黑人民权运动、青年反主流文化运动、反战运动、妇女运动此起彼伏。这些权利运动推动美国政府出台了《民权法》《印第安人教育法》《印第安人教育与自治法》等一系列法令，改变了少数族裔的政治与社会文化处境，越来越多的少数族裔成员有机会进入

---

① 参见林富士《历史人类学：旧传统与新潮流》，载《学术史与方法学的省思》，台北"中研院"史语所 70 周年研讨会论文集 2000 年版，第 371 页。

② William C. Sturtevant，"Anthropology，History，and Ethnohistory"，*Ethnohistory*，Vol. 13，No. 1/2，Winter – Spring 1966，p. 9.

③ 参见李剑鸣《关于二十世纪美国史学的思考》，《美国研究》1999 年第 1 期，第 18—19 页。

④ 参见李剑鸣《关于二十世纪美国史学的思考》，《美国研究》1999 年第 1 期，第 19 页。

高校读书任教，很多学者开始关注美国的族裔问题。①

20世纪60年代权利运动的开展，各种少数族裔政策的实施，还促动了少数群体族裔意识的高涨，② 族裔群体开始纷纷要求维护自身权利。在族裔权利运动的推动下，美国政府调整有关政策，推动美国社会日益多元化，这些政策和举措反过来又影响着少数族裔的地位和权利。族裔政治就是在这种互动关系中得以开展和不断发展的。③ 民权运动以来，群体意识和群体斗争成为美国少数族裔维护权利的主要方式，促进了多元文化主义思潮的形成和发展。④ 总之，随着20世纪60年代少数族裔作为重要的政治力量在美国社会舞台上的崛起，族裔政治和多元文化主义成为美国史学的重要语境。⑤

20世纪60年代中期之前，美国少有历史学者涉及印第安人的历史。之后的20年间，印第安人史在历史职业中获得了新的合法性和尊重。⑥

20世纪中期以后的美国，多元文化主义风行一时，少数族裔的历史备受关注，与少数族裔相关的资料成为重要的史料，特别是印第安人的传说和祷文，黑人的灵歌（spiritual）、玩具、宗教和舞蹈，显示了很高的史料价值。⑦

在20世纪60—70年代以后，随着社会思想氛围的变化，种族、性别、阶级成为考察历史问题的基本范畴，⑧ 越来越多的学者关注少数族裔的历史和他们在美国历史中的地位，种族和文化的历史含义得到了充分的阐发。这既是民权运动以来文化多元主义潮流的反映，也是这种潮流的一部分。⑨

多元文化史观的引入，其重要意义在于，民族学人类学、民俗学、社会学等学科的理论和概念被大量引入历史研究，丰富了史学的分析手段。⑩ 其中，少数族裔史尤其是印第安人史研究的出现，突出反映了美国史学对民族

①　参见丁见民《二十世纪中期以来美国早期印第安人史研究》，《历史研究》2012年第6期，第175页。

②　参见丁见民《二十世纪中期以来美国早期印第安人史研究》，《历史研究》2012年第6期，第176页。

③　参见丁见民《二十世纪中期以来美国早期印第安人史研究》，《历史研究》2012年第6期，第174页。

④　参见丁见民《二十世纪中期以来美国早期印第安人史研究》，《历史研究》2012年第6期，第176页。

⑤　参见丁见民《二十世纪中期以来美国早期印第安人史研究》，《历史研究》2012年第6期，第174—177页。

⑥　Donald L. Parman; Catherine Price, "A 'Work in Progress': The Emergence of Indian History as a Professional Field", *The Western Historical Quarterly*, Vol. 20, No. 2, May 1989, p. 196.

⑦　李剑鸣：《历史学家的修养和记忆》，上海三联书店2007年版，第241页。

⑧　李剑鸣：《历史学家的修养和记忆》，上海三联书店2007年版，第221页。

⑨　李剑鸣：《历史学家的修养和记忆》，上海三联书店2007年版，第106页。

⑩　李剑鸣：《关于二十世纪美国史学的思考》，《美国研究》1999年第1期，第20—21页。

学人类学视角及方法的兴趣。

从整体来看，二战后美国史学在研究框架、领域和方法上均出现了较大的变革：其一，新左派的史学家们提出了"自下而上的史学"（history from below）的口号，传统精英政治史受到批判，出现了黑人史、劳工史、妇女史、家庭史、儿童史、城市史和各种地方史、社区史乃至性史研究。自下而上的历史观的传播，不仅大大改变了史学研究的内容，也促使了史学队伍成分的改变，不少黑人和女性知识分子开始进入史学界。[1] 其二，历史学的社会科学化，即应用社会学、人类学、心理学等社会科学理论，以及借用经济学等学科中的数理模型、统计分析等方法，在战后美国学界表现得也很突出。这既给美国史学带来了生机，也引发了一些问题。[2] 其三，20 世纪上半叶美国史学一直以宏观和整体的历史叙述为主，但专题化已经成为一种日渐强劲的趋势。这在战后的 60 年代更为显著，即表现为专题化、个案化、零碎化，而忽视宏观综合研究，这种趋势也给美国史学的未来发展带来了一定的负面影响。[3] 其四，如前所述，新文化史学的兴起，也是战后美国史学的一个亮点。而美国史学界对印第安人史学研究的广泛关注则被裹挟在上述变革之中。

长期以来，在涉及印第安人历史的有关研究中，种族主义观点占据统治地位，印第安人的历史不是被忽视、就是被严重歪曲，这种局面一直持续到印第安史学（Indian history）的形成。[4] 印第安史学是美国西进运动史中的一个重要内容和不可分割的一部分，但直到 20 世纪 60 年代才逐渐从西进运动史中分离出来，成为一个相对独立的学科。[5]

1956 年"美国印第安民族史协会"（the American Indian Ethnohistoric Conference）的成立，在组织、推动全国印第安人历史教学和研究中起到重要作用。从 20 世纪 60 年代开始，美国许多大学开设了印第安人史课程，以印第安历史人物和事件为选题的博士论文数量也在显著增加，一批与印第安人史有关的杂志、工具书和文件汇编陆续出版。20 世纪 70 年代以后，美国的几个有影响的学术团体，如美国历史协会、美国历史学家组织、美国西部史学会、美国印第安历史协会等，也在组织讨论会和出版有关印第安人史方

① 参见罗凤礼《当代美国史学状况》，载《史学理论丛书》编辑部编：《八十年代的西方史学》，中国社会科学出版社 1990 年版，第 89—90 页。

② 参见李剑鸣《关于二十世纪美国史学的思考》，《美国研究》1999 年第 1 期，第 24—29 页。

③ 参见李剑鸣《关于二十世纪美国史学的思考》，《美国研究》1999 年第 1 期，第 30—37 页。

④ 张友伦：《美国西进运动探要》，人民出版社 2005 年版，第 73—79 页。

⑤ 张友伦：《美国西进运动探要》，人民出版社 2005 年版，第 73 页。

面的著作。① 1972 年，在芝加哥纽伯里图书馆建立了美国印第安人历史研究中心（the Newberry Library Center for the History of the American Indian），为民族学家、历史学家、考古学家、专业的和非专业的印第安研究者提供了交流的舞台。该中心成为印第安史学中的一个重要研究机构。大学中的一些特殊系、文化中心也都纷纷建立了有关组织。② 1975 年，美国印第安史学专家沃什布恩（Wilcomb E. Washburn）对印第安人历史研究中的各种文献进行了全面综述。③ 20 世纪 80 年代，印第安史学研究更为广泛和深入。根据《西方历史季刊》（the Western Historical Quarterly）中认可的文章，有关印第安人史的研究，从 1982 年 9 月的 1 篇激增到 1987 年 8 月的 31 篇，远远超出了政治、商业（经济）和乡村史等其他亚主题的文章。这意味着印第安人史在与其他亚主题和一般研究领域的竞争中是有一席之地的。④ 另外，研究者们多数将自己视为自我训练的印第安史学家。这些人多受到过人类学、考古学和语言学方面的多学科训练，年龄多在 35 岁以下，分散在英国牛津大学和英格兰大学，美国耶鲁大学、俄勒冈州大学，或者美国中西部和西部的一些州立大学。20 世纪 70—80 年代的 20 年间，新墨西哥州大学、俄克拉荷马州大学、北达科他州大学等学校中，集中培养了很多年轻的接受了这种正规训练的印第安史学家。⑤

二战后近 40 年来印第安人专史研究取得了累累硕果，以研究印—白关系史的居多，其中又以研究印第安战争的居首。另外，随着妇女运动的开展，印第安妇女史等一些印第安人史中的分支研究领域也日渐受到重视。⑥

总之，二战后美国史学界对印第安人史学研究的广泛关注，对美国史学的发展产生了深刻影响，事实上也为印第安人史研究中的一种具有广阔发展前景的新趋势——以"ethnohistory"为标识的一类研究的形成营造了必要的基础平台。⑦

---

① 张友伦：《美国西进运动探要》，人民出版社 2005 年版，第 79—82 页。
② Francis Jennings, "A Growing Partnership：Historians, Anthropologists and American Indian History", *Ethnohistory*, Vol. 29, No. 1, Winter 1982, p. 31.
③ 参见 Wilcomb E. Washburn, *The Indian in America*, New York：Harper Colophon Books, 1975, pp. 277 - 288.
④ Donald L. Parman and Catherine Price, "A 'Work in Progress'：The Emergence of Indian History as a Professional Field", *The Western Historical Quarterly*, Vol. 20, No. 2, May 1989, p. 189.
⑤ Donald L. Parman and Catherine Price, "A 'Work in Progress'：The Emergence of Indian History as a Professional Field", *The Western Historical Quarterly*, Vol. 20, No. 2, May 1989, p. 191.
⑥ 张友伦：《美国西进运动探要》，人民出版社 2005 年版，第 82—84 页。
⑦ 参见第三章第一节中的详论。

三　美国民族学人类学界对历史相关主题和视角的日益强调①

二战以来，就美国民族学人类学界而言，除了具有上述西方民族学人类学"历史化"的一般特征之外，其自身也发生了很多新的变化。此与战后处于"冷战"时期的美国全球战略不无关联，与时代的理论需求也是相互一致的。

民族学人类学相关研究机构及人员迅速增加。二战前，人类学在美国学界是最小的学科之一，战后有了迅猛发展。战前许多机构通过联合的系所为人类学提供发展空间，而战后许多美国大学和学院都成立了单独的人类学系。从 1941 到 1964 年，美国人类学联合会（American Anthropological Association，AAA）会员增加了近 20 倍。20 世纪 40 年代中期到 20 世纪 50 早期，学习人类学的学生不仅数量多，而且质量高，为美国人类学的发展注入了新的动力。②

民族学人类学以一种"政策科学"的面目出现。在援助政府制定国际和国家政策方面，它获得了与其他社会科学一样的价值，日渐得到了美国社会及政府的认可。③ 就美国国内而言，社会问题（尤其是 20 世纪 60 年代种族歧视及其相关问题）的滋生，重新引起了对社会科学的重视和注意。肯尼迪与约翰逊政府对社会问题反应迅捷，原因就在于非常快速地采纳了一些由社会科学专家尤其是民族学人类学家提出的社会规划。④

所谓"政策科学"（policy science），是指如博阿斯的学生本尼迪克特（Ruth Benedict）和米德（Margaret Mead）首创的国民性（nationalities）研究，以及人类学家在"印第安人权利申诉委员会"（Indian Claims Commission）关于印第安土地调查中的加盟等。这种"政策科学"，不是另外一种从整体上而言的社会科学，也不是一种社会和心理科学，与应用的社会科学也不一样。事实上，政策科学，包括了所有的社会科学，更重要的是，它体现了社会科学的建立与政府官员之间的密切联系，尤其是在战后的美国更是如此。政策导向成为战后一项新的景观，这也反映了人们逐渐认识到社会科学的智识（the intelligence）发展与国家政策的相关性。在所有的社会科学

---

① 关于美国民族学人类学"历史化"问题将在第三章第二节中详论。

② Clifford Wilcox, *Robert Redfield and the development of American anthropology*, Lanham, Md.: Lexington Books, 2004, p. 112.

③ Clifford Wilcox, *Robert Redfield and the development of American anthropology*, Lanham, Md.: Lexington Books, 2004, p. 110.

④ 〔美〕丹尼尔·贝尔：《当代西方社会科学》，范岱年等译，社会科学文献出版社 1988 年版，第 13 页。

中，经济学最早被证明了与政府政策制定的相关性，再就是心理学，它们都依靠量化技术。由于人类学和社会学以质性研究为主，客观性不明显，因此，在一战到1920、1930年间，与政府集团之间的联系并不密切，在二战后才逐渐展示出了与政府政策制定之间的相关性。人类学主要通过由本尼迪克特和米德首创的国民性（nationalities）研究，加入到政策科学中来。二战后美国杜鲁门政府宣布了"第四点计划"（the Point Four Program），其中涉及了对亚洲、非洲、拉丁美洲的经济援助，旨在使这些"不发达"地区在科学发展和工业化过程中受益。美国政界需要学界的帮助来完成该计划。人类学对待这些"待发展"的民族有很多经验，因此，在该计划中它扮演了重要的建议者的角色。尽管在该计划中人类学贡献很多，但这并没有给人类学系所带来更多的财政支持。在20世纪40年代末到20世纪50年代早期，美国联邦政府并没有开始资助社会科学，这时的社会科学主要由基金会的资助来完成。人类学最早得到了福特基金会（Ford Foundation）的支持。通过这种支持，美国人类学在20世纪50年代得到充分发展。从二战到20世纪50年代，人类学得到了政府政策制定者、基金会的认可，人类学成为一个有用的策略性研究领域，这些新特点新形势有助于人类学在战后美国得以迅猛发展。①

这里需要进一步指出的是，与"历史""变迁""进化"相关的研究主题和研究视角日益受到重视。这也是二战后美国民族学人类学最为引人注目的新特点。

长期居于美国人类学主导地位的博阿斯学派因过于强调文化相对性，对土著历史重构、文化变迁研究缺乏足够关注，而不断受到挑战。早在20世纪20年代中后期，以雷德菲尔德（Robert Redfield）为代表的美国年轻一代人类学家就开始对博阿斯发难，对他的极端反对进化论、不进行理论概括、忽视文化涵化（accluturation）和变迁进行批判。二战期间借用"文化"旗帜及文化相对性而生的纳粹主义及其他形式的极权主义，使战后的美国人类学家对博阿斯所一贯主张的文化相对主义信条逐渐松动。他们不再强调文化的独特方面，不再关注文化价值体系的相对性，而是转向普适的文化价值，寻求文化的一致性，尤其是文化中共同的道德和伦理价值。② 包括博阿斯弟子在内的许多成员，如墨菲（Robert F. Murphy）和沃尔夫（Eric R. Wolf）

① Clifford Wilcox, *Robert Redfield and the development of American anthropology*, Lanham, Md.: Lexington Books, 2004, pp. 113 – 114.

② Clifford Wilcox, *Robert Redfield and the development of American anthropology*, Lanham, Md.: Lexington Books, 2004, p. 111.

等超越了博阿斯传统思想的束缚，明确了很多新的研究主题：他们重新对社会进化课题产生兴趣；从关心文化的特殊性转到关注文化的共同性；从关注原始社会转到关注复杂社会（如村庄农民社会、城镇城市社会等）；更为关心文化和社会变化的动力研究，关注文化碰撞、变化和涵化研究；对文化与人格的关系维持着持续的兴趣。①

在这些研究主题之中，文化涵化研究是民族学人类学学科在土著社会"管理"中能够出产更为有效的政策、能够扮演更为重要的角色的重要体现，充分彰显了民族学人类学学者对土著文化有着日益增长的研究兴趣。早在20世纪30年代，美国民族学人类学界就出现了以雷德菲尔德、林顿（R. Linton）和赫茨科维茨（M. J. Herskovits）等为代表的专门从事文化涵化研究的学者，他们开始系统研究在最早的欧洲人到来之前土著生活中发生的变化，以期对历史材料中浮现出来的文化变化进行行之有效的概括，使人们认识到土著群体和文化并不是如当时有些人类学家所坚信的那样在消失。这类研究，与博阿斯学派的理想主义文化观相一致，将部族视为整体，忽略部族内个体和群体间的差别。② 有学者由此认为，战后 ethnohistory 在美国学界的凸显，就是由文化涵化研究转换而来的。③

另外，进化论和马克思主义在美国民族学人类学界的传承与发展，从一个侧面充分展示出战后美国民族学人类学对"进化"和"历史"主题的关注，标志着战后美国民族学人类学思想理论的新进展与新成就。

战后美国民族学人类学界出现了怀特（Leslie Alvin White）的新进化论和斯图尔德（Julian Haynes Steward）的多线进化论。与摩尔根（Lewis Henry Morgan）的早期进化论相比，怀特的进化理论体现的是一种更为系统化的技术决定论，强调进化过程的不可分割的整体性，④ 斯图尔德则更注重进化路线的复合性和多样性，⑤ 他们都试图对马克思主义的历史进化阶段理论进行修正。后来哈里斯（Marvin Harris）把斯图尔德和怀特的理论统合起来，提

---

① Clifford Wilcox, *Robert Redfield and the development of American anthropology*, Lanham, Md.: Lexington Books, 2004, p. 112; Karl H. Schwerin, "The Future of Ethnohistory", *Ethnohistory*, Vol. 23, No. 4, Autumn 1976, p. 323.

② 第三章第二节"文化涵化主题"对此有进一步的论述。

③ Bruce G. Trigger, "Ethnohistory: The Unfinished Edifice", *Ethnohistory*, Vol. 33, No. 3, Summer 1986, pp. 256 – 257.

④ 参见〔英〕莫里斯·布洛克《马克思主义与人类学》，冯利等译，华夏出版社1988年版，第145页。

⑤ 参见〔英〕莫里斯·布洛克《马克思主义与人类学》，冯利等译，华夏出版社1988年版，第147页。

出了文化生态学和文化唯物论的观点，寻求环境需求与社会制度之间的直接因果关系，寻求支配历史发展的新法则。萨林斯（Marshall Sahlins）在抨击哈里斯的基础上，提出社会文化决定生产过程的新观点——因为文化既决定人们要生产什么，又决定人们怎样去生产。[①] 另外，萨林斯还对马克思的历史决定认识性质的观点做了新的解释。在萨林斯看来，人类创造了自己的历史，而人类只能根据他们的意识来创造历史，认识总要受制于文化。[②] 斯图尔德的学生沃尔夫（Eric R. Wolf）和敏兹（Sidney W. Mintz）则着重应用世界体系理论[③]及马克思主义有关农民社会的有关理论，研究了农民社区内外的阶级关系，研究了地方性、小规模农民社区与其所处的广阔政治经济过程之间的关系，将地方史置于世界史的范畴和视野之中。也正源于此，他们的著述《欧洲与没有历史的人们》 （*Europe and the People Without History*） （1982）和《甜蜜与权力：现代历史中糖的地位》（*Sweetness and power：The place of sugar in modern history*）（1986）被视为"历史人类学"的经典名著，促进了"历史人类学"政治经济理论主题的形成。[④] 另外，1969 年由海姆斯（D·Hymes）编辑的《再创人类学》（*Reinventing Anthropology*），也明显受到了马克思主义的影响，揭示了作为殖民主义者的人类学研究者与作为"他者"的人类学研究对象之间的矛盾和斗争，为"历史决定论"等课题提供了富有启发意义的切入点。[⑤]

诚如苏联民族学史专家托卡列夫（С. А. Токарев）所言，"摩尔根很早

① 参见〔英〕莫里斯·布洛克《马克思主义与人类学》，冯利等译，华夏出版社 1988 年版，第 154 页。

② 参见〔英〕莫里斯·布洛克《马克思主义与人类学》，冯利等译，华夏出版社 1988 年版，第 155 页。

③ 世界体系理论兴起于 20 世纪 70 年代，其标志是美国社会学家伊曼纽尔·沃勒斯坦（Immanuel Wallerstein）于 1974 年出版的《现代世界体系（第一卷）：16 世纪的资本主义农业与欧洲世界经济体的起源》。在 20 世纪 50、60 年代，以帕森斯（Talcott Parsons）为代表的现代化理论家认为，西方发达国家所经历的道路正是不发达国家要重复的道路，即现代化就是西化、美国化。这种"西方中心论"遭到了众多的反对，其中"依附论"和"世界体系论"就是两种主要的回应。与"依附论"把国家作为研究单位不同的是，"世界体系"理论将世界看作一个整体，通过对政治、经济和文明三个层次的分析，深刻揭示了"中心——半边缘——边缘"结构的发展变迁和运作机制，显示了资本主义生产方式在世界体系中所扮演的主导角色。参见李海英《沃勒斯坦的"世界体系"论：要旨与评析》，《山东行政学院·山东省经济管理干部学院学报》2003 年第 2 期，第 120—122 页。

④ 庄孔韶：《历史人类学》，载庄孔韶主编：《人类学通论》，山西教育出版社 2004 年版，第 447—465 页。

⑤ 参见〔美〕琼·文森特《迷人的历史决定论》，载〔美〕理查德·G·福克斯主编《重新把握人类学》，和少英、何昌邑等译，云南大学出版社 1994 年版，第 64 页。

就试图把当时占统治的进化理论提高到真正的历史主义的水平，但他只做到了一部分；二十世纪头三十年居统治的博阿斯学派在自己的旗帜上写上了历史主义，但后来把这个概念只归结为一个传播主义。代之而起的民族心理学派从自己的词汇中完全勾销了历史主义。现在，历史主义思想在斯图尔德的新进化主义和怀特的工艺进化主义中，以一种不完全的、片面的形式已经开始复兴。越来越多的美国学者开始认真地考虑把历史主义贯彻到民族学研究中来的时刻，已经到来了"。① 对历史主题和视角的关注成为战后美国民族学人类学的重要新特点，为 ethnohistory 研究在美国民族学人类学界的凸显提供了重要契机。

四　印第安人权利申诉应对措施的直接推动

如前所述，二战前由于研究者的研究取向、档案材料等主客观条件的限制，从整体上来说，战前美国民族学家对印第安土著历史缺乏兴趣。另外，这一时期，美国历史学家对印第安土著历史也未表现出足够的关注。这种状况，很大程度上限制了 ethnohistory 在美国学界的发展空间。战后以来，这种局面有了较大改观，除了上述的社会环境以及学术环境的变化使然之外，还直接得益于美国联邦政府的推动，得益于美国联邦政府与学界之间的互动与合作。换言之，战后西方及美国民族学人类学与史学之间的相互借重，为 ethnohistory 史研究在美国学界的凸显创造了良好的外部环境和条件；而美国联邦政府的介入，联邦政府联合学界在应对印第安人权利申诉问题中所采取的种种举措，直接诱发并推动了二战后 ethnohistory 研究在美国学界的凸显。

1946 年，由柯恩（Felix Cohen）设计的《印第安人权利申诉委员会法案》（Indian Claims Commission Act）在美国国会的通过，以及印第安人权利申诉委员会（Indian Claims Commission）的建立，在客观上迅速改变了 ethnohistory 在美国学界发展空间受限的局面，对战后 ethnohistory 在美国学界的凸显具有重要意义。②

"虽然 ethnohistory 具有长久的历史，但其取得学术上的认可，是在 1946

---

① 〔苏〕C. A. 托卡列夫：《外国民族学史》，汤正方译，中国社会科学出版社 1983 年版，第 312 页。

② Fred Eggan, "Some Anthropological Approaches to the Understanding of Ethnological Cultures", *Ethnohistory*, Vol. 8, No. 1, Winter 1961, p. 6; Robert C. Euler, "Ethnohistory in the United States", *Ethnohistory*, Vol 19, No. 3, Summer 1972, p. 203; James Axtell, "The Ethnohistory of Early America: A Review Essay", *The William and Mary Quarterly*, 3rd Ser., Vol. 35, No. 1, Jan. 1978, p. 112.

年，即国会通过了《印第安人权利申诉委员会法案》，建立了印第安人权利
申诉委员会。"① "《印第安人权利申诉委员会法案》对 ethnohistory 战后以来
的发展具有重大意义，从整体上树立了民族学人类学的优势。"②

印第安人权利申诉委员会的工作，主要涉及被诉诸法庭的印第安部族与
联邦政府之间的谈判。开始的时候，这类案件大约有 600 起，其中的 400 多
起得到了法院的受理。法律裁决的主要目的，在于确定印第安部族使用和占
有由政府所批准的土地。事实上，有关的证据和记录是含糊的，尤其是在五
大湖和俄亥俄地区（the Great Lakes and the Ohio Valley）。③

由于北美印第安人的土地占有概念和对土地的实际使用在本质上与西方
人的概念和实践不同，因此，对印第安各族群的文化、印第安各族群与环境
之间的关系及印第安各族群彼此之间的关系进行深入研究是十分必要的。④
印第安人权利申诉委员会的具体任务，主要在于确定印第安部族在割让土地
的时代是不是取得了公平的土地市场价值。这种复杂的诉讼案，需要人类学
家民族学家来参与。⑤ 当时的实际情况是，有关证据已经不易找到，唯一可
行的解决方法就是求助于历史材料，即很大程度上有赖于由欧美人所写的档
案记录。当然，人类学家所发问的有关历史资源的问题，并不是历史学家所
提问的那种问题，而是来自传统意义上的民族志关怀，来自民族学人类学家
的训练和田野。⑥

这项研究的数量很大。有关权利申诉委员会之官方意见的这项研究，先
由纽约加兰出版社（Garland Press）有选择地出版了 118 卷，又由纽约克利
尔沃特出版社（Clearwater Press）出版了全部的微缩品 400 卷。相关研究者
几乎全是人类学家。其中，人类学家希克森（Harold Hickerson）讲述了他是

① James Axtell, "The Ethnohistory of Early America: A Review Essay", *The William and Mary Quarterly*, 3rd Ser., Vol. 35, No. 1, Jan. 1978, p. 112.
② James D. Faubion, "History in Anthropology", *Annual Review of Anthropology*, Vol. 22, 1993, p. 43.
③ Helen Hornbeck Tanner, "Erminie Wheeler – Voegelin (1903 – 1988), Founder of the American Society for Ethnohistory", *Ethnohistory*, Vol. 38, No. 1, Winter 1991, p. 65.
④ Erminie W. Voegelin, "An Ethnohistoriang Viewpoint", *Ethnohistory*, Vol. 1, No. 2, Nov., 1954, p. 170.
⑤ James Axtell, "The Ethnohistory of Early America: A Review Essay", *The William and Mary Quarterly*, 3rd Ser., Vol. 35, No. 1, Jan. 1978, p. 112.
⑥ James Axtell, "The Ethnohistory of Early America: A Review Essay", *The William and Mary Quarterly*, 3rd Ser., Vol. 35, No. 1, Jan. 1978, p. 112.

如何变成"民族史学"家的。还有很多研究者对这类研究进行了回顾。①

在证人席上，在律师的检查下，这些人类学顾问们与历史学家合作、竞争，相应提供了大量的庭示证据。由此，人类学家们开始发现档案证据的重要性，同时也发现了国家档案及其他相关档案材料的富有。这种结果，代表着民族学人类学中的一种新的发展趋势，即在研究北美印第安人文化中开始大量使用档案材料，同时开始对这些档案材料进行批评。②

战后以来，围绕美国印第安部族对特殊时间、特殊土地的占有和使用等权利申诉案例，20世纪50年代的历史学家、人类学家以及律师到处都在搜寻有关美国印第安人的档案，③ 其结果导致了巨大的资金从国库（the Treasury of the United States）流向部族委员会（tribal councils），同时生产了很多部质量上乘的部族地图（tribal maps），而其更为重要的影响在于民族学人类学家们开始如历史学家那样使用档案。④ 研究地区主要涉及美国的大湖地区（the Great Lakes area）、东南地区（the Southeast）、大平原地区（The Plains）及西南地区（the Southwest）等地，由此留下了很多 ethnohistory 研究作品，同时贡献了更多的民族志"画卷"，以及研究社会和文化变化的一些理论框架。⑤

20世纪50年代，印第安人权利申诉委员会还参与了很多相关的法庭讨论。这些法庭讨论，与印第安人的土地权利有关，依靠的是历史性证词（即依靠的是非土著所提供的档案文献），而不是来自土著的口述资源。但是，土著的口述资源，与以档案为基础的历史学相对应，为 ethnohistory 研究展示了很多的背景性材料。⑥ 1954 年 10 月，在美国密歇根州的底特律还专门举行了关于"人类学与印第安权利申诉"（Anthropology and Indian Claims Litigation）的学术论坛，就人类学家在印第安权利申诉中所扮演角色等有关事

① James Axtell, "The Ethnohistory of Early America: A Review Essay", *The William and Mary Quarterly*, 3rd Ser., Vol. 35, No. 1, Jan. 1978, p. 112（注释6）.

② William C. Sturtevant, "Anthropology, History, and Ethnohistory", *Ethnohistory*, Vol. 13, No. 1/2, Winter - Spring 1966, pp. 9 - 10.

③ Fred Eggan, "Some Anthropological Approaches to the Understanding of Ethnological Cultures", *Ethnohistory*, Vol. 8, No. 1, Winter 1961, p. 6.

④ Fred Eggan, "Some Anthropological Approaches to the Understanding of Ethnological Cultures", *Ethnohistory*, Vol. 8, No. 1, Winter 1961, p. 7.

⑤ Fred Eggan, "Some Anthropological Approaches to the Understanding of Ethnological Cultures", *Ethnohistory*, Vol. 8, No. 1, Winter 1961, p. 7.

⑥ Shepard Krech III, "Ethnohistory", in David Levinson and Melvin Ember eds., *Encyclopedia of Cultural Anthropology*, New York: Henry Holt and Company, 1996, Volume 2, p. 423.

宜进行了集中探讨。①

始于1953年，与印第安人权利申诉委员会密切相关，由美国司法部提出的"大湖区—俄亥俄流域研究计划"（The Great Lakes – Ohio Valley Research Project），将这些档案资源与具体专门的研究机构——印第安纳州大学结合起来，进一步促进了上述局面的发展。②

早在二战期间，印第安人权利申诉委员会就曾向联邦司法部提出，通过拨付相应的经费，在印第安纳大学设立大湖区—俄亥俄流域 ethnohistory 研究项目。这项要求在战后得到满足，印第安纳大学因而成为最早的印第安人历史和文化研究中心之一。③ 鉴于在五大湖地区需要进行更为直接的历史研究，司法部与印第安纳州制定合约，准备在印第安纳州的布卢明顿（Bloomington）进行长期合作。④ 该项合作，即"大湖区—俄亥俄流域研究计划"（The Great Lakes – Ohio Valley Research Project），是由印第安纳大学人类学系承担、为美国司法部所做的一项 ethnohistory 研究。该研究计划始自1953年秋天，初步设计为期三年，以人类学者为主。在沃格林（Erminie W. Voegelin，该研究计划的实际负责人之一）看来，需要史学家的介入，需要人类学、史学这两个学科的合作，也有赖于能够基本完整地搜集到这一地区得天独厚的相关材料。⑤

1956年，一项隶属于"大湖区—俄亥俄流域研究计划"（the Great Lakes – Ohio Valley Research Project）的新的政府合同，即扩展的中西部印第安人历史调查计划开始生效。同年，沃格林（Erminie W. Voegelin）被任命为该研究项目的主任，这也是其独立学术生涯的开始。⑥

此项研究计划，聚焦在该地区土著的土地占有和使用上，以及所谓认同、迁移运动等问题上。其意义不仅仅在于它的应用性结果，更在于它提供了对大湖区—俄亥俄流域地区有关部族展开 ethnohistory 研究所需要的大量材

①　Verne F. Ray, "Introduction", （Anthropology and Indian Claims Litigation: Papers Presented at a Symposium Held at Detroit in December, 1954）Ethnohistory, Vol. 2, No. 4, Autumn 1955, pp. 287 – 291.

②　Fred Eggan, "Some Anthropological Approaches to the Understanding of Ethnological Cultures", Ethnohistory, Vol. 8, No. 1, Winter 1961, p. 6.

③　参见张友伦《美国西进运动探要》，人民出版社2005年版，第80页。

④　Helen Hornbeck Tanner, "Erminie Wheeler – Voegelin （1903 – 1988）, Founder of the American Society for Ethnohistory", Ethnohistory, Vol. 38, No. 1, Winter 1991, p. 65.

⑤　Erminie W. Voegelin, "An Ethnohistorian's Viewpoint", Ethnohistory, Vol. 1, No. 2, Nov. 1954, pp. 169 – 171.

⑥　Helen Hornbeck Tanner, "Erminie Wheeler – Voegelin （1903 – 1988）, Founder of the American Society for Ethnohistory", Ethnohistory, Vol. 38, No. 1, Winter 1991, p. 65.

料。这些材料，也成为研究该地区文化增长和变化的基础材料。①

　　该研究计划的研究范围，主要在于美国的西北部地区，即，从俄亥俄流域的西北部地区，一直向西拓展到密西西比河上游地区。该地区包含了俄亥俄州、印第安纳州、伊利诺伊州、密歇根州、威斯康星州、明尼苏达州以及纽约、宾夕法尼亚、肯塔基、艾奥瓦、北达科他及今天属于加拿大领地的一部分地区。有 16 个印第安部族——奇佩瓦人（Chippewa）、德拉瓦尔人（Delaware）、福克斯人（Fox）、休伦人/怀恩多特人（Huron/Wyandot）、伊利诺斯人（Illinois）、基卡普人（Kickapoo）、马斯库滕人（Mascouten）、梅诺米尼人（Menomini）、迈阿密人（Miami）［包括韦亚人（Wea）和皮安基肖人（Piankeshaw）］、奥托瓦人（Ottawa）、波塔瓦托米人（Potawatomi）、萨克人（Sac）、塞内卡人（Seneca）、肖尼人（Shawnee）、东苏人（Eastern Sioux）、温内巴戈人（Winnebago）成为研究的主体。② 同时，该研究计划还导致了各种按照年代序列编排的档案文件的产生。这些档案，由 809 个标准的活页笔记本组成。很多其他族群也逐渐有了这种记录。③ 在为该研究项目所搜集的图书资料的基础上，还建立了地方图书馆。④ 在沃格林（Erminie W. Voegelin）的指导下，收集这些印刷的或手抄的档案在系统持续进行。从纽约的公共图书馆、国会图书馆到加利福尼亚州的亨廷顿图书馆，都成为这些资料的集散地。影印档案、缩微胶片也很多，到 1969 年该计划完成时，已经累积了一千多卷。其中，还有很多影印地图，其中一些是很难获得的手稿。据有关统计，"大湖区—俄亥俄流域研究计划"（The Great Lakes – Ohio Valley Research Project），生产了 34 项具体详实的研究报告，为印第安人权利申诉委员会从事工作提供了有关上述地区的重要历史背景。这些研究报告和档案文献，成为法律支撑的展品。该计划的有关材料，收藏在印第安纳州大学考古学系的格伦·布莱克（the Glenn A. Black）实验室中。沃格林为该项研究计划做出了重要贡献。⑤ 沃格林的职业生涯也终止于此项计划之中，她最后一次在印第安权利申诉委员会（Indian Claims Commission）中作证是

---

① Erminie W. Voegelin, "An Ethnohistorian's Viewpoint", *Ethnohistory*, Vol. 1, No. 2, Nov. 1954, p. 170.

② Helen Hornbeck Tanner, "Erminie Wheeler – Voegelin (1903 – 1988), Founder of the American Society for Ethnohistory", *Ethnohistory*, Vol. 38, No. 1, Winter 1991, p. 67.

③ Helen Hornbeck Tanner, "Erminie Wheeler – Voegelin (1903 – 1988), Founder of the American Society for Ethnohistory", *Ethnohistory*, Vol. 38, No. 1, Winter 1991, p. 67.

④ 参见张友伦《美国西进运动探要》，人民出版社 2005 年版，第 80 页。

⑤ Helen Hornbeck Tanner, "Erminie Wheeler – Voegelin (1903 – 1988), Founder of the American Society for Ethnohistory", *Ethnohistory*, Vol. 38, No. 1, Winter 1991, p. 67.

在 1969 年夏天，涉及一项签署于 1795 年的有关 "格林维尔条约"（"Treaty of Greenville"）的复杂案例。① 出于某种原因，这些档案被称为 "俄亥俄流域—大湖区民族史研究档案"（the Ohio Valley – Great Lakes Ethnohistory Archive），② 对研究计划题目中的 "大湖区—俄亥俄流域" 作了调换顺序的处理。③

有关该项研究计划的报告，到 1974 年才作为美国印第安民族史研究系列（the American Indian Ethnohistory series）由加兰（Garland）出版公司出版。主要是诉讼的束缚妨碍了研究成果的出版，因为这些案例只有提交到印第安人权利申诉委员会之后才有可能得到刊布。编辑美国印第安民族史研究系列，与案例中涉及的一些族群的原告和被告的各种报告、委员会的决定及对事实的发现等也是密切相关的。由此，这些报告几乎就是 "族群卷" 的片断。④ 值得注意的是，这些报告题目出现变化——在早期被称为人类学报告（anthropological reports）或者只用族群名称来命名的报告，后来一律称为民族史（ethnohistory）报告。⑤

"大湖区—俄亥俄流域研究计划"（The Great Lakes – Ohio Valley Research Project）还为 ethnohistory 这个新的研究领域的 "新手" 训练提供了平台。这些 "新手" 多具有历史学、人类学和考古学的学术训练背景。利比（Dorothy Libby），继沃格林（Erminie W. Voegelin）之后成为 *Ethnohistory* 期刊主编；希克森（Harold Hickerson）建立了他的职业声望于齐佩瓦族（Chippewa）［主要集中于苏必尔湖（Lake Superior）的西南部地区］的 ethnohistory 之中；希克森（Harold Hickerson）的学生毕晓普（Charles A. Bishop）成为美国北部奥吉布瓦（Ojibwa）ethnohistory 研究的权威，之后成为 *Ethnohistory* 期刊主编。其他与此计划有联系的还有伯思朗（Donald J. Berthrong）、霍思曼（Reginald Horsman）、贝雷斯［David A. Baerreis，考古学家，在 1960 年 11 月印第安纳大学举办的 ethnohistory 概念研讨会（Sym-

① Helen Hornbeck Tanner, "Erminie Wheeler – Voegelin (1903 – 1988), Founder of the American Society for Ethnohistory", *Ethnohistory*, Vol. 38, No. 1, Winter 1991, p. 68.

② Helen Hornbeck Tanner, "Erminie Wheeler – Voegelin (1903 – 1988), Founder of the American Society for Ethnohistory", *Ethnohistory*, Vol. 38, No. 1, Winter 1991, p. 68.

③ Helen Hornbeck Tanner, "Erminie Wheeler – Voegelin (1903 – 1988), Founder of the American Society for Ethnohistory", *Ethnohistory*, Vol. 38, No. 1, Winter 1991, p. 68.

④ Helen Hornbeck Tanner, "Erminie Wheeler – Voegelin (1903 – 1988), Founder of the American Society for Ethnohistory", *Ethnohistory*, Vol. 38, No. 1, Winter 1991, p. 68.

⑤ Helen Hornbeck Tanner, "Erminie Wheeler – Voegelin (1903 – 1988), Founder of the American Society for Ethnohistory", *Ethnohistory*, Vol. 38, No. 1, Winter 1991, p. 69.

posium on the Concept of Ethnohistory）上提交了论文］、坎特（Donald
H. Kent，对宾夕法尼亚州的殖民史研究有重要贡献）等日后在 ethnohistory
研究中有一定表现的学者。①

　　另外，围绕该研究计划还召开了一系列跨学科的学术会议，成立了有关
的跨学科组织，创办了有关的刊物。如，"美国民族史研究学会"（the Amer-
ican Society for Ethnohistory）的组建，Ethnohistory 期刊的创办等。②

　　总之，1946 年《印第安人权利申诉委员会法案》在美国国会的通过和
印第安人权利申诉委员会的建立，始于 1953 年、与此法案密切相关、由美
国司法部和印第安纳大学合作的"大湖区—俄亥俄流域研究计划"及其后续
计划的陆续出台，成为二战后 ethnohistory 研究凸显于美国学界的直接推动力
量，也是二战后 ethnohistory 研究凸显于美国学界的具体表现。由此，不仅直
接激发了美国民族学人类学家从事印第安人历史研究的热情，也为人类学家
和历史学家创造了初步合作的条件和机会，还由此找出并累积了大量的有关
印第安人历史的档案材料，为二战后民族史学的凸显以及 20 世纪 70 年代民
族史研究的进一步繁盛③打下了坚实的基础。当然，"跨学科合作不是美国国
会的一条法案所带来的事件，只能说，这条法案，适逢其时，幸运地赶上了
这个时代——在这个时代的需要中，新的概念工具使有效的合作成为可能。
这些工具，是人类学家锻造的，在掌握它们的过程中，历史学家表现得有点
慢"。④

　　事实上，作为二战后一种具有广阔发展前景的强有力的新趋势，ethno-
history 研究之所以日渐凸显于美国学界，既受到这一时期国际形势及美国国
内社会政治条件变化的影响，又与西方及美国民族学人类学与历史学学科之
间的不断互动密切相关。不仅得益于西方新史学对民族学人类学理论和方法
的关注，以及西方民族学人类学的不断"历史化"，而且得益于美国史学界
对印第安人史学研究的广泛关注，以及美国民族学人类学界对历史相关主题
和视角的日益强调。更为重要的是，受到了来自美国联邦政府与学界合作的
印第安人权利申诉应对举措的直接推动。

　　二战后，ethnohistory 研究在美国学界的日渐凸显，深刻反映了西方"历

---

① Helen Hornbeck Tanner, "Erminie Wheeler – Voegelin（1903 – 1988）, Founder of the American
Society for Ethnohistory", *Ethnohistory*, Vol. 38, No. 1, Winter 1991, pp. 66 – 67.

② 参见本章第二节中的详论。

③ 参见第三章中的详论。

④ Francis Jennings, "A Growing Partnership：Historians, Anthropologists and American Indian Histo-
ry", *Ethnohistory*, Vol. 29, No. 1, Winter 1982, p. 21.

史人类学"（历史学与民族学人类学交流互动的产物）战后勃兴的必然性。无论是 ethnohistory 研究凸显所必需的外部社会大背景和内部学科小环境，还是其兴起所直接依赖的政府与学界之间的合作，在客观上从不同程度、不同层面促动并形成了民族学人类学与历史学之间不断交流、不断互动的发展格局。这种不断交流与互动的发展格局，既是西方"历史人类学"兴起的必要条件，也是西方"历史人类学"兴起的具体表现。从这个意义上讲，战后 ethnohistory 研究在美国学界的日渐凸显，是西方"历史人类学"在特定时空范围内日益显现的一种具体表达，体现出作为历史学与民族学人类学交流互动产物的西方"历史人类学"战后勃兴的必然趋势。尽管战后这一时期的民族史研究未能如其 20 世纪 70 年代繁盛阶段那样充分展示出自身的核心特质，也未能展示出西方"历史人类学"成熟阶段的主流创见，[①] "但其（ethnohistory）悠久的研究领域，终究（日后逐渐）累积出一些具理论意涵而属抽象层次的研究提纲，成为历史人类学形成与发展的重要源泉之一"。[②]

　　ethnohistory 在历经了半个世纪的艰难为继和长期孕育之后，随着二战后外部社会环境和学术环境的有利变化，在时代需求的催发下，终于"破土而出"，展现在以美国学界为主的学术舞台上。

第二节　美国民族史学日渐兴起的突出表现

　　"……（二战后）这是新学科群兴的时代。利用新的测定年代的技术，考古学发展起来；因研究保留地社区，文化涵化（acculturation）研究得以兴起；社会人类学，依靠的是结构和功能分析；生态学研究，依靠的是技术、环境和社会之间的关联；ethnohistory 的出现，更大程度上是对档案证据的依赖……"[③]

　　"二战后的几年中，作为一个学科性研究领域的 ethnohistory 出现了。专业范围主要限于美国，目光锁定在北美土著上，在 20 世纪 50 年代开始进行实践。后来随着结构主义的衰落，研究领域不断扩充，概念视野比博阿斯学

---

①　参见第三章第二节中的详论。

②　黄应贵：《历史与文化：对于"历史人类学"之我见》，《历史人类学学刊》第 2 卷第 2 期，2004 年 10 月，第 115 页。

③　Fred Eggan, "Some Anthropological Approaches to the Understanding of Ethnological Cultures", *Ethnohistory*, Vol 8, No. 1, Winter 1961, p. 3.

派还要宽广。"①

在经历了半个世纪（20 世纪上半叶）的孕育阶段，即所谓的"民族学附庸"阶段之后，ethnohistory 逐渐凸显于美国学界，于 20 世纪 50—70 年代步入了其凸显阶段。在凸显阶段，不仅组建了与 ethnohistory 直接相关的专业学会——美国民族史学会（Amrerican Society for Ethnohistory），定期召开年会，还出版了专业期刊 *Ethnohistory*，并一直延续下来。不少民族学家投身其中，一些历史学家也纷纷加盟，并展开了初步合作，形成了专门研究机构和研究中心。相对战前而言，既有概念方面的新讨论，也有经验层面的新研究。沃格林（Erminie W. Voegelin）、多宾斯（Henry F. Dobyns）、尤勒（Robert C. Euler）、沃什布恩（Wilcomb Washburn）、阿克斯特尔（James Axtel1）、科恩（Bernard S. Cohn）、斯特蒂文特（William C. Sturtevant）等学者做出了重要贡献。其中，专业学会和期刊的创办，是 ethnohistory 凸显于美国学界的重要标志。从这个意义上讲，凸显阶段又可被称为"学会期刊"阶段。

无论从组织基础的形成、宣传窗口的确立、主要阵地的出现来看，还是就研究方式的革新而言，二战后一种新的具有一定规模且自成体系的学术现象——ethnohistory 已经雏形初具，日渐凸显和兴起于美国学界。本节拟就这一时期（20 世纪 50—70 年代）ethnohistory 凸显于美国学界的突出表现展开具体论述，对其一般特点进行总结。

一　ethnohistory 专业学会的组建

跨学科联合在战后美国学界有了迅猛发展。② 1945 年，由民族学家芬顿（William N. Fenton）在非正式意义上主持的易洛魁（Iroquois）研究跨学科委员会成立。③ 1951 年，时在芝加哥纽伯里图书馆（the Newberry Library）任职的历史学家帕盖利斯（Stanley Pargellis），召集了一个有关印第安事务的会议。会议于 1952 年 3 月 29 日在纽伯里召开。与会代表不只是故意在人类学、历史学领域中加以挑选，在年龄上也有所考虑。许多历史学家是年长的学者，主要工作由他们完成；许多人类学家，与这些历史学家相比，相当年

①　James D. Faubion, "History in Anthropology", *Annual Review of Anthropology*, Vol. 22, 1993, p. 41.

②　Francis Jennings, "A Growing Partnership: Historians, Anthropologists and American Indian History", *Ethnohistory*, Vol. 29, No. 1, Winter 1982, p. 21.

③　Francis Jennings, "A Growing Partnership: Historians, Anthropologists and American Indian History", *Ethnohistory*, Vol. 29, No. 1, Winter 1982, p. 21.

轻，其中包括沃格林（Erminie Wheeler – Voegelin）、芬顿（William N. Fenton）和华莱斯（Anthony F. C. Wallace）等在 ethnohistory 中扮演着重要角色的人物。① 在会上，华莱斯指出，如果每一个学者都能互相学习，展示跨学科的成果，那么他们的时代就能很好地度过。这个基本原则得到大多数与会学者的承认。② 尽管此次会议的主题是美国印第安人，但其探讨的倾向性，在严格意义上讲，是方法论，即不同学科如何分析才能够互补和彼此刺激。③ 以更为严肃的方式来讨论这个主题的，是 1953 年 2 月 19 日在美国早期历史和文化研究院（Institute of Early American History and Culture）召开的关于早期美国印第安和白人关系的会议。其中，专门讨论了人类学与历史学的关系问题：理解印第安文化，要从印第安人自己的角度出发；研究印—白关系，既要有自己的角度，也需要"他者"的知识，既需要自己的方式，也需要"他者"的方式。与会者有卡彭（Lester Cappon）、芬顿（William N. Fenton）、沃什布恩（Wilcomb W. Washburn，时任美国早期历史和文化研究院的年轻研究人员）等学者。沃什布恩后来成为史密森研究院（the Smithsonian Institution，它拥有全美人类学档案馆，以及大量民族学方面的收藏品④）美洲研究（American Studies）的负责人。这些人物在跨学科研究领域中陆续登场并发挥重要作用。⑤

ethnohistory 专业学会的最初形态——"俄亥俄流域印第安历史协会"（the Ohio Valley Historic Indian Conference，OVHIC）的成立，则主要得益于上面述及的战后美国学界，尤其是美国历史学界和民族学人类学界强调跨学科发展的学术氛围。

"俄亥俄流域印第安历史协会"（OVHIC）的成立，经历了两个阶段。第一阶段：1951 年俄亥俄州考古学和历史学学会（the Ohio State Archaeological and Historical Society）的董事会授权组建了"俄亥俄印第安历史中心"（an Ohio Indian History Center）。由于资金缺乏，该中心并没有按计划运作，

---

① Francis Jennings，"A Growing Partnership：Historians，Anthropologists and American Indian History"，*Ethnohistory*，Vol. 29，No. 1，Winter 1982，p. 22.

② Francis Jennings，"A Growing Partnership：Historians，Anthropologists and American Indian History"，*Ethnohistory*，Vol. 29，No. 1，Winter 1982，p. 22.

③ Francis Jennings，"A Growing Partnership：Historians，Anthropologists and American Indian History"，*Ethnohistory*，Vol. 29，No. 1，Winter 1982，p. 22.

④ 参见〔美〕威尔科姆·E·沃什布恩《美国印第安人》，陆毅译，商务印书馆 1997 年版，第 8 页（前言）。

⑤ Francis Jennings，"A Growing Partnership：Historians，Anthropologists and American Indian History"，*Ethnohistory*，Vol. 29，No. 1，Winter 1982，p. 22.

但是有关研究却因此得以展开，一些基础性的档案材料开始收集。第二阶段：1953 年 5 月 7 日，在伊利诺伊州博物馆（the Ohio State Museum，在伊利诺伊州的乌尔班纳）召开会议，对因"鉴定历史上印第安族群及其史前古器物"研究项目而设立研究计划和组建相关学会的可行性进行论证。会上，学者们对如何组建这样的学会存在较多分歧。最后，他们达成决议，由来自俄亥俄流域各州的对此感兴趣的学者组成委员会另行开会，为这类学会的创建进一步营造基础。由此，在俄亥俄首府哥伦布组建了一个地方委员会，成员主要来自俄亥俄州考古学和历史学学会（the Ohio State Archaeological and Historical Society）、俄亥俄州立大学和 the Anthony Wayne Parkway Board 的有关教职人员。他们与会的日期，也就是"俄亥俄流域印第安历史协会"（OVHIC）第一次会议的时间，即 1953 年 11 月 19—21 日。人员得到通知的同时，会议开始计划与筹备。① 与会地点仍为伊利诺伊州博物馆。② 1953 年 11 月 21 日，会议组委会通过了章程（OVHIC 章程），将该组织命名为 the O-hio Valley Historic Indian Conference（"俄亥俄流域印第安历史协会"）。同时，阐述了它的宗旨和目的——鼓励俄亥俄流域的印第安人历史研究，交换信息，召开定期会议，解决共同感兴趣的问题，研究中展开有关学科的合作。③ 自此，即 1953 年 11 月 21 日，"俄亥俄流域印第安历史协会"（OVHIC）在伊利诺伊州博物馆（伊利诺伊州的乌尔班纳）正式成立。该协会是历史学家、民族学家、考古学家、语言学家之间的一种跨学科组织，其目的在于促进俄亥俄流域印第安人历史（historic Indians of the Ohio Valley）研究。④

1953 年 11 月 21 日，在协会成立大会上，史密斯（Dwight L. Smith）和沃格林（Erminie Wheeler – Voegelin）等是与会者当中的重要成员。大会有一个明确的目的，即期待历史学家、民族学家、考古学家、语言学家在印第安人历史研究中合作。沃格林（Erminie Wheeler – Voegelin）被推选为协会主席，史密斯（Dwight L. Smith）成为执委会成员。该次会议的成员几乎都是印第安人权利申诉案例（the Indian Claims cases）研究中那些小圈子里的

---

①　"The History of OVHIC", *Ethnohistory*, Vol. 1, No. 1, Apr. 1954, pp. 4 – 6.

②　"*Program of the* 1953 *Meeting*", *Ethnohistory*, Vol. 1, No. 1, Apr. 1954, pp. 7 – 8.

③　"The Constitution and By – Laws of the Ohio Valley Historic Indian Conference", *Ethnohistory*, Vol. 1, No. 1, Apr. 1954, pp. 11 – 14.

④　Jennifer S. H. Brown, "Ethnohistorians: Strange Bedfellows, Kindred Spirits", *Ethnohistory*, Vol. 38, No. 2, Spring 1991, p. 120.

学者。①

　　作为"俄亥俄流域印第安历史协会"的重要创始人和第一任主席，美国女人类学家沃格林（Erminie W. Voegelin）为学会成立发表了主席宣言。在宣言中，她乐观地评价了日渐凸显的 ethnohistory 及其学术组织"俄亥俄流域印第安历史协会"（OVHIC）：

　　"当前，职业历史学家对美国印第安人缺乏兴趣，民族学家对美国印第安族群的档案史研究也漠不关心。有民族学思想的历史学家不多，同样，有历史学思想的民族学家也不多。缺乏的原因是一样的，即美国印第安族群的档案研究没有得到民族学界的鼓励，而美国印第安人的民族学研究在历史学界也十分勉强。新的研究领域的发展，一方面存在很多空白，一方面也有一些学者积极投身其中。大约 50 名历史学家和人类学家参加了'俄亥俄流域印第安历史协会'（OVHIC）的筹备会议和活动，为 ethnohistory 成为一个为大家认可的特殊学术领域提供了充足的理由。他们都期待该协会能够成为一个特殊的组织，ethnohistory 能够成为一个拥有新的学术增长点的研究领域。一些学者已经为该领域做出了很多贡献，但那时 ethnohistory 还没有被任何特殊的组织来代表。'俄亥俄流域印第安历史协会'（OVHIC）的成立，弥补了这一缺憾，令人欢欣鼓舞，预示了 ethnohistory 光明的未来。"②

　　1954 年，该协会移师印第安纳大学，召开第 2 届年会。③ 自此直到 20 世纪 60 年代中期，印第安纳大学一直是 ethnohistory 的大本营和第一个研究中心。1954 年 11 月举行的这次会议，具有明显的地域性。来自俄勒冈、宾夕法尼亚、肯塔基、印第安纳州的 48 名专家将研究目光锁定在"俄亥俄流域印第安历史研究"上。有关会议的时事通讯（newsletter），则成为 1954 年 *Ethnohistory* 期刊第一卷中的重要作品。④

　　1956 年，在印第安纳大学召开的第 4 届年会上，学者们提出要扩大印第安人历史研究的领域，并相应将原来的"俄亥俄流域印第安历史协会"（OVHIC）更名为"美国印第安民族史协会"（the American Indian Ethnohistoric Conference，AIEC）。换言之，1956 年"美国印第安民族史协会"

①　Francis Jennings, "A Growing Partnership: Historians, Anthropologists and American Indian History", *Ethnohistory*, Vol. 29, No. 1, Winter 1982, pp. 22 – 23.

②　Erminie W. Voegelin, "A Note from the Chairman", *Ethnohistory*, Vol. 1, No. 1, Apr. 1954, pp. 1 – 3.

③　"Notes on the Business Meeting", *Ethnohistory*, Vol. 1, No. 1, Apr. 1954, p. 10.

④　Helen Hornbeck Tanner, "Erminie Wheeler – Voegelin (1903 – 1988), Founder of the American Society for Ethnohistory", *Ethnohistory*, Vol. 38, No. 1, Winter 1991, p. 65.

（AIEC）在印第安纳大学正式成立。①

1961 年 10 月 20—21 日，在罗得岛州首府普罗维登斯（Providence，Rhode Island）的布朗大学（Brown University）约翰—卡特—布朗图书馆（the John Carter Brown Library）举办的美国印第安民族史协会（AIEC）第 9 届年会上，突出强调了 ethnohistory 研究的国际性。将 ethnohistory 研究方法应用于非洲、拉丁美洲和西伯利亚的有关论文日益增多，研究范围已经跨出北美之外。1966 年 10 月 7—9 日，在承认研究兴趣已经在世界多地区扩展的基础上，在加拿大国家博物馆（地点在加拿大首都渥太华）召开了第 14 届年会。经会员同意并正式投票，学会名称由"美国印第安民族史协会"（the American Indian Ethnohistoric Conference，AIEC）改为"美国民族史学会"（the American Society for Ethnohistory，ASE）。② 更名的主要意义在于，体现了美国人类学家和历史学家的进一步联合，展示了研究对象从美国印第安人扩展到了世界各地土著族群、农民社会以及文明社会中的少数族群。③ 正是从此时开始，ethnohistory 的专业学会"美国民族史学会"（the American Society for Ethnohistory，ASE）才正式确立，延续至今。

由 1953 年的"俄亥俄流域印第安历史协会"（OVHIC），到 1956 年的

---

① 参见 Karl H. Schwerin，"The Future of Ethnohistory"，*Ethnohistory*，Vol. 23，No. 4，Autumn 1976，p. 337（Notes 1）. 但是，在 James Axtell，"The Ethnohistory of Early America：A Review Essay"，*The William and Mary Quarterly*，3rd Ser.，Vol. 35，No. 1.，Jan. 1978，p. 112. 和 Robert C. Euler，"Ethnohistory in the United States"，*Ethnohistory*，Vol. 19，No. 3，Summer 1972，p. 203. 中，指出"美国印第安民族史协会"（AIEC）成立于 1954 年，这可能是 James Axtell 和 Robert C. Euler 的笔误。事实上应为 1956 年。可参见 *Ethnohistory* 期刊 1955 年卷各期的封皮和扉页。

② Helen Hornbeck Tanner，"Erminie Wheeler‐Voegelin（1903‐1988），Founder of the American Society for Ethnohistory"，*Ethnohistory*，Vol. 38，No. 1，Winter 1991，p. 66. 本页称在 1964 年年会上更名，这可能属于印刷错误，应为在 1966 年年会上更名。可参见 Robert C. Euler，"Ethnohistory in the United States"，*Ethnohistory*，Vol. 19，No. 3，Summer 1972，pp. 204–205；Karl H. Schwerin，"The Future of Ethnohistory"，*Ethnohistory*，Vol. 23，No. 4，Autumn 1976，p. 324；James Axtell，"The Ethnohistory of Early America：A Review Essay"，*The William and Mary Quarterly*，3rd Ser.，Vol. 35，No. 1，Jan. 1978，p. 115；Francis Jennings，"A Growing Partnership：Historians，Anthropologists and American Indian History"，*Ethnohistory*，Vol. 29，No. 1，Winter 1982，p. 23；Jennifer S. H. Brown，"Ethnohistorians：Strange Bedfellows，Kindred Spirits"，*Ethnohistory*，Vol. 38，No. 2，Spring 1991，p. 121；Shepard Krech III，"The State of Ethnohistory"，*Annual Review of Anthropology*，Vol. 20，1991，p. 347；Shepard Krech III，"Ethnohistory"，in David Levinson and Melvin Ember eds.，*Encyclopedia of Cultural Anthropology*，New York：Henry Holt and Company，1996，Volume 2，p. 423；等等。

③ Francis Jennings，"A Growing Partnership：Historians，Anthropologists and American Indian History"，*Ethnohistory*，Vol. 29，No. 1，Winter 1982，p. 23.

"美国印第安民族史协会"（AIEC），再到 1966 年的"美国民族史学会"（ASE），可以看出，ethnohistory 专业学会的组建不是一蹴而就的，而是经历了一个不断演变的过程。

自 1953 年创办"俄亥俄流域印第安历史协会"（OVHIC）起，每年都有一次年会。① 年会讨论的议题较为分散。1965 年年会探讨了皮毛贸易，1968 年探讨了北美阿尔冈琴（Algon‑quian）社会。另外，每 5 年还召开一次有关北美切罗基（Cherokee）社会的研讨会。对著名的易洛魁（Iroquois）社会研究而言，也没有正式的组织。参会通知一到，学者们就来，召开会议所用费用不多。有共同兴趣的学者彼此熟识，靠电子邮件保持联系。有关管理方面的事务，往往安排在下一年度才讨论。除了一些来自不同学科的学者之间交换信息以及交流思想外，没有太引人注目的地方。②

总之，美国民族史学相关专业学会是"学术俱乐部"式的一种组织，倡导跨学科，并不仅限于人类学与历史学之间的联姻。这种组织不是"国家性组织"③，并不十分正规，它没有经费和奖金，只是将对历史感兴趣的民族学家、对民族学感兴趣的历史学家聚在一起，其中也包括一些零散的"吃杂食"（omnivorous）的学者。总的来看，学会成员多数是民族学人类学家，职业历史学家不多。④ 这是当时美国学界从事 ethnohistory 研究的学者们的组成特点，也体现了这一时期 ethnohistory 专业学会的主要特征。

二 ethnohistory 专业期刊的创办与发展⑤

随着 1953 年"俄亥俄流域印第安历史协会"（OVHIC）的创建和首届年会的召开，一份相关刊物应运而生。1954 年，作为美国人类学联合会编辑委员会的授权代表（represented on the Editorial Council of the American Anthropological Association），"俄亥俄流域印第安历史协会"（OVHIC）主办的期刊

① 参见〔苏〕C. A. 托卡列夫《外国民族学史》，汤正方译，中国社会科学出版社 1983 年版，第 312 页。

② Francis Jennings, "A Growing Partnership：Historians, Anthropologists and American Indian History", *Ethnohistory*, Vol. 29, No. 1, Winter 1982, p. 23.

③ 参见 Donald L. Parman; Catherine Price, "A 'Work in Progress'：The Emergence of Indian History as a Professional Field", *The Western Historical Quarterly*, Vol. 20, No. 2, May 1989, p. 193（注释21）.

④ Francis Jennings, "A Growing Partnership：Historians, Anthropologists and American Indian History", *Ethnohistory*, Vol. 29, No. 1, Winter 1982, p. 23.

⑤ 这里以 *Ethnohistory* 期刊由创刊至今的发展进行概览，并不完全限于 ethnohistory 在美国学界日渐凸显与兴起的 20 世纪 50 和 60 年代。但这里着重体现的是美国民族史学日渐兴起的突出表现。

Ethnohistory 正式创刊。创刊地即"俄亥俄流域印第安历史协会"的创办地
——伊利诺伊州博物馆（伊利诺伊州的乌尔班纳）。该刊物的重要创始人，
美国印第安纳大学的女人类学家、民俗学家沃格林（Erminie W. Voegelin）
时任"俄亥俄流域印第安历史协会"主席。创刊后，*Ethnohistory* 每年出版
一卷，至今从未中断（2019 年出版了第 66 卷）。每卷一般包括冬春夏秋 4
期，其中也有合期出刊的情况。尽管协会在不断更名，但其主办的这份刊物
的名字 *Ethnohistory* 一直未变。①

　　1954 年，*Ethnohistory* 创刊卷的主编为克诺夫（Richard C. Knopf）。从
1955 年到 1964 年，在长达 10 年的时间里，印第安纳大学的沃格林一直担任
期刊主编。自此之后，主编人选 5 年为 1 届，② 更替不断。其中，任职满 10
年的只有凯琦（Shepard Krech III，1983—1992 年）和怀特海德（Neil
L. Whitehead，1998—2007 年）。1955—1964 年间，期刊一直由印第安纳大学
负责出版，由印第安纳大学人类学、民俗学和语言学研究中心来组织（Com-
posed in the Research Center for Anthropology，Folklore，and Linguistics at Indi-
ana Univ.），由作为美国人类学联合会编辑委员会授权代表的"俄亥俄流域
印第安历史协会"（OVHIC）及之后的"美国印第安民族史协会"（AIEC）
主办。③ 由此也充分说明，ethnohistory 在战后美国学界的凸显与兴起，与民
族学人类学学科有着更为密切的关联。

　　从 1965 年到 1985 年的 20 年间，陆续有一些机构，如 the Special Typing
Department at the State University of New York at Buffalo；Publication Services，
Inc.，Tempe，Arizona；Texas Tech University Press 等，先后承担起刊物的组
织及出版事宜。从 1986 年到 1993 年，它被明确宣称为"美国民族史学会"
（the American Society for Ethnohistory）的正式期刊（official journal），由杜克
大学出版社（Duke University Press）与纽伯里图书馆［the Newberry Library
of Chicago，即芝加哥纽伯里图书馆，它设有一个美国印第安人历史研究中心
（Center for the History of the American Indian）］合作，代表学会负责出版事
宜。自 1994 年起至今，作为"美国民族史学会"的正式期刊，它由杜克大
学出版社代表学会单独负责出版（Ethnohistory is the official journal of the A-
merican Society for Ethnohistory. It is published by Duke University Press on behalf

---

① 参见期刊 *Ethnohistory* 有关各卷期的封皮及扉页。
② 参见 Neil L. Whitehead，"Editor's Statement"，*Ethnohistory*，Vol. 45，No 2，Spring 1998，
　　p. 179.
③ 参见期刊 *Ethnohistory* 有关各卷期的封皮及扉页，还可参见 Neil L. Whitehead，"Editor's Intro-
　　duction"，*Ethnohistory*，Vol. 54，No. 4，Fall 2007，p. 582.

of the ASE.)。① 在某种意义上讲，杜克大学成为美国学界继印第安纳大学、芝加哥纽伯里图书馆之后的又一个 ethnohistory 研究中心。

Ethnohistory 于 1954 年创刊，在 1955 年卷第 1 期扉页的显要位置上明确指出了其研究宗旨，即 Ethnohistory 将致力于"最早在档案历史中研究原始人群（尤其是美国的印第安人）的文化和运动"，1957 年又修正为"关于原始族群文化和运动的最早的档案史研究，及与之相关的更为广阔的问题研究"。这里的"原始"和"美国的印第安人"，即专指文化上遥远的"他者"——人类学家的专业研究领域和对象；这里的"档案"，被期刊授权作为证据来运用；这里所体现出的思想，延续着威斯勒（Clark Wissler）1909年原初论述和诠释 ethnohistory 时的含义。②

1968 年，期刊宗旨出现了新的变化。该年卷各期扉页上明确表示："这是一部季刊，包括文章、原始档案和评论，与一般的文化史和过程相联系，与各个层次的社会文化人群组织的特殊历史相联系，尤其强调世界各地的原始族群和农民。"1978 年，期刊宗旨进行了微调："这是一部季刊，包括文章、原始档案和评论，与一般的文化史和过程相联系，与各个层次的社会文化人群组织的特殊历史相联系，尤其强调世界各地的非工业化人群。"1982年调整为"这是一部季刊，涉及世界各地族群（ethnic peoples）的文化史"，1984 年修正为"这是一部季刊，涉及世界各地文化和社会的过去，强调档案和田野材料的使用以及历史编纂（historiography）和人类学方法"。自此以来，未再有新的研究宗旨明确展示在各卷期扉页上。

20 世纪末以来，Ethnohistory 所刊载的经验研究出现了一些新变化，在保持原来的多样化特点的同时，也出现了集中化的特征，即逐渐形成了"多样化中的集中化"风格。③

纵览 Ethnohistory 期刊研究宗旨几十年发展变化的历程，可以看出，尽管它明确标示出的研究宗旨在不断调整和修正，但其整体风格自创刊之日起就是相对固定的：其一，强调档案材料、民族志和考古学数据的联合使用，强调历史学和人类学方法的联合；其二，研究社会、文化的过程和历史；其三，在美洲土著族群历史研究方面有突出贡献，后又拓展了研究范围，遍及世界各地的文化和社会，但仍以非工业化的土著族群为主；其四，主要刊载

---

① 参见期刊 Ethnohistory 有关各卷期的封皮及扉页。

② Shepard Krech III, "The State of Ethnohistory", Annual Review of Anthropology, Vol. 20, 1991, p. 347；Shepard Krech III, "Ethnohistory", in David Levinson and Melvin Ember eds. , Encyclopedia of Cultural Anthropology, New York：Henry Holt and Company, 1996, Volume 2, p. 423.

③ 第五章第二节"一 从 Ethnohistory 期刊发展情况来看"对此展开详论。

实证研究类文章、理论述评类文章和书评，其作者多来自人类学、历史学、考古学、语言学、文学、艺术史、地理学及其他有关学科，创刊初期以民族学人类学者为主，后来一些历史学者也投身其中，其他有关学科的学者纷纷加盟，总体来看，无论哪个时期，作者仍以民族学人类学者居多。

这里需要指出的是，*Ethnohistory* 虽然是"美国民族史学会"主办的正式期刊（official journal），但它并非美国国内的一流刊物，有些学者尤其是职业历史学者对学会及其期刊并不看重；① 另外，"民族史学"类文章也未局限于 *Ethnohistory* 期刊，各种有关期刊上也有"民族史学"类文章发表。②

三　ethnohistory 第一个研究中心的形成

作为"大湖区—俄亥俄流域研究计划"的主要负责人，作为 ethnohistory 相关学会和期刊的主要创始人，女人类学家、民俗学家、ethnohistory 研究的重要代表沃格林（Erminie Wheeler – Voegelin），为战后 ethnohistory 在美国学界的兴起于凸显做出了重要贡献。其中，在使印第安纳大学成为美国学界第一个 ethnohistory 研究中心的过程之中（1954—1964），沃格林起到了不可替代的关键性作用。

沃格林和她的丈夫，都是人类学家，曾与博阿斯的学生克鲁伯一起学习过。沃格林的工作主要在于收集民族学数据，而她的丈夫卡尔·沃格林［Charles F.（Carl）Voegelin］则从事语言学方面的田野调查。一个名叫莉莉（Eli Lilly）的考古学家，对沃格林夫妇的职业生涯有过重要的影响。在莉莉的直接影响下，沃格林对肖尼人（Shawnee）发生了兴趣，并将肖尼人作为其田野调查的对象。肖尼人是一个早期居住于坎伯尔部分地区和俄亥俄山谷中部的土著美洲民族，于 18 世纪晚期和 19 世纪早期在抵抗白人移居俄亥俄山谷时发挥了突出作用。1939 年，沃格林成为耶鲁大学人类学系第一个女博士。其博士论文就是有关肖尼人丧葬习俗（Shawnee Mortuary Customs）方面的研究，五年后以专著形式由印第安纳历史协会（the Indiana Historical Society）出版。另外，她在编辑出版人类学、民俗学及 ethnohistory 方面的报告

---

① 参见 Donald L. Parman and Catherine Price，"A 'Work in Progress'：The Emergence of Indian History as a Professional Field"，*The Western Historical Quarterly*，Vol. 20，No. 2，May 1989，p. 193（注释 21）.

② 参见文后附录"美国民族史学百年大事"中的有关文章。

和著述时也有重要贡献。①

1941年秋，印第安纳大学成为沃格林夫妇的永久性职业基地。② 在印第安纳大学，历史学和人类学之间的密切关系，在20世纪40年代早期就已经体现在它宣布的新课程之中。印第安纳大学第29号（1941年8月）时事通讯 [Indiana University News – Letter 29 （August 1941）]，全面解释了该校人类学广泛的研究兴趣："人类学一般分为三个主要的分支：体质、文化和历史。其中，第三个分支是指以历史的观点来看待自然和社会现象。在研究没有文字及书面记录的'未开化'民族时，人类学有时与史前史是同义语，因此人类学被视为历史学科（而不是科学）的一种扩展。"③

沃格林在印第安纳大学最早的学术职位始于1943年。当时她在人类学系做为期一年的兼职教师。后来，又被任命为为期两年的荣誉会员，接着做访问教师（visiting instructor），1950年成为人类学系的访问讲师（visiting lecturer）。二战期间，她在印第安纳大学教授了很多门课程。在1942年和1943年，她还成为军队特训计划（the Army Specialized Training Program）中教授野外技术的讲师。在随后的1943—1946三年中，她一直教授人类学学科的课程。1941—1946年，她还是美国民俗期刊（*The Journal of American Folklore*）的主编。1947年3月，她的丈夫被任命为印第安纳大学新组建的由考古学家莉莉（Eli Lilly）赞助和支持的人类学系主任。1947年4月13日，沃格林夫妇共同获得了古根海姆奖学金（Guggenheim Fellowships）。这笔款项，使沃格林对美国印第安人和爱斯基摩人口头历史和神话的相关研究得以进行，这也标志着她在一般的民俗学领域中的特殊兴趣。1948年，她成为美国民俗学会（the American Folklore Society）的会长和终身会员。1949—1951年，她一直是美国人类学联合会（the American Anthropological Association，AAA）的执行秘书；而此一时期，正是该组织要求变化的时期。1950年，她还接受了芝加哥民俗学会奖（Chicago Folklore Society Prize），并被任命为美国高级科学联合会（American Association for the Advancement of Science）会员。④

---

① Helen Hornbeck Tanner, "Erminie Wheeler – Voegelin （1903 – 1988）, Founder of the American Society for Ethnohistory", *Ethnohistory*, Vol. 38, No. 1, Winter 1991, pp. 61 – 62, p. 68.

② "Erminie Wheeler – Voegelin （1903 – 1988）, Founder of the American Society for Ethnohistory", *Ethnohistory*, Vol. 38, No. 1, Winter 1991, p. 63.

③ "Erminie Wheeler – Voegelin （1903 – 1988）, Founder of the American Society for Ethnohistory", *Ethnohistory*, Vol. 38, No. 1, Winter 1991, p. 64.

④ Helen Hornbeck Tanner, "Erminie Wheeler – Voegelin （1903 – 1988）, Founder of the American Society for Ethnohistory", *Ethnohistory*, Vol. 38, No. 1, Winter 1991, pp. 64 – 65.

需要强调指出的是，1946 年印第安权利申诉委员会（Indian Claims Commission）的建立以及 1953 年印第安纳州大学与司法部合作的 "大湖区—俄亥俄流域研究计划"（The Great Lakes - Ohio Valley Research Project）的出台，引起了沃格林夫妇研究兴趣的变化，印第安纳大学也因为他们夫妇二人的学术贡献成为最早的印第安人历史和文化研究中心之一。①

在此项研究计划一开始的 3 年内（1953—1955 年），印第安纳大学任命沃格林的丈夫为项目主任，沃格林为副主任。印第安纳大学历史系的学生和人类学系的学生，以合作研究的方式，参与到计划中来。②随着该项研究计划的进一步扩展，即随着 1956 年扩展的中西部印第安历史调查计划的实施，沃格林成为项目主任，这也标志着其独立学术生涯的开始。③

1956 年，沃格林成为印第安纳大学历史系（the Department of History）教授。④她在历史系中开设的北美印第安人历史的课程，对于国家的历史课程（the history curriculum of the nation）而言做出了先导性贡献，为历史系如何开设 ethnohistory 等相关课程提供了模式和先例。始于 1957 年的这两个学期的课程，由沃格林来讲授，连续进行了三年。在 1962 年重复开设。这些课程，实际上是美国历史系中最早和最正式的 ethnohistory 课程。由此也可看出，当时 ethnohistory 的有关课程，最初开设在印第安纳大学历史系里，但由人类学家来教授。⑤

作为印第安纳大学的教职人员，沃格林的兴趣在课堂教学，但她的很多时间和精力置于印第安纳大学与司法部合作计划，即 "大湖区—俄亥俄流域研究计划" 的管理和研究之中。⑥ 1955—1964 年，她还持续主编了由印第安纳大学组织并出版、由 "俄亥俄流域印第安历史协会"（OVHIC）及之后的 "美国印第安民族史协会"（AIEC）主办的期刊 *Ethnohistory*。这一时期，也

① 参见本章第一节 "四 印第安人权利申诉应对措施的直接推动" 中的有关内容。已经论述过的内容，这里不再赘述。

② Helen Hornbeck Tanner, "Erminie Wheeler - Voegelin（1903 - 1988），Founder of the American Society for Ethnohistory", *Ethnohistory*, Vol. 38, No. 1, Winter 1991, p. 65.

③ Helen Hornbeck Tanner, "Erminie Wheeler - Voegelin（1903 - 1988），Founder of the American Society for Ethnohistory", *Ethnohistory*, Vol. 38, No. 1, Winter 1991, p. 65.

④ Helen Hornbeck Tanner, "Erminie Wheeler - Voegelin（1903 - 1988），Founder of the American Society for Ethnohistory", *Ethnohistory*, Vol. 38, No. 1, Winter 1991, p. 65.

⑤ Helen Hornbeck Tanner, "Erminie Wheeler - Voegelin（1903 - 1988），Founder of the American Society for Ethnohistory", *Ethnohistory*, Vol. 38, No. 1, Winter 1991, p. 66.

⑥ Helen Hornbeck Tanner, "Erminie Wheeler - Voegelin（1903 - 1988），Founder of the American Society for Ethnohistory", *Ethnohistory*, Vol. 38, No. 1, Winter 1991, p. 66.

是印第安历史研究主题覆盖地理区域扩展的时期。① 沃格林自己的名字很少出现在 *Ethnohistory* 刊物中，② 但在 1954 年 *Ethnohistory* 创刊号第 1 卷第 2 期上，她发表了专题研讨文章《一个民族史学家的观点》（An Ethnohistorian's Viewpoint），首次对 ethnohistory 进行系统阐释，总结了 20 世纪 50 年代美国民族史学的特点。③"沃格林的远见卓识、革新技术和热情，为正式的 ethnohistory 及有关组织、期刊的建立，做出了重要贡献。"④

综上可以看到，印第安纳大学是二战后"大湖区—俄亥俄流域研究计划"的主要执行者，也是 20 世纪 50—60 年代 ethnohistory 学会和期刊创办和发展的"大本营"。印第安纳大学事实上已经成为二战后 ethnohistory 凸显于美国学界的第一个研究中心。这与政府部门的支持，印第安纳大学自身拥有的人类学与历史学之间良好的学科互动传统，尤其是以女人类学家沃格林等为代表的教职人员的诸多努力和贡献是密不可分的。

四　ethnohistory 经验研究的历史过程化

沃格林（Erminie W. Voegelin）等具有历史思想的民族学家们（historically minded ethnologists），基于共同的经验和兴趣，组建了 ethnohistory 专业学会和期刊。有关 ethnohistory 的早期系统界定和释义，多来自这些人员。1954 年，沃格林在 *Ethnohistory* 创刊号第 1 卷第 2 期上，发表专题研讨文章《一个民族史学家的观点》，指出 ethnohistory 就是在档案史中研究原始族群。从为权利申诉委员会所做的描绘性工作来看，这些早期界定是准确的。但是，一般的 ethnohistory 方法论超越了印第安权利申诉的范围，有意义的新的工作出现了，并要求有明确的、扩展性的新界定。⑤

20 世纪 50 年代，还有一些学者，如达克（Philip Dark）、尤勒（Robert C. Euler）、多宾斯（Henry F. Dobyns）等，对当时的 ethnohistory 经验研究进行总结，从不同层面阐释 ethnohistory 的含义。

1960 年 11 月 12—13 日，在印第安纳大学举办的"美国印第安民族史学

① Helen Hornbeck Tanner, "Erminie Wheeler – Voegelin (1903 – 1988), Founder of the American Society for Ethnohistory", *Ethnohistory*, Vol. 38, No. 1, Winter 1991, p. 66.

② Helen Hornbeck Tanner, "Erminie Wheeler – Voegelin (1903 – 1988), Founder of the American Society for Ethnohistory", *Ethnohistory*, Vol. 38, No. 1, Winter 1991, p. 66.

③ 参见第四章第一节"核心概念的流变"中的详论。为减少重复，这里不再展开。

④ Ronald Spores, "Ethnohistory in Middle Age: An Assessment and a Call for Action", *Ethnohistory*, Vol. 25, No. 3, Summer 1978, p. 204.

⑤ 参见 James Axtell, "The Ethnohistory of Early America: A Review Essay", *The William and Mary Quarterly*, 3rd Ser., Vol. 35, No. 1, Jan. 1978, pp. 112 – 113.

协会"（the American Indian Ethnohistoric Conference）第 8 届年会上，召开了
"民族史概念"研讨会（Symposium on the Concept of Ethnohistory）。为了从更
为广阔的角度来理解 ethnohistory，民俗学家多尔森（Richard Dorson）、历史
学家沃什布恩（Wilcomb Washburn）、考古学家贝雷斯（David Baerreis）、民
族学家卢里（Nancy Lurie）应邀与会，提交了论文。他们的论文后来在 Eth-
nohistory1961 年卷第 1 期上发表。在同年卷第 3 期上，利科克（Eleanor Lea-
cock）、尤尔斯（John C. Ewers）和瓦伦丁（Charles A. Valentine）三位民族
学家对这些论文做出了评论。此次会议的结果，达成了对 ethnohistory 性质和
发展方向上的共识（即传统共识）：ethnohistory 是"使用历史的档案和方法
来获得有关文化变化的性质和原因的知识，这种知识由民族学的概念和范畴
来界定"。①

此外，1966 年斯特蒂文特（William C. Sturtevant）的文章《人类学、历
史学和"民族史学"》（Anthropology，History，and Ethnohistory），② 1968 年
史学家科恩（Bernard S. Cohn）在《国际社会科学百科全书》中专门撰写的
词条 Ethnohistory，③ 也是这一时期有关 ethnohisory 概念讨论中的代表作。

这些概念讨论，④ 是 ethnohistory 战后凸显于美国学界的重要表现，也是
ethnohistory 这种学术现象的重要组成部分。

相比二战之前，二战至 20 世纪 70 年代的 ethnohistory，除了其概念诠释
空间不断扩展之外，相关的经验研究也出现了一些新的特点，主要体现在研
究的"历史过程化"上。

这一时期，ethnohistory 的很多经验研究作品问世。其中，尤勒（Robea
C. Euler）的《民族志方法论：来自南派尤特人的文化变化、信息员的可靠
性和有效性的一项三维度时间研究》（Ethnographic methodology—A Tri -
Chronic Study in Culture Change，Informant Reliability，and Validity from the
Southern Paiute），突出反映了凸显阶段 ethnohistory 经验研究的主要特点和涉

---

① 参见 James Axtell，"The Ethnohistory of Early America：A Review Essay"，*The William and Mary
Quarterly*，3rd Ser.，Vol. 35，No. 1，Jan. 1978，p. 113；还可参见 James Axtell，"Ethnohisto-
ry：An Historian's Viewpoint"，*Ethnohistory*，Vol. 26，No. 1，Winter 1979，p. 2.

② William C. Sturtevant，"Anthropology，History，and Ethnohistory"，*Ethnohistory*，Vol. 13，
No. 1/2，Winter - Spring 1966，pp. 1 - 51.

③ Bernard S. Cohn，"Ethnohistory"，in David L. Sills ed.，*International Encyclopedia of the Social
Sciences*，New York：The Free Press，1968，Volume 5，pp. 440 - 448.

④ 这里只简单提及这一阶段的代表性概念诠释。在第四章第一节"核心概念的流变"中，将
对涵盖各个发展阶段的 ethnohistory 概念诠释进行集中系统展示和总结。

及的主要问题。①

　　该文最初写于 1959 年 12 月，是墨西哥城举行的美国人类学联合会（American Anthropological Association, AAA）1959 年年会上的一篇参会论文。后经简要修改被收入了 1967 年版的《美国历史人类学：莱斯利·斯皮尔纪念文集》（*American historical anthropology：essays in honor of Leslie Spier*）论文集之中。作者尤勒，系盐湖城犹他州大学人类学系主任，热衷考古学、民族志及 ethnohistory 研究，对美国西南地区尤为关注。② 论文集所纪念的莱斯利·斯皮尔（Leslie Spier, 1893 – 1961），系美国人类学家，博阿斯的学生。

　　在该文中，尤勒指出，作为美国学界的一项研究技术，ethnohistory 在《印第安人权利申诉委员会法案》的促动下，在过去的 20 年间里（1946—1967）获得了很大发展。人类学家、历史学家以及那些好不容易才转变为历史学家的人类学家们，在对许多美国印第安人和其他社会的土著文化史的重构之中，获得了有意义的结果。在取得上述成就的过程之中，人类学家、民族学家们检查了历史档案资源、口述传统和民族志研究（这些民族志研究，主要由具有博阿斯传统的研究者们所从事）的可靠性和有效性。③

　　在尤勒看来，目前依然有必要提出"由现在的土著信息员所提供的口述传统知识，是不是可靠？当追索与印第安人有关的由早期欧洲旅行者和探险家留下的档案文件时，我们是不是在进行历史的或 ethnohistory 研究？"这样的问题。之所以提出这样的问题，原因在于在田野中进行研究的民族学家仍旧很少对此进行检视，也在于人们越来越重视对 ethnohistory 与历史学、eth-

①　Robert C. Euler, "Ethnographic methodology—A Tri – Chronic Study in Culture Change, Informant Reliability, and Validity from the Southern Paiute", in Carroll L. Riley and Walter W. Taylor eds., with a pref. by W. W. Hill; contributors: Harold L. Amoss. . . [et al.], *American historical anthropology：essays in honor of Leslie Spier*, Carbondale: Southern Illinois University Press, 1967, p. 61.

②　Robert C. Euler, "Ethnographic methodology—A Tri – Chronic Study in Culture Change, Informant Reliability, and Validity from the Southern Paiute", in Carroll L. Riley and Walter W. Taylor eds., with a pref. by W. W. Hill; contributors: Harold L. Amoss. . . [et al.], *American historical anthropology：essays in honor of Leslie Spier*, Carbondale: Southern Illinois University Press, 1967, p. 61.

③　Robert C. Euler, "Ethnographic methodology—A Tri – Chronic Study in Culture Change, Informant Reliability, and Validity from the Southern Paiute", in Carroll L. Riley and Walter W. Taylor eds., with a pref. by W. W. Hill; contributors: Harold L. Amoss. . . [et al.], *American historical anthropology：essays in honor of Leslie Spier*, Carbondale: Southern Illinois University Press, 1967, pp. 61 – 62.

nohistory 与民族学之间关系的理论探讨。① 尤勒借助经验研究对这些问题进行了解答，由此也展示出他对 ethnohistory 的基本认知。

检验档案材料、口述传统和民族志材料等各种材料资源的可靠性和有效性，并充分加以综合利用，同时配以文化过程的理论，是尤勒心目中理想的 ethnohistory 研究。这种类型的 ethnohistory 研究，对当时的民族学人类学家而言，富有启发意义。

从 1956 到 1959 年，尤勒对美国西部大盆地地区的南派尤特人（Southern Paiute）进行了 ethnohistory 意义上的调查研究。南派尤特人，美国印第安人的一部族，居住在南犹他州和内华达、亚利桑那的北部以及加利福尼亚东南的邻近地区。这项研究，先由美国司法部所倡导，后由美国哲学学会彭罗斯（Penrose）基金提供赞助。它实际上是一种考古学、历史学和民族学技术的联合，共涉及了三个不同的时间维度。②

第一个时间维度：尤勒收集到的许多历史材料，来自南部派尤特部族（他们居住在犹他州、亚利桑那州、内华达州等地），时间跨度在 1776—1875 一百年之间。③ 这些历史材料，是尤勒从事 ethnohistory 研究的第一个时间维度的材料。

第二个时间维度：1910 年，宾夕法尼亚大学人类学家爱德华·萨丕尔（Edward Sapir）根据 100 多页的田野笔记，整理出了一部详细的有关南部派尤特人的民族志。萨丕尔的信息调查员 Tony Tillahash，当时是一个年轻的学生，在 Carlisle 印第安学校就读。从 1910 年 1 月到 6 月，萨丕尔和他的信息调查员一起在宾夕法尼亚从事研究工作。据 Tony Tillahash 的家庭背景情况，

① Robert C. Euler, "Ethnographic methodology—A Tri – Chronic Study in Culture Change, Informant Reliability, and Validity from the Southern Paiute", in Carroll L. Riley and Walter W. Taylor eds., with a pref. by W. W. Hill; contributors: Harold L. Amoss... [et al.], *American historical anthropology: essays in honor of Leslie Spier*, Carbondale: Southern Illinois University Press, 1967, p. 62.

② Robert C. Euler, "Ethnographic methodology—A Tri – Chronic Study in Culture Change, Informant Reliability, and Validity from the Southern Paiute", in Carroll L. Riley and Walter W. Taylor eds., with a pref. by W. W. Hill; contributors: Harold L. Amoss... [et al.], *American historical anthropology: essays in honor of Leslie Spier*, Carbondale: Southern Illinois University Press, 1967, pp. 62 – 63.

③ Robert C. Euler, "Ethnographic methodology—A Tri – Chronic Study in Culture Change, Informant Reliability, and Validity from the Southern Paiute", in Carroll L. Riley and Walter W. Taylor eds., with a pref. by W. W. Hill; contributors: Harold L. Amoss... [et al.], *American historical anthropology: essays in honor of Leslie Spier*, Carbondale: Southern Illinois University Press, 1967, p. 63.

萨丕尔认为，他从 Tony Tillahash 那里得来的调查数据，与印第安土著文明与欧洲发生接触碰撞时期及之前时期的生活有关。这些材料一直没有出版，而由莱斯利·斯皮尔（Leslie Spier）保存。1956—1959 年，在尤勒的调查研究过程之中，尤勒对这些笔记进行了复印，并建议进行编辑和出版。① 1910 年萨皮尔关于印第安土著文明与欧洲发生接触碰撞时期及之前时期的研究材料和成果，是尤勒从事 ethnohistory 研究的第二个时间维度的材料。

第三个时间维度：从 1956 年到 1959 年，尤勒所从事的现在时田野调查，是其从事研究的第三个时间维度。在此过程之中，有幸与萨丕尔半世纪之前相同的信息调查员一起工作。当时 Tony Tillahas 已经 70 多岁了，但依然是一个行动敏捷的人。他们共同详细地看了萨丕尔当年的田野数据。当然，信息员 Tony Tillahas 并不知道尤勒拥有这些笔记。另外，尤勒还从 15 个年长的南部派尤特人那里获得了口述材料。② 从 1956—1959 年尤勒自己所从事的现在时田野调查中获得的材料是他从事 ethnohistory 研究的第三个时间维度的材料。

尤勒认为，处在三个不同时间维度中的材料，为研究派尤特人增加了科学的知识。有了这些知识，就可以对信息源的有效性、可靠性进行讨论，并从中得出客观一些的结论。尤勒还带着批判性的眼光指出，人类学家的"科学"概括很大程度上只是依赖于土著信息员的口头讲述。③

将第一时间阶段之中的档案记录与后两个阶段之中的口述材料进行对比，尤勒得出结论，信息员陈述的有效性，限于他们所阐述的土著文化从整体上消解之后的 40—60 年间（超过这个时间范围则很难适用），限于从一般

① Robert C. Euler, "Ethnographic methodology—A Tri – Chronic Study in Culture Change, Informant Reliability, and Validity from the Southern Paiute", in Carroll L. Riley and Walter W. Taylor eds. , with a pref. by W. W. Hill; contributors: Harold L. Amoss... [et al.], *American historical anthropology: essays in honor of Leslie Spier*, Carbondale: Southern Illinois University Press, 1967, pp. 63 – 64.

② Robert C. Euler, "Ethnographic methodology—A Tri – Chronic Study in Culture Change, Informant Reliability, and Validity from the Southern Paiute", in Carroll L. Riley and Walter W. Taylor eds. , with a pref. by W. W. Hill; contributors: Harold L. Amoss... [et al.], *American historical anthropology: essays in honor of Leslie Spier*, Carbondale: Southern Illinois University Press, 1967, p. 64.

③ Robert C. Euler, "Ethnographic methodology—A Tri – Chronic Study in Culture Change, Informant Reliability, and Validity from the Southern Paiute", in Carroll L. Riley and Walter W. Taylor eds. , with a pref. by W. W. Hill; contributors: Harold L. Amoss... [et al.], *American historical anthropology: essays in honor of Leslie Spier*, Carbondale: Southern Illinois University Press, 1967, p. 64.

意义上来讨论文化变化。将 1910 年与 1956—1959 年的来自同一个信息员的口头陈述进行对比（即将第二、三时间阶段中的口述材料进行对比），他的结论是，近半个世纪以来信息员是可靠的，土著文化从整体上来看是稳定的。[1]

将这三个时段的数据进行排列和分析，尤勒还得出了如下见解：

其一，1776—1875 年的早期记录（涉及第一个时间维度），主要来自欧洲的传教士、商人、军人、旅行者等，很多都含有民族中心论的特色。尤勒对其进行检查，主要从文化和文化变迁的概念出发，而不是仅仅从历史描述和叙述的角度出发，以便更多地了解印欧文化接触碰撞的性质。[2]

其二，民族学家所记录的社会政治数据，基本上反映出了印欧文化接触碰撞后有关土著生活的客观画面。1910 年萨丕尔的记录，亦即尤勒 1956—1959 年期间所主要使用的历史档案材料，在尤勒看来，有96%是可以赞同的。也就是说，在 18—19 世纪狩猎者、士兵、定居者、传教士，以及一些民族学家所描述的历史之中，与萨丕尔所描绘的南部派尤特文化特质和类型，基本上是一致的。这些数据，很大程度上是土著生活的客观反映。但同时表明了，文化涵化主要是在社会—政治氛围中完成的。[3]

其三，来自土著的口述材料，一般是可靠的。以往的土著口述与今天的信息员的陈述之间的关系，是稳定的和持续的。上面提及的那个调查员 Tony Tillahas 1910 年所做的陈述，很大程度上适用于印欧接触碰撞及之前的条件。而 Tony Tillahas 在 1956 年和 1959 年所做的涉及相同主题的详细陈述中，经尤勒分析，92%是相关联的，另外 4% 的数据出现了不确定的情况。这些内

---

① Robert C. Euler, "Ethnographic methodology—A Tri – Chronic Study in Culture Change, Informant Reliability, and Validity from the Southern Paiute", in Carroll L. Riley and Walter W. Taylor eds. , with a pref. by W. W. Hill; contributors: Harold L. Amoss... [et al.], *American historical anthropology: essays in honor of Leslie Spier*, Carbondale: Southern Illinois University Press, 1967, p. 64.

② Robert C. Euler, "Ethnographic methodology—A Tri – Chronic Study in Culture Change, Informant Reliability, and Validity from the Southern Paiute", in Carroll L. Riley and Walter W. Taylor eds. , with a pref. by W. W. Hill; contributors: Harold L. Amoss... [et al.], *American historical anthropology: essays in honor of Leslie Spier*, Carbondale: Southern Illinois University Press, 1967, p. 65.

③ Robert C. Euler, "Ethnographic methodology—A Tri – Chronic Study in Culture Change, Informant Reliability, and Validity from the Southern Paiute", in Carroll L. Riley and Walter W. Taylor eds. , with a pref. by W. W. Hill; contributors: Harold L. Amoss... [et al.], *American historical anthropology: essays in honor of Leslie Spier*, Carbondale: Southern Illinois University Press, 1967, pp. 65 – 66.

容 Tony Tillahas 表示犹豫,但经过谈话互动和回忆,Tony Tillahas 基本上给出了当年回答萨丕尔时一样的答复。也就是说,加起来 96% 的数据经历了半个世纪丝毫未变。剩下的只有 4% 的数据,调查员 Tony Tillahas 给出了负面的回答,而这些 4% 的数据也不一定就是与他先前的陈述矛盾,而很有可能是因为记忆错误,这些小问题或许是由于信息员在很长的时间跨度中兴趣发生了变化,而不是因为他不可靠。这种兴趣变化是很重要的,而这往往为民族志学家所忽视。1956 年已经年长的信息员的兴趣,与他 1910 年年轻时的兴趣可能有所不同。可以肯定地说,这个人是一个不寻常的信息员,他持续保持着对过去的兴趣,能够记住曾经给过萨丕尔的那些陈述。这可能与当年萨丕尔对他的训练有关。正是这种训练,使得这个信息员对当地的文化史保持了足够兴趣。而更为重要的是,这个实例充分显示了土著口述材料的稳定性和持续性。①

这一时期,还有不少 ethnohistory 研究者,如多宾斯(Henry F. Dobyns)等也都强调历史过程在 ethnohistory 研究中的重要性:"ethnohistory,(应该)是对文化或文化过程理解的一种发展,它依靠使用一种具有历史性质的协议、即通过时间来分析人类集团的行为,它基于现代民族志调查的范畴,更适合于那些超越作者原初目的的分析。"② 这种分析和见解,在尤勒看来,并不能令人十分满意,但事实上已经构成当时学者们从事 ethnohistory 经验研究、构建方法论和理论假设的基础。③

从上述的尤勒展示的经验研究中可以明显看出,尤勒不仅强调历史过程在 ethnohistory 研究中的重要性,更为关注在此基础上将文化过程的理论假设和历史重构关联起来,依据文化过程来分析和确定口述传统和档案的有效性,以及强调多种时间维度、多种历史材料在研究中的价值和意义,④"分析或者仅仅记录了一种历史叙述的数据,尽管它可以是一种族群(ethnic

---

① Robert C. Euler, "Ethnographic methodology—A Tri – Chronic Study in Culture Change, Informant Reliability, and Validity from the Southern Paiute", in Carroll L. Riley and Walter W. Taylor eds. , with a pref. by W. W. Hill; contributors: Harold L. Amoss... [et al.], *American historical anthropology: essays in honor of Leslie Spier*, Carbondale: Southern Illinois University Press, 1967, pp. 66 – 67.

② 本段话出自 1959 年 Henry F. Dobyns 的一份名为"Ethnohistory"的未刊手稿。参见 Robert C. Euler, "Ethnohistory in the United States", *Ethnohistory*, Vol. 19, No. 3, Summer 1972, p. 206 (References).

③ Robert C. Euler, "Ethnohistory in the United States", *Ethnohistory*, Vol. 19, No. 3, Summer 1972, p. 201.

④ Robert C. Euler, "Ethnohistory in the United States", *Ethnohistory*, Vol. 19, No. 3, Summer 1972, p. 201.

group）的历史，但还不能成为 ethnohistory，直到它涉及了文化过程的理论，以图处理上面所提到的有关南部派尤特人的全部历史数据"。①

总之，"历史过程化"成为这一时期 ethnohistory 经验研究的核心特征之一，也是这一时期 ethnohistory 经验研究区别于传统民族志研究的主要表现，标志着人类学经验研究的新拓展。

五　ethnohistory 兴起于美国学界的一般特点

作为 ethnohistory 专业学会和期刊的主要创始人，美国女人类学家沃格林在她的代表作《一个"民族史学"家的观点》（An Ethnohistorian's Viewpoint）中，对战后凸显时期 ethnohistory 的一般特点进行了总结。该文发表于 *Ethnohistory*1954 年卷（创刊卷）第 2 期上，集中体现了当时从事 ethnohistory 研究的学者们对这种研究的自我认识。

其一，ethnohistory 的出现，反映了当时民族学人类学与历史学之间既存在着学术上的基本分野，也存在着互补的可能性。沃格林认为，战后以来民族学家和历史学家之间，尽管有交叉和联系，但存在着基本性的学术分野。民族学家描写文化，同时根据模式、结构以及生长变化等概念来分析文化。有关文化生长和变化等动力问题，一直也是文化史学家关注的问题，其中有些人还使用长时段的术语，即在长时段中来历史地重构原始社会的文化史（culture – history）。尽管有些民族学家拒斥起源问题，但他们也谈论历史重构问题。② 沃格林指出，从名称上看，ethnohistory 兼有民族学和历史学双重含义，涉及了两个学术学科，即民族学和历史学。但当时的状况是，民族学家很少接受历史学的训练，很少涉足历史领域，无论是一般领域还是特殊领域。有历史思想的民族学家们（historically minded ethnologists），需要从历史学家那里学来的不仅仅是档案资源，也需要学会如何在他感兴趣的特殊领域来使用这些原始材料以及有关的技术和方法，需要和职业历史学家建立联系。从理论上说，历史学也会对民族学家的理论假设感兴趣；从实践层面上讲，民族学家所要求的民族志知识，也引发了研究原始社会的历史学家的兴

---

① Robert C. Euler, "Ethnographic methodology—A Tri – Chronic Study in Culture Change, Informant Reliability, and Validity from the Southern Paiute", in Carroll L. Riley and Walter W. Taylor eds., with a pref. by W. W. Hill; contributors: Harold L. Amoss... ［et al.］, *American historical anthropology: essays in honor of Leslie Spier*, Carbondale: Southern Illinois University Press, 1967, p. 67.

② Erminie W. Voegelin, "An Ethnohistorian's Viewpoint", *Ethnohistory*, Vol. 1, No. 2, Nov. 1954, p. 166.

趣。在沃格林看来，尽管当时 ethnohistory 的影响并不很大，但目前民族学与历史学的联系已经开始，始于 1953 年由印第安纳大学与司法部合作的 ethnohistory 研究计划（"大湖区—俄亥俄流域研究计划"）的实施即为具体体现。①

其二，ethnohistory 研究重视档案资源的开发与利用，同时强调由非土著提供的档案证据的重要性。沃格林指出，由欧美游客、传教士和军官，以及印第安事务局职员、商人等留下的书面的原始材料，四百年来已经累积了很多，形成了有关北美印第安文化研究的基本档案材料。对一些北美土著文化研究而言，历史资源已经很丰富了（如对 Shawnee 人的文化研究）；对另外一些北美土著文化研究而言，又相对有限（如对 Tiibatulabal 人的文化研究）。② ethnohistory 需要何种类型的档案资源信息？沃格林认为，这很难回答。因为有些 ethnohistory 研究十分广泛，有些只聚焦在某些特殊的问题上。但是，历史资源在 ethnohistory 研究中是重要的。要把一些变化问题搞清楚，就必须使用档案资源。③ 在沃格林看来，由信息报告员所提供的记忆性的民族志，对于信息报告员孩提时代之前的时期而言，是无用的。对这一时期的很多人来说，有关的"民族史学"材料主要是档案材料。此外，沃格林还认为，战后初期的 ethnohistory 研究多与印第安人权利申诉委员会（Indian Claims Commission）之前的土著土地占有案例结合在一起。这是一种法律背景下的、以非土著的学者提供出来的档案历史证据，而不是依靠来自土著的口述材料。④

沃格林的上述见解，不一定全面和中肯，但从一个侧面折射出了 ethnohistory 战后凸显的一般特点以及涉及的一般问题。沃格林提出的 ethnohistory 研究要强调由非土著提供的档案证据的重要性，与前述的 1915 年博阿斯的弟子罗维负面评价"口述传统"的真实性如出一辙，由此他们的见解受到了

---

① Erminie W. Voegelin, "An Ethnohistorian's Viewpoint", *Ethnohistory*, Vol. 1, No. 2, Nov. 1954, pp. 179 – 171.

② Erminie W. Voegelin, "An Ethnohistorian's Viewpoint", *Ethnohistory*, Vol. 1, No. 2, Nov. 1954, p. 168.

③ Erminie W. Voegelin, "An Ethnohistorian's Viewpoint", *Ethnohistory*, Vol. 1, No. 2, Nov. 1954, p. 169.

④ 参见 Shepard Krech III, "The State of Ethnohistory", *Annual Review of Anthropology*, Vol. 20, 1991, p. 347；Shepard Krech III, "Ethnohistory", in David Levinson and Melvin Ember eds., *Encyclopedia of Cultural Anthropology*, New York：Henry Holt and Company, 1996, Volume 2, p. 423.

20 世纪 70 年代以来从事 ethnohistory 研究的学者的批判,[1] 这也是 ethnohistory 随后得以拓展并日渐繁盛的重要切入点和突破口。

在笔者看来,从战后到 20 世纪 70 年代前,处于凸显阶段("学会期刊"阶段)的 ethnohistory,以专业学会和期刊之创办为中心,以美国民族学人类学家为主力军,也有一些美国历史学家加盟,并实现了初步合作,既展开了民族史学概念层面的初步讨论,也进行了民族史学经验层面的早期探究,突出表现了以民族学人类学为主、兼有民族学人类学与历史学双重学科含义的特点,强调了由非土著提供的档案证据的重要性,档案、田野等各种证据互参的重要性,以及民族学人类学文化过程理论的重要性。与二战前主要以民族学人类学家的"历史民族志"研究范式出现的 ethnohistory 相比,这一时期的 ethnohistory 主要表现为民族学人类学家的一种宽泛意义上的"关注原始族群文化的历史过程化的档案史研究",未能形成明确的研究范式。此外,组织松散、缺乏学科规范、不为学界特别看重也是战后 ethnohistory 兴起于美国学界的一般特点。

尽管如此,作为一种历久而弥新的学术现象,这一时期的 ethnohistory 无论在概念上,还是在经验研究方面,毕竟取得了初步成就,为之后 ethnohistory 的日渐繁盛打下了坚实基础,为其进一步拓展发展空间提供了可能。

经历了半个世纪(20 世纪上半叶)的长期孕育之后,作为西方历史人类学的一种特殊表现形态和具体表达方式,ethnohistory 于二战后的 20 世纪 50—60 年代逐渐兴起于美国学界。ethnohistory 在美国学界的兴起,折射出西方历史人类学肇始与发端的基本特点,成为西方历史人类学兴起的一个重要展示窗口。

---

[1]　参见第四章中的有关详述。

第三章　美国民族史学流派的形成与分野
（20世纪70年代以来）

　　本章主要关注美国民族史学流派，分别对美国印第安人史研究中的民族史学流派与美国民族学人类学中的民族史学流派进行总结和揭示，呈现美国史学、美国民族学人类学在印第安人等土著族群历史研究上的不同路径、不同理论建树与不同影响，由此展示20世纪中期以来，尤其是20世纪70年代以来，即繁盛阶段美国民族史学"学科分野明晰"的面相。

　　在经历了20世纪上半叶的孕育阶段，以及20世纪50—70年代的凸显阶段之后，ethnohistory逐步进入其繁盛阶段。20世纪70年代以来的ethnohistory，主要贡献之一在于美国印第安人历史的修正上，即关心印第安人对于美国历史的意义，重视印第安人自己对世界和事件的看法，以及关注由白人社会文化所引发的印第安社会文化的变化等。① 换言之，这一时期的ethnohistory，在美国历史学中也有着突出的表现，不再主要限于人类学民族学学科脉络，出现了史学脉络、民族学人类学脉络中都有ethnohistory不俗展示的新格局，与此前（无论是其孕育阶段还是凸显阶段）ethnohistory研究主要由美国人类学民族学家来从事的状况相比有了很大改观。这也是ethnohistory日渐繁盛的重要特点之一。

第一节　美国史学界的民族史学流派

　　"尽管ethnohistory是一个'杂交'学科（不是一个独立学科），但在很长的一个时期内人类学统治了它的定义和实践。……在不远的过去，人类学

---

① Fred Eggan, "Some Anthropological Approaches to the Understanding of Ethnological Cultures", *Ethnohistory*, Vol. 8, No. 1, Winter 1961, p. 8.

家是 ethnohistory 研究的主体，对 ethnohistory 的界定和实践也反映着人类学家的兴趣和职业习惯，历史学家只是偶尔闯进该领域。他们倾向于将 ethnohistory 视为使用书面档案来研究特殊的群体——土著社会，即使用非人类学的材料来实现人类学的目的。因此，将 ethnohistory 视为民族学或文化人类学的分支学科，是很自然的事。如果一个历史学家想从事 ethnohistory 研究，就得改变职业性质，皈依人类学。……但是今天，历史学家从事 ethnohistory 研究，则无需如此了。事实上，与他们的人类学家同行一样，历史学家在 ethnohistory 研究中已经取得了辉煌的成就，为人类学家所独尊的 ethnohistory 研究已经改观。而今天的这些人类学家都承认，史学是 ethnohistory 中的重要精华；在 ethnohistory 研究中，历史学家是重要伙伴。"①

上述见解来自美国历史学家阿克斯特尔（James Axtell）的文章《民族史学：一个历史学家的观点》（Ethnohistory：An Historian's Viewpoint）。这不仅突出彰显了 20 世纪 70 年代以来随着 ethnohistory 的日渐繁盛，美国历史学家开始在其中扮演重要角色的学术发展动向，另外也充分反映出当时的历史学家对 ethnohistory 态度的转变，即由少数历史学家认可到逐渐获得多数历史学家的重视。从那时起，ethnohistory 开始在史学研究占有一席之地，成为史学研究中收获成果的重要领域之一。

美国社会、历史、文化和民族特性是由何种主体力量塑造的，是贯穿于美国历史研究中的基本问题。在此种意义上讲，美国历史认知和研究中一直存在着历史发展主体模糊的问题，由此也一直存在着历史发展主体被发掘和被明晰的不断探索。换言之，美国历史研究，是在不断发掘和明晰历史发展主体中成长起来的：从盎格鲁—撒克逊人的历史（强调的是美国历史的欧洲生源论，盎格鲁—撒克逊人是美国历史的塑造者），到欧洲移民开拓西部边疆的历史（强调的是欧洲移民西部边疆开发对于美国社会、历史文化和民族特性的塑造，白人边疆开拓者是塑造美国历史的主体力量），再到美洲土著印第安人的历史（强调的是美洲土著印第安人在塑造美国历史中的特殊作用，美洲土著印第安人也是塑造美国历史的不容忽视、不可或缺的主体力量之一）。可以说，历史发展主体逐步被发掘和被明晰的过程，也就是一个"全面完整"（history "in the round"；"rounded" history）② 意义上的美国历史

---

① James Axtell, "Ethnohistory：An Historian's Viewpoint", *Ethnohistory*, Vol. 26, No. 1, Winter 1979, pp. 1 - 2.

② 这里借用的是美国史学家沃什布恩（Wilcomb E. Washburn）的一个概念。参见 Wilcomb E. Washburn, "Ethnohistory：History 'in the Round'", *Ethnohistory*, Vol. 8, No. 1, Winter 1961, pp. 31 - 48. 本节后面对此有专门探讨。

逐渐浮现和建构的过程。ethnohistory 在美国史学研究中的异军突起,其主要表现就在于以美洲土著印第安人为关注对象,将印第安人纳入了美国历史发展主体视野之中,为历史建构论基础上的"全面完整"意义上的美国史观的逐步形成做出了重要贡献。

一　美国史学界民族史学流派的历史由来

美国印第安史学中民族史学流派的形成,并非空穴来风,而是有着清晰的学术演进路径,这突出表现在对二战前传统的特纳边疆史观的深入批判上,以及对 20 世纪中期以来美国早期印第安人史研究的继承和发展上。

(一)二战前的特纳边疆学派(Frontier School)及其批判

弗雷德里克·杰克逊·特纳(Trederick Jackson Turner, 1861 – 1923),是 19 世纪末至 20 世纪 30 年代初对美国史学产生巨大影响的史学家,与比尔德(Charles Beard)、帕林顿(Vernon L. Parrington)齐名,并称为当时美国史学界的三巨擘。1893 年他在芝加哥"美国历史协会"上发表的题为《美国历史上的边疆》(*The Frontier in American History*)的文章,成为美国历史编纂学中的一个重要里程碑,标志着"边疆学派"(Frontier School)的诞生,为美国"西进运动"史学的形成做出了基础性贡献。①

在特纳之前,美国史学界的重点在于殖民地时期和东部沿海,多从政治制度与宪法的角度考察美国历史,认为美国的历史源自欧洲,古代条顿民族的民主"生源"(germ)被盎格鲁—撒克逊人带到英国并传到美洲,成为新英格兰城镇民主的成分,最后体现在美国宪法之中。随着美国领土向西扩张,西部历史的重要性越来越显示出来。在"进步主义"运动②影响下,以进化论、区域论③、经济唯物论为思想基础,以西部环境为背景,特纳重新

---

① 张友伦:《美国西进运动探要》,人民出版社 2005 年版,第 26—37 页。

② "进步主义"运动,即指 19 世纪末 20 世纪初由美国工业化运动引发的社会改革浪潮。值此期间,美国史学完成了专业化,并开始由传统的描述性史学转变为现代的分析性史学。特纳、比尔德、帕林顿等专业史学家适逢其时,积极投身于时代改革之中。他们以社会进化论、社会冲突论为理论基石,与时代改革精神相呼应,构建了"进步主义"史学。参见李剑鸣《关于二十世纪美国史学的思考》,《美国研究》1999 年第 1 期,第 18—19 页。

③ 有学者认为,特纳受到了德国民族学先驱拉策尔(Friedrich Ratzel)人文地理学及"文化区域"概念的影响。参见〔美〕哈维·威什《特纳和移动的边疆》,王玮译、杨生茂校,载杨生茂编:《美国历史学家特纳及其学派》,商务印书馆 1984 年版,第 162—164 页。也有学者认为,特纳与美国民族学家克鲁伯(A. L. Kroeber)历史文化学派的"文化区"(culture area)理论是一致的。参见 William N. Fenton, "The Training of Historical Ethnologists in America", *American Anthropologist*, New Series, Vol. 54, No. 3, Jul. – Sep. 1952, p. 337.

解释了美国历史。① 他指出，"直到现在，一部美国史大部可以说是对大西部的拓殖史"，②"美国的发展不仅表现为一个单线的前进运动，而是一个在不断前进的边疆地带上恢复到原始状况，并在那个地区有新的发展的运动……这种不断的再生，这种美国生活的流动性，这种向西扩张带来的新机会以及跟简单的原始社会的不断接触，提供了支配美国性格的力量……在这一进程中，边疆是西方移民浪潮的前沿——即野蛮和文明的汇合处……边疆不断地向西部推进就意味着逐渐离开欧洲的影响，逐渐增长美国独有的特点。因此，研究这一进程，研究在这些情形下成长起来的人们，以及研究由此而产生的政治、经济和社会的结果，就是研究真正的美国历史"。③

美国史学界的边疆（frontier）概念，主要涉及美国的族际冲突和关系问题。特纳采用松散而直观的方式来确定这个"对于其研究目的而言，不需要做出明确界定"④ 的概念。即，边疆概念在特纳那里是复杂的，拥有多层含义，在不同场合特纳往往赋予它不同的理解。⑤ 概言之，边疆是一方"自由的土地"（free land，也有"免费的土地"的含义），它随着欧洲定居者的扩张而不断缩小。因而，边疆从有到无的过程解释了美国历史的发展。⑥ 它不

---

① 杨生茂：《论弗雷德里克·杰克逊·特纳的边疆和区域说》，载杨生茂编：《美国历史学家特纳及其学派》，商务印书馆 1984 年版，第 1—18 页。

② 〔美〕弗雷德里克·杰克逊·特纳：《边疆在美国历史上的重要性》，黄巨兴译、张芝联校，载杨生茂编：《美国历史学家特纳及其学派》，商务印书馆 1984 年版，第 3 页。

③ 〔美〕弗雷德里克·杰克逊·特纳：《边疆在美国历史上的重要性》，黄巨兴译、张芝联校，载杨生茂编：《美国历史学家特纳及其学派》，商务印书馆 1984 年版，第 4—6 页。

④ 参见 Jack D. Forbes, "Frontiers in American History and the Role of the Frontier Historian", *Ethnohistory*, Vol. 15, No. 2, Spring 1968, p. 203. 需要指出的是，该文对 20 世纪 70 年代前"边疆"概念及美国和其他地区的边疆史研究进行了详细全面的论述，有关这一时期"边疆"概念本身的深入理解，可参见该文。另外，21 世纪初国内学界对新航路开辟以来 500 多年间西方边疆概念及理论有一个系统认识，参见于沛等《全球化境遇中的西方边疆理论研究》，中国社会科学出版社 2008 年版。南京大学范可教授对英文语境及美国学界的 frontier（边疆）概念有一个全新的理解和诠释，参见范可《"边疆"发展献疑》，《中南民族大学学报》（人文社会科学版）2011 年第 1 期，第 3 页；范可《边疆与民族的互构：历史过程与现实影响》，《民族研究》2017 年第 6 期，第 62 – 65 页。本章第二节就此展开进一步的呈现。

⑤ 〔美〕雷·A·比林顿（Ray A. Billington）：《美国边疆论题：攻击与辩护》，阎广耀译、杨生茂校，载杨生茂编：《美国历史学家特纳及其学派》，商务印书馆 1984 年版，第 225—280 页。

⑥ Frederick J. Turner, "The Significance of the Frontier in American History", in F. Moore ed., *The Early Writings of Frederick Jackson Turner*, Madison: University of Wisconsin Press, 1938, pp. 183 – 232. 还可参见范可《边疆与民族的互构：历史过程与现实影响》，《民族研究》2017 年第 6 期，第 62 页。

仅是一个地理概念，也是一个政治概念、一个文化概念。但是，有一点是明确的，即如上所述，特纳在很多场合把边疆视为"野蛮和文明的汇合处"，把边疆的流动解释为"文明"的扩张、"文明"对"野蛮"的讨伐。"每条边疆都是通过一系列对印第安人的战争而获得的"，[①] "征服就是拓荒者的第一个理想"。[②]

在那些因注重白人历史上的优点而著名的历史学家中，除了特纳之外，还有奥尔登·沃恩（Alden Vaughan）、道格拉斯·利奇、弗朗西斯·P·普鲁查和伯纳德·希恩等人。

奥尔登·沃恩在他的《新英格兰的边疆》一书中对清教徒和印第安人做出了解释，其中对清教徒的赞赏大大超过了许多批评家所能接受的程度。他深信新英格兰的清教徒在与印第安人的接触中遵从的是一种极为人道、公正和正义的政策。在商业贸易、宗教皈依和司法程序诸事务中，清教徒对印第安人的利益有着极高的尊重，尽管印第安人不怎么强大，不怎么开化，不怎么成熟，在新英格兰殖民者眼中也不那么虔诚。沃恩把清教徒社会看成是"统一的、充满幻想的、组织严明和富有生气的"，而印第安人则是"分裂的、自满的、缺乏约束和静止不前的"。道格拉斯·利奇并没有像沃恩那样捍卫清教徒，但他强调西欧丰富多彩、充满生气的文化对新英格兰土著浅薄静止的文化施加了影响。弗朗西斯·P·普鲁查按照较其他史学家更为赞许的观点来论述美国政府的政策。在其1962年出版的《建国初期的美国印第安人政策》一书中，普鲁查指出，迁移印第安人并非只是出于对土地的贪婪，而且也有促进文明和保护印第安人的目的。在随后的文章中，普鲁查强调了笼统谴责迁移政策的缺陷，指出印第安人一般是被迁移到生存条件良好的林区或草原地区，而不是被迁移到"美国大沙漠"。他把迁移视为保证文明发展，为白人移居者提供土地，保护美国免于外国入侵，平息佐治亚反联邦政府的喧嚣的手段。他力图反驳那种把美国的印第安人政策简单地说成是"邪恶的理论"，反对以美国政策的道义谴责替代历史分析。伯纳德·希恩指出，从美国独立战争到1830年，要把印第安人并入美国社会的慈善意向从未改变，迁移印第安人的目的，是为了保持而不是否定这种意向的理论

---

① 〔美〕弗雷德里克·杰克逊·特纳：《边疆在美国历史上的重要性》，黄巨兴译、张芝联校，载杨生茂编：《美国历史学家特纳及其学派》，商务印书馆1984年版，第12页。

② 〔美〕弗雷德里克·杰克逊·特纳：《拓荒者理想和州立大学》，王玮译、杨生茂校，载杨生茂编：《美国历史学家特纳及其学派》，商务印书馆1984年版，第71页。

结构。①

在边疆研究中，无论是印第安人的迁移史研究，还是印第安战争研究，抑或保留地制度研究，都由"白人价值与白人历史的框架结构"所支配，印第安人的利益完全依从于美国国内的政治压力。②

在 20 世纪上半叶乃至之后的一段时期，整个美国史中最具支配地位的观点是，认为印第安人是美国前进路上的一个障碍。在历史学专业中，这一观点由于特纳边疆学派的著述而制度化。在大众文化中，它体现在大批廉价小说、西部作品和电影中。毋庸置疑的是，在整个美国历史上，一直存在着公共政策不道德、对待印第安人的民间态度不公正这样一种舆论。在特纳边疆学派的有关作品里，虽然也可以不时地发现对印第安人的同情，但这种同情，是建立在"一个未开化的野蛮人"根本不懂得如何抵抗来自白人农场主、牧人、电报和铁路所代表的进步这一假说基础之上的一种同情。③

总之，特纳边疆学派的重要特点在于对美国历史的欧洲生源论进行了批判，并不认同盎格鲁—撒克逊人是美国历史的塑造者，特纳边疆学派强调的是欧洲移民西部边疆开发对于美国社会、历史文化和民族特性的塑造，认为白人边疆开拓者是塑造美国历史的主体力量。

特纳边疆学派把边疆视为"野蛮和文明的汇合处"、把边疆的流动解释为西方"文明"对印第安"野蛮"进行讨伐的思想，受到了战后尤其是 20 世纪 70 年代美国史学界的关注及批判。"特纳的边疆研究，在 20 世纪前 40 年里，统治了美国历史学界。它忽视了美洲土著史的书写，认为印第安人是'野蛮'的一部分，或者是自然环境的一部分，不可避免地要为白人边疆开创者的文明冲动让路，野蛮人是一种障碍，将被高级文化所征服"，④ "战前历史学家将印第安人以及其他的少数民族视为被动的客体，（他们）没有为社会做出贡献，因此，不值得在美国历史中受到关注"，⑤ "这样的一种解释

---

① 参见〔美〕雷金纳德·霍斯曼《美国土著史研究的最近趋势及新动向》，胡锦山译，丁则民、黄兆群校，《世界民族》1990 年第 5 期，第 31—32 页。

② 参见〔美〕雷金纳德·霍斯曼《美国土著史研究的最近趋势及新动向》，胡锦山译，丁则民、黄兆群校，《世界民族》1990 年第 5 期，第 34 页。

③ 参见〔美〕雷金纳德·霍斯曼《美国土著史研究的最近趋势及新动向》，胡锦山译，丁则民、黄兆群校，《世界民族》1990 年第 5 期，第 28—29 页。

④ Donald L. Parman; Catherine Price, "A 'Work in Progress': The Emergence of Indian History as a Professional Field", *The Western Historical Quarterly*, Vol. 20, No. 2, May 1989, pp. 185 - 186.

⑤ Donald L. Parman; Catherine Price, "A 'Work in Progress': The Emergence of Indian History as a Professional Field", *The Western Historical Quarterly*, Vol. 20, No. 2, May 1989, p. 185.

框架（特纳边疆研究）倾向于产生一种历史健忘症，即，忽视了近四世纪以来印第安人和白人的关系"。①

20 世纪 70 年代以来，美国史学界不再把边疆史看作是"文明"对"野蛮"的讨伐史，一种以 ethnohistory 为代表、基于文化互动的"新"的边疆史观正在悄然形成："边疆研究（frontier studies）是美国历史研究的重要组成部分。早期美国史主要由不同文化之间多样的变换的边疆史来体现，即主要由法国人、荷兰人、英国人、西班牙人、德国人、瑞典人、非洲人、印第安人等不同族群之间的互动来体现。边疆所指涉的主要是文化空间，而不仅仅是地理空间。其中，'殖民史'，即印第安与欧洲文化之间的汇合，是边疆史的主要关注点所在。"②

（二）20 世纪中期以来的美国印第安人史研究及其重要发展趋势③

20 世纪 50—60 年代以来，随着民权运动的开展，在族裔政治、多元文化主义的冲击下，美国的印第安人史研究在研究视角、路径和范式等方面发生了重大变化，促使这一领域形成不断发展和持续繁荣的局面。④"对美国土著史的研究从未像如今这般兴盛，各出版社争相出版这一研究领域的专著、论文、选集、文献汇编，并再版许多著述。在任何一个美国通史会议上都不会缺少印第安人这个议题。甚至版面紧张的杂志也愿全部刊载有关美国土著各主题的论文。学术性出版物中普遍存在的问题与其说是阻碍了倒不如说是帮助了美国土著史著作的出版。搜寻题目的出版商很快看到了印第安人史的商业前景。这种牟利的辉煌前景使得一些人趁市场欢迎之机，处心积虑地粗制滥造作品，但结果总是有利可图。一些主要的研究空白得到添补，传统的假说受到质疑，而且有明显的迹象表明，当这一阵热情过后，将仍会有比 20 年前有可能达到的水平远为成熟的著作不断出现"。⑤

对美国土著突如其来的兴趣带来了对白人与印第安人各个基本方面更为广泛的研究。对历史学家是"赞成白人"还是"亲印第安人"的所有争

①　Donald L. Parman；Catherine Price，"A 'Work in Progress'：The Emergence of Indian History as a Professional Field"，*The Western Historical Quarterly*，Vol. 20，No. 2，May 1989，p. 186.

②　James Axtell，"The Ethnohistory of Early America：A Review Essay"，*The William and Mary Quarterly*，3rd Ser.，Vol. 35，No. 1，Jan. 1978，p. 110.

③　第二章第一节"二　美国史学界对印第安人史学研究的广泛关注"对此已有所涉及，这里将对有关问题进行进一步的深入分析与探讨。

④　参见丁见民《二十世纪中期以来美国早期印第安人史研究》，《历史研究》2012 年第 6 期，第 174 页。

⑤　参见〔美〕雷金纳德·霍斯曼《美国土著史研究的最近趋势及新动向》，胡锦山译，丁则民、黄兆群校，《世界民族》1990 年第 5 期，第 27 页。

论，从整体上极大地增加了历史学家对不同社会和文化观念的敏感性。历史学家对政府专门政策的得失可能不会有一致同意的情况，但至少大家都意识到了西部历史研究中长期缺乏的文化相互依存的问题。在整个特纳史学传统中内含着的白人进步、印第安人野蛮这一偏狭理论已经不再是标准了。①

20 世纪 60—70 年代，美国公众和学生对印第安人兴趣的迅猛增长，为研究印第安人的历史学家提供了机会，② 也带来了很多相关问题。但也有学者认为，战后美国公众的兴趣主要在于对越战的不满、对生态学的关心、公民权利运动。尽管这些兴趣有积极意义，但是学者们并没有给出一种完整的解释。他们只是认为，纵观美国史的整个过程，在危机和自我怀疑的时代，白人主要在印第安人神话中找到了安慰，即始于 19 世纪的美国人对工业化过程的怀疑，使得他们越来越关心印第安人史前古器物收集、美洲土著传统习俗记录和系统描绘。20 世纪 60 年代民权运动的蓬勃开展，助长了这种思潮，同时使印第安人历史随之成为热门研究课题，并为之提供了最为重要的时代背景。③

由于印第安人的历史长期受到忽视和歪曲，新兴的印第安人史研究面临很多复杂的问题。其中，最为重要的问题，就是要如何改变从白人的立场来评论印第安人的历史及印—白关系的状况。究竟采取何种视角来展开印第安人史研究，成为学者们热烈讨论的话题。有学者主张脱离美国各个时期的政治经济背景，孤立研究个别部落或某些地区的印第安人的生活及风俗习惯；有学者认为，既要反对从白人的角度来研究印第安人的历史，也不主张脱离美国社会单纯研究印第安人的历史；也有学者注重印第安人自身历史的研究，从印第安人文明史的角度来研究印第安人史；随着 20 世纪 70 年代以来美国印第安裔历史学家人数的增多，主张研究印第安人自身历史，要求从古代开始复原印第安人文化在世界历史上曾经占有的重要地位的呼声越来越高。④

新兴的印第安人史研究所面临的现实困境，主要在于"历史学研究印白开始接触后的印第安人历史，人类学则关注此前的土著社会和文化，二者之

①　参见〔美〕雷金纳德·霍斯曼《美国土著史研究的最近趋势及新动向》，胡锦山译，丁则民、黄兆群校，《世界民族》1990 年第 5 期，第 36—37 页。

②　Donald L. Parman；Catherine Price，"A 'Work in Progress'：The Emergence of Indian History as a Professional Field"，*The Western Historical Quarterly*，Vol. 20，No. 2，May 1989，p. 187.

③　Donald L. Parman；Catherine Price，"A 'Work in Progress'：The Emergence of Indian History as a Professional Field"，*The Western Historical Quarterly*，Vol. 20，No. 2，May 1989，p. 187.

④　参见张友伦《美国西进运动探要》，人民出版社 2005 年版，第 84—90 页。

间的联系很少"。① 历史学家、人类学家、美国土著这三个不同的研究集团，目前仍按照不同方式研究印第安人历史，未能很好结合起来。美国土著开始经办或出版一些阐述自己观点的专门性著作，他们往往不采用很多历史学家能够接受的方式来处理史料。这些著作竭力想保留文化传统，重现过去。较之大多数历史学家而言，人类学家更熟悉这些资料。②"由于对美国土著史感兴趣的焦点的不同，造成了在关于美国印第安人的写作中多少有点奇特的分工。人类学家即民族史学家正如他们控制当代印第安人舞台一样控制了印第安人与白人接触前的这一时期。而历史学家则熟悉从欧洲人到达后晚近以来的历史，总是对人类学家关于这一时期的泛泛而论和概括感到不满。美国土著发言人却经常认为人类学家神气傲慢，历史学家简直不是在写印第安人而是在写白人的历史，印第安人的传统应得到更多的重视。"③"写出能够使积极活动的土著美国人、人类学者和历史学者都感满意的著作问题，迄今尚未解决。"④

　　总的来说，就那一时期的大多数历史学家而言，他们仍局限于白人史的框架。即使在论述美国土著而非白人的态度时，他们仍把研究重点放在白人与印第安人的关系上。这样做的原因是多方面的：清教徒的新英格兰、革命、重建、新政及其他历史的编年史构架更为人们所熟悉；成文的研究资料对于大多数历史学家来说更容易处理；较之以印第安人为中心的历史研究而言，历史学家在论述白人社会的政治、经济及社会方面的历史时所遇到的概念性问题不多。并非多数历史学家对印第安人的观点都缺乏热情，只是因为美国国内印第安人历史研究存在资料和研究方法上的问题，而多数历史学家尚未受过掌握和处理这些问题的训练。因此，许多由历史学家撰写的优秀之作，是关于白人对印第安人的态度和政策的形成问题。这些方面，正是历史学家熟悉的研究领域。⑤

　　20世纪60年代晚期，在历史学专业中对印第安人的同情既促使人们去

① 参见丁见民《二十世纪中期以来美国早期印第安人史研究》，《历史研究》2012年第6期，第177页。

② 参见〔美〕雷金纳德·霍斯曼《美国土著史研究的最近趋势及新动向》，胡锦山译，丁则民、黄兆群校，《世界民族》1990年第5期，第27页。

③ 参见〔美〕雷金纳德·霍斯曼《美国土著史研究的最近趋势及新动向》，胡锦山译，丁则民、黄兆群校，《世界民族》1990年第5期，第28页。

④ 参见〔美〕雷金纳德·霍斯曼《美国土著史研究的最近趋势及新动向》，胡锦山译，丁则民、黄兆群校，《世界民族》1990年第5期，第36页。

⑤ 参见〔美〕雷金纳德·霍斯曼《美国土著史研究的最近趋势及新动向》，胡锦山译，丁则民、黄兆群校，《世界民族》1990年第5期，第27页。

重新思考应如何撰写美国土著史，同时也引起了那些谴责美国对待印第安人的历史行径的学者与那些更为赞同白人观点和政策的学者之间的重大争论。在美国土著史已超出白人—印第安人关系这一范畴之时，这一争论集中表现为是"赞成白人"还是"亲印第安人"、是"亲特纳"还是"反特纳"的争议，而并非去辩论他们所写的是否是一个全面的历史。因此，对美国土著研究前景更有意义的事情，应该是重新思考如何撰写一个全面的历史。[①]

"所幸的是，近年来对美国土著人研究的热情已经在学术会议和出版中为彼此间的相互影响提供了机会。同时有许多迹象表明，在那些对于美国土著人历史感兴趣的人们之间的猜疑和误解正在逐渐消除。"[②]

如前所述，早在二战期间，印第安人权利申诉委员会就曾向联邦司法部提出，在印第安纳大学设立俄亥俄—大湖区 ethnohistory 研究项目，并要求拨付相应的研究经费。这项要求在战后得到满足。印第安纳大学因而成为最早的印第安人历史和文化研究中心之一。[③] 始于 1953 年、与印第安人权利申诉委员会密切相关、由美国司法部提出的"大湖区—俄亥俄流域研究计划"（the Great Lakes – Ohio Valley Research Project），由印第安纳州大学来具体实施。[④] 另外，1953 年 11 月在伊利诺伊州博物馆成立了"俄亥俄流域印第安历史协会"（the Ohio Valley Historic Indian Conference），1954 年在印第安纳大学出版了 *Ethnohistory* 杂志。围绕"大湖区—俄亥俄流域研究计划"所召开的一系列学术会议，为人类学家和历史学家创造了合作的条件和机会，初步形成了跨学科研究群体。这样的群体，尽管组织松散，人数不多，并不固定，困难不小，但却代表着印第安人史研究中的一种具有广阔发展前景的强劲有力的新趋势——ethnohistory 的形成。[⑤]

印第安人史研究中的这种新的发展趋势，在一定程度上代表着美国历史学家们在填补历史学与人类学之间鸿沟中所做的努力；反映出他们开始借重

---

① 参见〔美〕雷金纳德·霍斯曼《美国土著史研究的最近趋势及新动向》，胡锦山译，丁则民、黄兆群校，《世界民族》1990 年第 5 期，第 28 页。

② 参见〔美〕雷金纳德·霍斯曼《美国土著史研究的最近趋势及新动向》，胡锦山译，丁则民、黄兆群校，《世界民族》1990 年第 5 期，第 28 页。

③ 张友伦：《美国西进运动探要》，人民出版社 2005 年版，第 80 页。

④ Fred Eggan, "Some Anthropological Approaches to the Understanding of Ethnological Cultures", *Ethnohistory*, Vol. 8, No. 1, Winter 1961, p. 6.

⑤ 张友伦：《美国西进运动探要》，人民出版社 2005 年版，第 80 页。在该页上，作者指出，"1955 年 11 月在印第安纳大学成立了俄亥俄流域印第安历史协会"。事实上，应该是 1953 年 11 月在伊利诺伊州博物馆成立了俄亥俄流域印第安历史协会。参见第二章第二节"— ethnohistory 专业学会的组建"中的有关论述。

民族学人类学视角，逐渐步入到印第安文明史、文化史的研究中来，开始从文化史的角度探讨印—白关系，日益展示出一种文化互动的"新"的边疆形象。这对摆脱印第安历史长期受到忽视和歪曲的局面，突破特纳边疆学派传统边疆史观，重新诠释美国历史的塑造具有重要意义。

　　自二战后印第安史学在美国历史研究中获得了一席之地之后，美国学界对"边疆史"有了新的认识。"边疆史（frontier history)，不论在美国还是在其他各地方，都是复杂的。该领域的历史学家，应该在其他社会科学中得到训练，尤其是人类学、社会学和地理学；这些学科在边疆研究（frontier studies）中，尤其在当代的族群碰撞研究中扮演了重要角色。当然，历史学家和 ethnohistory 研究者应该负有主要责任，因为边疆研究不可避免地要涉及时间维度……边疆史，不是一个地域性的有点沙文主义的研究，而是一种最适时的全面的知识。对于现代人而言，或许最为重要的问题是，族群竞争和面对面碰撞问题，而边疆史研究以及它的联盟学科则有助于这类当代问题的解决。"[1]

　　1952 年，沃托（Bernard De Voto）曾抱怨说，许多美国历史被写成是单一的白人文化的历史，尽管在 19 世纪以前印第安人就是历史事件的主要决定者。1957 年，哈洛韦尔（A. Irving Hallowell）报告了 ethnohistory 研究中逐渐增长的兴趣，注意到需要对印—白碰撞结果进行更为深入的讨论。即，要全面讨论双方的文化重新适应问题，跨越单一边疆事件，这将阐明美国文化史研究以及人类经验中的一些最为重要的特色。[2] 沃托和哈洛韦尔的呼吁——印—白关系史也是美国史的重要组成部分，超越简单的边疆史事件，阐明美国文化史和人类经验的特色，引起了美国史学界的广泛关注。战后以来的美国史学，在整合土著和美国殖民史（histories of native and colonial America）中做出了很大努力，ethnohistory 在这种契合（rapprochement）中扮演了重要角色。[3]

　　1953 年，易洛魁族群研究专家芬顿（William Fenton, Iroquoian scholar）的一项经验研究，将印—白关系史建立在历史学与民族学的共同基础之上，全面衡量人类文化的知识。但是，当时只有一些为数不多的美国边疆研究，

　　① Jack D. Forbes，"Frontiers in American History and the Role of the Frontier Historian"，*Ethnohistory*，Vol. 15，No. 2，Spring 1968，pp. 232 – 233.

　　② 参见 James Axtell，"The Ethnohistory of Early America: A Review Essay"，*The William and Mary Quarterly*，3rd Ser.，Vol. 35，No. 1，Jan. 1978，p. 144.

　　③ 参见 James Axtell，"The Ethnohistory of Early America: A Review Essay"，*The William and Mary Quarterly*，3rd Ser.，Vol. 35，No. 1，Jan. 1978，p. 144.

能够这样做，即能够从印第安人自己的术语来解释复杂的跨文化冲突。此类得到了所谓 ethnohistory 方法大力支持、高举 "ethnohistory" 旗帜的边疆史研究，作为印第安史学中的一种新的重要发展趋势，虽然在一开始尚不是主流，但已经彰显出其对于美国边疆研究、对于重新理解早期美国历史和文化的特殊意义。①

二　美国史学界民族史学流派的表现、影响与挑战

进入 20 世纪 70 年代，随着美国印第安史学中新的发展趋势——ethnohistory 的兴起，越来越多的印第安人史研究者，如特里利斯（Allen W. Trelease）、纳什（Gray B. Nash）、摩根（Edmund S. Morgan）、沃什布恩（Wilcomb E. Washburn）、詹宁斯（Francis Jennings）、特里杰（Bruce G. Trigger）、格雷蒙特（Barbara Graymont）等②聚集在 "ethnohistory" 这面旗帜之下，形成了相近的研究旨趣以及各自的特殊研究取向。他们借鉴民族学人类学视角和方法，将历史学、人类学学等多种学科资源整合在一起，批判特纳传统边疆史观，重新诠释边疆的流动，重新解释印-白关系，重新展示美国历史（尤其是早期美国历史的形成），树立起了一种新的边疆史研究范式，汇聚成为美国印第安人史研究中 "宽泛意义" 上的民族史学流派。③ 这类研究，日渐繁盛，影响日深，不仅是美国印第安人史研究的重要组成部分，同时也是 20 世纪中期以来，尤其是 20 世纪 70 年代以来美国史学脉络中 ethnohistory 的主要表现，对这一时期美国史学的发展产生了重要影响，同时也面临着诸多挑战。

（一）文化互动的历史

1. 特里利斯《殖民地时期纽约的印第安人事务：17 世纪》（1960）

较早意识到 ethnohistory 研究价值的历史学家当属特里利斯（Allen W. Trelease）。特里利斯出生于美国科罗拉多州的玻尔得（Boulder），1955 年以《新尼德兰地区印第安人关系和皮毛贸易：1609 – 1664》（*Indian Relations*

---

① 参见 James Axtell, "The Ethnohistory of Early America: A Review Essay", *The William and Mary Quarterly*, 3rd Ser., Vol. 35, No. 1, Jan. 1978, p. 111.

② 丁见民《二十世纪中期以来美国早期印第安人史研究》在 "族裔史研究的兴起" 中，曾提及特里利斯、纳什、沃什布恩、詹宁斯四位学者及其相关作品，并作出简要评述。参见丁见民《二十世纪中期以来美国早期印第安人史研究》，《历史研究》2012 年第 6 期，第 178—179 页。这里将系统全面地揭示美国史学界民族史学流派（涵盖这四位学者）的表现、影响与挑战，就相关学者对美国民族史学的推动意义进行新的考量。

③ 之所以称之为美国印第安人史研究中 "宽泛意义" 上的民族史学流派，是因为相关著述一方面能够体现出相近的研究旨趣，另一方面又展示出各自的特殊的研究取向。

and the Fur Trade in New Netherland，*1609 - 1664*）获哈佛大学哲学博士学位。1960 年，其博士论文经改写以《殖民地时期纽约的印第安人事务：17 世纪》（*Indian affairs in colonial New York*：*the seventeenth century*）出版。这部作品是早期殖民地时期研究东部北美地区最有原创性的历史学著作之一。特里利斯的这些著述，源于对纽约州历史的浓厚兴趣，源于对居住在布法罗（美国纽约州西部城市）附近，生活在哈德逊河、圣劳伦斯河与五大湖三大水系交汇之地的易洛魁人的兴趣，得到了当时易洛魁研究项目负责人芬顿（William N. Fenton）的支持，得到了易洛魁文化研究专家华莱斯（Anthony F. C. Wallace）的赞赏。特里利斯在北卡罗来纳州历史系任教的时间最长，并于1994 年在那里退休。①

《殖民地时期纽约的印第安人事务：17 世纪》是早期美国 ethnohistory 研究中的重要代表作，②"主要追溯了欧洲人在北美一角的早期扩展——这种扩展最终变成了世界范围的变化。这个角落是有意义的，因为它为多样化条件下族群之间的接触碰撞提供了范例"。③

这部作品关注的是 17 世纪北美东北地区印第安支系易洛魁人（Iroquoians）、阿尔冈琴人（Algonquians）与荷兰及之后英国殖民者之间的文化互动，④ 很大程度上是一种有关文化碰撞的编年史描写，揭示了 17 世纪纽约地区印第安文化与欧洲文化接触之后彼消此长的过程。其主要结论在于，美国早期历史中，印第安人的作用是举足轻重的，是不能忽视的重要力量。荷兰、英国和法国等殖民者要在北美立足，都需要争取和依靠印第安人，并如特纳边疆学派所刻画的那样，印第安人只是被压迫者，是可以被忽视的对象。《殖民地纽约的印第安事件：17 世纪》直接挑战了亨特（George Hunt）有关"易洛魁战争"起源中易洛魁人处于被动地位的观点，强调指出了"由于易洛魁人在殖民地事件中所表现出的真实性和传奇性的重要意义，已

①　参见 Allen W. Trelease，*Indian affairs in colonial New York*：*the seventeenth century*，introduction to the Bison book edition by William A. Starna，Lincoln：University of Nebraska Press，1997，c1960，pp. v - vi.（Introduction）；James Axtell，"The Ethnohistory of Early America：A Review Essay"，*The William and Mary Quarterly*，3rd Ser.，Vol. 35，No. 1，Jan. 1978，p. 120.

②　James Axtell，"The Ethnohistory of Early America：A Review Essay"，*The William and Mary Quarterly*，3rd Ser.，Vol. 35，No. 1，Jan. 1978，p. 120.

③　Allen W. Trelease，*Indian affairs in colonial New York*：*the seventeenth century*，introduction to the Bison book edition by William A. Starna，Lincoln：University of Nebraska Press，1997，c1960，p. xii.（preface）

④　Allen W. Trelease，*Indian affairs in colonial New York*：*the seventeenth century*，introduction to the Bison book edition by William A. Starna，Lincoln：University of Nebraska Press，1997，c1960，p. vi.（Introduction）

经引起了 ethnohistory 很大程度的注意，他们的枢纽历史地位得到保证，尽管也受到欧洲殖民权力的限制"。①

"该书的出版，引发了很多有关 17 世纪殖民地纽约历史的研究，但少有著作能超越该书对殖民地纽约印－白关系史研究的水平，没有著作能超越该书对民族学概念的整合水平"，②"该书是一部有关 ethnohistory 研究的作品，而且是写得最好的那一类，是 20 年来研究美国印第安人和殖民地统治者碰撞历史中最为重要的书"。③"该书是由历史学家所写的 ethnohistory 作品中的先锋之作。它既没有失去历史学家的编年史深度，也保持了民族学家分析性的质地，充分展示了殖民地边疆历史富有内在动力的文化碰撞的过程。如果没有这部著作，殖民地纽约的历史，即很大程度上的美国东北部历史，就会难以理解。"④ 事实上，其重要意义还在于该书可以作出这样的延伸推论：它揭示了哥伦布之前的历史，即"印第安人的旧世界"，而起源于这个旧世界的某些模式和历史，将继续影响着白人和印第安人接触以后的历程，因此对殖民地时期历史的阐释，既需要理解其欧洲情景，也要了解其美洲背景。⑤

特里利斯《殖民地时期纽约的印第安人事务：17 世纪》，作为历史学脉络中 ethnohistory 的早期先锋之作，从文化互动的视角重新诠释了边疆的流动，解释了早期美国历史的形成，具有开启"ethnohistory"旗帜下边疆史研究之先河的重要意义。

2. 纳什《红人白人黑人：早期美国人》（1974）

20 世纪 70 年代以来，美国史学家有关 ethnohistory 研究的作品日渐增多，逐渐获得了学界的认可。"到 1974 年，ethnohistory 已经获得了足够的成熟。这一时间，对于一个试图以 ethnohistory 原则来审视殖民地美国的历史学家而言，已经比较成熟了。"⑥

---

① James Axtell, "The Ethnohistory of Early America：A Review Essay", *The William and Mary Quarterly*, 3rd Ser., Vol. 35, No. 1, Jan. 1978, pp. 123 - 124.

② Allen W. Trelease, Indian affairs in colonial New York：the seventeenth century, introduction to the Bison book edition by William A. Starna, Lincoln：University of Nebraska Press, 1997, c1960, pp. ix - x.（Introduction）

③ James Axtell, "The Ethnohistory of Early America：A Review Essay", *The William and Mary Quarterly*, 3rd Ser., Vol. 35, No. 1, Jan. 1978, p. 123.

④ James Axtell, "The Ethnohistory of Early America：A Review Essay", *The William and Mary Quarterly*, 3rd Ser., Vol. 35, No. 1, Jan. 1978, p. 123.

⑤ 参见丁见民《二十世纪中期以来美国早期印第安人史研究》，《历史研究》2012 年第 6 期，第 181 页。

⑥ James Axtell, "The Ethnohistory of Early America：A Review Essay", *The William and Mary Quarterly*, 3rd Ser., Vol. 35, No. 1, Jan. 1978, p. 128.

1974 年，纳什（Gary B. Nash）出版了被认为是最早的规范的 ethnohistory 研究的教科书——《红人白人黑人：早期美国人》（*Red, white, and black: the peoples of early North America*）。[1] 在这部作品中，美国历史不再如特纳边疆学派所描述的那样，是一部欧洲人开拓边疆、“文明”征服“野蛮”的“殖民”史，而是一部多族群边疆（multi - ethnic frontiers）文化互动的历史。事实上，这部作品成为一种标志，标志着史学脉络中 ethnohistory 在思想认识上的日渐成熟。

《红人白人黑人：早期美国人》，顾名思义，讲述的不是一般意义上的早期美国历史（early American history）——13 世纪英国沿着美洲大陆东海边的殖民史，而是指在过去的两个世纪之中、导引美国革命的北美各种族群互动（以印第安土著为主体）的历史（the history of the peoples of North America）。[2]

这部著作是纳什在洛杉矶的加利福尼亚大学讲授美国历史课程时候写下的作品。为了让来自不同族群、不同社会以及多样化的知识背景的学生能够更好地理解美国历史，纳什采取的研究策略是，研究在 16—19 世纪长达 4 个世纪的时间里，北美在多样化的文化背景中互动的变化过程。为了达到这个目的，作者在长达 15 年的研究和教授殖民地美国史时，从人类学、ethnohistory、非洲史、拉丁美洲史中广泛涉猎。在当时而言，这种研究方式并不多见。这也反映了当时人们的文化偏见是比较浓重的。在作者看来，早期的美国史和美国人的早期历史是两个不同的研究主题，而后者需要扩展研究的范围才能深入进行研究。[3] 本书所作的研究，对于 1960 年出版的特里利斯《殖民地时期纽约的印第安人事务：17 世纪》之相关主题而言，亦是一种重要的推动和发展。

该书“标志着历史学家开始尝试运用 ethnohistory 研究的路径，来综合殖民地时期历史研究的成果。它集中描述了美国革命前北美东部地区红种人（即印第安人）、白种人、黑人三大种族在接触过程中的文化移植”。[4] “在早期美国的族群关系史中，少有作品关注非洲和印第安文化的汇聚，而逃跑的黑奴、印第安奴隶、黑人军队中的逃兵俘虏、黑人和印第安人的通婚和种族

----

① 参见 Gary B. Nash, *Red, white, and black: the peoples of early North America*, Upper Saddle River, N. J.: Prentice Hall, 1974, 2006, p. vi.（preface）

② 参见 Gary B. Nash, *Red, white, and black: the peoples of early North America*, Upper Saddle River, N. J.: Prentice Hall, 1974, 2006, pp. ix - x.（Introduction）

③ 参见 Gary B. Nash, *Red, white, and black: the peoples of early North America*, Upper Saddle River, N. J.: Prentice Hall, 1974, 2006, p. vi.（preface）

④ James Axtell, “The Ethnohistory of Early America: A Review Essay”, *The William and Mary Quarterly*, 3rd Ser., Vol. 35, No. 1, Jan. 1978, p. 128.

态度等课题都需要 ethnohistory 研究的关注。纳什的作品，贡献点在于'非洲－印第安'文化碰撞，成为日益增多的这类研究主题中的代表作，它大大降低了我们对殖民地部族边疆（colonial racial frontiers）的无知，为 ethnohistory 研究者界定了一个特殊的、合适的研究空间。"①

第一，通过采纳民族学人类学观点，同时保持了坚定的历史学对"过程和变化"的关注，《红人白人黑人：早期美国人》生动描绘了美国革命之前北美东部的三个主要族群彼此之间共同的文化适应（acculturation）。

这部作品主要讲述了北美大陆所谓白人、红人、黑人之间的文化互动历程，包括印—欧碰撞、白—黑混合、非—印碰撞，集中讲述了族群之间的混合。纳什认为，在这些族群重塑自己的时候也重新构造了新世界，这其中既包括红色的北美土著印第安人，也包括来自欧洲的白人和来自非洲的黑人。②

第二，本书的研究，不再如很多以欧洲为中心的殖民史研究那样始于1607（或1492）年，而是始于公元前3万年，自美洲大陆有人以来的时候。

在对新世界的土著文化进行考察之后，尤其对易洛魁人进行特殊关注后，指出其根基可以直接追溯到欧洲。与此相似，黑人文化也被追溯至它的非洲之根。在此基础上，纳什对定居、传教、战争、奴役、贸易、疾病、通婚、外交及其他有关东部沿海的多族群边疆（multi－ethnic frontiers）中的文化碰撞进行了描述和分析。经过了西班牙、法国、荷兰及英国对印第安人、非洲人的政策进行有力比较后，纳什得出结论：新世界的条件（人口、性别比例、环境、文化形势）更多应归功于文化之间的互动关系，与欧洲所承载的文化或者国民性不同；美国人是自相矛盾（paradox）的民族，其历史是一种对抗性（contradiction）、反讽性（irony）的混乱，盎格鲁－美国殖民社会的成功，在于剥削、苦难、奴役和隔离。因此，纳什的结论，实际上也给出了有关 ethnohistory 研究的一个很明显的道德注解。③ "尽管纳什的语调有时是一种太过自我意识的修正主义者，但他权威地论证了，对文化互动进行的 ethnohistory 分析，可以与敏感的、明智的'印－白关系的道德史'很好地兼容起来。"④

---

① James Axtell, "The Ethnohistory of Early America: A Review Essay", *The William and Mary Quarterly*, 3rd Ser., Vol. 35, No. 1, Jan. 1978, pp. 129 – 130.

② Gary B. Nash, *Red, white, and black: the peoples of early North America*, Upper Saddle River, N. J.: Prentice Hall, 1974, 2006, pp. 288 – 316.

③ James Axtell, "The Ethnohistory of Early America: A Review Essay", *The William and Mary Quarterly*, 3rd Ser., Vol. 35, No. 1, Jan. 1978, pp. 128 – 129.

④ James Axtell, "The Ethnohistory of Early America: A Review Essay", *The William and Mary Quarterly*, 3rd Ser., Vol. 35, No. 1, Jan. 1978, p. 129.

第三，本书采纳了文化研究的视角和方法来论述北美族群的历史。

纳什把北美当作一个巨大的地区，很多族群在一个特殊的历史时期里（1550—1790 年）汇聚在这里。在最为一般的术语之中，纳什把这些文化集团定义为印第安人、非洲人、欧洲人。在他看来，这其中，即对这些文化进行分类的过程之中，也含有欧洲中心论色彩（如使用欧洲人成熟的时间系统——1550—1790 年）。①

纳什认为，白、红、黑人这三个文化集团内部都是多样的，即每个集团内部又有很多文化特性不同的小集团。本书所揭示的是，在历史的某一点上，这些文化集团（包括内部的小集团）是如何碰撞的，社会是怎样被互相影响和发生变化的。即，本书从文化差异、文化互动的角度揭示了17—18世纪北美印第安人、欧洲人和非洲人互动的历史形成过程。② 他还指出，使用社会和文化等术语，也有丢失"个人"的危险，但这种历史的文化方法，至少可以提供理解很多个人互动的方式。这些族群来自广泛多样的背景，共同居住在新世界已有几个世纪。③ 这些集团，不是遗传、生物意义上的，而是文化、历史、社会意义上的。④ 不应该从遗传的角度、生物学生理学层次来区分文化集团的历史过程，而应该从文化差异的角度来理解，研究彼此之间的接触与碰撞，来理解美国历史的形成和变化过程。⑤

第四，为了深入全面理解美国历史的殖民基础，在纳什看来，必须审视多个族群之间的碰撞。

这些族群来自社会的各个阶层，拥有历经几个世纪的多样的文化基础。在某种意义上讲，对殖民和革命时期而言，不仅意味着英国和其他欧洲人如何发现了北美，也意味着千年来北美和非洲社会如何卷入和积极锻造一个新的多重文化国家的过程（单纯认为非洲人是被奴役者、美洲土著从土地上被驱逐的观点是偏颇的）。为了把非洲人和印第安人以这种方式涵盖在美国历史之中，纳什认为，既不能把他们排除在外，也不能仅仅把他们当作强大的

---

① Gary B. Nash, *Red, white, and black: the peoples of early North America*, Upper Saddle River, N. J.: Prentice Hall, 1974, 2006, pp. ix‐x. (Introduction)

② Gary B. Nash, *Red, white, and black: the peoples of early North America*, Upper Saddle River, N. J.: Prentice Hall, 1974, 2006, p. x. (Introduction)

③ Gary B. Nash, *Red, white, and black: the peoples of early North America*, Upper Saddle River, N. J.: Prentice Hall, 1974, 2006, pp. x‐xi. (Introduction)

④ Gary B. Nash, *Red, white, and black: the peoples of early North America*, Upper Saddle River, N. J.: Prentice Hall, 1974, 2006, p. xi. (Introduction)

⑤ Gary B. Nash, *Red, white, and black: the peoples of early North America*, Upper Saddle River, N. J.: Prentice Hall, 1974, 2006, p. xi. (Introduction)

欧洲人的牺牲品。相反，正是这些语焉不详的人们强有力地影响了美国社会和美国国家历史的发展历程。①

由入侵的欧洲人之幻想而形成的印第安人和非洲人被捏成面团的概念得到检视和批判。历史文献不可反驳地表明，非洲人和美洲土著在美国历史形成的过程中是重要的参与者。② 在纳什看来，法国势力贯穿五大湖地区、西班牙控制佛罗里达和新墨西哥地区、英国征服易洛魁人和卡托巴人，英国奴役南卡罗来纳和弗吉尼亚的非洲人——这种持续相连的画面被改观，代之以一种新世界中复杂的文化互动形式表现出来，即，他们共同创造了新世界。③他还指出，非洲人、印第安人、欧洲人依据各自不同的环境，发展成了多样的社会。把印第安人当作欧洲人入侵的牺牲品的故事，已经被更富有、更有教导性的故事——易洛魁人、乔克托人以及其他很多美洲土著族群在欧洲人到来之前是如何形成和变化的，是如何创造性地、有力地回应跨越大洋的新来者的，在重塑欧洲定居者的过程中，又是如何重塑自己的——所取代。④

总之，"带有鲜明种族色彩的'原始'和'先进'文化的区分，被文化相对主义所取代，美国史不再是英国文明对野蛮环境以及它的野蛮居民的不可避免的胜利，而是一种在长达四个世纪的时间里，在广泛多样的文化背景中互动变化的过程"。⑤ 美国早期历史的形成是"少数的英国殖民者与大多数的易洛魁人、特拉华人等当今尚存在于美洲大陆的文化张力体现者之间的一种互动"。⑥ 在此意义上讲，"北美大陆就成为不同民族长期以来相互斗争、合作的区域，成为各种社会和政治体制不断兴衰交替的区域。……北美不仅仅对于欧洲人来说才是一个'新世界'，……欧洲人的入侵对印第安人产生了深远影响，以至于印第安人也逐渐生活在'新世界'中。诚然，印第安人并非是自己迁移到这个'印第安人的新世界'，欧洲殖民者强加于他们

---

① Gary B. Nash, *Red, white, and black: the peoples of early North America*, Upper Saddle River, N. J.: Prentice Hall, 1974, 2006, p. viii. (Introduction)

② Gary B. Nash, *Red, white, and black: the peoples of early North America*, Upper Saddle River, N. J.: Prentice Hall, 1974, 2006, p. viii. (Introduction)

③ Gary B. Nash, *Red, white, and black: the peoples of early North America*, Upper Saddle River, N. J.: Prentice Hall, 1974, 2006, p. ix. (Introduction)

④ Gary B. Nash, *Red, white, and black: the peoples of early North America*, Upper Saddle River, N. J.: Prentice Hall, 1974, 2006, p. ix. (Introduction)

⑤ James Axtell, "The Ethnohistory of Early America: A Review Essay", *The William and Mary Quarterly*, 3rd Ser., Vol. 35, No. 1, Jan. 1978, p. 128.

⑥ Gary B. Nash, *Red, white, and black: the peoples of early North America*, Upper Saddle River, N. J.: Prentice Hall, 1974, 2006, p. vii. (Introduction)

的种种变化使他们也像是重新定居在未知的大陆上一样",① 由此,美国的印第安人"并非情愿"地变成了印第安裔。

3. 摩根《美国奴隶、美国自由:殖民地弗吉尼亚的考验》(1975)

在有关红、白、黑人互动历史的研究中,也有一些研究把目光聚焦于欧洲人在相同时间和地点对印第安人和非洲人的回应上。② 摩根(Edmund S. Morgan)③ 的《美国奴隶、美国自由:殖民地弗吉尼亚的考验》(*American slavery*,*American freedom*:*the ordeal of colonial Virginia*,1975)就是这样一部著作。

摩根指出,英国殖民者最初寄托于在经济上来奴役一直自由的印第安人,后逐渐把注意力转向被奴役的非洲人身上。在这个过程之中,印第安人也丢掉了自己的自由,成为英国种族主义最早的牺牲品。因此,尽管摩根的原初兴趣在于美国白人的初生文化,他的主要关注点却是 ethnohistory 意义上的。他出色地使用了波瓦坦人(Powhatan)的民族志文献,他对虚度光阴的印第安人和懒散怠惰的英国人所进行的敏感比较,是 ethnohistory 作品中自卢里(Nancy O. Lurie)的《欧洲文明的印第安文化调试》(*Indian Cultural Adjustment to European Civilization*)以来有关弗吉尼亚边疆互动研究中的最好论述。这也使他最初跨入了文化互动的边疆史研究领域之中。④ 他的成就同时得到了传统史学家的承认:离开了非洲文化尤其是印第安文化的不断参考,就不能理解美国文化的历史。这也成为当时 ethnohistory 有效性逐渐增强的重要体现。⑤

---

① 丁见民:《二十世纪中期以来美国早期印第安人史研究》,《历史研究》2012 年第 6 期,第 181 页。

② James Axtell, "The Ethnohistory of Early America: A Review Essay", *The William and Mary Quarterly*, 3rd Ser., Vol. 35, No. 1, Jan. 1978, p. 130.

③ Edmund S. Morgan (1916 –),耶鲁大学美国史教授,曾任"美国史学家团体"(the Organization of American Historians)的主席。除该书外,他的主要代表作还有 *The Puritan Family*;*Virginians at Home*;*The stamp Act Crisis*(与 Helen M. Morgan 合著);*The Birth of the Republic*;*The Puritan Dilemma*;*The Gentle Puritan*;*Visible Saints*;*The Challenge of the American Revolution*;*The Meaning of Independence* 等。参见 Edmund S. Morgan, *American slavery*, *American freedom*:*the ordeal of colonial Virginia*, New York:W. W. Norton & Co., Inc., 1975.(封底)

④ James Axtell, "The Ethnohistory of Early America: A Review Essay", *The William and Mary Quarterly*, 3rd Ser., Vol. 35, No. 1, Jan. 1978, p. 130.

⑤ James Axtell, "The Ethnohistory of Early America: A Review Essay", *The William and Mary Quarterly*, 3rd Ser., Vol. 35, No. 1, Jan. 1978, p. 131.

（二）全面完整的历史

1. "全面完整"的历史观之提出

威尔科姆·E·沃什布恩（Wilcomb E. Washburn），美国历史学家，[1] 1925 年生于美国堪萨斯州渥太华，1955 年毕业于哈佛大学，著有《美国印第安人》《印第安人迁移的政策：判断其成功或失败的行政、历史和道德标准》《总督和反叛者：培根叛乱史》《红种人的土地/白种人的法律》《对印第安人部族制的攻击》等多部美国民族史学实证研究的论著。[2] 另外，还发表了《民族史学："全面完整"的历史》（Ethnohistory：History "in the Round"）等有关民族史学理论阐释的论文。

作为 20 世纪 60—70 年代 "ethnohistory" 旗帜下边疆史研究的重要代表，沃什布恩长期致力于美国印第安人史研究，倡导民族学人类学与历史学相结合，在 "民族史学" 概念阐释、实证研究、研究方法等方面有着独到而系统的认识，由此，他也成为美国史学界民族史学流派的重要领军人物。

1960 年 11 月 12 - 13 日在印第安纳大学举办的 "美国印第安民族史协会"（the American Indian Ethnohistoric Conference）第 8 届年会上，召开了 "民族史学概念" 研讨会（Symposium on the Concept of Ethnohistory）。沃什布恩的会议提交论文《民族史学："全面完整"的历史》，深刻揭示了民族学、历史学之间的互补关系，提出了 "民族史学：全面完整的历史"（ethnohistory as history "in the round"；"rounded" history）的独到见解，在理论上深入阐明了 "民族史学" 的特色内涵及意义，集中展示了这一时期美国史学界对印第安史人研究中的重要发展趋势——民族史学——的自我认知状况，也代表着美国史学界民族史学流派对 ethnohistory 的概念反思水平。[3]

该文后发表于 1961 年 *Ethnohistory* 期刊的冬季卷上。[4] 1961 年 *Ethnohistory* 期刊的内封皮中曾阐明了那个年代民族史学的研究宗旨和目的："关于原始族群文化和运动的最早的档案史研究，及与之相关的更为广阔的问题研

---

[1] James Axtell, "The Ethnohistory of Early America：A Review Essay", *The William and Mary Quarterly*, 3rd Ser., Vol. 35, No. 1, Jan. 1978, p. 113.

[2] 陆毅：《译者的话》，载〔美〕威尔科姆·E·沃什布恩：《美国印第安人》，陆毅译，商务印书馆 1997 年版，第 4 页。

[3] 在该研讨会上，还有民俗学家、考古学家、民族学家的代表，他们分别从各自的学科角度对 "民族史学" 的有关问题进行了深入讨论。参见第四章第一节中的详论，这里不再赘述。

[4] Wilcomb E. Washburn, "Ethnohistory：History 'in the Round'", *Ethnohistory*, Vol. 8, No. 1, Winter 1961, pp. 31 - 48.

究。"①在沃什布恩看来，这是一个好的定义，反映了民族学家在现存"标本"缺乏的时候，是可以凭借历史记录的，可以根据征服者留下的书面记录来研究这些族群。他认为，不应该将有关"他者"的研究视为民族学，而将自身的研究视为历史学。从词源学的角度上，民族学与历史学之间并没有矛盾。随着研究的开展，一些不健康的分界线才逐步产生了。原因何在？在他看来，首先体现的是制度特权，而不是知识生产本身。②

沃什布恩认为，民族学家为了自己的研究，也使用历史记录；历史学家也越来越有效的使用民族学理论。这些人都可以称之为"民族史学"家。很多人并不在乎称呼，不仅因为他们在传统的称呼下感到安全，而且因为他们只是借用其他学科的洞察力，所解决的依然是本学科的传统问题。③

沃什布恩指出，接受"民族史学"的术语，就会联想到美国人的"实用主义"。"民族史学"与"实用主义"是有很多共同之处的。"民族史学"只是一种接近知识的新的方法，而不是一种新的学科；"实用主义"，也不是一种新的哲学，而仅仅是一种方法。④ 在他看来，"民族史学"方法与传统的民族学和历史学方法不同。⑤ "只有当民族学和历史学在欧—印文化的细节研究中都被应用，只有当最好的理论加以谨慎应用，当最终的解释在两个族群的价值和历史中获得充分理解，ethnohistory 的方法和思想才能真正实现。"⑥ 总之，"'民族史学'是一种过程，一种方法，而不是一个严格意义上的有着固定边界和严格入口要求的学科，它将继续保持它的灵活性、非限制性、扩展性，无论是在其智识（intellectual）方面，还是在其组织（organizational）方面"。⑦

他认为，对历史学家而言，"民族史学"提供的是一种将文化理论添加

① Wilcomb E. Washburn, "Ethnohistory: History 'in the Round'", *Ethnohistory*, Vol. 8, No. 1, Winter 1961, p. 31.

② Wilcomb E. Washburn, "Ethnohistory: History 'in the Round'", *Ethnohistory*, Vol. 8, No. 1, Winter 1961, pp. 31 – 32.

③ Wilcomb E. Washburn, "Ethnohistory: History 'in the Round'", *Ethnohistory*, Vol. 8, No. 1, Winter 1961, p. 42.

④ Wilcomb E. Washburn, "Ethnohistory: History 'in the Round'", *Ethnohistory*, Vol. 8, No. 1, Winter 1961, pp. 32 – 33.

⑤ Wilcomb E. Washburn, "Ethnohistory: History 'in the Round'", *Ethnohistory*, Vol. 8, No. 1, Winter 1961, pp. 33 – 41.

⑥ Wilcomb E. Washburn, "Ethnohistory: History 'in the Round'", *Ethnohistory*, Vol. 8, No. 1, Winter 1961, p. 41.

⑦ Wilcomb E. Washburn, "Ethnohistory: History 'in the Round'", *Ethnohistory*, Vol. 8, No. 1, Winter 1961, p. 45.

到严格的年代学中的方法；对民族学家而言，"民族史学"提供的是一种持续性的警告，即现在的文化特质与过去的事件之间并不能容易地视为同一；对那些希望别人称自己为"民族史学"家的人来说，"民族史学"将提供一种学科——将历史学家的谨慎准确和社会科学家的想象和理论化联合起来。①"'民族史学'，作为拥有期刊、组织和追随者的一门学科，将会持续存在——这无需证明；若它停止存在，我也肯定，它将证明自己的这种发展也是正确的，能为历史学家和人类学家所接受。因此，让我们都成为'民族史学'家吧，写我们之所写，让别人随便称呼我们好了。"② 由此，沃什布恩指出，"民族史学"将会有蓬勃发展的未来："'民族史学'在将来将变得更加开放，将首次大规模地认真考察档案材料，从中澄清过去族群碰撞研究中的混乱。"③

需要着重指出的是，正如沃什布恩在这篇论文中对 ethnohistory 作整体归纳和评析时强所调的："正是'民族史学'这种方法，将事实和对事实的感知从研究中区分开来，因此，只有'民族史学'才能体现出一种'全面完整'的历史（history "in the round"；"rounded" history）。"④ 在沃什布恩看来，只有从"民族史学"的角度审视美国历史，美国历史才称得上是一部"全面完整"的历史。由此，他提出了一种历史建构论基础上的"全面完整"意义上的美国史观。下面将结合其经验研究作品《美国印第安人》，对此进行进一步揭示。

2. 沃什布恩《美国印第安人》（1975）

在 20 世纪 60 年代，沃什布恩率先对美国建国初期白人与印第安人关系的"白人帮助印第安人"的有关阐释提出挑战，谴责了美国政府不公正对待印第安人的一贯方式。

《美国印第安人》（*The Indian in America*）⑤ 出版于 1975 年，是 20 世纪

---

① Wilcomb E. Washburn, "Ethnohistory: History 'in the Round'", *Ethnohistory*, Vol. 8, No. 1, Winter 1961, p. 45.

② Wilcomb E. Washburn, "Ethnohistory: History 'in the Round'", *Ethnohistory*, Vol. 8, No. 1, Winter 1961, p. 45. 还可参见 Shepard Krech III, "The State of Ethnohistory", *Annual Review of Anthropology*, Vol. 20, 1991, p. 346.

③ Wilcomb E. Washburn, "Ethnohistory: History 'in the Round'", *Ethnohistory*, Vol. 8, No. 1, Winter 1961, p. 45.

④ Wilcomb E. Washburn, "Ethnohistory: History 'in the Round'", *Ethnohistory*, Vol. 8, No. 1, Winter 1961, p. 41.

⑤ Wilcomb E. Washburn, *The Indian in America*, New York: Harper Colophon Books, 1975. 国内已有中译本，参见〔美〕威尔科姆·E·沃什布恩《美国印第安人》，陆毅译，商务印书馆1997 年版。

70年代美国历史研究，尤其是美国边疆史学（Frontier History）、印第安人史研究中的名著。"沃什布恩掌握了丰富的材料，进行了令人振奋和艳羡的综合。这本书的宽度和深度是显著的，把冲突性的解释淋漓尽致地展示了出来。专家们可以挑战沃什布恩的那一代人，但都承认此书是该主题中最好的一部书。它是《新美国国家系列》（the New American Nation Series）丛书之一，也是该丛书系列中里程碑意义上的一部杰作。"①

《美国印第安人》也是 ethnohistory 研究中的重要著作。"该书也许不应该被评价为理想的'民族史学'类型，甚至作者自己也没有这样的苛求。但是，它却是'民族史学'类型中杰出的成功之作。很少能有历史学家能像他这样把近来的最好的有关美国印第安文化的证据材料和印第安－白人关系的全面历史综合起来。"②"此书全面研究美国印第安人历史，但它并没有像近来的一些部族史（tribal histories）作品所犯的错误那样，把印－白关系排出在外。这种洞察力，为客观平等地对待两种文化、甚至更多地聚焦于印第安文化的 ethnohistory 方法提供了基础。"③

书中，沃什布恩建立了两个原则。对特殊的描写而言，其一，远避"原始"和"野蛮"这样的语言；其二，从历史的角度，而不是从民族志现在的姿态接近印第安文化。书写几个世纪以来美国印第安族群复杂多样的历史，虽然任务十分艰巨，但他冷静地强调了这些族群最为持久的信仰以及行为方面的性质因素，即印第安文化。④

尤为重要的是，《美国印第安人》通过全面描述美国印第安人所走过的曲折而漫长的道路，揭示不同时期欧洲殖民主义者对印第安人造成的苦难，书写了一种正态的、而不是有意歪曲的印第安人史，以经验实证的方式进一步诠释了作者1960年"民族史学"概念研讨会上提出的"民族史学：全面完整的历史"思想。

"美国印第安人从哥伦布到达美洲以前的时代到今天这段悲惨的历史是

---

① 参见 Wilcomb E. Washburn, *The Indian in America*, New York: Harper Colophon Books, 1975. （封底）

② James Axtell, "The Ethnohistory of Early America: A Review Essay", *The William and Mary Quarterly*, 3rd Ser., Vol. 35, No. 1, Jan. 1978, pp. 131-132.

③ James Axtell, "The Ethnohistory of Early America: A Review Essay", *The William and Mary Quarterly*, 3rd Ser., Vol. 35, No. 1, Jan. 1978, p. 131.

④ James Axtell, "The Ethnohistory of Early America: A Review Essay", *The William and Mary Quarterly*, 3rd Ser., Vol. 35, No. 1, Jan. 1978, p. 131.

本书的主题。"① 本书第一部分对哥伦布到达美洲之前的印第安人的历史有所涉及，但研究的重点在于印第安人与白人处于平等地位的时期，主要包括前四章《美国印第安人的起源》《印第安人的性格》《印第安人的社会结构》和《印第安人和白人在平等条件下的关系》。此一时期，白人通过购买或者谈判，与印第安人签订条约或其他手段来获得土地。白人对印第安人的文化借鉴很多，特别是在农业方面，而印第安人也逐渐仰赖欧洲商人的货物。第二部分展示了印第安人的平等地位受到挑战和冲击的时期，包括后面的五章《印第安人对宗教信仰的反应》《殖民地时期的印第安人战争》《美国独立战争及其后果》《对西部印第安人的高压统治》和《南北战争及其后果》。在这个时期，白人对这种平等关系成功提出了挑战，结果印第安人被驱逐（还不是被消灭）到保留地居住。第三部分反映了印第安人一直在不平等基础上生存，他们的命运很大程度上由白人来形成和控制，包括最后三章《保留地的印第安人》《土地分配和印第安人》和《印第安人寻求认同》。从 19 世纪70 年代到 20 世纪 20 年间，充满着白人的冷酷无情。这种状态在这一时代达到顶峰，这也是美国历史上印第安人最为不幸的时代。之后，即进入现代时期以来，印第安人和白人之间开始出现了一种新型关系。②

在第一章《美国印第安人的起源》中，作者首先指出，所谓的"新世界"实际上在北欧人和哥伦布等这些欧洲人最先看到它之前已经是一个新的世界了（而不是一个千年不变的"冷"社会③）。作者还强调指出，美洲和美洲人存在一种"隔绝"状态，这种隔绝，带来了生物学和文化上的严重后果，并随着欧洲人的到来而日益明显；另外，美洲与"旧世界"之间也处于一种"隔绝"的状态，而正是由于美洲与"旧世界"隔绝得太久了，美洲的最早居民成为来自欧洲的新的移民浪潮的牺牲品。④

印第安人和白人接触后首先和最直接的结果是印第安部族的物质文化发

---

① 〔美〕H·S·康马杰、S·E·莫里斯：《编者导言》，载〔美〕威尔科姆·E·沃什布恩：《美国印第安人》，陆毅译，商务印书馆 1997 年版，第 1 页。

② James Axtell, "The Ethnohistory of Early America: A Review Essay", *The William and Mary Quarterly*, 3rd Ser., Vol. 35, No. 1, Jan. 1978, p. 131；〔美〕H·S·康马杰、S·E·莫里斯：《编者导言》，载〔美〕威尔科姆·E·沃什布恩：《美国印第安人》，陆毅译，商务印书馆 1997 年版，第 1 - 2 页。

③ 法国结构主义人类学家列维—斯特劳斯（Levi - strauss）曾认为，土著社会是"冷"的，缺少变化，没有历史；西方社会是"热"的，一直在变化，拥有历史。这种观点已经受到批判。

④ 〔美〕威尔科姆·E·沃什布恩：《美国印第安人》，陆毅译，商务印书馆 1997 年版，第 18 页。

生了变化，这种变化是由贸易引起的。与白人进行贸易，最初对印第安人的生活是有益的，而不是破坏性的。[①] 两种大不相同的经济制度的接触，造成了两方面的互相适应。一方面，欧洲人使他们适应于印第安人贸易习惯中那种外交和馈赠的性质；另一方面，印第安人不断受到欧洲人价值观念的影响，开始尝到在货币经济中个人物质收益的"甜头"，而这是他们传统的分享式或以货易货经济的收益所难以比拟的。[②] 在印第安人感到在尊严和权力上与白人殖民政权处于平等地位的时期，礼物以及互相交换成了政治上的黏合剂，使他们为了共同的利益而联合在一起。印第安人期望得到白人富有的东西——欧洲的工具、武器、衣服、食物，印第安人则拿出他们富有的东西——毛皮、好客、信息和战时勇敢的战士。[③]

　　导致东部一些主要印第安人部族走向毁灭和从属地位的战争，是殖民地后期和美国建国初期的产物，但早期的殖民地战争已经预示了这种结局。[④] 印第安人对待最初来到新世界的英国殖民者，一般而言是友好的，但很快由于种种原因他们之间发生了冲突。沿海地区印第安人的强烈怨愤有时促使他们首先动手，而这种怨愤情绪不只是由于土地冲突引起的。[⑤] 最早激起战争的是白人对印第安人提出的无理要求和英国当局不愿意把英国殖民者自己所要求的荣誉、生存和生计的同样权利交付与之打交道的印第安人。[⑥] 原有的和平协议，由于双方力量对比的迅速变化以及强制因素渗入其中而变得越来越不稳定，协议已经不能维持和平，往往被印第安人误解或被白人撕毁。[⑦] 总之，战争的起因，在作者看来，是多方面的，双方都有责任。[⑧]

　　在美国印第安人历史上，美国独立战争是基本改变美洲大陆上印第安人

---

① 〔美〕威尔科姆・E・沃什布恩：《美国印第安人》，陆毅译，商务印书馆1997年版，第75页。

② 〔美〕威尔科姆・E・沃什布恩：《美国印第安人》，陆毅译，商务印书馆1997年版，第88—89页。

③ 〔美〕威尔科姆・E・沃什布恩：《美国印第安人》，陆毅译，商务印书馆1997年版，第98页。

④ 〔美〕威尔科姆・E・沃什布恩：《美国印第安人》，陆毅译，商务印书馆1997年版，第139页。

⑤ 〔美〕威尔科姆・E・沃什布恩：《美国印第安人》，陆毅译，商务印书馆1997年版，第139页。

⑥ 〔美〕威尔科姆・E・沃什布恩：《美国印第安人》，陆毅译，商务印书馆1997年版，第140页。

⑦ 〔美〕威尔科姆・E・沃什布恩：《美国印第安人》，陆毅译，商务印书馆1997年版，第140页。

⑧ 〔美〕威尔科姆・E・沃什布恩：《美国印第安人》，陆毅译，商务印书馆1997年版，第140—158页。

和白人关系性质的转折点之一。① 19 世纪 30 年代印第安人迁移时期，密西
西比河以东大多数印第安人部族被迫迁移到大河以西；19 世纪 40 年代和 50
年代殖民者向西扩张时期，密西西比河以西的大多数印第安部族被打败，并
被赶到保留地。美国独立战争的发动，削弱了印第安人部族的权力和独立，
自此，印－白关系由原来的平等变为不平等。② 从 19 世纪 40 年代中期到 50
年代中期，在 10 年多一点的时间里，美国殖民者就撕毁了原先正式签署的
有关领土疆界政策的协议——不在密西西比河以西的印第安人中进行扩张的
协议。随着对墨西哥战争的胜利，德克萨斯加入联邦，以及成千上万的美国
公民越过平原、高山和草原和涌向太平洋西部沿海地区，划分白人和印第安
人永久性边界的观念完全消失。一度英勇无敌的印第安人受到鄙视，从不接
受外来约束的独立强国沦为承认美国有权限制其行动自由的附属社区。③

　　1861 年美国南北战争爆发。这时刚迁到"印第安人领地"的各个部族
和当年美国独立战争时期的易洛魁人一样，处于不利境地。根据有关条约，
美国应该保护他们不受所有敌人的侵犯，但由于战争爆发，随着美国军队撤
离德克萨斯和阿肯色，以及这些州加入南部联邦，印第安人实际上已经得不
到保护。④ 无论是北方还是南方，都在争取"印第安人领地"各部族的效
忠。⑤ 由此，"印第安人领地"也陷入了战争之中，遭殃的是当地的印第安
居民，无论他们是留在家乡，还是作为难民逃到北方。战争最后使这块专门
留作印第安人家园的领土遭到破坏。⑥ 印第安人想保持中立和保有过去的权
利，但在这场南北双方的大搏斗之中，在双方的压力下，他们被分裂了。很
多站在联邦方面的印第安人，最后也被当作叛逆对待。⑦

　　除了战争之外，欧洲人向"新世界"推进的巨大动力之一是基督教的传

----

① 〔美〕威尔科姆·E·沃什布恩：《美国印第安人》，陆毅译，商务印书馆 1997 年版，第 159
　　页。
② 〔美〕威尔科姆·E·沃什布恩：《美国印第安人》，陆毅译，商务印书馆 1997 年版，第 159
　　页。
③ 〔美〕威尔科姆·E·沃什布恩：《美国印第安人》，陆毅译，商务印书馆 1997 年版，第 209
　　页。
④ 〔美〕威尔科姆·E·沃什布恩：《美国印第安人》，陆毅译，商务印书馆 1997 年版，第 210
　　页。
⑤ 〔美〕威尔科姆·E·沃什布恩：《美国印第安人》，陆毅译，商务印书馆 1997 年版，第
　　211—212 页。
⑥ 〔美〕威尔科姆·E·沃什布恩：《美国印第安人》，陆毅译，商务印书馆 1997 年版，第 212
　　页。
⑦ 〔美〕威尔科姆·E·沃什布恩：《美国印第安人》，陆毅译，商务印书馆 1997 年版，第
　　214—215 页。

教精神,他们确信改变异教徒的信仰是基督教徒的责任。① 由于印第安人本来就尊崇超自然的力量,因此能够发现基督教这种外来的宗教与更有形的西方物质文明同等重要。尽管印第安人不愿意接受基督教的誓言,但他们对耶稣基督的启示还是认真对待的。②

不管保留地制度代表什么,它都标志着承认印第安人有权生活、有权保留他们赖以生存的土地和资源。③ 原先划定白种人和红种人之间的边界,是为了明确双方在攻击对方时应负的责任。19世纪中期的保留地多具有集中营的性质,印第安人被赶到他们以前占有但已经日益受到白人移民控制的土地上去。④ 在近代,保留地取得了家园的地位,即已经成为印第安人永久的可靠基地。这种保留地的新概念,只是到20世纪60年代和70年代才完全形成。此时,印第安人事务管理局才逐渐成为由印第安人管理和决定大政方针的机构。⑤ 保留地制度演变到最后阶段,白人和印第安人在其中所扮演的角色彻底颠倒过来。保留地原来是作为印第安人部族安全的家园设置的(即使是缩小了),很快被看成是一种按照白人的形象改造印第安个人,并使印第安人与其部族和保留地脱离关系的学校。⑥ 政治上的权力从土著首领那里取来,并由美国的代表执掌,同时印第安人掌握的一套赖以谋生的制度被白人掌握的另一种谋生制度所代替。部族间进行战争、举行仪式、执行传统法律的自由,逐渐被新政权加以限制。⑦ 许多部族的印第安人被禁锢在保留地内,他们的土地被个人平均分配,他们与部族的联系被切断。⑧ 当政府取消保留地,把土地分给部族成员个人并设法取消部族的权威和个人与部族的关系时,美国的很多印第安人也同时在经历经济上和文化上的革命。从那时起,

---

① 〔美〕威尔科姆·E·沃什布恩:《美国印第安人》,陆毅译,商务印书馆1997年版,第122页。
② 〔美〕威尔科姆·E·沃什布恩:《美国印第安人》,陆毅译,商务印书馆1997年版,第137—138页。
③ 〔美〕威尔科姆·E·沃什布恩:《美国印第安人》,陆毅译,商务印书馆1997年版,第222页。
④ 〔美〕威尔科姆·E·沃什布恩:《美国印第安人》,陆毅译,商务印书馆1997年版,第222页。
⑤ 〔美〕威尔科姆·E·沃什布恩:《美国印第安人》,陆毅译,商务印书馆1997年版,第222页。
⑥ 〔美〕威尔科姆·E·沃什布恩:《美国印第安人》,陆毅译,商务印书馆1997年版,第245页。
⑦ 〔美〕威尔科姆·E·沃什布恩:《美国印第安人》,陆毅译,商务印书馆1997年版,第227—244页。
⑧ 〔美〕威尔科姆·E·沃什布恩:《美国印第安人》,陆毅译,商务印书馆1997年版,第245—246页。

美国印第安人越来越多地变成了印第安裔美国人，多沦为美国这个等级社会中最底层的穷困潦倒的游民，而不是自力更生、敬畏神灵、自己拥有土地的农民。这个政策的忠实支持者原以为这是一项对印第安人最有利的政策，但现在看来却是一项有害的政策，对印第安人维系自己的经济生活和文化价值观造成了很大破坏。①

进入现代时期以来，印第安人正在重新认识自己的族群认同。② 美国大萧条引起的震动使美国的印第安政策进入了根本改变时期。③ 对印第安文化需要（包括宗教需要）的日益敏感，已成为联邦政府最近几十年来关于印第安人政策制定的核心。联邦政府的这种态度，对印第安人的政治生活是一个促进因素，使他们产生了希望，顺从政府的安排。1946 年印第安权利申诉委员会法案（the Indian Claims Commission Act of 1946）的通过，表明政府态度有了进一步的明确。这个法案准许部族对美国过去的不端行为和错误起诉。后来，国会也认识到，20 世纪 50 年代实行的强行解散部族组织和分散现存部族资产的"结束"政策的不幸后果，并将该政策更改为"实行自决而不是结束"。根据这个新政策，部族在执行联邦的部族计划时得到了更大的权力。④ 由此，作者得出结论，现代时期印第安人和其他美国人之间开始出现了一种新型关系。⑤ 印第安人给作为"民族熔炉"的美国社会提供了一个独特的构成因素：它既是美国社会的一部分，又不是它的一部分。但是，这个社会由于印第安人的存在而更丰富多彩。白种人和红种人通过过去的冲突、危机和悲剧产生了一个新的联合体，在这个联合体内，无论是先来的或后来的美国人，都能够共同生存下去，谁也不想蚕食或同化别人。⑥ 美国人不再把印第安人的文化视为外来文化，并已确认印第安人这种不同的文化在美国

---

① 〔美〕威尔科姆·E·沃什布恩：《美国印第安人》，陆毅译，商务印书馆 1997 年版，第 262—263 页。

② 〔美〕威尔科姆·E·沃什布恩：《美国印第安人》，陆毅译，商务印书馆 1997 年版，第 264 页。

③ 〔美〕威尔科姆·E·沃什布恩：《美国印第安人》，陆毅译，商务印书馆 1997 年版，第 267 页。

④ 〔美〕威尔科姆·E·沃什布恩：《美国印第安人》，陆毅译，商务印书馆 1997 年版，第 282—283 页。

⑤ 〔美〕H·S·康马杰、S·E·莫里斯：《编者导言》，载〔美〕威尔科姆·E·沃什布恩：《美国印第安人》，陆毅译，商务印书馆 1997 年版，第 1—2 页。

⑥ 〔美〕威尔科姆·E·沃什布恩：《美国印第安人》，陆毅译，商务印书馆 1997 年版，第 290 页。

这个新国家中永久存在。①

综上所述，这部作品以印第安人的荣辱兴衰为主线，从文化互动的视角较为客观地审视了印－白关系的历史发展，展示出作者对"民族史学"的独到理解与运用——"民族史学"填补了传统上由民族学所涉及的印第安人和传统上由历史学所负责的欧洲人之间的空白。从民族史学的开放视野看来，美国历史的体现者和塑造者，不仅包括来自欧洲的移民，也包括北美印第安土著族群；美国历史存在多种叙事方式，不仅是一部盎格鲁－撒克逊的叙事史，一部欧洲移民西部边疆拓垦的叙事史，同时是一部美国印第安土著族群的叙事史。事实上，"对于印第安人和白人来说，美国历史的前半部分，即1492年前的美洲土著史，与1492年白人来到美洲之后的美国历史的后半部分同样重要"。② 由此，不仅摆脱了以往的源于欧洲盎格鲁－撒克逊的传统美国史学叙事范式，也突破了特纳边疆学派（Frontier School）"美国史是一部开拓西部边疆、文明战胜野蛮的历史"的旧观念。这是"民族史学"内在的"全面完整"的历史观的具体展示。换言之，只有将印第安土著族群纳入美国历史研究的主体视野，即从 ethnohistory 的角度审视美国历史，美国历史才称得上是一部"全面完整"（history "in the round"; "rounded" history）的历史。

沃什布恩在有关论述和研究中所体现出的这种民族史学思想，为理解美国史学视野中的民族史学提供了重要参考，也为深入理解史学家与民族学人类学家在"民族史学"相关问题上的差异提供了重要线索，对于理解"全面完整"的新型美国史观以及历史建构论都有重要助益。

此外，就《美国印第安人》这部作品本身而言，一方面，凸显了印第安人的历史主体性，对美国"民族熔炉主义"进行了具体诠释，一定程度上揭示了美国政府在制定相关政策（如土地保留制度）中的失误，这是有其历史进步意义的；另一方面，在一些具体问题探讨上，也存在一些诱发学界批评的问题。例如，在印第安人迁移问题上沃什布恩的态度模棱两可。沃什伯恩指出，人们无论是谴责迁移，还是声称提倡迁移的人关心印第安人的利益，而并非企图伤害印第安人，都是有可能的。如果人们考虑到当时那些关心印第安人政策的人士所面临的实际选择，接受由那些选择所造成的种种局限，人们可能理解并同情这些政策。在印第安人迁移问题上，沃什伯恩明显地想

---

① 〔美〕威尔科姆·E·沃什布恩：《美国印第安人》，陆毅译，商务印书馆1997年版，第7页（前言）。
② 参见丁见民《二十世纪中期以来美国早期印第安人史研究》，《历史研究》2012年第6期，第178页。

持一种看起来更为公允的观点，由此招致了学界的批评。① 又如，沃什布恩将印第安战争前明显带有经济剥削色彩的印白经济交换视为互利平等，将印第安人不幸命运的到来简单归因于偶然的几次战争，将印第安战士视为可作交换的"物品"——这些见解具有明显的时代局限性，值得深入反思和批判。当然，这并未影响沃什布恩在"民族史学"中引领地位和作用的发挥；事实上，沃什布恩基于"全面完整"的历史观对"民族史学"所作的诠释在不断启发后人，并不断得到新的拓展。

3. 詹宁斯《入侵美洲：印第安人，殖民主义，有关征服的伪善之言》（1975）

与沃什布恩出版《美国印第安人》的同一年，詹宁斯（Francis Jennings）出版了《入侵美洲：印第安人，殖民主义，有关征服的伪善之言》，同样揭示了美国历史是包含盎格鲁－撒克逊和印第安人在内的整个先辈的历史，是一部"全面完整"意义上的历史。②

美国历史学家詹宁斯，曾任纽伯里图书馆美国印第安人书目丛书（Newberry Library American Indian Bibliographical Series）主编、芝加哥纽伯里图书馆美国印第安人历史中心主任（the Newberry Library Center for the History of the American Indian）。③ 詹宁斯《入侵美洲：印第安人，殖民主义，有关征服的伪善之言》"被公正地认为是倚靠着 ethnohistory 的最高理想。詹宁斯生产了一个独特有力的、具有深邃见解的、道德上敏感的、有关印－白关系的 ethnohistory，尽管他也承认，在客观公正地对待殖民地边疆的印－白两级上，他也没有取得完全的成功"。④ "……该书无疑是 ethnohistory 中的经典之作……作者破坏性批评的结果，不是负面的，而是重申了 ethnohistory 的两个基本原则：其一，现代美国社会，不仅仅是殖民主义者与土著互动的结果，也是二者共同贡献的结果。其二，由文化涵化（acclturation）过程所形成的

---

① 参见〔美〕雷金纳德·霍斯曼《美国土著史研究的最近趋势及新动向》，胡锦山译，丁则民、黄兆群校，《世界民族》1990 年第 5 期，第 33 页。

② Francis Jennings, *The invasion of America：Indians，colonialism，and the cant of conquest*, Chapel Hill：Published for the Institute of Early American History and Culture by the University of North Carolina Press, 1975, pp. viii – ix.（preface）

③ 参见 Ronald Spores, "New World Ethnohistory and Archaeology, 1970 – 1980", *Annual Review of Anthropology*, Vol. 9, 1980, p. 581; Francis Jennings, "A Growing Partnership：Historians, Anthropologists and American Indian History", *Ethnohistory*, Vol. 29, No. 1, Winter 1982, p. 21, p. 32.（致谢）

④ James Axtell, "The Ethnohistory of Early America：A Review Essay", *The William and Mary Quarterly*, 3rd Ser., Vol. 35, No. 1, Jan. 1978, p. 133.

社会，既不是独特的，也不具有从道德上优于其他文化的可能性。"①

　　为了确立一个分析美国土著人与清教徒在新英格兰相遇的理论结构，很多历史学家（如特纳边疆史学派）在其著述中都或明或暗地接受了文明与野蛮的二分法，因袭了那种为欧洲入侵者的行动辩护的思想方式。在这部作品之中，詹宁斯反对这些史学家对17世纪清教徒与印第安人相遇的解释，并对清教徒的动机、行动和那些为他们辩护的历史学家发起猛烈抨击，同时给出了自己的新的分析方式。在詹宁斯看来，对欧洲人与土著美国人在17世纪相互影响进行专门研究的方法，就是采用 ethnohistory 的研究技巧：使用 ethnohistory 研究者的专业词汇——道义上中立并且相对可比较的"社会"和"文化"范畴，来代替丑恶的原始状态与良好的文明这一对立的概念。当代美国社会不仅是殖民者和土著人相互作用的产物，而且也是双方都做出贡献的产物。詹宁斯没有从欧洲入侵者的角度看待17世纪，而是试图运用印第安人的观点来研究资料，观察印第安人与欧洲人双方的不断变化的文化。②

　　从传统上来看，历史学家把美国现在的文化设想为欧洲文化（盎格鲁 - 撒克逊文化）转嫁到美国土壤中来。在这种解释中，印第安人被"安排"扮演铺垫者的角色——他们只是刺激了欧洲霸占者的能量和独创性。詹宁斯在《入侵美洲：印第安人，殖民主义，有关征服的伪善之言》中明确表示，上述解释是有问题的，因为近几个世纪以来，美洲的这两种社会是互相独立的关系，现代美国社会是从交叉关系网中发展而来的。如果对印第安人的所作所为视而不见，那么盎格鲁 - 撒克逊人的贡献也应该被忽略。③

　　需要指出的是，詹宁斯还借助鉴别档案材料的真伪，对欧洲人在历史书写中的虚伪进行批判。《入侵美洲：印第安人，殖民主义，有关征服的伪善之言》源自对帕克曼（Francis Parkman）和沃恩（Alden Vaughan）等有关著述的批评。为此，作者重新审视了殖民地美国，尤其是新英格兰地区印 - 白关系的记录。他发现，欧洲殖民者攻击了印第安土地、主权和生命，为了使这些活动合法化，他们明显编织了扭曲性的记录。该书书名为《入侵美洲：印第安人，殖民主义，有关征服的伪善之言》，其意义是明显的，就在于专

①　James Axtell, "The Ethnohistory of Early America: A Review Essay", *The William and Mary Quarterly*, 3rd Ser., Vol. 35, No. 1, Jan. 1978, p. 136.

②　参见〔美〕雷金纳德·霍斯曼《美国土著史研究的最近趋势及新动向》，胡锦山译，丁则民、黄兆群校，《世界民族》1990年第5期，第32页。

③　Francis Jennings, *The invasion of America: Indians, colonialism, and the cant of conquest*, Chapel Hill: Published for the Institute of Early American History and Culture by the University of North Carolina Press, 1975, pp. viii – ix. (preface)

门探求"这些带有征服性的伪善之言"的起源，并证实它是错误的。① 事实上，本书通过展示美国历史上殖民时期（从印第安人的角度来看，即欧洲人入侵印第安社会的时期）欧洲人和印第安人之间的历史关系，揭示了欧洲人在历史书写中的虚伪。印第安人以武装自己来准备应对欧洲人；欧洲人也在准备，如何使他们的所作所为在道德上能讲得通。为此，欧洲人主要做了两件事。其一，用枪炮和弹药来压服印第安人的抵抗；其二，用宣传来压服欧洲人自己的踌躇。这种宣传逐渐采用传统的研究假设和借重语义学，并成为意识形态的标准形式。时至今日，依然如故。② 本书就在于检视这种意识形态的起源，及证实它的错误。欧洲人的两种目的，都需要对比入侵时期欧洲人和印第安人迅速变化的文化。③ 这种对比引发了许多问题，其中之一就是证据资源的可靠性。对发生于某一地点的某一特定事件，档案材料往往是匮乏的，但是从几个世纪以来，对整个欧洲大陆而言，其数量之多也是惊人的。因此，对这些材料的遴选也是其中的重要问题。④ 作者指出，正如"水门"事件一样，美国历史上的官方档案记录是有欺骗性的。印第安人没有这种欺骗，因为他们进行记录的笔是"舌头"。那些档案记录则不仅欺骗别人，也欺骗自己。⑤ 本书主题范围广泛，揭示了档案资源中的错误。作者的努力恰在于通过标准的研究惯例来降低和减少这样的错误。⑥ 通过解剖英语中有关印第安人术语的一些误用，作者提供了从佩科特战争（Pequot War）到菲利普王战争（King Philip's War）期间南新英格兰地区印-白关系的新的有力解释，尤其揭示了清教徒档案资源中的扭曲。他抵制了利用档案证据和一般

---

① James Axtell, "The Ethnohistory of Early America: A Review Essay", *The William and Mary Quarterly*, 3rd Ser., Vol. 35, No. 1, Jan. 1978, p. 134.

② Francis Jennings, *The invasion of America: Indians, colonialism, and the cant of conquest*, Chapel Hill: Published for the Institute of Early American History and Culture by the University of North Carolina Press, 1975, p. vii. (preface)

③ Francis Jennings, *The invasion of America: Indians, colonialism, and the cant of conquest*, Chapel Hill: Published for the Institute of Early American History and Culture by the University of North Carolina Press, 1975, p. vii. (preface)

④ Francis Jennings, *The invasion of America: Indians, colonialism, and the cant of conquest*, Chapel Hill: Published for the Institute of Early American History and Culture by the University of North Carolina Press, 1975, p. vii. (preface)

⑤ Francis Jennings, *The invasion of America: Indians, colonialism, and the cant of conquest*, Chapel Hill: Published for the Institute of Early American History and Culture by the University of North Carolina Press, 1975, p. vii. (preface)

⑥ Francis Jennings, *The invasion of America: Indians, colonialism, and the cant of conquest*, Chapel Hill: Published for the Institute of Early American History and Culture by the University of North Carolina Press, 1975, p. vii. (preface)

感觉进行推论的研究方式。当证据较弱时，他也做出了谨慎的标识。[1]

概言之，该作品所展示的 ethnohistory 研究的重要价值集中在以下方面：

其一，通过揭示传统史学多倚重白人文化的缺陷，凸显了 ethnohistory 平等对待印 – 白两种文化的特殊意义。在詹宁斯看来，只有 ethnohistory 的视角才能平等公正地审视碰撞中的两种文化，因为历史学家很难从整体上使他从自身的文化传统中解脱出来，而不得不越来越依赖于白人资源，由此特别需要从 ethnohistory 的视角看问题，从印第安人的角度看问题。[2]

其二，通过全面检视档案资源，对档案资源是一种"征服性的伪善之言"进行洞察，以及对传统的印 – 白关系史研究进行道德意义上的评价，揭示了传统史学家所书写的"欧洲人合法征服印第安人"的美国历史是虚伪的，进而诠释了 ethnohistory 的视角对于美国史学的独特意义——美国历史是印第安人和欧洲人共同打造的。詹宁斯认为，人类对自己的行为确有权力进行选择，但西方人却一直坚持自己的道德标准，无论这种道德标准是什么、是不是合理。这种道德标准，一直是历史学所依赖的重点。[3] 档案资源是某些人兴趣的反映，西方人欺骗大众，同时也欺骗自己。打破这种长久建立的意识形态束缚的唯一方式，在于求助于理性，即在这部作品中体现出来的 ethnohistory 技术及口述策略。[4]

詹宁斯的"美国社会是欧洲人和土著美国人影响的相互融合"的提法在詹姆斯·阿克斯特尔（James Axtell）的某些著述中得到丰富。阿克斯特尔对殖民地时期的美国教育感兴趣，在一个广泛的领域里研究美国教育。阿克斯特尔强调，在美国殖民地时期试图教育印第安人，不单单是传教士和其他相关人士的问题。情况往往是，印第安人在教育白人接受其生活方式方面，要比白人教化他们更为成功。[5]

这部作品作品还影响了其他很多史学家。在詹宁斯的影响下，G·E·

---

[1] James Axtell, "The Ethnohistory of Early America: A Review Essay", *The William and Mary Quarterly*, 3rd Ser., Vol. 35, No. 1, Jan. 1978, p. 135.

[2] James Axtell, "The Ethnohistory of Early America: A Review Essay", *The William and Mary Quarterly*, 3rd Ser., Vol. 35, No. 1, Jan. 1978, p. 134.

[3] Francis Jennings, *The invasion of America: Indians, colonialism, and the cant of conquest*, Chapel Hill: Published for the Institute of Early American History and Culture by the University of North Carolina Press, 1975, p. x. (preface)

[4] James Axtell, "The Ethnohistory of Early America: A Review Essay", *The William and Mary Quarterly*, 3rd Ser., Vol. 35, No. 1, Jan. 1978, p. 135.

[5] 参见〔美〕雷金纳德·霍斯曼《美国土著史研究的最近趋势及新动向》，胡锦山译，丁则民、黄兆群校，《世界民族》1990 年第 5 期，第 33 页。

托马斯抨击了清教徒的严酷、残暴和种族优越感，认为清教徒对印第安人的态度是后来种族主义的前兆："无论清教徒花费多大力气去改变印第安人，也无论印第安人改造得多么彻底，事业最终是无望的，因为印第安人根本不能成为白人。"在詹宁斯的影响下，理查德·斯洛特金在其《从暴力中再生》中跳出清教徒与印第安人关系的窠臼，考察从17世纪到南北战争期间美国人态度更为黑暗的一面。斯洛特金认为，美国人的暴力行为并非仅系表层现象，乃是美国人性格的核心。而决定美国文学作品的边疆神话，是美国民族性格的关键。①

毋庸讳言，这部作品也存在一些局限性。作者詹宁斯本人坦率地承认了他的偏见和局限，即他对清教徒贵族有着强烈的厌恶情绪。②尽管詹宁斯对于学界明显存在的亲清教徒的观点提出了有益的修正，但在他的研究中却存在着问题，即在比较一些社会和文化时，他并未很好地贯彻他所敦促别人使用的毫无感情色彩的民族史研究方法。"我已认识到我本人对清教徒绅士有一种强烈的厌恶，一直想尽可能地通过大量引证他们自己的著述对此进行补救。人们也许能注意到，我一直力求压抑但不能隐瞒我的厌恶，进一步说，在我的研究过程中就是这样要求的。"③

这部作品在深入展示 ethnohistory 主题思想、实现 ethnohistory 的理想方面做出了重要贡献，引发了越来越多的美国史学研究者开始关注档案材料本身的真伪问题，展开多维度的 ethnohistory 研究。

（三）其他相关作品

20世纪70年代，在有关印第安边疆史研究中，还涌现了很多 ethnohistory 意义上的作品。这些作品，从不同研究视角、不同研究方法等不同层面对美国史学脉络中 ethnohistory 研究的主题——"文化互动的历史""全面完整的历史"进行诠释和论证。

1. 特里杰《安坦恩提斯的孩子：至1660年间休伦人的历史》（1976）

特里杰出生于加拿大安大略省，1964年获耶鲁大学考古学博士学位，之后在美国西北大学和芝加哥大学短暂任教，随后主要在蒙特利尔的麦吉尔大学人类学系执教。在贯通考古学、人类学、历史学研究上，特里杰有很深的

---

① 参见〔美〕雷金纳德·霍斯曼《美国土著史研究的最近趋势及新动向》，胡锦山译，丁则民、黄兆群校，《世界民族》1990年第5期，第33页。

② ames Axtell，"The Ethnohistory of Early America：A Review Essay"，*The William and Mary Quarterly*，3rd Ser.，Vol. 35，No. 1，Jan. 1978，pp. 135 – 136.

③ 〔美〕雷金纳德·霍斯曼：《美国土著史研究的最近趋势及新动向》，胡锦山译，丁则民、黄兆群校，《世界民族》1990年第5期，第32—33页。

造诣。《理解早期文明：比较研究》（*Understanding Early Civilizations：A Comparative Study*, New York：Cambridge University Press, 2003）是其巅峰之作，采用跨文化比较的视角对早期文明给出了新的解释。①

特里杰成名于早年的两卷本《安坦恩提斯的孩子：至 1660 年间休伦人的历史》（*The Children of Aataentsic：A History of the Huron People to 1660*, Montreal：McGill‐Queen's University Press, 1976），这部作品"最为接近地实现了 ethnohistory 的理想和完美"。②

1960 年，特里杰写了一篇有关休伦人（Huron，操易洛魁语言）的论文。在他完成了有关非洲考古学的研究后，于 1965 年又回到了休伦湖继续之前的研究。可以说，这种研究背景，为他对休伦人进行 ethnohistory 意义上的研究，提供了难得的条件。特里杰的研究，时间跨度大，从这些人的史前时代开始，一直到他们在南安大略湖地区逐渐消失。该书将考古学、历史学、民族学、语言学和地理学知识整合在一起，是关于北美土著的最富有比较性的一项研究，也是从土著观点看待印‐白关系的一部力作。③

此书的主要内容在于，描写了休伦人的主要文化模式，对休伦人与法国人的互动（作为两个阶段）进行了详细分析。④ 从 1609 年（最初出现碰撞）到 1634 年，这一时期的碰撞不是直接的，无论是法国人、还是休伦人，离开了对方的供应，都不能单独存活，由此他们都平等地互相对待，保持了各自文化上的优越性。⑤ 1634 年以后，休伦人经历了一个破坏性倒退阶段，即"强迫性碰撞"阶段。⑥ 欧洲传教士的传教活动同样是不成功的，因为对休伦人的最大威胁，是来自易洛魁人的军事冲击。⑦ 在结论中，特里杰描写了1649 年后休伦人是如何被驱散的。在纽约，几千休伦人被他们的敌人所吸纳，不久就在共同的易洛魁文化中消失。休伦这个作为族群的名称，也随之

---

① 参见刘焱鸿：《贯通：建立跨文化比较研究的范式》，《中华读书报》2014 年 5 月 7 日。

② James Axtell, "The Ethnohistory of Early America：A Review Essay", *The William and Mary Quarterly*, 3rd Ser., Vol. 35, No. 1, Jan. 1978, pp. 136 – 137.

③ James Axtell, "The Ethnohistory of Early America：A Review Essay", *The William and Mary Quarterly*, 3rd Ser., Vol. 35, No. 1, Jan. 1978, p. 137.

④ James Axtell, "The Ethnohistory of Early America：A Review Essay", *The William and Mary Quarterly*, 3rd Ser., Vol. 35, No. 1, Jan. 1978, pp. 138 – 139.

⑤ James Axtell, "The Ethnohistory of Early America：A Review Essay", *The William and Mary Quarterly*, 3rd Ser., Vol. 35, No. 1, Jan. 1978, p. 139.

⑥ James Axtell, "The Ethnohistory of Early America：A Review Essay", *The William and Mary Quarterly*, 3rd Ser., Vol. 35, No. 1, Jan. 1978, p. 139.

⑦ James Axtell, "The Ethnohistory of Early America：A Review Essay", *The William and Mary Quarterly*, 3rd Ser., Vol. 35, No. 1, Jan. 1978, p. 140.

消失。①

　　特里杰不像人类学家那样主要关注文化模式和过程，而是主要从广阔的历史角度展开对休伦人的研究。"尽管他聚焦于法国占有区的圣劳伦斯河流域（St. Lawrence Valley），聚焦于佐治亚湾（Georgian Bay）脚下的休伦人，但是他的视野在整个北美的东北部地区。他这样做，主要因为 17 世纪北美土著认识不到时代倒错的加拿大 – 美国边界。在特里杰看来，正是这种时代倒错的边界，限制了彼此之间的历史视野，而贸易网络、生态带、政治联盟、文化亲和力，要求历史学家扩充他们传统的聚焦范围，来捕捉美国边疆的全部现实。"②

　　对于作为比较考古学家出身的特里杰而言，"理解历史档案，需要来自考古学家、人口统计学、语言学家和比较民族学家提供的数据和技术以及有关的分析，这些研究对 ethnohistory 问题越重视，ethnohistory 就会越成功"。③

　　这部"最为接近地实现了 ethnohistory 的理想和完美"的作品，从以下方面反映了 ethnohistory 研究的主要建树和价值。其一，这部作品，不再代表传统史学研究中的欧美模式，而是有力持续地从休伦文化的角度解释了所有欧洲人和印第安人的行动、思想和动机。其二，特里杰的考古学技艺使他认为，几乎易洛魁文化的每一方面，几个世纪以来，在欧洲碰撞之前，一直进行着重要的变化（这一点为许多民族学家、历史学家以及传统考古学家所忽视）。其三，特里杰证实，只有主要依据考古学和语言学证据获悉了碰撞前土著文化变化的性质和程度，才能准确评估欧洲对土著文化的碰撞，才能真正理解印第安文化是如何被破坏的。

　　2. 格雷蒙特《边界战争：美国独立战争中的易洛魁人》（1972）

　　格雷蒙特（Barbara Graymont）的《边界战争：美国独立战争中的易洛魁人》（The border war：The Iroquois in the American – Revolution，Ann Arbor，Mich.：UMI，1972）是一部平等聚焦于易洛魁和殖民者的著述，也是第一部全面描述土著参与美国独立战争的 ethnohistory 著作。尽管书中的叙述从白人资源那里援引了很多政治和军事细节，但其最初目标在于理解以亲属关系为基础的六个易洛魁民族（Six Nations）组成的联盟如何及为什么在白人的

---

① James Axtell, "The Ethnohistory of Early America：A Review Essay", *The William and Mary Quarterly*, 3rd Ser., Vol. 35, No. 1, Jan. 1978, p. 140.

② James Axtell, "The Ethnohistory of Early America：A Review Essay", *The William and Mary Quarterly*, 3rd Ser., Vol. 35, No. 1, Jan. 1978, p. 138.

③ Bruce G. Trigger, "Ethnohistory：The Unfinished Edifice", *Ethnohistory*, Vol. 33, No. 3, Summer 1986, pp. 262 – 263.

冲突中瓦解，并被带入了内战之中。要全面对此进行理解，在格雷蒙特看来，就得从 ethnohistory 不偏不倚的视角看问题，要把印第安人的文化和他们的态度和行动联系起来。① 格雷蒙特的 ethnohistory 观点和对 ethnohistory 技术的熟练运用（主要表现为将变化的文化模式引入分析之中），也使本书成为殖民史研究中的重要作品。②

（四）新的研究方法与叙事方式

由于引入了民族学人类学视角，以及倡导史学与民族学人类学相融合，上述 ethnohistory 研究中的代表作品，相对于早期的印第安人历史研究而言，相对于二战前传统的特纳边疆史而言，相对于传统美国史学而言，彰显出新的研究方法和新的叙事方式。

这类研究，多根据时间、空间和在具体活动中展示出来的过去事件和文化特质，对特殊社会的历史进行书写，对西方史学家所忽略的部族、农民和其他社会的过去进行重构。③ 因此，这类研究也被称作"专门史"（specific history）研究，④ 从整体上可归入史学范畴之中。与一般史学研究方法相比，它们体现出了一些新的特征。这类研究多是社会型（social）和文化型（cultural）的，在传统的历史叙述型（narrative）中并不多见。⑤ 这些与传统史学研究不尽一致的新特点，折射出"ethnohistory"旗帜下边疆史研究在叙事上的一般特点，给传统史学研究，尤其是传统史学研究方法带来了新的气象。随着 ethnohistory 在美国历史学中的立足生根，这种所谓"专门史方法"（specific history）逐渐成为 ethnohistory 方法的重要表现形态。

首先，这类研究，以传统的历史叙事（narrative）为主，对某一特殊社会和族群进行从最早到最近时刻的历时研究，即沿着"顺时间之流而下"（downstream）的方向进行研究，依靠档案材料而不是口述资源展开研究，并

---

① James Axtell, "The Ethnohistory of Early America: A Review Essay", *The William and Mary Quarterly*, 3rd Ser., Vol. 35, No. 1, Jan. 1978, p. 126.

② James Axtell, "The Ethnohistory of Early America: A Review Essay", *The William and Mary Quarterly*, 3rd Ser., Vol. 35, No. 1, Jan. 1978, p. 127.

③ Robert M. Carmack, "Ethnohistory: A Review of Its Development, Definitions, Methods, and Aims", *Annual Review of Anthropology*, Vol. 1, 1972, p. 236.

④ Robert M. Carmack, "Ethnohistory: A Review of Its Development, Definitions, Methods, and Aims", *Annual Review of Anthropology*, Vol. 1, 1972, p. 236; Shepard Krech III, "Ethnohistory", in David Levinson and Melvin Ember eds., *Encyclopedia of Cultural Anthropology*, New York: Henry Holt and Company, 1996, Volume 2, p. 424; Shepard Krech III, "The State of Ethnohistory", *Annual Review of Anthropology*, Vol. 20, 1991, p. 348.

⑤ Robert M. Carmack, "Ethnohistory: A Review of Its Development, Definitions, Methods, and Aims", *Annual Review of Anthropology*, Vol. 1, 1972, p. 236.

假定能够从档案中整合出一个描述性的编年史叙述，但它们并不提供某族群详细的历史编纂或历史志（historiography）画面，只是展示出一种历史视野。上述提到的几部代表性经验研究作品，都有这种特点。

其次，这种叙述也不仅仅是事实的简单呈现，而是来自对证据的小心权衡和解释，对辨识西方档案文献中的"扭曲性"记录表现出了足够的重视。詹宁斯的《入侵美洲：印第安人，殖民主义，有关征服的伪善之言》对此有充分的体现。

另外，它们还将档案材料的使用与民族学分析结合起来，将现存的有关史料和源自最早时期文化碰撞的人类学民族学文献联系起来，在引入民族学、心理学、考古学等社会科学理论的同时，依然主要倚重历史叙事，并非如社会科学研究那样强调理论对话。特里杰《Aataentsic 的孩子们：1660 年前休伦人的历史》对此有突出的展示。

需要指出的是，沃什布恩《美国印第安人》新颖的历史叙事方式，体现了民族史学方法的具体运用，是民族史学方法一般特点的具体展示。

其一，《美国印第安人》主要以历史叙事（narrative）为主，同时借鉴和利用了多种不同学科的方法及理论成果。沃什布恩认为，要研究美国印第安人的历史，描述他们彼此之间的复杂关系，以及他们与后来入侵的欧洲移民之间的复杂关系，不仅需要历史知识，还需要考古学、人类学、人口统计学、社会学和社会心理学等多种学科的知识。[1] "在这部书里提供给我们的是一部名副其实的涉及若干学科的历史。"[2] 在第一章论述美国印第安人的起源中，作者充分利用了考古学、体质人类学等方面的证据。[3] 第二章《印第安人的性格》，沃什布恩引用了人类学家华莱斯（Anthony F. C. Wallace）有关社会心理方面的研究成果。[4] 在第四章述及印第安人和白人平等条件下的关系、第十章述及保留地的印第安人时，参考使用了来自不同学科的很多学者的论断。[5] 虽然作者在书中援引了很多社会科学的理论，但没有如社会科

---

[1] 〔美〕H·S·康马杰、S·E·莫里斯：《编者导言》，载〔美〕威尔科姆·E·沃什布恩：《美国印第安人》，陆毅译，商务印书馆 1997 年版，第 1 页。

[2] 〔美〕H·S·康马杰、S·E·莫里斯：《编者导言》，载〔美〕威尔科姆·E·沃什布恩：《美国印第安人》，陆毅译，商务印书馆 1997 年版，第 1 页。

[3] 〔美〕威尔科姆·E·沃什布恩：《美国印第安人》，陆毅译，商务印书馆 1997 年版，第 9—17 页。

[4] 〔美〕威尔科姆·E·沃什布恩：《美国印第安人》，陆毅译，商务印书馆 1997 年版，第 31—33 页。

[5] 〔美〕威尔科姆·E·沃什布恩：《美国印第安人》，陆毅译，商务印书馆 1997 年版，第 75—121 页。

学研究那样表现出明显的理论对话倾向，而仍以历史叙事为主。

其二，此书力求将民族学和历史学各自的特长有机融合起来，避开各自的缺陷，来关注印第安人一致和一贯的行为模式及其变化。第一章《美国印第安人的起源》，没有采取一般的历史编纂方法，即没有细述美国现有地区史前的历史，只是对美国西南部和密西西比河谷地区史前发展作一概括的叙述，目的在于大概了解白人到来前北美早期人类历史变化和延续的模式。[①]此外，本书也没有采取传统民族学的"民族志现在时"（ethnographic present）写法，即没有把早已改变了的行为特性仍然看作继续存在。在作者看来，过去和现在都不存在单一的印第安文化，但可以描写印第安部族中那种一致和一贯的行为模式，以及印第安人生活中由于外界压力而引起的文化上的变化。这种变化，有些是由印第安其他分支带来的，但大多数根本性变化是由白人移民及其后裔引起的。[②]

其三，另外与一般的历史编纂方法有所不同的是，此书把印第安人心理结构、社会结构等文化描写（如第二章《印第安人的性格》、第三章《印第安人的社会结构》）穿插在印第安人持久特性的历史描写之中。"本书打算对新世界的许多印第安人部族在和欧洲的殖民者及其后裔发生毁灭性冲突以前、中间和以后各阶段的性质和经历提供一个总的印象，不拟对印第安每个部族的特性和历史详细加以阐述，但对那些最能说明印第安人部族特性的主要信仰和行为方式将单独提出并着重阐述。"[③]沃什布恩把对人物的描写放在一个充斥具体行为的环境中，真正反映出了其个性特点，而不是靠命名他们、靠概念来描写印第安人。[④]

其四，从《美国印第安人》使用的材料来看，"……其材料来源包括科学和人类学期刊、艺术品和史前古器物、考古学遗迹报告、手稿、论文、口述传统以及更多的传统文献资源。这反映了这部作品的跨学科方法特色，反

---

① 〔美〕威尔科姆·E·沃什布恩：《美国印第安人》，陆毅译，商务印书馆1997年版，第13—14页。

② 〔美〕威尔科姆·E·沃什布恩：《美国印第安人》，陆毅译，商务印书馆1997年版，第4页（前言）。在该页中，将"ethnographic present"翻译为"人种史现在式"，欠妥，应为"民族志现在时"。

③ 〔美〕威尔科姆·E·沃什布恩：《美国印第安人》，陆毅译，商务印书馆1997年版，第4页（前言）。

④ 参见 James Axtell, "The Ethnohistory of Early America: A Review Essay", *The William and Mary Quarterly*, 3rd Ser., Vol. 35, No. 1, Jan. 1978, p. 132.

映了在平衡和混合历时叙述和共时分析方面的高超技巧"。① 此书以档案文献材料为主，很少利用口述资源，在使用源自西方的档案材料时，进行了审慎的辨识。

（五）新的探索与发展趋势

在 20 世纪 80 年代，在 ethnohistory 的随后发展中，此类研究不断涌现，在 *Ethnohistory* 期刊中有着尤为突出的展示。②

20 世纪 80 年代后半期和 90 年代初期，哥伦布"发现"新大陆成为美国社会尤其是学界普遍关注的重大事件，美国史学界运用不同资料，从不同视角研究印第安人史，美国印第安人史研究领域出现了"边界地带"（Borderlands）、"中间区域"（the Middle Ground）、"相遇"（Encounter）等新的解释框架，③ 为印第安人史研究带来了新的发展契机，相应也影响了 ethnohistory 的进一步发展。

需要指出的是，20 世纪 70 年代纳什、沃什布恩等民族史学家所论及的——美国早期历史的形成是印 - 白"文化互动"的结果，美国早期历史是包括印 - 白在内的"全面完整的历史"，为 20 世纪 80 年代后半期和 90 年代初期"中间区域""相遇"等这些新的解释框架的提出，打下了坚实的基础。

另外，这一时期，针对美国土著史研究中根深蒂固的"白人价值与白人

① 参见 James Axtell，"The Ethnohistory of Early America：A Review Essay"，*The William and Mary Quarterly*，3rd Ser.，Vol. 35，No. 1，Jan. 1978，p. 132.

② 例如，Dianne Kirkby，"Colonial Policy and Native Depopulation in California and New South Wales 1770 - 1840"，*Ethnohistory*，Vol. 31，No. 1，Winter 1984，pp. 1 - 16；Daniel K. Richter，"Iroquois versus Iroquois：Jesuit Missions and Christianity in Village Politics，1642 - 1686"，*Ethnohistory*，Vol. 32，No. 1，Winter 1985，pp. 1 - 16；等等。

③ 其一，"边界地带"研究重新阐释了北美西南部早期的历史，而不是以往那样从东部和英裔殖民地的角度来写的；到 20 世纪 80 年代末 90 年代初已经拓展到世界上不同民族和族裔交流与碰撞的所有区域，甚至不再局限于地理范围，而是扩展到科技、社会、文化等诸多领域；采取跨学科研究方法，力图揭示不同文化与社会群体之间相互竞争、协调的历史进程，展示出复杂联系网络的历史。其二，"中间区域"研究通过大湖区印第安人、法国人与美国人关系的研究，建构一种印第安人与白人相互接触、相互影响与相互融汇的历史，展示了美国早期历史是包括印第安人和欧洲人在内的许多参与者共同影响的结果。其三，"相遇"研究重视印第安人在早期印白关系中的作用，强调印白相遇双方交往的平等性与相互性。总之，这些研究"无一例外都重视印第安人在美国早期历史上的作用与影响，强调印第安人与其他族裔群体之间的互动与平等性，这是受到 20 世纪中期以后族裔政治和多元文化主义的影响所致"。这里主要转述了丁见民的研究成果，特此鸣谢！具体参见丁见民《二十世纪中期以来美国早期印第安人史研究》，《历史研究》2012 年第 6 期，第 182 - 185 页。

历史的框架结构"等基本问题,① 一些历史学者贡献出了新的思路,他们试图从白人与印第安人的关系史研究中彻底摆脱出来。在史学家罗伯特·F·伯克霍弗看来,摆脱美国土著史研究中根深蒂固的"白人价值与白人历史的框架结构",就要从白人与印第安人的关系史研究之束缚中走出来,展示"一种崭新的以印第安人为中心的历史"。这种新的历史,"把注意力集中在印第安活动者上,以及印第安人与印第安人之间的关系上,把白人与印第安人之间的关系和白人活动者降到主要活动舞台的边沿。不再设想印第安人不可避免地朝着同化直线发展,以印第安人为中心的历史把印第安人作为其文化和一些部落中的独立个体加以描述,而这些部落要应付由印第安人所引进的以及白人革新对其古老生活方式的冲击。以印第安人为中心的历史追述印第安各族人的活动,从印第安人与白人接触以前,一直到他们现在在保留地、城市民族聚居区和乡村农场上的生活"。②

为了达到伯克霍弗所要求的重点转变,历史学家将不得不超越其传统的资料和方法,以求获得对印第安人社会的新理解。对于所需要的知识种类,民族学人类学家约翰·C·尤尔斯(John C. Ewers)在一份关于美国土著史的最新文献书目简介中做了很好的表述:"从考古学家的铁锹和民俗学家的录音带中所得到的资料,与从档案管理员手稿书架上所得到的资料一样,对了解印第安人历史相当重要。陈旧的人工制品、地图、素描绘画和照片同书写的文字一样能够说明问题。"尤尔斯特别强调白人到来之前印第安人历史的考古工作对于历史学家的重要性:"考古学家在地里发现的出土文物对历史学家具有不可或缺的价值,它为评价古代、特别是欧洲人到来前北美各种环境中印第安人演变的原动力提供了必要的背景。"尤尔斯认为,这种工作使历史学家得以知晓哥伦布到来之前印第安公社的兴衰,使他们能够探知历史时期的继承性,并且告诉他们美国土著人生活的丰富多彩。按照类似方式,民族学人类学家和其他人对当代印第安社会所做的观察,也使历史学家能够窥见一些基本价值观念的持久性。③

为了完成这一新的历史书写,伯克霍弗认为,历史学家需要利用民族学人类学家的工作及民族学人类学的研究技巧。通过致力于研究印第安社会的内在动力,历史学家将不再强调处于白人压力下的印第安社会的崩溃,将观

---

① 后文(六)"影响与挑战"中对此有进一步的深入揭示。

② 参见〔美〕雷金纳德·霍斯曼《美国土著史研究的最近趋势及新动向》,胡锦山译,丁则民、黄兆群校,《世界民族》1990年第5期,第29—30页。

③ 参见〔美〕雷金纳德·霍斯曼《美国土著史研究的最近趋势及新动向》,胡锦山译,丁则民、黄兆群校,《世界民族》1990年第5期,第30页。

察到印第安人像其他所有民族一样在各种压力及影响之下发生的变化。在伯克霍弗看来，以印第安人政治行为为中心的论题为其历史重建提供了依据。①

此外，也有学者在从事美国土著人口统计史研究（专注印第安人口减少和恢复），也有学者关注欧洲人到来后一个世纪里疾病和战争分别对新英格兰印第安人产生的影响（白人的到来，对于印第安人是一种生态灾难，美国土著的历史可以视为一种环境史），也为完成"以印第安人为中心的历史"提供了新的视野。②

但是，正如威斯康星大学历史系著名教授雷金纳德·霍斯曼（Reginald Horseman）于20世纪80年代所深刻揭示的："在大多数研究美国印第安人的史学家心目中，白人与印第安人的关系仍居主导地位。况且，无论是专门研究美国印第安人，还是研究其他专题的历史学家，显然都在北美历史中找到了一些专业兴趣较浓或者较其他时期更容易入门的时期进行研究。而且，即使近年来大量著作问世，仍有某些历史时期缺乏全面的解释。同时，在对其他历史时期的解释中还存在相当多的争论。白人到来之前的北美历史仍是人类学家的天地，而对于其他大部分历史，历史学家也未能把考古学的、语言学的和口述史学的资料运用到他们的研究中去。"③

有学者则明确指出，"将印第安人的经历纳入美国整体的历史叙事中，建立一种既非白人中心主义的又非片面强调印第安人的较为均衡的历史观，并以此为基础展开深入研究，乃是当前美国早期印第安人史研究发展的趋向"。④

总之，ethnohistory研究，作为20世纪中期以来美国早期印第安人史研究中出现的旨在批判特纳"文明讨伐野蛮"的边疆史观，以及倡导史学研究引入民族学人类学学科视角的一种发展趋势，会随着当代印第安人史研究以及当代美国史学研究的不断深入而不断有新的发展。

（六）影响与挑战

综上所述，印第安人史研究中的ethnohistory研究，尽管侧重的方面不尽相同，但从整体来看，具有相近的研究旨趣——注重从文化角度来考察和审

---

① 参见〔美〕雷金纳德·霍斯曼《美国土著史研究的最近趋势及新动向》，胡锦山译，丁则民、黄兆群校，《世界民族》1990年第5期，第30页。

② 参见〔美〕雷金纳德·霍斯曼《美国土著史研究的最近趋势及新动向》，胡锦山译，丁则民、黄兆群校，《世界民族》1990年第5期，第35页。

③ 参见〔美〕雷金纳德·霍斯曼《美国土著史研究的最近趋势及新动向》，胡锦山译，丁则民、黄兆群校，《世界民族》1990年第5期，第36页。

④ 参见丁见民《二十世纪中期以来美国早期印第安人史研究》，《历史研究》2012年第6期，第188页。

视以印 - 白关系为主的北美族群之间的互动,将印第安土著族群作为美国历史发展的主体。从学科意义上讲,它隶属于史学范畴,是对美国传统史学的一种重要补充。

第一,修正了特纳边疆学派将美国历史视为欧洲移民开拓西部边疆、"文明"征服"野蛮"的传统历史观念,由此揭示并批判了隐含其中的"西方中心论"和"白人中心论",在美国历史研究中树立了一种"文化互动"的新范式。"我们往往欺骗自己,认为已经完全从早期历史编纂的缺陷中完全纠正过来。我们的很多专题思想、专题论文、教材、文章、课程、探讨会等,依然遭受着种族中心论(ethnocentric)假设以及'文化近视'(cultural myopia)的深刻影响。正是由于我们的职业缺陷,我们对美国文化起源的一般观点,在德・渥托(De Voto)时代甚至在特纳(Frederick Jackson Turner)时代,依然是歪曲的、不完善的。尽管对这种无知没有万能药可言,但 ethnohistory 为矫正理解美国早期历史和文化的边疆特色提供了最好的前景。"①"在两种文化接触的相互关系中,历史学家发现了 ethnohistory 最大效用和贡献。依靠强调每一种文化必须以自己的方式来理解,依靠强调不仅要看到文化理解中的种族中心偏见,而且能够理解造成这种偏见的原因,ethnohistory 研究让人们看到,边疆史不再是白人文明永远战胜原始文化的悲惨画面。"②"它们强调的是文化与文化之间的复杂的互动关系,而不是简单的压迫与被压迫之间的关系。"③

第二,对研究早期美国文化的历史学家而言,ethnohistory 的最大价值,不仅在于理论上的多产,同时也在于文化的包容与倚重。对从事边疆史研究的 ethnohistory 研究者而言,社会科学,尤其是民族学,提供了有关文化涵化与传播、有关社会变化与更新等丰富的理论,这为 ethnohistory 研究特殊文化提供了诸多的研究假设,反过来又推动了民族学等社会科学的发展。因此,对边疆研究,尤其是涉及殖民者与印第安关系的研究,ethnohistory 能够发挥更大的作用。④

第三,这类研究,一方面,深入洞悉了档案材料中存在的问题,揭示了

---

① James Axtell, "The Ethnohistory of Early America: A Review Essay", *The William and Mary Quarterly*, 3rd Ser., Vol. 35, No. 1, Jan. 1978, p. 144.

② James Axtell, "The Ethnohistory of Early America: A Review Essay", *The William and Mary Quarterly*, 3rd Ser., Vol. 35, No. 1, Jan. 1978, pp. 115 – 116.

③ James Axtell, "The Ethnohistory of Early America: A Review Essay", *The William and Mary Quarterly*, 3rd Ser., Vol. 35, No. 1, Jan. 1978, p. 110.

④ James Axtell, "The Ethnohistory of Early America: A Review Essay", *The William and Mary Quarterly*, 3rd Ser., Vol. 35, No. 1, Jan. 1978, pp. 119 – 120.

欧洲人在历史书写中的虚伪与文化偏见，对反思传统史学研究方法具有重要意义："欧洲殖民者攻击了印第安土地、主权和生命，为了使这些活动合法化，他们明显编织了扭曲性的记录……ethnohistory 研究作品的意义是明显的，就在于探求这些带有征服性的伪善之言的起源，来证实它是错误的"；[1]另一方面，不少作品虽然使用了当时的民族学文献，但它们还是把目光聚焦于边疆的殖民地一边，部分原因在于作者对"纯粹历史资源"的偏爱，部分原因在于其最大兴趣和目标在于欧洲而不是印第安人。[2]

此外，从道德评估的角度来看，这些作品的批判程度也不是十分彻底。另外，其结论往往不完全是来自作者自己的或他人的丰富证据，而只是反映了公众的谨慎的乐观主义，与实际情况有着不小出入。"尽管对印第安的文化需求、包括宗教需求而言的逐渐增长的敏感代表着联邦政府近 10 年来对待印第安人政策的逐步改观，但是，这只有在转折点已知的条件下才具有意义。在很多研究印－白关系的学者眼中，这个转折点是绝对的最低点。从教育的观点来看，如果印第安人不能控制自己孩子的教育，他们就没有希望保持他们的文化完整（cultural integrity），无论白人变得如何敏感。而这正是作者以及很多人所不愿看到的实际上降临到印第安人身上的命运。"[3]

事实上，正是由于印第安人史研究中的 ethnohistory 研究存在不少值得批判和反思的方面，ethnohistory 面临着诸多新的挑战和问题：

其一，印第安人史研究中长期困扰历史学家的"白人价值与白人历史的框架结构"问题，以及由此而出现的非印第安裔学者如何理解土著文化与传统的问题，是 ethnohistory 研究必须要面对的挑战和问题。

像 19 世纪的历史学家一样，20 世纪上半期的历史学家大多视民族中心主义为理所当然，对于人类学家博阿斯的文化相对论较为陌生。20 世纪 60年代兴起的对印第安人广泛同情的最明显结果，就是在历史学家中引起了对民族中心价值观的深入反思。他们愿意揭示出不公正对待印第安人的种种事例，否定传统的道德标准，但这形成于"白人价值与白人历史的框架结构"中。在这种框架结构中，印第安人因遭到欧洲人的入侵失去了原有的生活方式，他们留存下来的唯一问题是，能否接受一种在整体上完全不同的文

---

[1] James Axtell, "The Ethnohistory of Early America: A Review Essay", *The William and Mary Quarterly*, 3rd Ser., Vol. 35, No. 1, Jan. 1978, p. 134.

[2] James Axtell, "The Ethnohistory of Early America: A Review Essay", *The William and Mary Quarterly*, 3rd Ser., Vol. 35, No. 1, Jan. 1978, p. 123.

[3] James Axtell, "The Ethnohistory of Early America: A Review Essay", *The William and Mary Quarterly*, 3rd Ser., Vol. 35, No. 1, Jan. 1978, p. 133.

化——欧洲人的文化。对这些历史学家来说，白人历史的时间结构就是印第安人历史的时间结构。这些历史学家按照白人的时间结构来思考美国土著人的历史，按照白人的观念来评判印第安人的行动。他们看不到白人集团和印第安人集团是两个不同的文化体系。①

20世纪60年代以来，历史学家罗伯特·F·伯克霍弗一直呼吁对美国土著史应采用新的研究方法。他强调，在否定传统的道德评价标准并着重说明白人而非印第安人的邪恶时，如仍继续把美国土著史看成仅仅是白人与印第安人的关系史，那么，这样的研究方法无助于了解美国历史的形成。② 在1973年发表的一篇关于美国土著居民与美国历史的论文中，伯克霍弗指出了那种力图拔高印第安人的历史写作方式的局限性。这种历史写作方式借强调印第安人对白人社会的贡献及印第安英雄的功绩，描述白人条约的欺骗性，记载白人而非印第安人的暴行，揭示出印第安人的价值观念对当代美国社会的重要性。这些虽然树立了印第安人文化与民族自豪感，试图公平对待印第安人，使过去的记载恢复平衡，但如果仅按这种方式来考虑印第安人的历史，那只不过是允许让白人的概念、价值和标准来支配印第安人的过去，即是说，印第安人的行动与信仰只有对白人的历史框架有所贡献或用白人的标准加以衡量时，才有价值。③

ethnohistory研究虽然一直强调印白不同文化体系之间的互动，但依然需要自我反思可能暗含在自身研究之中的如上诸多不同表现形式的"白人价值与白人历史的框架结构"。

由此，从事ethnohistory研究的非印第安裔学者如何理解土著文化与传统，成为他们所面临的一个难题。有些学者甚至觉得，除非西方历史学家利用想象力，超越自身有限的"线性的""世俗化"的时间观念，否则他们根本不可能理解印第安人的世界观。④ 而尝试深入解决此类问题，正是"ethnohistory"旗帜下民族学人类学家的重要任务之一，这类问题为美国民族学人

① 参见〔美〕雷金纳德·霍斯曼《美国土著史研究的最近趋势及新动向》，胡锦山译，丁则民、黄兆群校，《世界民族》1990年第5期，第29页。
② 参见〔美〕雷金纳德·霍斯曼《美国土著史研究的最近趋势及新动向》，胡锦山译，丁则民、黄兆群校，《世界民族》1990年第5期，第29页。
③ 参见〔美〕雷金纳德·霍斯曼《美国土著史研究的最近趋势及新动向》，胡锦山译，丁则民、黄兆群校，《世界民族》1990年第5期，第29页。
④ 参见丁见民《二十世纪中期以来美国早期印第安人史研究》，《历史研究》2012年第6期，第179页。

类学界民族史学流派的出现预留出广阔的舞台和空间，① 由此也能看到美国学界民族史流派在史学、人类学学科中的分野与合作。

其二，美国史学界的 ethnohistory 研究，强调和彰显了印第安人在塑造美国历史中的主体作用，由此可能会面临因一些学者过度强调印第安人作用而带来的问题，即可能存在矫枉过正的问题。这种情况的出现，在一定意义讲，与前面述及的 20 世纪 50—60 年代族裔政治以及多元文化主义在美国的兴起有着一定的关联，与 ethnohistory 研究本身暗含的一定程度的政治价值取向有关。

正如有学者指出的，"这些学者要么强调印第安人在美国历史上备受侵害，要么强调印第安人对美国社会与文化作出多大贡献。其目的不在于历史本身，而在于为社会现实需要服务，强调土著群体在当代美国社会中的地位，激发他们的族裔意识，维护其各种权益。换言之，印第安人研究旨在服务于当前族裔政治的需求，与多元文化主义的意识形态密切联系在一起，在一定程度上成为族裔政治的工具"。②

"多元文化史观的出现，反映了少数族裔在美国社会的地位有所提高，但如果以此反观整个美国史，过于关注以往对少数族裔的排斥和歧视，刻意拔高少数族裔在美国历史中扮演的角色，也无异于对历史的一种歪曲。"③

二战后包括 ethnohistory 研究在内的印第安人史研究，对印第安人的广泛同情，可能还会产生强行把现在的道德价值附加于过去的危险，引发以感情、宣传和道德教化代替学术研究的危险，会诱发捍卫白人在北美的政策，抨击白人在北美的政策，或者将白人行为的动机描绘成既有侵略性又有慈善性的多种混合等不同史学研究之间更大的对立。④

这种局面的出现，会不会引起"白人社会对美国主流价值观念和美国国家认同的担忧"，⑤ 会不会进一步加剧白人极端主义复燃等美国当代社会问题，这些都将成为 ethnohistory 未来研究中需要认真反思的问题和必须应对的挑战。

---

① 本章第二节即从美国民族学人类学界民族史学流派的表现与影响的角度对有关问题进行详述。

② 参见丁见民《二十世纪中期以来美国早期印第安人史研究》，《历史研究》2012 年第 6 期，第 186 页。

③ 李剑鸣：《历史学家的修养和记忆》，上海三联书店 2007 年版，第 303 页。

④ 参见〔美〕雷金纳德·霍斯曼《美国土著史研究的最近趋势及新动向》，胡锦山译，丁则民、黄兆群校，《世界民族》1990 年第 5 期，第 30—31 页。

⑤ 参见丁见民《二十世纪中期以来美国早期印第安人史研究》，《历史研究》2012 年第 6 期，第 188 页。

　　另外，ethnohistory 研究中的"救世主"身份（patronizing）若隐若显出现的问题也在不断袭扰 ethnohistory 研究。"在美国印第安人研究中，民间传说资源被加入到 ethnohistory 资源中来，如此设计的 ethnohistory 的功能在于，为美国历史中隐藏的得不到正式表达的族群提供了一种档案史。"① 这种观点，以"救世主"的身份为"他者"说话，由于其依然没有摆脱将"他者"视为"另类"的传统观念，因而也受到了批判。② 近年来，已经有学者对 ethnohistory 研究以这种"救世主"身份出现等相关问题，表现出了新的忧虑。③

　　此外，包括 ethnohistory 研究在内的印第安人史研究依然存在视野狭隘之处，白人与印第安人关系缺乏从欧洲史乃至世界史更广阔的视角进行考察。事实上，这些关系是欧洲思想史、殖民主义和帝国主义史的一部分。思想史学家把白人对 18 世纪末以前的印第安人的态度当作欧洲人对非欧洲人这整个题目的一部分加以讨论，但对于 19 世纪和 20 世纪，美国史学家却把眼光放在内部，好像政治上的独立自然会带来文化上和思想上的独立。如果按照欧洲人与非欧洲人之间的接触来看相关问题，那么有关美国白人罪恶的程度或性质的激烈争执，就有可能获得更为有效的洞察力。④

　　虽然 ethnohistory 研究目前已经取得了很大成就，但在美国边疆史研究中，依然留下了很多有待开发的方面，ethnohistory 方兴而未艾。"先驱们的努力，为美国历史学未来提供了多种发展的可能——这包括用 ethnohistory 的透镜平衡对待白人和印第安人之间的文化涵化，以及对文化边疆的注意，以及在更大程度上把 ethnohistory 与地理学、考古学等有关学科整合在一起"，⑤但是，目前这些努力仍然缺乏足够的回报，因为这需要多方面的综合研究能力，而传统的学科训练往往只是提供其中的一种。⑥ 诚如 ethnohistory 旗帜下边疆史研究的重要代表人物沃什布恩所（Wilcomb E. Washburn）言："只有

———————

① Richard M. Dorson, "Ethnohistory and Ethnic Folklore", *Ethnohistory*, Vol. 8, No. 1, Winter 1961, pp. 16 – 17.

② 可参见第四章第一节中的相关论述。

③ Shepard Krech III, "The State of Ethnohistory", *Annual Review of Anthropology*, Vol. 20, 1991, p. 364; Shepard Krech III, "Ethnohistory", in David Levinson and Melvin Ember eds., *Encyclopedia of Cultural Anthropology*, New York: Henry Holt and Company, 1996, Volume 2, p. 425.

④ 参见〔美〕雷金纳德·霍斯曼《美国土著史研究的最近趋势及新动向》，胡锦山译，丁则民、黄兆群校，《世界民族》1990 年第 5 期，第 37 页。

⑤ James Axtell, "The Ethnohistory of Early America: A Review Essay", *The William and Mary Quarterly*, 3rd Ser., Vol. 35, No. 1, Jan. 1978, pp. 140 – 141.

⑥ James Axtell, "The Ethnohistory of Early America: A Review Essay", *The William and Mary Quarterly*, 3rd Ser., Vol. 35, No. 1, Jan. 1978, p. 120.

当民族学和历史学在欧－印文化的细节研究中都被应用，只有当最好的理论加以谨慎应用，当最终的解释在两个族群的价值和历史中获得充分理解，ethnohistory 的方法和思想才能真正实现。"①

三 "专门史"研究范式：美国史学的更新

不少国外学者认为，许多自述（self – described）的 ethnohistory，即指传统的旧的编年体叙述型历史。词头 ethno – 只代表它研究的是某些特殊族群，即传统上人类学家感兴趣的对象。这种 ethnohistory 研究中最为一般的类型就是特殊族群或社会的专门史（specific history），即历史编年式的叙述一个族群或国家的过去。它强调的是族群之间的关系，尤其是欧洲与土著之间的关系。②

综合本节相关研究，结合国外学者的有关称谓，笔者将这种 ethnohistory 研究类型（主要为美国史学界民族史学流派所使用）归纳为"专门史"（specific history）研究范式：

20 世纪中期尤其是 20 世纪 70 年代以来，一些高举"ethnohistory"旗帜的印第安人史研究者，在族裔政治、多元文化主义影响下，以北美族群文化互动（以印白接触相遇为主）的视角审视美国早期历史的形成，展示出一种涵盖北美印第安土著族群在内新的"全面完整"（history "in the round"，"rounded" history）的美国发展史观，修正了特纳边疆学派（Frontier School）将美国历史视为欧洲移民开拓西部边疆、"文明"征服"野蛮"的传统史学观念，揭示并批判了隐含其中的"白人中心论"和"西方中心论"，凸显印第安人等北美土著族群在美国历史建构中的主体能动作用，建构出一种新的以印第安土著族群为叙事主体的美国史新形象。他们依靠档案材料而不是口述资源展开研究，重视对西方档案文献中的"扭曲性"记录进行辨识，将档案材料的使用与民族学人类学分析结合起来，将现存的有关史料和源自最早时期文化碰撞的民族学人类学文献联系起来，在引入民族学人类学、心理学、考古学等社会科学理论的同时，依然主要倚重传统的历史叙事，对某一

① Wilcomb E. Washburn，"Ethnohistory：History 'in the Round'"，*Ethnohistory*，Vol. 8，No. 1，Winter 1961，p. 41；参见 James Axtell，"The Ethnohistory of Early America：A Review Essay"，*The William and Mary Quarterly*，3rd Ser.，Vol. 35，No. 1，Jan. 1978，p. 120.

② Shepard Krech III，"The State of Ethnohistory"，*Annual Review of Anthropology*，Vol. 20，1991，p. 365；Shepard Krech III，"Ethnohistory"，in David Levinson and Melvin Ember eds.，*Encyclopedia of Cultural Anthropology*，New York：Henry Holt and Company，1996，Volume 2，p. 425. 参见第四章第三节中凯琦（Shepard Krech III）所做的相关总结。

特殊社会和族群进行从最早到最近时刻的历时研究，即顺时间之流而下（downstream）展开研究。

总之，这种 ethnohistory 研究，作为美国史学的一种更新发展，从史学范畴对他者（印第安等特殊族群）的历史形象进行重构，是一种隶属于史学范畴的"专门史"（specific history）研究范式。

这类研究，对于传统史学而言，无论是视角、方法，还是叙事方式，都产生了重要影响，在美国边疆史研究中树立起了一种"文化边疆"（Frontier of culture）的新形象。它既代表着美国印第安史人研究的一种重要发展方向，也是这一时期美国史学脉络中 ethnohistory 的主要表现，对 20 世纪 70 年代前后美国史学的发展产生了一定的影响，给美国史学带来了新气象。

虽然这类研究在美国印第安人历史的修正上取得了不小的贡献，但无论是在民族学、历史学等学科资源整合方面，还是在对西方档案材料进行辨识方面，或是对"白人中心论""西方中心论"批驳方面，依然有待深入。同时，也面临着作为族裔政治和多元文化主义产物的 ethnohistory 研究可能引发的"白人社会对美国主流价值观念和美国国家认同的担忧"问题，面临着 ethnohistory 研究以"救世主"身份（patronizing）出现的问题，面临着非印第安裔学者如何理解土著文化与传统的问题，以及如何从欧洲史乃至世界史更为宏阔的视角来审视白人与印第安人关系问题等诸多挑战。

第二节　美国民族学人类学界的民族史学流派

上面一节，从历史学学科脉络出发，对 20 世纪 70 年代以来 ethnohistory 在美国史学界繁盛的表现及影响进行了梳理和分析；这里转入民族学人类学学科脉络中，从美国民族学人类学"历史化"的角度来审视和总结 ethnohistory 的突出学术成就，以此揭示这一时期 ethnohistory 在美国民族学人类学界日渐繁盛的主要表现及影响。

一　ethnohistory 在美国民族学人类学界日渐繁盛的学术环境

（一）西方民族学人类学的"历史化"

"过去，曾经是历史学家、古文物研究者所独尊的研究领域，近来也成为民族学人类学家拥抱的乐园。今天，很难找到一项重要的民族学人类学研究——它没有声言要提供历时的、过程的历史分析。"①

在笔者看来，综合概括而言，西方民族学人类学的"历史化"（historicization，historicized）由来已久。二战后，尤其20世纪70年代以来，西方民族学人类学的"历史化"日益加深，渐成潮流：民族学人类学日渐注重历史研究的视角，开始关注"他者"的历史，由此产生了新的理论洞见和新的研究方法，对西方民族学人类学、历史学乃至整个西方学界产生了重要影响。一方面，揭示了"他者"是有历史的，"他者"在历史建构中具有重要的能动作用，以此为基础提出了"文化建构历史"的创新性理论架构，冲击了传统的"客观历史"说，根本性突破了民族学人类学中长期存在的"文化"与"历史"、"结构"与"历史"、"结构"与"事件"等矛盾范畴的对立；另一方面，传统民族志也得到了更新改造，民族学人类学研究方法从单一的田野调查中解脱出来，走进了历史的"田野"之中，融文献史料、田野调查于一体，民族学人类学文化撰写方式日渐呈现出综合性、多元化的发展态势；同时，这种方法论意义上的发展更新还相应带来了认识论上的深刻变革，凸显了"他者"与世界共享着同一时间和空间的历史，对隐藏于民族学人类学知识生产过程中根深蒂固的西方中心论思想进行了解构。②

不少学者对西方民族学人类学的"历史化"表示赞赏，并从不同方面揭示了它的价值和影响。

有学者认为，人类学对历史越来越敏感，尽管这种发展方向并不确定。20世纪70年代以来的20年间，人类学逐渐出现了显著的"历史化"（historicized）倾向：人类学的历史化已经成为多变的社会和文化现象。它并不代表一种纯知识上的转型，也是伦理、道德和政治上的一种转型。近来出现于世界各地的地区主义（regionalism）、种族主义（ethnicism）、国家主义（nationalism）等泛滥成灾的思潮，以及现代化（modernization）和发展（development）的种种"阵痛"，都使得历史在个人和集体认同、权利、人权等方面具有特殊的作用。世界的"历史化"越来越明显，人类学中的历史价值越来越明显。人类学家、历史学家都注意到这种变化；这种变化，在元历史学意义（meta - historically）、人类学意义（anthropologically）上尤其有着充

---

① Susan Kellogg, "Histories for Anthropology: Ten Years of Historical Research and Writing by Anthropologists, 1980 - 1990", *Social Science History*, Vol. 15, No. 4, Winter 1991, p. 417.

② 关于西方民族学人类学的"历史化"（historicization, historicized），目前并无专门系统的解释，而多散见于一些相关讨论之中。这里所做的总结，是在参考概括这些讨论的基础上给出的。

分的体现。①

也有学者认为，人类学的"历史化"，至少代表着三个方面的成就：解构了传统的人类学范畴，例如种族、族群和亲属范畴；强调了时间在民族志范畴形成中的重要性；在本土人群如何建构自己的历史中，展示了更大的敏感性。这种"历史"的转向，也反映了人类学中的一种一般的运动，从一般理论到特殊论。但是，人类学家缺乏对这种转换的意义的询问——人类学的"历史化"，能不能产生一种权威的历史，而不仅仅是一种多样的历史？②

另外，还有不少学者对人类学"历史化"的现状发展提出批评，给出了不少新的探索路径。③

如前所述，就 ethnohistory 在美国学界的发展历程而言，无论是 20 世纪上半叶的孕育，还是 20 世纪 50—70 年代的凸显，都深深植根于民族学人类学脉络之中，是民族学人类学学科发展的重要产物。20 世纪中期以来，尤其是 20 世纪 70 年代以来，ethnohistory 日渐繁盛，不再局限于民族学人类学学科，在史学界也有突出表现，反映了历史学、民族学人类学学科交织发展的态势。

繁盛时期，ethnohistory 在民族学人类学学科中的表现更为突出，有着更为显著的理论和方法论价值。ethnohistory 在美国民族学人类学界的繁盛，与二战后尤其是 20 世纪 70 年代以来西方民族学人类学"历史化"日益加深、渐成潮流有关；西方民族学人类学的不断"历史化"，为这一时期 ethnohistory 在美国民族学人类学界的繁盛提供了有利的学术环境。

（二）美国民族学人类学的逐步"历史化"

美国民族学人类学的"历史化"，是西方民族学人类学"历史化"的重要组成部分，具体而突出地体现了上述西方民族学人类学"历史化"主旨。如前所述，居美国民族学人类学主导的博阿斯学派与历史研究之间存在着一定的张力，美国民族学人类学"历史化"进程因而遭遇了较大阻力，二战前 ethnohistory 在美国学界的发展因此一直较为缓慢。尽管如此，美国民族学人类学的"历史化"仍在不断推进之中。

美国民族学人类学的"历史化"是逐步的，文化涵化主题、政治经济主题、他者文化主题等接续出现、递进式推进和批判性更新，则是代表性体

① 参见 James D. Faubion, "History in Anthropology", *Annual Review of Anthropology*, Vol. 22, 1993, p. 44.

② 参见 Susan Kellogg, "Histories for Anthropology: Ten Years of Historical Research and Writing by Anthropologists, 1980 – 1990", *Social Science History*, Vol. 15, No. 4, Winter 1991, p. 439.

③ 此问题不属于本课题的研讨范畴，这里不再展开讨论。

现。美国民族学人类学的逐步"历史化",为 ethnohistory 在美国民族学人类学界的日渐繁盛提供了更为直接和有利的学术环境。在某种意义上讲,eth-nohistory 在美国民族学人类学界的日渐繁盛,与上述研究主题的更迭形影相随。

1. 文化涵化主题

20 世纪上半叶,博阿斯学派的代表赫斯科维茨(M. J. Herskovits)、林顿(Ralph Linton),以及非博阿斯学派成员雷德菲尔德(Robert Redfield)等美国民族学人类学家,就对文化涵化(acculturation)主题表现出了极大兴趣。一般而言,文化涵化(acculturation)即指因不同族群接触而引起原有文化变迁的过程和结果。①

博阿斯学派一直强调每个族群历史和文化的特殊性,认为这种特殊性一方面取决于社会的内部发展,另一方面取决于外部的影响。由此,他们对印第安人与白人文化接触所引起的文化涵化和文化变迁比较重视。② 在文化涵化研究中,他们逐渐意识到在欧洲接触碰撞下理解土著文化发展变化的重要性。当然,其初衷并非于此,而主要在于寻找未曾受到欧洲碰撞的"原汁原味"的土著文化,在其发生变迁之前将它们记录下来,以这种方式"保存"和"拯救"这些原始文化。这种研究又被称为"拯救式人类学"(salvage anthropology)③。这种文化涵化研究,在于力求知道土著文化是以何种方式来应对欧洲碰撞的,开始意识到用历史的观点理解土著文化的重要性,并认为土著历史是一种有价值的研究。雷德菲尔德、林顿和赫斯科维茨的《文化涵化研究大纲》(*Outline for the Study of Acculturation*)(1936),林顿的《美国印第安人七个部族中的文化涵化》(*Acculturation in Seven American Indian Tribes*)(1940),斯派塞(Edward Spicer)的《征服的周期》(*Cycles of Conquest*)(1962)和《美国印第安文化变化中的观点》(*Perspectives in American Indian Cultural Change*)(1961)等作品,即为此类文化涵化研究中的重要代表。④

赫斯科维茨(M. J. Herskovits)(1965)曾指出,应该将文化涵化研究和

---

① 有关的详细解释,参见黄淑娉、龚佩华《文化人类学理论方法研究》,广东高等教育出版社 1998 年版,第 215—228 页。

② 参见黄淑娉、龚佩华《文化人类学理论方法研究》,广东高等教育出版社 1998 年版,第 210、211 页。

③ 参见 Clifford Wilcox, *Robert Redfield and the development of American anthropology*, Lanham, Md.: Lexington Books, 2004, p. 2(Introduction),还可参见第一章第二节中的有关论述。

④ Bruce G. Trigger, "Ethnohistory: Problems and Prospects", *Ethnohistory*, Vol. 29, No. 1, Winter 1982, p. 4.

更新的历史兴趣（如 ethnohistory）联系在一起。由于对殖民社会的关注，无论是美国还是英国的人类学家，被迫把研究的目光转向研究文化动力——引发制度和心理变化的机制。功能主义的概念为这种研究提供了概念框架，并与推论性的一般历史重构方法结合起来，不再仅仅靠文化特质（traits）的分析。而一般的历史重构方法将被这种更新的历史兴趣即 ethnohistory 研究所取代，让路于 ethnohistory 研究。①

二战以来，ethnohistory 研究日渐关注博阿斯时代文化接触的动力问题，尤其以殖民地土著族群和殖民者之间的关系为主题，"在外在统治的碰撞下，研究内在社会结构变化过程的模式"。② ethnohistory 研究不再局限于一般意义上的历史重构，而把具有鲜明人类学色彩的研究带入了过去和变化之中，不仅其研究领域在扩大，而且不再忽视理论体系的建构。③ 由此，文化涵化研究成为 20 世纪 50 年代 ethnohistory 研究开始全面进入美国民族学人类学界的重要切入口和重要标志，④ 也为 20 世纪 70 年代以来美国民族学人类学的"历史化"累积了基础条件。

这里需要扩展强调一下的是，文化涵化主题的出现，也是对英文语境中的边疆（frontier）概念，尤其是对美国史学界传统的特纳边疆观的重要推进：

英文 frontier 来自 15 世纪的法语，原意有"边地"（borderland）的含义，即：一个国家（country）面对（front）另一个国家的区域。英文里的边疆之边的含义未必是人们理解里的"边"，而关键在于"面对"，而面对的对象自然是"他者"。如果他者生活在内陆腹地山区，那边疆就在腹地，而非地理学意义上的边缘，如澳大利亚的边疆就被如此定义；如果边疆是文化或者文明未竟之处，那它也可能在腹地，也可能未在腹地，如美国就有"阿拉斯加是美国最后的边疆"的戏称。所以，英文中的边疆（frontier）不仅是不同政治单元对峙的场域，也是不同文化接触面对之处，也是文明未竟的蛮荒之域。⑤

---

① 参见 Robert M. Carmack，"Ethnohistory：A Review of Its Development，Definitions，Methods，and Aims"，*Annual Review of Anthropology*，Vol. 1，1972，p. 229.

② Bernard S. Cohn，"Ethnohistory"，in David L. Sills ed.，*International Encyclopedia of the Social Sciences*，New York：The Free Press，1968. Volume 5，p. 442.

③ James D. Faubion，"History in Anthropology"，*Annual Review of Anthropology*，Vol. 22，1993，p. 43.

④ Bruce G. Trigger，"Ethnohistory：Problems and Prospects"，*Ethnohistory*，Vol. 29，No. 1，Winter 1982，p. 4.

⑤ 参见范可《边疆与民族的互构：历史过程与现实影响》，《民族研究》2017 年第 6 期，第 63 页。此处及下面几段内容主要转述了南京大学范可教授的有关见解，特此鸣谢！

　　美国学界边疆（frontier）概念的内涵，则与美国的自然、地理、政治和历史条件密切联系在一起，并随着时代的发展而不断变化。

　　如本章第一节中所述，在美国边疆史研究的奠基人特纳（Frederick J. Turner）眼里，边疆是一片有待开发的处女地，或者是有待征服的蛮荒之地。特纳有关边疆的假设与论说深刻地影响了美国学界、政界，甚至公众，"边疆"甚至成为新领域的隐喻。①特纳的追随者都不约而同地把在边疆严酷的"自然"环境里铸就的美国白人那种崇尚自由和独立自我的精神，视为美利坚性格。②

　　传统意义上的边疆可以表达文野之别，呈现出一种自然环境从蛮荒向人文过渡的景观。前现代条件下的边疆是不从属于任何政治单元的区域，却是不同政治单元博弈互动的主要场域。如果如此理解边疆，那边疆必定是不同文明、文化接触的区域。以雷德菲尔德、赫斯科维茨、林顿为代表的美国民族学人类学家批评特纳的边疆概念和假设几乎无视在那里生活的印第安人。他们认为，边疆还应当是"文化接触区域"（cultural contact zone）。欧裔定居者西进过程中，欧洲文化与印第安文化发生接触引发了涵化（acculturation）现象，导致了文化变迁。这种文化变迁不是单向的，而是双向的。印第安文化也流向了欧裔文化。③

　　2. 政治经济主题

　　文化涵化研究虽然涉及历史问题，注重长时段的变化，但一般从现实中去寻找这些问题的回答，从现在的并置社区中来推断文化的过程，④ 简单地将前哥伦布时代的过去与印第安现在相分离，承认印第安文化的变化是持续文化涵化的结果，而没有把对这些过程的理解与外界广阔的经济史和政治史联系起来。换言之，文化涵化研究虽然注意到了文化接触和变化，但它忽视了文化形式在社会、政治和经济结构中形成和发展的过程。可以说，文化涵化研究依然扎根于民族志方法之中，与历史的关系并不密切，少有研究能真

①　参见范可《边疆与民族的互构：历史过程与现实影响》，《民族研究》2017 年第 6 期，第 63 页。

②　参见范可《"边疆发展"献疑》，《中南民族大学学报》（人文社会科学版）2011 年第 1 期，第 3 页。

③　参见范可《边疆与民族的互构：历史过程与现实影响》，《民族研究》2017 年第 6 期，第 64 页。

④　John K. Chance, "Mesoamerica's Ethnographic Past", *Ethnohistory*, Vol. 43, No. 3, Summer 1996, p. 382.

正把民族志方法和 ethnohistory 方法紧密结合起来。[1] 时代呼唤着新的研究主题来弥补这些缺陷。

20 世纪 50 年代末期,民族志作者们意识到要理解长时段的变化过程,需要直接使用历史方法。正如之前的文化涵化研究者一样,美国人类学家沃尔夫 (Eric R. Wolf) 等对文化变化的比较研究感兴趣,并将民族志与地方农民社区结合起来。他的突出贡献在于,把人类学与历史学之间的隔阂拆除,展示了现代的印第安社区如何成为历史的产物——它既不是无时间的文化残留之岛,也不是简单的文化涵化的产物。[2]

缺乏时间概念的民族志逐渐瓦解。当然,这种过程是较为缓慢的。到 20 世纪 70 年代,分析的重点由地方社区转移到世界资本主义政治经济体系之中。这种研究兴趣提升了民族志作者的历史意识。到 20 世纪 80 年代早期,历史档案与民族志之间的联合已经很普遍了。当然,并不是说所有这些研究都是政治经济研究,只是说他们都涉及地方和地区性的历史过程,使用历史资料来解释民族志数据,使用档案资料把 20 世纪的文化与早期的文化联系起来。[3] 他们援引档案材料、口述史材料以及自己的参与观察材料,将过去、现在和将来综合成一个密不可分的整体。这些作品,显示了 20 世纪 50 年代以来民族志"历史化"的特点。[4]

政治经济主题的理论基础源自政治社会学中的世界体系理论和低度发达理论 (world - systems and underdevelopment theories)。它的出现,如上所言,与对文化涵化研究的建设性反思有关;另外,与对解释人类学的深入批判也有联系。同时,也受到二战后马克思主义人类学兴起的深刻影响。[5]

20 世纪 60 年代,解释人类学的出现,为西方人类学的发展带来了一股新的风气,成为西方人类学史上的一条分水岭——由之前的关注社会的结构和功能,过渡到之后的关注文化的意义,从对行为和社会结构的探讨转移到对象征符号、意义和思维的研究。但是,随着时代的发展,强调文化差异、

---

[1] John K. Chance, "Mesoamerica's Ethnographic Past", *Ethnohistory*, Vol. 43, No. 3, Summer 1996, p. 383.

[2] John K. Chance, "Mesoamerica's Ethnographic Past", *Ethnohistory*, Vol. 43, No. 3, Summer 1996, p. 383.

[3] John K. Chance, "Mesoamerica's Ethnographic Past", *Ethnohistory*, Vol. 43, No. 3, Summer 1996, p. 384.

[4] John K. Chance, "Mesoamerica's Ethnographic Past", *Ethnohistory*, Vol. 43, No. 3, Summer 1996, p. 385.

[5] Sherry B. Ortner, "Theory in Anthropology since the Sixties", *Comparative Studies in Society and History*, Vol. 26, No. 1, Jan. 1984, pp. 141 - 142.

文化意义、文化主体性而忽视权力、经济学和历史背景的解释人类学也面临着越来越多的挑战。以批判解释人类学忽视历史背景为目标，突出彰显世界政治经济发展历史框架的政治经济主题逐渐成为 20 世纪 70 年代美国民族学人类学界新的主导。

与采纳传统人类学研究方式，把大部分目光聚焦于孤立社会和文化的法国结构马克思主义[①]相比，政治经济主题把研究重点放在大规模的政治、经济体系上，将传统的微观社区与外部资本主义对之的渗透结合起来，强调的是外在力量的碰撞和社区在这种碰撞中的适应性变化和发展；与关注"原始"社区，将重要的外在影响力量视为自然环境的文化生态学[②]相比，政治经济主题所关注的是农民社区，把国家和世界资本主义体系看作重要的外在影响力量。[③] 总之，政治经济主题将"他者"与外部世界政治经济的历史发展过程密切联系在一起。沃尔夫（Eric R. Wolf）的《欧洲与没有历史的人们》（*Europe and the People Without History*）（1982）、敏兹（Sidney W. Mintz）的《甜蜜与权力：现代历史中糖的地位》（*Sweetness and power：The Place of Sugar in Modern History*）（1986）与陶西格（Michael Taussig）的《南美洲的罪恶观与商品拜物教》（*The Devil and Commodity Fetishism in South America*）（1980）等则是其中重要的代表性经验研究作品。

政治经济主题，在对文化涵化主题——忽视了与外界经济史和政治史的联系——进行批判的基础上，将"他者"与世界历史联系起来，把"他者"纳入世界政治经济发展的整体脉络之中，成为二战后尤其是 20 世纪 70 年代以来西方民族学人类学"历史化"的一种主要体现，是美国民族学人类学"历史化"的逐步深化，是 ethnohistory 在美国民族学人类学界的一种阶段性表现，同时也为美国民族学人类学"历史化"的进一步深化累积了必要的基础。

3. "他者文化"主题

随着时代的发展，政治经济主题的局限性逐渐浮现出来。在《60 年代以来的人类学理论》中，奥特纳（Sherry B. Ortner）对政治经济主题的意义

---

① 关于结构马克思主义的研究，参见 Sherry B. Ortner，"Theory in Anthropology since the Sixties"，*Comparative Studies in Society and History*，Vol. 26，No. 1，Jan. 1984，pp. 139 – 141；王铭铭：《西方人类学思潮十讲》，广西师范大学出版社 2005 年版，第 97—99 页。

② 关于文化生态学的研究，参见 Sherry B. Ortner，"Theory in Anthropology since the Sixties"，*Comparative Studies in Society and History*，Vol. 26，No. 1，Jan. 1984，pp. 132 – 134.

③ Sherry B. Ortner，"Theory in Anthropology since the Sixties"，*Comparative Studies in Society and History*，Vol. 26，No. 1，Jan. 1984，pp. 141 – 144.

和局限性分别做了总结：政治经济主题强调了人类学中历史研究的重要性，产生了历史人类学中最重要的作品，相对以前的有关讨论而言，它们对历史人类学做出的贡献是卓越的。① 但是，从整体来看，它太看重经济，太注重物质生产，而不重视政治；只重视工资、市场、金钱、经济剥削、低度发展等，而没有涉及有足够影响力的权力、控制、操纵关系，对处于被权力操控中的行动者的痛苦经历有所忽视。另外，它深植于以世界资本主义为中心的政治经济的理论模式中，假定所有的研究对象都被世界资本主义体系所贯穿，假定田野中所看到的都是对之的回应——这是有问题的，因为一个社会甚至一个村庄，都有自己的结构和历史，与其外界环境脉络一样，都是要分析的组成部分。再有，它把历史视为一条船，从外面驶入所要研究的社会，它所得到的不是当地社会的历史，而是欧洲历史对当地社会的影响。从事政治经济研究主题的民族学人类学家们把自己置身于这条从外驶来的资本主义历史的船上，而不是从当地人的角度看问题。事实上，"他者"不仅是某些体系运作的被动反映者，也是历史中的行动者和主体。②

凯琦（Shepard Krech III）也认为，以沃尔夫（Eric R. Wolf）为代表的政治经济研究，注意到了资本主义世界中心体系对于边缘地区的单向性（unidirectional），没有看到资本主义扩张反过来也受到了地方文化和事件的影响，没有注意到行动者在殖民关系中的能动作用。他们将大的世界体系整合进地方分析之中来理解政治经济，但历史在他们的视野中只是西方对非西方的碰撞，中心对边缘的碰撞。历史不仅仅"像船一样从外驶来"，因此，不能仅仅书写西方对非西方碰撞的历史，也要把当地人视为积极的行动者，把他们放入由他们自己所创造的历史之中。资本主义市场决定性作用的扩展受到了土著积极行动、抵抗的影响，这主要表现在正在展开的世界体系过程与地方文化之间的辩证联系之中。总之，在凯琦看来，"他者文化"持续地被建构，个人也在制造历史。③

概言之，政治经济主题的意义和局限性可以归结在一起：它是对文化涵化主题忽视政治经济条件和历史背景的一种批判和挑战，但因过于强调政治经济而受到接续出现的"他者文化"主题的批判和挑战。

---

① Sherry B. Ortner, "Theory in Anthropology since the Sixties", *Comparative Studies in Society and History*, Vol. 26, No. 1, Jan. 1984, p. 142.

② Sherry B. Ortner, "Theory in Anthropology since the Sixties", *Comparative Studies in Society and History*, Vol. 26, No. 1, Jan. 1984, pp. 142 – 143.

③ Shepard Krech III, "The State of Ethnohistory", *Annual Review of Anthropology*, Vol. 20, 1991, pp. 358 – 359.

在对政治经济主题的局限性（忽视文化、忽视"他者"能动性）进行批判的基础上，在实践、行动等当代社会理论的催化下，以凸显"他者"在世界政治经济体系中的历史能动性为基本旨趣的"他者文化"主题，逐渐成为20世纪80—90年代西方民族学人类学"历史化"的新的表现，也是美国民族学人类学"历史化"的进一步深化，是 ethnohistory 在美国民族学人类学界日渐繁盛的重要表现。

作为美国民族学人类学"历史化"进一步深化的集中体现，"他者文化"主题使文化在更高的层次上回归到美国民族学人类学研究中来。它不仅关注文化涵化，还关注文化涵化与接触所引发的特殊的反应——"他者"通过传统文化的复兴与展演，在宇宙观上表现出特殊的能动性变化；不仅承认"他者"拥有历史，同时也注重考察作为特定文化负荷者的"他者"是如何认知过去、历史和事件的；不仅关注处于世界政治经济体系中的"他者"历史，而且关注"他者"如何运用自己特殊的文化手段来能动的建构历史，来能动地影响外部世界。

诚如桑格瑞（P. Steven Sangren）所言："不能仅仅将社会理论和文化分析的方法加入到历史描述的实践中来，或者仅仅把时间和变化融入到功能理论之中……历史、社会结构和文化不能被整齐划分为学科的、机械的或者功能的模式。在社会过程的展开中，时间不能仅仅被视为时间的指向（temporal dimension），我们既需要解释文化建构时间的方式，也需要解释这些社会建构之间（如社会制度与文化集体表象）互相影响的效果……在社会制度再生产的过程中，当地人的历史意识将扮演关键性的角色。"①

二　美国民族学人类学界民族史学流派的形成与理论架构

20世纪70年代以来，西方学界出现了很多展示西方人类学"历史化"（historicization of anthropology，historicized anthropology）的经验研究作品。例如，美国人类学家吉尔茨（Clifford Geertz）的《尼加拉：十九世纪巴厘剧场国家》（1980）②，通过描述分析19世纪巴厘人的生活，凸显了巴厘人传统政治的戏剧性象征形式，阐明了一种为西方人所忽略的政治关系维度——展

---

① P. Steven Sangren, *History and Magical Power in a Chinese Community*, Stanford, Calif.：Stanford Univ. Pr.，1987，pp. 8 – 9.

② Clifford Geertz, *Negara：The Theatre State in Nineteenth – Century Bali*, Princeton, N. J.：Princeton University Press，1980. 可参见中译本，即〔美〕克利福德·格尔兹：《尼加拉：十九世纪巴厘剧场国家》，赵丙祥译，上海人民出版社1999年版。

示性和表演性的政治模式;① 美国人类学家德克斯（Nicholas B. Dirks）的《空空的王冠：一个印度王国的民族史学》（1987）②，则从一个传统印度王国的历史中探索了王权的性质;③ 另外，美国学者埃里克·沃尔夫（Eric R. Wolf）《欧洲与没有历史的人》（1982），美国学者敏兹（Sidney W. Mintz）的《甜蜜与权力：现代历史中糖的地位》（1986），丹麦人类学家哈斯特鲁普（Kirsten Hastrup）有关冰岛的系列研究（1985，1990，1998），以及凝聚多位学者（不限于人类学家、历史学家）研究成果的论文集《时间中的文化：人类学方法》（1990）和《文化/权力/历史》（1994）等，都可被视为人类学"历史化"作品。④ 它们或冠以 ethnohistory 之名，或未使用 ethnohistory 之名，既可以被归入历史学学科，也可以被纳入人类学学科，从不同角度彰显了西方人类学的"历史化"，反映了人类学与历史学日渐交织的学科发展趋向。

　　20 世纪 70 年代以来，繁盛于美国民族学人类学界的 ethnohistory 研究，作为西方民族学人类学"历史化"的一种特殊表现形式和动力基础，逐渐形成自己独特的理论架构，汇聚出自己的理论流派。"ethnohistory 富有成效的工作，对它（民族学人类学）向历时过程分析模式的转

---

① 〔美〕乔治·E·马尔库斯、米开尔·M·J·费彻尔:《作为文化批评的人类学》，王铭铭、蓝达居译，生活·读书·新知三联书店 1998 年版，第 202 页。

② Nicholas B. Dirks, *The Hollow Crown*: *Ethnohistory of an Indian Kingdom*, Cambridge, New York: Cambridge University Press, 1987.

③ 参见王爱和《人类学与历史学：挑战、对话与发展》，《世界民族》2003 年第 1 期，第 34 页。

④ 参见 Eric R. Wolf, *Europe and the people without history*, Berkeley and London: University of California Press, 1982（中译本可参见〔美〕埃里克·沃尔夫《欧洲与没有历史的人民》，赵丙祥译，上海人民出版社 2006 年版；〔美〕埃里克·R·沃尔夫:《欧洲与没有历史的人》，贾士蘅译，民主与建设出版社 2018 年版）; Sidney W. Mintz, *Sweetness and power* : *The place of sugar in modern history*, New York: Penguin Books, 1986（中译本可参见〔美〕西敏司《甜与权力：糖在近代历史上的地位》，朱健刚等译，商务印书馆 2010 年版）; Kirsten Hastrup, *Culture and history in medieval Iceland*: *An anthropological analysis of structure and change*, Oxford; New York: Oxford University Press, 1985; Kirsten Hastrup, *Nature and policy in Iceland*, 1400 – 1800: *An anthropological analysis of history and mentality*, Oxford〔England〕: Clarendon Press; New York: Oxford University Press, 1990; Kirsten Hastrup, *A place apart*: *An anthropological study of the Icelandic world*, Oxford: Clarendon Press; New York: Oxford University Press, 1998; Emiko Ohnuki – Tierney ed., *Culture through time*: *Anthropological approaches*, Stanford, Calif.: Stanford University Press, 1990; Nicholas B. Dirks, Geoff Eley, and Sherry B. Ortner eds., *Culture/power/history*: *A reader in contemporary social theory*, Princeton, N. J.: Princeton University Press, 1994; 等等。

化提供了基础。"① ethnohistory 将朝向人类学的"历史化"（historicization）方向发展。②

　　美国人类学家萨林斯（Marshall Sahlins）曾将"历史民族志"（historical ethnography）视为 ethnohistory 研究中的一种重要类型。③ 他明确指出，在美国民族学人类学中有很多作品，都贴着"历史民族志"（historical ethnography）标签，旨在将社区的田野调查与这里的历史档案综合起来。几十年来至今，研究美洲印第安人、印度尼西亚、太平洋诸岛、南亚和非洲的学者一直都在从事这种类型的 ethnohistory 研究，但只有如科恩（Bernard Cohn）、卡马罗夫夫妇（Jean Comaroff, John L. Comaroff）以及特纳（Terry Turner）等为数不多的学者的一类作品④之贡献最为突出。它们意识到在时间和转变中思考的民族志将是认识人类学客体的一种特别的方法，这有可能根本改变我们认识文化的方式。⑤ 另外，大贯惠美子（Emiko Ohnuki - Tierney）和弗宾（James D. Faubion）等学者也提出类似的见解。⑥

　　随着时代的发展，这种类型的 ethnohistory 研究及其研究主题一直在不断

---

① 参见〔美〕卡罗林·布赖特尔《资料堆里的田野工作——历史人类学的方法与资料来源》，徐鲁亚译，《广西民族研究》2001 年第 3 期，第 9 页。

② James D. Faubion, "History in Anthropology", *Annual Review of Anthropology*, Vol. 22, 1993, pp. 35 - 54.

③ 参见 Marshall Sahlins, "Goodby to Tristes Tropes: Ethnography in the Context of Modern World History", *The Journal of Modern History*, Vol. 65, No. 1, Mar. 1993, p. 1, p. 25. 此处的"历史民族志"（historical ethnography）与第一章中 20 世纪上半叶美国民族史学的表现形式——"历史民族志"（historical ethnography）不同。这里的"历史民族志"（historical ethnography）宽泛来指带有历史视角的民族志，旨在将社区的田野调查与这里的历史档案综合起来。

④ 这些作品为：Bernard S. Cohn, *An Anthropologist among the Historians and Other Essays*, New York: Oxford University Press, 1988; John L. Comaroff and Jean Comaroff, *Ethnography and the Historical Imagination*, Boulder: Westview Press, 1992; Terence Turner, "*Representing, Resisting, Rethinking: Historical Transformations of Kayapo Culture and Anthropological Consciousness*", in Jr. George W. Stocking ed., *Colonial Situations, essays on the contextualization of ethnographic knowledge*, Madison, Wis.: University of Wisconsin Press, 1991, pp. 285 - 313; 等等。

⑤ 参见 Marshall Sahlins, "Goodby to Tristes Tropes: Ethnography in the Context of Modern World History", *The Journal of Modern History*, Vol. 65, No. 1, Mar. 1993, p. 1.

⑥ 参见 Emiko Ohnuki - Tierney, "Always Discontinuous/ Continuous, and 'Hybrid' by Its Very Nature: The Culture Concept Historicized", *Ethnohistory*, Vol. 52, No. 1, Winter 2005, p. 191; Emiko Ohnuki - Tierney, "Introduction: The Historicization of Anthropology", in Emiko Ohnuki - Tierney, ed., *Culture through time: anthropological approaches*, Stanford, Calif.: Stanford University Press, 1990, pp. 1 - 25; James D. Faubion, "History in Anthropology", *Annual Review of Anthropology*, Vol. 22, 1993, pp. 40 - 44.

延续，相关研究在 *Ethnohistory* 期刊中不断涌现。①

　　美国民族学人类学界民族史学流派的形成，除了可以归结于具有如上学者所说的几个重要特点之外，还因为其具有独特的理论架构体系。独特的理论架构体系是美国民族学人类学界民族史学流派得以汇聚形成的更为重要的因素和表现。

　　20 世纪 70 年代以来，以华莱斯（Anthony Wallace）、特伦斯·特纳（Terence Turner）、萨林斯（Marshall Sahlins）、罗萨多（Renato Rosaldo）、普莱斯（Richard Price）等为代表的一批美国民族学人类学家，在人类学不断"历史化"的感召下，汇聚在"ethnohistory"旗帜下，关注印白接触后、土著世界和西方世界相遇后印第安人或其他土著族群的文化复兴，关注土著世界的内在变化，关注土著基于自身文化图式所形成的独特的历史记忆，形成了美国民族学人类学界"宽泛意义"上的民族史学流派，② 构建了自己独特的理论发展空间，型构了递进发展的理论架构体系。

　　其一，在应对西方世界与土著世界的文化接触中，出现了他者的文化复兴。他者的文化复兴是文化接触、文化相遇、文化涵化后土著社会出现的一个特别后果，是文化涵化的一种提升。他者的文化复兴，体现了人类学"历史化"主题从文化涵化到政治经济再到他者文化的日益深化。在他者的文化复兴中，土著的宇宙观出现了明显的变化，由此反映了土著社会在西方世界与土著世界之间文化接触和涵化中的能动作用。关注他者的文化复兴及其相关问题，成为其理论架构的第一个支点。

　　其二，在批判所谓的西方世界与土著世界接触碰撞前土著静态社会书写（如 20 世纪上半叶附着在民族学人类学学科脉络之中的 ethnohistory 研究）中，出现了以萨林斯"内生事件"为代表的新的他者历史的书写方式。这种由民族史学家所书写的土著历史，揭示了在没有外来的西方世界的干预下土著社会亦存在内在的变化，对于 20 世纪上半叶北美印第安人土著族群史前文化的静态重构而言，是一种重要的提升和发展。对于"文化复兴"将他者能动性归为文化接触、文化相遇所带来的而言，也是一种提升。关注他者的

---

① 例如，Jay Miller，"Tsimshian Ethno – Ethnohistory：A'Real'Indigenous Chronology"，*Ethno-history*，Vol. 45，No. 4，fall 1998，pp. 657 – 674；Maureen Trudelle Schwarz，"Holy Visit 1996：Prophecy，Revitalization，and Resistance in the Contemporary Navajo World"，*Ethnohistory*，Vol. 45，No. 4，Fall 1998，pp. 747 – 794；等等。

② 这里所言的"宽泛意义"与论述美国史学界民族史学流派时所言的"宽泛意义"是等同的，都是基于相关著述一方面能够体现出相近的研究旨趣，另一方面又展示出各自的特殊的研究取向。

内生事件及其相关问题，成为其理论架构的第二个支点。

其三，在批判西方学界长期以来认为土著缺乏历史记载、没有历史的论断之中，在反思部分民族史学家以及少数史学家、民族学人类学家为土著所书写的土著历史之中，出现了土著的独特历史记忆和认知相关研究。由此说明，没有文字记载的土著社会，不仅有自己的历史，而且有自己的"历史学家"，有着基于自身独特的文化观和宇宙观而形成的独特的历史记忆及其书写方式，对于民族史学研究"替没有文字书写历史的原始族群书写历史"而言，对于民族史学研究"注重西方学者眼中明确的历史事件，忽视当地人心目中意象性的历史意识"而言，是一种重要的提升。关注他者借重自身文化对历史的独特记忆和认知及其相关问题，成为其理论架构的第三个支点。

以上三个理论支点的提出，① 为总体概览和把握纷繁的美国民族史学经验研究作品以及深入解读美国民族学人类学界民族史学流派提供了重要"抓手"。

（一）文化复兴

"ethnohistory 在保留其名称的同时，也大大扩充了其研究范围，远远超出了早期的文化碰撞研究。它持续把具有人类学特色的研究带入了过去和变化之中……战后以来，ethnohistory 已经成为一种必不可少的基础，在对待如千禧年（millenarianism）及其他示威和反抗的运动中充分展示出了它的价值"。②

20 世纪 40—50 年代开始，尤其是 20 世纪 70 年代以来，一些西方民族学人类学家，尤其是从事 ethnohistory 研究的美国民族学人类学家，开始把注意力转向西方和土著世界文化接触、文化相遇、文化涵化后土著社会出现的一个特别后果，即"文化复兴运动"（culture revitalization movements）。由此彰显的是，土著社会自身具有能动性，并非只是一个可以稳定自我复制的静态社会。当然，这种能动性是文化接触、文化相遇所带来的。

当西方文化带着材料和技术，深向世界各个偏僻角落的时候，引发了不同的反应，最初主要体现在两个方面：

其一，抵制一切新的东西，并鼓吹回到旧日盛世的"纯"文化之中。主要表现是 19 世纪末北美印第安人的鬼魂舞（the Ghost Dance），也被称为本土主义运动（nativist movement），即从本文化中消除异己分子、异己习俗、

---

① 这三个理论支点的提出，建立在笔者对相关材料整理分析的基础之上，可供讨论。

② James D. Faubion, "History in Anthropology", *Annual Review of Anthropology*, Vol. 22, 1993, p. 43.

异己价值观和异己物品等外来因素，返回传统文化或本土文化，这种运动往往把传统中的某些方面精选出来，并赋予特别重要的意义和象征性价值，很少出现固守本文化全部因素的情况。北美印第安人的鬼魂舞，目的就在于返回昔日的盛世，它是从印第安众多部落的一种失败感中产生出来的，这种失败感是他们同白人发生接触、白人文化的入侵、自己生活环境的灾难性变化而引起的。他们发现，接受白人文化并不是答案。而只有实行一种新的礼仪——鬼魂舞，才能把白人邪恶的生活方式从印第安文化中清除出去，复原旧时的传统。

其二，放弃旧时的方式，试图效法白人，以求从西方文化中获得有用的东西，主要表现是两次世界大战时期及战后发生在美拉尼西亚（美拉尼西亚之名源自希腊语，意为"黑人群岛"，太平洋三大岛群之一）等太平洋诸岛的洋货崇拜（Cargo Cults）。这些岛屿上的土著居民看到大量的洋货运到了西方各国的军事基地和传教机构，同时也意识到这些财富与自己无缘。他们转而相信，要是他们接受了外国人的生活方式，他们也就有可能收到这些洋货了。显然，他们未能正确理解外国习俗与源源运到的洋货这二者之间的关系。他们穿起西式服装，仿建了简易机场和船舶码头，等着飞机和轮船给他们送来酬劳，结果却是一场空。洋货崇拜与本土运动的不同之处在于，他们不是想复原传统的生活方式，而是想通过接受新的文化类型来复兴自己的文化。

另外，后兴的千禧年运动（Millenarian Movement）也是这种文化复兴运动中的重要类型。这种运动希冀由某种超自然的力量来设计和进行世界的改造。这种运动的基础是相信千禧年终会到来，到那时一切不公正的事情都会得到矫正。千禧年的思想多与基督教传统联系在一起，据说耶稣还会再度来世，统治人间 1000 年，因此，它多具有救世主的性质。它的出现，总是受到富有感召力的"领袖"的启示，总是在"领袖"的追随者之中进行感情煽动。最激进的千禧年运动发生在各国被压迫人民当中，这表明这种类型的复兴运动同社会经济状况有一定的联系。他们把宗教同政治相联系，多成为现代革命运动的范型。革命运动如同千禧年运动一样，来源于众多群众在其文化瓦解后产生的被剥夺感和失望感。地方性的小规模的千禧年运动，往往可以迅速发展为一场全面的革命。千禧年运动多要求其追随者要经受一定的磨难，如艰难的旅行或朝圣、礼仪的纯化等，由此使他们成为对社会有用的人。饥饿、瘟疫和其他自然灾害如同大规模的政治动乱一样，也可以导致以宗教为基础的社会运动，这种社会运动亦在寻求文化的复兴。这些不同的反应一般统称为"文化复兴运动"。①

学界一般认为，"文化复兴运动"的过程以现行生活方式的不满为基础，并试图创立一种比较满意的境况。"文化复兴运动"的特点是，它是规划的、以促进变化为目的的有意识的过程（"他者"能动性的重要体现），与作为文化变迁类型的文化传播及文化涵化（acculturation）的不同正在于此。②

文化复兴，作为文化接触、文化涵化的一种提升，体现了民族学人类学"历史化"主题的不断深化（文化涵化——政治经济——他者文化），成为民族学人类学脉络之中民族史学流派理论架构的一个重要支点。"学者们不再对这种实践活动（文化复兴运动）表示疏远，因为这种实践把 ethnohistory 研究者带入其中，且能最好地发挥他们的研究能力"。③ 学者们深入精神、心理、社会意识等宇宙观层面，从"他者"宇宙观变化的新角度来解释这类"文化复兴运动"。

1. 塞内卡人："心理现实"的改变

持续对北美易洛魁边疆（Iroquois frontiers）进行 ethnohistory 研究，从心理层面来诠释"他者"的"文化复兴运动"的实证作品，当首推华莱斯（Anthony Wallace）的《塞内卡人之死与再生》（*The death and rebirth of the Seneca*）（1969，1972）。

有学者认为，"文化复兴运动"的原因在于，是对相对剥夺（relative deprivation）——合理期望与现实之间出现的负差——的一种反应。即，在某一时期导致某群体的人以某一标准来衡量感到自己被剥夺的一种反应。导致复兴运动的原因，与其说是差异本身，不如说是对于这种差异的不满。相对的被剥夺感，不仅在物质意义上出现，也在象征意义上出现。相对被剥夺感只有在一个群体的层面上出现，才会成为导致复兴运动的重要力量。在《塞内卡人之死与再生》之中，华莱斯给出了一种新的解释方式，对上述观点构成了有力挑战。

华莱斯（Anthony Wallace），1923 年生于加拿大的多伦多，1950 年在宾夕法尼亚州获得哲学博士学位，1961 年任宾夕法尼亚州人类学系主任。他还是东宾夕法尼亚心理研究院的医学研究科学家。此前，他曾任该研究院的临

---

① 参见〔美〕约翰·弗里德尔《社会与文化的变迁》，李彬译，载中国社会科学院民族研究所编：《民族学译文集（三）》，中国社会科学出版社 1991 年版，第 25—33 页。

② 参见〔美〕约翰·弗里德尔《社会与文化的变迁》，李彬译，载中国社会科学院民族研究所编：《民族学译文集（三）》，中国社会科学出版社 1991 年版，第 26 页。

③ John K. Chance, "Mesoamerica's Ethnographic Past", *Ethnohistory*, Vol. 43, No. 3, Summer 1996, pp. 395 – 396.

床研究主任。他的代表作主要有《特拉华人的国王》（*King of the Delawares*：*Teedyuscung 1700 – 1763*）（1949），《文化与人性》（*Culture and personality*）（1961），《宗教：人类学观点》（*Religion：An anthropological View*）（1966），《塞内卡人之死与再生》（*The death and rebirth of the Seneca*）（1969，1972）等。① 在人类学和精神分析方面的教育经历，使华莱斯能够成为一流的"文化与人格"方法、行为解释、宗教尤其是复兴运动等方面的理论专家。他对历史的兴趣，得助于他的父亲保罗·华莱斯（Paul A. W. Wallace）——宾夕法尼亚、特拉华以及易洛魁地区的一位杰出历史学家，得益于他的大学教师在民族学和心理学方面对他的技能训练。②

为了研究塞内卡人，作者从 1951 年就开始准备，其中既包括图书馆的工作，也包括田野调查，准备工作在 1956 年大致完成。写作和分析在以后的岁月里进行。该书在他的早期著述《特拉华人的国王》（1949），《文化与人性》（1961），《宗教：人类学观点》（1966）等基础上，历经十几年的努力，加以贯通而成。③

《塞内卡人之死与再生》是一部民族学家采纳社会史和心理分析的研究视角，对北美塞内卡人进行研究的经典之作。"……对美国印第安人个性的研究则越来越深入，也许在这方面从事研究工作的应首推安东尼·华莱士（华莱斯），他对易洛魁人无意识行为的分析非常精辟，对其他印第安部族有关这方面的研究都不能与之相比"。④ 该书讲述了塞内卡印第安人（Seneca，纽约西部易洛魁族的一支系）晚近殖民时期和早期保留地时期的历史，有关 Handsome Lake 的预言、幻象，以及发生于 1800 年左右美国印第安社会的道德和宗教复兴，⑤ 并从易洛魁的全盛时期、衰落时期、复兴时期三大部分，分别对大易洛魁国家（the Great Iroquois Nation，即 Six Nations，易洛魁联盟）的历史和文化之毁灭和败坏，及其通过 Handsome Lake 幻觉来实现的文化复

---

① 参见 Anthony F. C. Wallace, *The death and rebirth of the Seneca*, with the assistance of Sheila C. Steen, New York：Vintage Books, 1972, 1969. （封底）

② 参见 James Axtell, "The Ethnohistory of Early America：A Review Essay", *The William and Mary Quarterly*, 3rd Ser. , Vol. 35, No. 1, Jan. 1978, p. 125.

③ 参见 Anthony F. C. Wallace, *The death and rebirth of the Seneca*, with the assistance of Sheila C. Steen, New York：Vintage Books, 1972, c1969, p. vii. （preface）；James Axtell, "The Ethnohistory of Early America：A Review Essay", The William and Mary Quarterly, 3rd Ser. , Vol. 35, No. 1, Jan. 1978, pp. 124 – 125.

④ 〔美〕威尔科姆·E·沃什布恩：《美国印第安人》，陆毅译，商务印书馆 1997 年版，第 31 页。

⑤ Anthony F. C. Wallace, *The death and rebirth of the Seneca*, with the assistance of Sheila C. Steen, New York：Vintage Books, 1972, c1969, p. vii. （preface）

兴运动进行了深入考察和分析。①

在该书的第一部分《易洛魁的全盛时期》中，华莱斯指出，易洛魁的全盛时期在 18 世纪上半叶。在令人迷醉的细节描述中，华莱斯不仅解释了要成为一个塞内卡人、要成为一个最让人尊敬的最可畏的最优雅的印第安人的原因，而且从社会心理学概念上解释了一个塞内卡孩子、战士、氏族女家长、政治家意味着什么。从一个受到良好训练的民族学家看待整个文化的视角出发，华莱斯描绘了一幅整合在一起的静止的画面——塞内卡的政体、经济组织、社会结构、军事结构。他恰当地强调了易洛魁生活中宗教的中心性——通过希望感恩的仪式、恐惧哀悼的仪式来表达。前者，尤其是公共的感恩节日，以农业循环圈和有关梦的礼拜祭祀为基础，在一个允许纵容的现世社区中，提供一种超自然的持续保护和支持——最终是一种冲动性的满足；后者，多为巫术，一种戴着面具的给药仪式、哀悼性仪式，试图处理一些"缺失性"的因果联系，如爱的缺失、健康的缺失等。其中，作者的一个重要发现在于，易洛魁人对精神动力学的理解，很大程度上优于那个时代最为开蒙的欧洲人。②

第二部分《易洛魁的衰落时期》，主要基于出自白人之手的印刷和手稿等资料，依靠精神病学的专门技术，以一种准确的文学描述和分析形式来表达，既避开了民族志偏见，同时保留甚至扩展了民族志的有效性，给出了易洛魁人与欧洲人接触的细节描述，讲述了法国"挑拨离间"政策的破坏、美国革命的灾难性影响、土著联盟的瓦解、美国对易洛魁的统治，以及革命后保留地——"荒野中的贫民窟"的增长。其中，华莱斯还从社会病理学的角度对易洛魁人进行了解剖，解释了居民灭绝、宗派主义、信心缺失的原因。③

第三部分《易洛魁的复兴时期》，展示了另外一幕，即，易洛魁人是如何从心理、文化的角度来应对欧洲人带来的破坏，实现自身复兴的。

Handsome Lake 是美国印第安宗教的一种，至今仍在美国和加拿大的易洛魁保留地中盛行。它不是基督教，但包括一些从基督教借来的成分。在本质上，它是塞内卡人（Seneca）的一种名为 Handsome Lake 的先知预言所构

---

① James Axtell, "The Ethnohistory of Early America: A Review Essay", *The William and Mary Quarterly*, 3rd Ser., Vol. 35, No. 1, Jan. 1978, p. 124.

② James Axtell, "The Ethnohistory of Early America: A Review Essay", *The William and Mary Quarterly*, 3rd Ser., Vol. 35, No. 1, Jan. 1978, pp. 124 - 125. 关于华莱斯此处的论断——易洛魁人对精神动力学的理解，很大程度上优于那个时代最为开蒙的欧洲人，参见〔美〕威尔科姆·E·沃什布恩《美国印第安人》，陆毅译，商务印书馆 1997 年版，第 31 页。

③ James Axtell, "The Ethnohistory of Early America: A Review Essay", *The William and Mary Quarterly*, 3rd Ser., Vol. 35, No. 1, Jan. 1978, pp. 125 - 126.

成的古老传统及其革新的混合物，一个半世纪之前在易洛魁族的几个支系中发展而来。这种宗教对于将他们从失败、堕落、失望中摆脱出来，复兴他们的社区是必要的。该书浓墨重彩，详细刻画了这种宗教的起源，这种宗教如何在大灾难之前降临到易洛魁人身上，以及 Handsome Lake 先知和他的信徒们如何为自己设计新的途径来复兴易洛魁社会。①

　　一个经过变革的醉汉幻觉和预言，他的具有超凡魅力（charisma）的布道，以及至今仍为很多易洛魁追随者所索求的土著宗教的出现，在华莱斯史诗般的叙述中得到了充分体现。有关 Handsome Lake 的好信息和福音 Gaiwiio（这是 Handsome Lake 宗教的核心部分），存在于醉汉（从 1799 年的第一次幻象出现直到他 1815 年去世）的布道之中。在华莱斯看来，对易洛魁人而言，这些福音与布道中包含着道德改革和社会重构的萌芽。这一方面表明，他们要保守地回归到祖先的旧有生活方式之中（易洛魁人自己的本土宗教，能够使他们幸福地生活在这个世界上以及来世，而无需屈服于白人的生活方式和宗教）；另一方面表明，进步的社会改革的福音——戒酒、和平、保留土地、家庭道德等，即他们对基督教贵格教派（Quakers）提供的技术和教育上的帮助逐渐适应。华莱斯对 Handsome Lake 宗教、易洛魁人的文化复兴所做的详细描述，也为他的关于文化复兴的宗教理论提供了实证依据。②

　　作为"文化复兴运动"这一术语的首创者，华莱斯将之解释为对压力的一种反应：当人们面临某一问题时，要么改变自身，即通过改变心理现实（人们对问题的感觉）以求适应；要么从根源上改变这种压力，即通过改变物质现实（问题本身）实现。例如，宗教运动就在于提供一种的新教义，以改变对于问题的心理现实；而革命则是通过暴力手段以求改变构成压力的物质现实。在华莱斯看来，宗教运动和革命这些形式不同的反应，具有基本的相似点，③即都是一种反抗，一种能动性的反抗。在上述意义上讲，"文化复兴运动"的出现，不仅仅是土著传统文化复兴与展演的表现，也反映了其心理现实的变化，充分彰显了他们的文化意义上的能动反抗。

　　需要指出的是，同为关注北美易洛魁边疆（Iroquois frontiers），同为20世纪 60 年代有关易洛魁文化的 ethnohistory 研究，华莱斯《塞内卡人之死与

---

① Anthony F. C. Wallace, *The death and rebirth of the Seneca*, with the assistance of Sheila C. Steen, New York: Vintage Books, 1972, c1969, p. 3.

② James Axtell, "The Ethnohistory of Early America: A Review Essay", *The William and Mary Quarterly*, 3rd Ser., Vol. 35, No. 1, Jan. 1978, p. 126.

③ 参见〔美〕约翰·弗里德尔《社会与文化的变迁》，李彬译，载中国社会科学院民族研究所编：《民族学译文集（三）》，中国社会科学出版社 1991 年版，第 26—27 页。

再生》与特里利斯《殖民地时期纽约的印第安人事务：17 世纪》在研究旨趣上有着明显的差异：《殖民地时期纽约的印第安人事务：17 世纪》彰显的是 17 世纪北美东北地区印第安支系易洛魁人（Iroquoians）、阿尔冈琴人（Algonquians）与荷兰及之后英国殖民者之间的文化互动，重塑了印第安人在美国早期历史形成中的重要地位，反思的是二战前的特纳边疆史学，开启了美国边疆史学的新视野；《塞内卡人之死与再生》彰显的是印白接触碰撞之后，发生于 1800 年左右的美国印第安社会的文化复兴，反思的是作为文化变迁重要类型的文化传播、文化互动和文化涵化，为美国人类学的不断"历史化"提供了新的视野。

另外，与特里杰《安坦恩提斯的孩子：至 1660 年间休伦人的历史》、格雷蒙特《边界战争：美国独立战争中的易洛魁人》等边疆史研究作品进行比较，华莱斯《塞内卡人之死与再生》也有明显的不同及推进意义：前者主要关注印第安文化在与欧洲文化接触碰撞中如何被破坏的历史过程，后者则不仅展示了易洛魁文化在与欧洲文化接触碰撞中出现的毁败，而且着重揭示了塞内卡人如何从心理、文化层面来应对欧洲人带来的破坏，如何透过心理现实的改变能动实现自身的复兴。

由上，亦可看出民族史学流派在美国史学界、民族学人类学界的明显分野。

2. 卡亚波人："社会意识"的形成

以华莱斯为代表的 ethnohistory 研究者，从心理层面对"他者"的"文化复兴"（文化接触的结果）进行了深入诠释，揭示了"他者"的文化意义上的能动反抗；也有一些 ethnohistory 研究者，从社会层面分析含有政治反抗意义的一类"文化复兴"（这类文化复兴，也是文化接触的结果）。美国人类学家特伦斯·特纳（Terence Turner）的《反映、反抗和反思：卡亚波文化及人类学意识的历史转换》（*Representing*, *Resisting*, *Rethinking*: *Historical Transformations of Kayapo Culture and Anthropological Consciousness*）即是其中的一部代表作。其关注对象依然是作为"他者"的土著，但已不再局限于北美印第安人。

特伦斯·特纳是芝加哥大学的人类学教授。自 1962 年以来，他一直在研究巴西亚马孙河流域的卡亚波人（Kayapo），还在"纯粹文化批评"（A Critique of Pure Culture）项目中从事美国文化人类学研究。[①] 他在中部巴西卡

---

① 参见 Terence Turner, "Representing, Resisting, Rethinking: Historical Transformations of Kayapo Culture and Anthropological Consciousness", in George W. Stocking, Jr ed., *Colonial situations*: *essays on the contextualization of ethnographic knowledge*, Madison, Wis.: University of Wisconsin Press, 1991, p. 285. （注释）

亚波社区的田野工作始于 1962 年，直至 1991 年完成《反映、反抗和反思：卡亚波文化及人类学意识的历史转换》。他的田野工作，包括前后七次去卡亚波社区 (1962—1964 年，1965—1966 年，1976 年，1986—1987 年，1989 年，1990 年，1991 年)，累计田野时间长达 24 个月。除此之外，还有 5 个月的研究时间用在了巴西各地的档案馆和研究机构里，收集和研究了没有出版的报告和历史档案。他主要对卡亚波的社会、历史和政治进行了调查和研究。①

在这部作品中，特伦斯·特纳通过对巴西土著族群卡亚波人进行长时段研究 (20 世纪 60—80 年代)，从卡亚波人社会意识 (social consciousness) 的形成、宇宙观由自然属性到社会属性的转换的角度，对 20 世纪 80 年代卡亚波人的"文化复兴" (文化接触的结果) 给出了独特的诠释。

(1) 20 世纪 60 年代的卡亚波人："社会意识"表达的乏匮

1962 年，特伦斯·特纳首次进入巴西中部的卡亚波社区。当时的卡亚波人一直处于土地缩小、人口减少、疾病流行、内部分裂、面临饥饿的窘境之中。② 当地的官方管理者与卡亚波人多有矛盾冲突，西方传教士与卡亚波人之间也存在既依赖又对立的复杂关系。卡亚波人依赖西方传教士的药品，但对西方传教士的宗教皈依持对抗态度，对西方传教士劝诱他们改变自己的文化和生活习惯表现出了抵触情绪。传统卡亚波人村庄的建筑样式是圆形的，男人的屋子建在中央。当地的官方管理者和宗教使团强迫他们放弃这种男人屋，重建为两排并行的街道式村庄。这种做法明显带有压制土著文化的倾向。卡亚波人重建了男人屋，但不是在中央，而是在两排房子的一端。③ 为了更好地生存和与外界交流，卡亚波人不得不放弃了自己文化传统中的若干方面，尤其在身体装饰方面。应该说，最妨碍卡亚波人与西方社会交往的是他们的传统身体装饰。在作者首次到达卡亚波人村庄的时候，很多卡亚波人

---

① 参见 Terence Turner, "Representing, Resisting, Rethinking: Historical Transformations of Kayapo Culture and Anthropological Consciousness", in George W. Stocking, Jr ed., *Colonial situations: essays on the contextualization of ethnographic knowledge*, Madison, Wis.: University of Wisconsin Press, 1991, p. 312. (Acknowledgments)

② 参见 Terence Turner, "Representing, Resisting, Rethinking: Historical Transformations of Kayapo Culture and Anthropological Consciousness", in George W. Stocking, Jr ed., *Colonial situations: essays on the contextualization of ethnographic knowledge*, Madison, Wis.: University of Wisconsin Press, 1991, pp. 286 – 287.

③ 参见 Terence Turner, "Representing, Resisting, Rethinking: Historical Transformations of Kayapo Culture and Anthropological Consciousness", in George W. Stocking, Jr ed., *Colonial situations: essays on the contextualization of ethnographic knowledge*, Madison, Wis.: University of Wisconsin Press, 1991, pp. 287 – 288.

去掉了唇塞，剪短了头发，穿上了短裤，有的还穿上了 T 恤，很多妇女也穿上巴西形式的内衣。酋长和很多老人也都配备了全套的巴西风格的服装，去巴西城镇旅游，参观巴西官员所在的村庄，参加传教团体的活动。当然，也有很多卡亚波人依然留长发，戴唇塞和阳具护套，1/5 左右的人还在裸体。① 他们的一些传统仪式也保留下来，如特伦斯·特纳刚到此地就碰上的以女人命名的集体仪式活动。②

在特伦斯·特纳看来，其一，与当地的巴西官方管理者和传教团体碰撞和共存的历史压力，迫使卡亚波生活和文化的外在表现形式发生了变化，但这些变化对 20 世纪 60 年代卡亚波人而言没有内在意义。纯正的卡亚波文化依然持续存在。男人屋依然倔强的耸立，尽管它不在村庄的中央。尽管很多本土形式为西方形式所侵蚀和压制，但是彼此缺乏积极的整合、合并以及相互之间的适应性调整。③

其二，与巴西主流社会和平共处，需要卡亚波人内在的政治和文化回应，但在 20 世纪 60 年代这些东西是缺乏的。④ 在这种环境中，卡亚波人传统社会结构持续着活力——从妻居的扩展家庭、男人屋、年龄体系，命名、入会等公共性的过渡仪式，在复制其基本社会关系、价值和人格方面依然扮演着重要角色。这种体系，总而言之，是一种集体工具。通过这种集体工具，卡亚波人能够控制他们的文化价值的复制和传承。这不仅仅是一种象征性的文化体系，也是最为根本的社会工具；借助它个人被组织起来，社会价值得以实现。抛弃了这种体系，对卡亚波人而言，不仅仅是一种文化上的丢失，也是一种社会和政治灾难。上述卡亚波人与当地管理者和教会的社会冲

① 参见 Terence Turner, "Representing, Resisting, Rethinking: Historical Transformations of Kayapo Culture and Anthropological Consciousness", in George W. Stocking, Jr ed., *Colonial situations: essays on the contextualization of ethnographic knowledge*, Madison, Wis.: University of Wisconsin Press, 1991, pp. 288 – 289. 还可参见该文第 290 页图（作者 1963 年拍摄的照片）。

② 参见 Terence Turner, "Representing, Resisting, Rethinking: Historical Transformations of Kayapo Culture and Anthropological Consciousness", in George W. Stocking, Jr ed., *Colonial situations: essays on the contextualization of ethnographic knowledge*, Madison, Wis.: University of Wisconsin Press, 1991, pp. 289 – 291.

③ 参见 Terence Turner, "Representing, Resisting, Rethinking: Historical Transformations of Kayapo Culture and Anthropological Consciousness", in George W. Stocking, Jr ed., *Colonial situations: essays on the contextualization of ethnographic knowledge*, Madison, Wis.: University of Wisconsin Press, 1991, pp. 291 – 292.

④ 参见 Terence Turner, "Representing, Resisting, Rethinking: Historical Transformations of Kayapo Culture and Anthropological Consciousness", in George W. Stocking, Jr ed., *Colonial situations: essays on the contextualization of ethnographic knowledge*, Madison, Wis.: University of Wisconsin Press, 1991, pp. 292 – 293.

突，就是因为卡亚波人内在的文化体系没有被当地巴西主流社会完全有机整合进来。①

其三，20 世纪 60 年代，卡亚波人缺乏清晰的有意识的社会表达方式。他们的仪式和社会制度仅仅是他们平日做事的一般方式，由神话中的祖先和文化英雄来创造，并沿袭下来。他们没有认识到这种制度和思想体系，同他们自己一样，是一种社会角色的产物；也没有认识到如家庭、家族和个人的复制一样，他们自己在为特殊的社会目的服务；也没有意识到他们的群体习俗、仪式实践、社会价值和制度构成了人类学意义上的文化；也没有认识到这种文化在复制他们的社会和个人认同方面所扮演的反思性角色。总之，当时的卡亚波人还没有发展出适合于他们的新的历史环境下的社会意识（social consciousness）。这种新的历史环境，是族际（inter - ethnic）社会体系的一部分；在这种族际社会体系之中，他们的文化不仅仅是用于界定自身族群和外在族群相区分的标志，还提供了为了保护他们自己社区的内在自治所进行的整合斗争的潜在基础。② 因此，卡亚波人需要发展出适合于他们的新的历史环境的社会意识；相应地，人类学要发展出分析卡亚波环境时所需的涵盖政治、族际（inter - ethnic）、历史维度在内的文化和社会结构概念。③

（2）20 世纪 80 年代的卡亚波人："社会意识"的形成

20 世纪 80 年代，当特伦斯·特纳重返卡亚波人社区的时候，卡亚波人已经发展出了适合于政治抵抗的新的社会意识，并付诸能够带来可观结果的实践之中。④

随着文化接触和碰撞的不断深入，巴西社会中孤立的卡亚波村庄不复存

① 参见 Terence Turner, "Representing, Resisting, Rethinking: Historical Transformations of Kayapo Culture and Anthropological Consciousness", in George W. Stocking, Jr ed. , *Colonial situations: essays on the contextualization of ethnographic knowledge*, Madison, Wis. : University of Wisconsin Press, 1991, p. 293.

② 参见 Terence Turner, "Representing, Resisting, Rethinking: Historical Transformations of Kayapo Culture and Anthropological Consciousness", in George W. Stocking, Jr ed. , *Colonial situations: essays on the contextualization of ethnographic knowledge*, Madison, Wis. : University of Wisconsin Press, 1991, pp. 293 - 294.

③ 参见 Terence Turner, "Representing, Resisting, Rethinking: Historical Transformations of Kayapo Culture and Anthropological Consciousness", in George W. Stocking, Jr ed. , *Colonial situations: essays on the contextualization of ethnographic knowledge*, Madison, Wis. : University of Wisconsin Press, 1991, p. 294.

④ 参见 Terence Turner, "Representing, Resisting, Rethinking: Historical Transformations of Kayapo Culture and Anthropological Consciousness", in George W. Stocking, Jr ed. , *Colonial situations: essays on the contextualization of ethnographic knowledge*, Madison, Wis. : University of Wisconsin Press, 1991, p. 294.

在。卡亚波人不再把自己视为"自治的至高的人类范式"①，而开始把自己视为一种与自己文化相近的"印第安人"，一种族群（an ethnic group），人类的一种，在共同面对民族国家社会（the national society）时，与其他土著社会平等地分享了族性（ethnicity）概念。卡亚波人的这种文化自我意识，标志着其社会意识（social consciousness）开始形成。② 同时，依靠内部力量自动完成社会结构再生产的卡亚波社会，受到了外在族群和巴西主流社会的制约，卡亚波人的社会结构再生产不得不与当地的民族国家社会（the national society）联系在一起。③ 已经逐渐被整合进巴西多族群社会之中的卡亚波人，成为巴西社会整体结构的一部分。但是，他们与巴西主流社会所缔结的内（卡亚波）与外（巴西人）的对立关系，在社会组织的各个层次和水平上（包括家族和个人）得以明确复制。无论是对待房屋、服装或是其他商品上，都存在这种关系。④

　　这种对立关系，源于卡亚波人以自然属性为基础的传统宇宙观中的二元对立。这可以从卡亚波人传统村庄的自身结构以及这种结构的再生产过程中得到体现。扩展家庭（家族）的房屋，环绕在一起。中央是一个开放的广场，公共仪式和社会活动在此举行。在广场中央，矗立着两个男人屋，一个在东，一个在西，分别叫作低级和高级的男人屋。与房屋环圈紧邻的土地，叫作黑地（即死亡之地），被设计为由村庄的社会空间向大草原和森林等自然领域过渡的地区。在这个地区之中，坐落着很多用于过渡仪式的隔离场所。因此，他们的村庄由两个相互交叉的空间维度来组织，一个是向中心的，一个是东—西完全对立的，后者也根据低—高垂直对立（用卡亚波人的

---

① 参见 Terence Turner, "Representing, Resisting, Rethinking: Historical Transformations of Kayapo Culture and Anthropological Consciousness", in George W. Stocking, Jr ed., *Colonial situations: essays on the contextualization of ethnographic knowledge*, Madison, Wis.: University of Wisconsin Press, 1991, p. 299.

② 参见 Terence Turner, "Representing, Resisting, Rethinking: Historical Transformations of Kayapo Culture and Anthropological Consciousness", in George W. Stocking, Jr ed., *Colonial situations: essays on the contextualization of ethnographic knowledge*, Madison, Wis.: University of Wisconsin Press, 1991, p. 296.

③ 参见 Terence Turner, "Representing, Resisting, Rethinking: Historical Transformations of Kayapo Culture and Anthropological Consciousness", in George W. Stocking, Jr ed., *Colonial situations: essays on the contextualization of ethnographic knowledge*, Madison, Wis.: University of Wisconsin Press, 1991, pp. 296 – 297.

④ 参见 Terence Turner, "Representing, Resisting, Rethinking: Historical Transformations of Kayapo Culture and Anthropological Consciousness", in George W. Stocking, Jr ed., *Colonial situations: essays on the contextualization of ethnographic knowledge*, Madison, Wis.: University of Wisconsin Press, 1991, p. 298.

一对术语来解释，就是生长的根部和耗尽的尖端——"root" and "tip"）来设计。其一，在卡亚波人的这种东—西对立的空间维度之中，东方就是天空的根部（"root"），即太阳行程的开始，也隐喻了人的生命轮回和庄稼生长的开始。西部是天空的尖端（"tip"），即太阳行程的尽头，也隐喻了人的生命轮回和庄稼生长的结束。这样，由东—西垂直空间就定义了时间过程——它是线性的、不能撤回的，但是可以无限被复制。其二，卡亚波人的向中心空间维度被设计为自然能量和原材料转换为社会形式（即社会化的过程）的循环的可逆的过程，并依靠再一次的自然能量来中断社会形式（即死亡的缩影，在仪式上被卡亚波人指称为转换为动物）。村庄是这两种维度的中心点，即社会空间的聚焦之处，而把所有的边界自然地区留给动物居住，而不是他们卡亚波人。社会组织的所有层次，从作为整体的村庄，通过家庭到个人，都被设计为这种相同的社会—宇宙模式的复制。社会生产和再生产的过程，也就被轮回循环性地体现在社会生产和再生产之产物的结构之中。整个社会的所有层次，平等地被设计为所体现出的单一的、循环轮回的、无穷的社会产物的复制过程之中。卡亚波人的这种传统社会世界观（即传统宇宙观），无论是中心—边缘二元对立，还是东—西二元对立，由于没有意识到作为社会产物的社会生产的结构整合过程，而只能被认为是宇宙观的一种自然结构。同样，若从卡亚波人的标准来看，非卡亚波社会的人们也是缺少社会性的。[1]

这种对立关系，建立在卡亚波附加了社会属性的新宇宙观的基础之上。新的宇宙观，在原则上、在运行机制上与旧的一样，但具体的结构关系无论在形式上还是在内容上都发生了根本变化。宇宙在卡亚波人心目中依然是一系列的有关自然和社会的同中心带，与旧观念不同的是，卡亚波人成为独尊的中心，而其他的土著族群和巴西人处于一种相对更加边缘化、自然化的境地。新观念安排了一个将卡亚波人、其他土著族群和巴西人都涵盖其中的社会整体，其中社会领域与自然带相对应：一方面，卡亚波人的方式是建设性（constructive）的，使用传统的能量转换方式和材料，以允许自然重生；另一方面，巴西人的方式则是破坏性（destructive）的，砍伐森林、转换草地、污染河流、挖煤、筑坝，对自然造成了永久性的破坏，使其不再适合居住、耕作和渔猎。这种对立，与其传统宇宙观中"不能撤回的过程"，即东—西

---

[1]　参见 Terence Turner, "Representing, Resisting, Rethinking: Historical Transformations of Kayapo Culture and Anthropological Consciousness", in George W. Stocking, Jr ed., *Colonial situations: essays on the contextualization of ethnographic knowledge*, Madison, Wis.: University of Wisconsin Press, 1991, pp. 294–295.

（低—高）垂直对立空间——生长的"根"（"root"）与耗尽的"尖"（"tip"）也是一致的。[①] 卡亚波人的这种新的宇宙观说明，正是他们卡亚波人"成功抵抗了白人统治者对自然环境的破坏"[②]。这种意识到"作为社会产物的社会生产的结构整合过程"[③] 的新的二元对立的宇宙观视野，构成了卡亚波人社会意识（social consciousness）形成的基础。[④]

这种"本土的"和"巴西的"之间的二元对立，深深体现了卡亚波人的依赖性和斗争性——涂色的皮肤藏在巴西人的衣服下面，屈尊地参考巴西人的房屋类型，但同时又有重置卡亚波人文化模式的努力。[⑤] 20 世纪 60 年代很多卡亚波人不再穿传统服饰，但 80 年代以来很多卡亚波人重又穿上了传统服饰，并在自我认同上引以为荣，[⑥] 由此卡亚波传统文化得以复兴。

总之，在特伦斯·特纳看来，卡亚波人社会意识的形成，是引发其传统文化复兴的根本原因。

（3）文化复兴内含的政治反抗意义

特伦斯·特纳进一步强调指出，卡亚波人的这种文化复兴成为摆脱使他

---

① 参见 Terence Turner, "Representing, Resisting, Rethinking: Historical Transformations of Kayapo Culture and Anthropological Consciousness", in George W. Stocking, Jr ed., *Colonial situations: essays on the contextualization of ethnographic knowledge*, Madison, Wis.: University of Wisconsin Press, 1991, p. 297.

② 参见 Terence Turner, "Representing, Resisting, Rethinking: Historical Transformations of Kayapo Culture and Anthropological Consciousness", in George W. Stocking, Jr ed., *Colonial situations: essays on the contextualization of ethnographic knowledge*, Madison, Wis.: University of Wisconsin Press, 1991, p. 299.

③ 参见 Terence Turner, "Representing, Resisting, Rethinking: Historical Transformations of Kayapo Culture and Anthropological Consciousness", in George W. Stocking, Jr ed., *Colonial situations: essays on the contextualization of ethnographic knowledge*, Madison, Wis.: University of Wisconsin Press, 1991, p. 295.

④ 参见 Terence Turner, "Representing, Resisting, Rethinking: Historical Transformations of Kayapo Culture and Anthropological Consciousness", in George W. Stocking, Jr ed., *Colonial situations: essays on the contextualization of ethnographic knowledge*, Madison, Wis.: University of Wisconsin Press, 1991, p. 299.

⑤ 参见 Terence Turner, "Representing, Resisting, Rethinking: Historical Transformations of Kayapo Culture and Anthropological Consciousness", in George W. Stocking, Jr ed., *Colonial situations: essays on the contextualization of ethnographic knowledge*, Madison, Wis.: University of Wisconsin Press, 1991, p. 298.

⑥ 参见 Terence Turner, "Representing, Resisting, Rethinking: Historical Transformations of Kayapo Culture and Anthropological Consciousness", in George W. Stocking, Jr ed., *Colonial situations: essays on the contextualization of ethnographic knowledge*, Madison, Wis.: University of Wisconsin Press, 1991, p. 299. 还可参见该文第 300 页图（作者 1989 年拍摄的照片）。

们限于国家社会之次要身份的技术能力、政治制度和意识形态的表达中介。①
文化成为卡亚波社会保持其民心和行动能力的方式，卡亚波人力求使文化具
有政治含义。② 如卡亚波一样简单社会的文化，并不是内在同质的（homoge-
neous），并不是集体表象（collective representations）的封闭体系，而是处于
与外在社会发生互动的政治斗争过程之中。③ 在这些文化复兴之中，有必要
承认人类学在这些文化和社会转型中所扮演的角色，承认外在力量的支持性
介入。在族群共存的新形势的形成过程之中，传教士、地方管理部门、包括
人类学家在内的一些观光旅游者都起到了重要的作用。④ 这些碰撞的积累效
果（尤其是人类学家的到来），刺激了卡亚波人逐渐认识到，在与环绕其周
围的异质社会进行交往中，他们的被称为"文化"的东西内含潜在的政治含
义与政治价值，促使他们的社会意识（social consciousness）的形成与清晰
表达。⑤

　　卡亚波人的这种变化，也使人类学家的研究方式发生变化，开始注意卡
亚波人的社会和文化的自我意识以及内含其中的历史条件和政治含义。最主
要的体现之一就是摄影技术的采用。不仅人类学家在使用这种技术，当地的
卡亚波人也在使用这种技术。作为一个人类学家，他只是记录某族群文化的
文化工具而已。他的人类学家角色成为观察者——观察卡亚波人如何使用摄
影技术来呈现他们的文化和当代的政治—历史形式，观察他们如何开发出他

① 参见 Terence Turner, "Representing, Resisting, Rethinking: Historical Transformations of Kayapo
　　Culture and Anthropological Consciousness", in George W. Stocking, Jr ed., *Colonial situations*:
　　essays on the contextualization of ethnographic knowledge, Madison, Wis.: University of Wisconsin
　　Press, 1991, p. 300.

② 参见 Terence Turner, "Representing, Resisting, Rethinking: Historical Transformations of Kayapo
　　Culture and Anthropological Consciousness", in George W. Stocking, Jr ed., *Colonial situations*:
　　essays on the contextualization of ethnographic knowledge, Madison, Wis.: University of Wisconsin
　　Press, 1991, p. 304.

③ 参见 Terence Turner, "Representing, Resisting, Rethinking: Historical Transformations of Kayapo
　　Culture and Anthropological Consciousness", in George W. Stocking, Jr ed., *Colonial situations*:
　　essays on the contextualization of ethnographic knowledge, Madison, Wis.: University of Wisconsin
　　Press, 1991, p. 308.

④ 参见 Terence Turner, "Representing, Resisting, Rethinking: Historical Transformations of Kayapo
　　Culture and Anthropological Consciousness", in George W. Stocking, Jr ed., *Colonial situations*:
　　essays on the contextualization of ethnographic knowledge, Madison, Wis.: University of Wisconsin
　　Press, 1991, pp. 300 – 301.

⑤ 参见 Terence Turner, "Representing, Resisting, Rethinking: Historical Transformations of Kayapo
　　Culture and Anthropological Consciousness", in George W. Stocking, Jr ed., *Colonial situations*:
　　essays on the contextualization of ethnographic knowledge, Madison, Wis.: University of Wisconsin
　　Press, 1991, p. 301.

们的文化和社会自我意识。①

可以说，1987、1989 年与 1962 年相比，卡亚波人已经有了根本不同。
"他们已经成为族群'政客'，能冷静地对待外界的压力，对自己的政治反
抗中的文化维度有着清晰地自我认识，他们使用传统的文化方式（仪式、神
话等）来体现政治反抗，对西方的环境主义者、人权维护者以及土著支持者
的事业、思想、价值有着自己的理解方式。这种创造性的适应，就是卡亚波
文化复兴的真实表达"。② 同时，也预示了包括特伦斯·特纳在内的纪录片制
作者、人类学家等非卡亚波人支持性介入的意义，展示了观察者和被观察者
之间的界线正在改变。③ 换言之，人类学家们已经成为卡亚波人政治反抗、
文化复兴与反思中共同的参与者。"卡亚波文化和人类学理论是共同的联合
的产物"。④

在特伦斯·特纳看来，卡亚波人的社会意识，在 20 世纪 60 年代他初到
卡亚波社区时，既是缺乏的、又是急需的，⑤ 而随着 20 世纪 80 年代卡亚波
人社会意识的形成，社会意识成为卡亚波人进行具有政治反抗意义的一类
"文化复兴运动"的重要整合工具。⑥

---

① 参见 Terence Turner, "Representing, Resisting, Rethinking: Historical Transformations of Kayapo
Culture and Anthropological Consciousness", in George W. Stocking, Jr ed., *Colonial situations:
essays on the contextualization of ethnographic knowledge*, Madison, Wis.: University of Wisconsin
Press, 1991, pp. 305 - 311.

② 参见 Terence Turner, "Representing, Resisting, Rethinking: Historical Transformations of Kayapo
Culture and Anthropological Consciousness", in George W. Stocking, Jr ed., *Colonial situations:
essays on the contextualization of ethnographic knowledge*, Madison, Wis.: University of Wisconsin
Press, 1991, p. 311.

③ 参见 Terence Turner, "Representing, Resisting, Rethinking: Historical Transformations of Kayapo
Culture and Anthropological Consciousness", in George W. Stocking, Jr ed., *Colonial situations:
essays on the contextualization of ethnographic knowledge*, Madison, Wis.: University of Wisconsin
Press, 1991, p. 311.

④ 参见 Terence Turner, "Representing, Resisting, Rethinking: Historical Transformations of Kayapo
Culture and Anthropological Consciousness", in George W. Stocking, Jr ed., *Colonial situations:
essays on the contextualization of ethnographic knowledge*, Madison, Wis.: University of Wisconsin
Press, 1991, p. 312.

⑤ 参见 Terence Turner, "Representing, Resisting, Rethinking: Historical Transformations of Kayapo
Culture and Anthropological Consciousness", in George W. Stocking, Jr ed., *Colonial situations:
essays on the contextualization of ethnographic knowledge*, Madison, Wis.: University of Wisconsin
Press, 1991, p. 299.

⑥ 参见 Terence Turner, "Representing, Resisting, Rethinking: Historical Transformations of Kayapo
Culture and Anthropological Consciousness", in George W. Stocking, Jr ed., *Colonial situations:
essays on the contextualization of ethnographic knowledge*, Madison, Wis.: University of Wisconsin
Press, 1991, p. 300.

概言之，无论是塞内卡人"心理现实"的改变，还是卡亚波人"社会意识"的形成，都说明"文化复兴运动"是"他者"认识及建构自己的历史隐喻的一种方式，意义在于借助能动性、反抗性的文化手段达成其社会与政治目的。或者说，他们借助文化复兴运动，以一种特殊的具有能动性与反抗性的心理和认知方式来认识和建构自己的历史隐喻，实现他们的社会诉求与政治反抗目的。

（二）内生事件

西方传统史学家尤其是原子经验主义史学者认为，事件对于历史而言，正如原子对于物理学、细胞对于生物学一样，是历史研究中的基本单元。[1]在传统史学家的视域中，事件是独一无二的，只有独特的才是事件，事件异于一般的结构。[2]

对美国民族史学有着突出贡献的史学家伯纳德·科恩（Bernard S. Cohn）强调指出，事件（event）并非如一般史学家所说的是独一无二的，事件之所以成为事件，在于能够将事件的独特性转变成为具体普遍性、超越性和意义性（general, transcendent, and meaningful）的结构。要理解当地发生的事件，就要研究当地的文化结构以及这种文化结构怎样去分类。[3]

在1949年出版的《地中海与菲利普二世时代的地中海世界》中，法国年鉴学派第二代代表布罗代尔（Fernand Braudel）把历史研究分为三个层次：事件（event，主要是传统的政治史）、局势（conjuncture，作为事件和结构之间的连接，主要是经济史研究领域）、结构（structure，主要是地理学意义上的长时段历史）。事件只是表面的震动，稍纵即逝，历经长时段不变的是结构，因此，结构，即长时段历史，才是历史研究中应该关注的重点。[4]布罗代尔的关注结构、"逃离事件"的"长时段"理论，与一般史学家将事件作为历史研究的单元等传统史学观相比较，存在着根本差异。

综上，在"事件"认知上，科恩、布罗代尔的见解无疑都是对西方传统

---

① 参见 Marshall Sahlins, "The Return of the Event, Again", in Aletta Biersack ed., *Clio in Oceania: Toward a Historical Anthropology*, Washington D. C.: Smithsonian Institute Press, 1991, p. 41.

② Bernard S. Cohn, "History and Anthropology—The State of Play", *Comparative Studies in Society and History*, Vol. 22, No. 2, Apr. 1980, pp. 198 – 221.

③ Bernard S. Cohn, "History and Anthropology—The State of Play", *Comparative Studies in Society and History*, Vol. 22, No. 2, Apr. 1980, pp. 198 – 221.

④ 参见 Marshall Sahlins, "The Return of the Event, Again", in Aletta Biersack ed., *Clio in Oceania: Toward a Historical Anthropology*, Washington D. C.: Smithsonian Institute Press, 1991, p. 39.

史学事件观"事件是独一无二的，只有独特的才是事件，事件异于一般的结构"的解构；但是，在对待结构与事件之间的关系上，无论是西方传统史学家，还是美国民族史学的突出贡献者伯纳德·科恩，抑或法国年鉴史学的代表布罗代尔，他们又都具有一致的一面，即对立看待结构和事件。

曾为西方历史人类学做出突出贡献的美国人类学家萨林斯（Marshall Sahlins），借助来自斐济的材料，基于历史人类学视域，对布罗代尔关注结构、"逃离事件"的见解进行批判，主张"事件的回归"，重新考量事件的价值，重新对事件进行界定，试图将长期悬置于学界的结构与事件的对立化解开来。

萨林斯"事件观"的形成，并非一蹴而就，而是经历了一个自我反思的过程，经历了一个从突发事件（evenemential event）到内生事件（internal e-vent）乃至一般事件（event – in – general）的转变。在开始的时候，萨林斯和许多学者一样，都视土著社会为静态结构，来自外部西方的突发事件是中断这种静态结构、引发土著社会变迁的主要力量。后来，经过认真反思的萨林斯认为，在没有外来的西方世界的干预下土著静态社会亦存在内在的变化，民族史学家应该关注和书写土著社会内部的"内生事件"。事实上，他者的能动性并非源自土著社会与西方世界之间的文化接触与碰撞。

基于对20世纪上半叶北美印第安人土著族群史前文化的静态重构的反思，基于对"文化复兴"将他者能动性归为文化接触、文化相遇的批判，"内生事件"成为美国民族学人类学界民族史学流派理论架构的又一重要支点。

萨林斯指出，西方学界长期存在的结构与事件的对立，"源于一些'顽固'"的二元论宇宙观上的对立：结构之于事件，犹如社会之于个人、本质之于偶然、复发之于偶发、看不到的之于可见的、规律的之于偶然的、平凡的之于特殊的、常态的之于变态的"。① 萨林斯"内生事件"的提出及其"事件观"的不断完善，就是在不断打破这种"顽固"的二元论宇宙观中完成的。

1. 夏威夷社会的"外来突发事件"：作为"并连结构"的事件

有关库克船长造访夏威夷的史料，已有很多历史学家利用过。人类学家萨林斯利用这些史料，讲述了一个与历史学家所讲的不一样的"故事"：

---

① 参见 Marshall Sahlins，"The Return of the Event，Again"，in Aletta Biersack ed.，*Clio in Oceani-a：Toward a Historical Anthropology*，Washington D. C.：Smithsonian Institute Press，1991，p. 40.

1778 年 12 月到 1779 年 1 月，是夏威夷人的玛卡希基节（Mahahiki festival）。在当地人的信仰中，这段时期是生育之神罗诺（Lono）的节日。他的来临会带来自然的繁衍和再生。在这段时期中，僧侣地位会超越国王，为此，有时国王还会故意离开本地。库克船长恰在这个时候来到夏威夷，且如当地神话所预言。当地人以其既有的一套本土意义的文化结构，把库克当作罗诺神来看待，把外来的力量当成 chiefly power 来吸收和转化。同时，这些土著的反应本身具有能动性，即，使其既有的文化范畴在社会实践中得以重新评价、调整和创造性再生产（而不是原型性再生产）。按照传统，只有贵族和僧侣可以接近罗诺神。当地女子与欧洲水手共享食物，造成了水手的去神圣化，颠覆了原有的禁忌规则；当地女子为获取马那（mana，一种超自然神力，体现于人或物中），与欧洲水手发生性行为，水手则以船上的物品作为回报，各种新的财富得以引进。这个社会原本就存在贵族/平民的分别，并由贵族身上的马那通过禁忌来维持。由于平民与外来者的交换，上述这些社会实践活动不仅打破了国王或贵族的特权，同时也改变了原有的人群分类（如贵族与平民、外来者与当地人）间的不平等关系，平民阶层开始挑战国王和酋长的权威。正如资本主义经济贸易的交易方式被重新评价一样，这种人群分类的改变，也相应转换了当地人的社会结构。在玛卡希基节结束的时候，库克船长正好离开，遇到暴风雨，船桅受损，折返夏威夷。按照当地人的年历，此时是国王重新掌权的时期，库克再度回来，被认为是要与国王争权，由此库克遇害，其身体被当成神圣物品收藏，被奉为神来看待。此后，夏威夷的禁忌系统被彻底打破，社会系统发生颠倒、转型。[①]

　　在这个"故事"之中，萨林斯看重的是"外来突发事件"（evenemential event），把"外来突发事件"看作夏威夷土著社会文化的"并连"结构，将当地文化范畴发挥作用的方式归结于特殊的外在环境，依靠外部与本土的"并连"，夏威夷土著社会结构才得以变迁。事实上，萨林斯视土著社会为"静态"结构，认为土著社会变迁的力量来自"外来突发事件"的见解，已经受到很多学者的批评。[②]

---

①　参见黄应贵《历史与文化：对于历史人类学之我见》，《历史人类学学刊》第 2 卷第 2 期，2004 年 10 月，第 117 页；林开世《人类学与历史学的对话？》第 5—6 页，台北"中研院"民族所编：《人类学与历史研究的结合——以台湾南岛民族研究为例》（打印稿），2003 年；王铭铭主编《西方人类学名著提要》，江西人民出版社 2004 年版，第 495—506 页；王铭铭《西方人类学思潮十讲》，广西师大出版社 2005 年版，第 201—205 页。

②　参见林开世《人类学与历史学的对话？一点反省与建议》，台北"中研院"民族所编：《人类学与历史研究的结合——以台湾南岛民族研究为例》（打印稿），2003 年，第 6 页。

2. 斐济社会的"内生事件":作为与结构统合在一起的事件

在《历史的隐喻和神话的现实》中,萨林斯已经注意到要"从历史过程中推导出来的一般性结论,无需跨文化接的条件(外在的并连结构)"。①在《事件的再次回归》中,萨林斯通过对 1843—1855 年斐济岛两个王国"博"(Bau)和"热瓦"(Rewa)之间的战争起源进行探究,指出土著社会变迁的动力也可来自文化内部,揭示了"内生事件"(internal event)及其与文化秩序的关系;在此基础上,展开了对"一般事件"(event – in – general)的提炼,努力发展出与结构统合在一起的"一般事件"的人类学概念,进一步完善了他的历史文化观或文化历史观。②

顾名思义,《事件的再次回归》是针对布罗代尔"逃离事件"、关注结构的一种反思。在《事件的再次回归》这篇文章中,萨林斯明确指出,事件在历史研究中的回归——不仅仅是事件本身的回归,更在于事件与结构、系统的综合。③

在萨林斯看来,没有系统,就没有事件(No event without system)。某一社会的"外来突发事件",如地震或库克船长突然造访夏威夷湾等,它是何种历史事件就不能仅由所谓事件发生的客观性来决定,而取决于当地人是怎样看的,即决定于当地人的文化结构。将所发生的界定为一个事件,以及界定它特殊的历史后果,必须依赖于当地的文化结构。通常所说的事件,本身是复杂的,很多因素如起因、意义等,这些都是在文化脉络中获得的。相同的事件在不同的社会中、即在不同的文化系统中会有不同的历史后果。因此,简单地将结构与事件对立起来的二元论做法,只能造成概念上出现问题。④

此外,萨林斯还对"偶然发生"(happenings, incidents)的概念进行了解释。事件是"偶然发生"、结构二者之间的关联。某一"偶然发生"的历史意义,或者说它能被视为一个"事件",取决于文化背景、文化结构。另

---

① 〔美〕马歇尔·萨林斯:《历史之岛》,蓝达居等译,上海人民出版社 2003 年版,第 231 页(《历史的隐喻和神话的现实》序言)。

② Marshall Sahlins, "The Return of the Event, Again", in Aletta Biersack ed., *Clio in Oceania: Toward a Historical Anthropology*, Washington D. C.: Smithsonian Institute Press, 1991, pp. 37 – 100.

③ Marshall Sahlins, "The Return of the Event, Again", in Aletta Biersack ed., *Clio in Oceania: Toward a Historical Anthropology*, Washington D. C.: Smithsonian Institute Press, 1991, p. 39.

④ Marshall Sahlins, "The Return of the Event, Again", in Aletta Biersack ed., *Clio in Oceania: Toward a Historical Anthropology*, Washington D. C.: Smithsonian Institute Press, 1991, pp. 43 – 44.

外，萨林斯还强调，"内生事件"（internal event）与源自自然和外部因素的"外来突发事件"一样，都源自既定的历史秩序，也以相同的一般方式被建构，都限于文化－历史图式之中。①

在《事件的再次回归》中，萨林斯对斐济岛战争起源进行了新的解释，集中展示的是"内生事件"。

19世纪中叶，"博"和"热瓦"是斐济群岛上两个最为强大的国家。爆发于二者之间的1843—1855年战争，究其原因，从表面上看来，在于"热瓦"和"博"之间上层"英雄"人物的一些"偶然发生"（happenings, incidents）："热瓦"的一个头人从"博"头人的村子里获得了一口猪（这是一种证明亲属关系权力的行为，在"博"人看来，几乎没有什么价值和意义）；"博"的一个头人的妾私逃到"热瓦"头人的王室等。② 其实质原因，在萨林斯看来，则在于更大范围、更长时间的形势（situation）：敌对关系早已存在于"博"和贵族世系的斐济群岛国家（尤其是"热瓦"）之间。③ 斐济长期以来对他们王国领地所做的陆地/海洋、权力/武力等分类安排，以及各种王室之间的婚姻关系，交织成一张复杂、紧张的贵族政治文化网络。在这个网络中，一些高层的头人关系，通过个人有意的行为，具有改变更大社会系统运作的能力。即，当地文化系统投射在贵族、头人等"上层英雄"人物身上，为"英雄式"历史事件的内部生成（"内生事件"）、战争的爆发提供了深层次的文化结构基础。从这个意义上讲，萨林斯一定程度上质疑了平民式历史的普遍性，并不完全赞成"来自底层的历史"（history from bottom up），而主张一种"英雄式"的历史观（heroic history）。④

事实上，萨林斯这里倡导的是一种"总体史观"的可能性，而土著社会"内生事件"的形成，则蕴含在这种"总体史观"之中：

在萨林斯看来，历史主体（历史行动者）既指英雄贵族，也指平民，只是他们在历史行动中的表现具有分工上的不同。并不是所有社会都是自下而

---

① Marshall Sahlins, "The Return of the Event, Again", in Aletta Biersack ed., *Clio in Oceania: Toward a Historical Anthropology*, Washington D. C.: Smithsonian Institute Press, 1991, pp. 43 – 45.

② Marshall Sahlins, "The Return of the Event, Again", in Aletta Biersack ed., *Clio in Oceania: Toward a Historical Anthropology*, Washington D. C.: Smithsonian Institute Press, 1991, pp. 48 – 60.

③ Marshall Sahlins, "The Return of the Event, Again", in Aletta Biersack ed., *Clio in Oceania: Toward a Historical Anthropology*, Washington D. C.: Smithsonian Institute Press, 1991, p. 60.

④ 参见林开世《人类学与历史学的对话？一点反省与建议》，台北"中研院"民族所编：《人类学与历史研究的结合——以台湾南岛民族研究为例》（打印稿），2003年，第6页。

上（history from bottom up）的"平民"的历史，也存在"英雄式"社会。①
在"英雄式"社会中，历史是一种文化秩序，通过社会系统把国王的行为成
倍扩大，来赋予他不相称的历史影响力。其一，环境中的一般因素，由于高
层政治层的决定，成为历史的特定进程。根据统治利益及其相互结合，社会
的基础结构以历史形态和历史事件的方式实现。其二，这里的历史对突然变
迁或断层显示出罕见的包容力——这是一种文化历程式的根本性改变，表现
为英雄行为快速的大众普及化。与贵族关系积淀下来的上层社会功效相比，
一般平民的行为并不具有系统意义上的决定性。在精英身上具体化为历史类
型的文化意识，更进一步地体现在一般平民的实践活动与当代编年史中——
这是对应于历史生产的一种文化分工。在"英雄式"社会中，成员间或亚群
体之间的内聚力主要并不是源于彼此间的相似性（涂尔干的机械团结）或互
补性（涂尔干的有机团结），而是源于他们对统治权力共同的臣服，即由萨
林斯所开创和使用的"等级团结"（hierarchical solidarity）。平民不能控制社
会再生产和主流文化的历史鉴赏力，对他们而言，文化主要是"活"的实践
活动，并且作为惯习（habitus）存在。他们的生活依靠一套无意识的控制系
统而不断展开，同时从实用和真实的层面来即兴地实践和创造日常生活。如
神话传说的讲述（即神话—实践），就是平民对文化范畴的明显操纵。②

　　萨林斯进一步总结指出，从王国之间关系的更大结构和系统的视角来
看，引发战争的决定性行动，相对而言，也是独立的、自治的（autono-
mous），即，它不仅仅是原有文化图式的表达和执行，也中断那种秩序。③
因此，在萨林斯看来，（内生）事件是一般结构的独特实现；独特（内生）
事件作为一种新的一般秩序的实现。④

　　这里要着重说明的是，萨林斯此处的见解"（内生）事件是一般结构的
独特实现；独特（内生）事件作为一种新的一般秩序的实现"和上述美国
史学家伯纳德·科恩的观点"事件并不是一般史学家所说的独一无二的，只
有将其独特性转变为具有普遍性意义（结构），才是事件"构成了一种相反
相成和进一步推进的关系。事实上，以伯纳德·科恩等为代表的民族史研究

---

① 〔美〕马歇尔·萨林斯：《历史之岛》，蓝达居等译，上海人民出版社2003年版，第58—75
　 页。
② 〔美〕马歇尔·萨林斯：《历史之岛》，蓝达居等译，上海人民出版社2003年版，第65—66、
　 71、74、68、73页。
③ Marshall Sahlins, "The Return of the Event, Again", in Aletta Biersack ed., *Clio in Oceania*:
　 Toward a Historical Anthropology, Washington D. C.: Smithsonian Institute Press, 1991, p. 45.
④ Marshall Sahlins, "The Return of the Event, Again", in Aletta Biersack ed., *Clio in Oceania*:
　 Toward a Historical Anthropology, Washington D. C.: Smithsonian Institute Press, 1991, p. 81.

所积淀出的理论成果，为萨林斯"历史人类学"思想的形成提供了重要的理论参照和源泉。

3. 一般事件：不同种类的文化秩序的综合

在《事件的再次回归》中，萨林斯在"外来突发事件"和"内生事件"的基础上，具体解释了"一般事件"（event - in - general）的生成过程，由此在事件认知上完成了由"外来突发事件"至"内生事件"再至"一般事件"的扩展：

事件的辩证互动性是由一般的文化秩序结构象征性建构起来的。例如，斐济的首领权威宇宙观和亲属关系神学等文化图式对事件具有决定作用。处于这种辩证互动中的事件，涉及了三个时刻：其一，特例化时刻（instantia-tion），指一般在特殊中的体现，即社会群体和范畴在特殊的人、地、客体和行动中的体现，历史的更大的文化范畴由特殊的人、物和行动来表征、呈现出来（如斐济由其统治头人来体现）。其二，具体化力量和关系的结局时刻（denouement），指历史行动者如何去做（当然这里不仅仅是制约行动者行动的更大文化范畴的体现）。其三，整体化（totalization）时刻，与特例化时刻相反，是指依靠赋予特殊事件于一般意义，将行动回归于系统，将行动者造成的那些不能预期的实践效果再次纳回文化系统中，使之成为一段具有普遍社会意义的历史事件，即依靠建构群体之间的关系，特殊的人、物或者行动获得系统的意义。萨林斯强调指出，在这三个辩证的时刻中，存在着结构的中断，否则，它就不能成为一个事件，而只是原有文化图式的翻版。事件之所以成为事件，在于事件本身具有的动力性，事件具有改变更大范围的力量和关系的潜能。①

这里，依然可以清晰看到伯纳德·科恩对萨林斯的影响：萨林斯"整体化时刻"的见解，与伯纳德·科恩"只有将其独特性转变为具有普遍性意义（结构），才是事件"的观点，如出一辙；相比之下，萨林斯的思考全面揭示了处于辩证互动之中的事件所包含的三个前后相继的时刻，即特例化时刻（一般在特殊中的体现，历史的更大的文化范畴由特殊的人、物和行动来表征、呈现出来）、结局时刻（历史行动者具体去做，不仅仅是制约行动者行动的更大文化范畴的体现）和整体化时刻（将行动者造成的那些不能预期的实践效果再次纳回文化系统中，使之成为一段具有普遍社会意义的历史事

---

① Marshall Sahlins, "The Return of the Event, Again", in Aletta Biersack ed., *Clio in Oceania: Toward a Historical Anthropology*, Washington D. C.: Smithsonian Institute Press, 1991, pp. 80 – 84.

件，特殊的人、物或者行动获得系统的意义），更为系统和全面，也更为深入和缜密。

在萨林斯看来，在更大系统与某些人的行动继替之间存在一个涉及重要社会关系和文化范畴的中介（mediations），无论是从系统到行动的缩小（特例化时刻），还是从行动到系统的增大（整体化时刻），都会涉及中介（mediations）。琐碎的偶然发生（happenings，incidents），经过涉及重要社会关系和文化范畴的中介（mediations）之后，造成了"糟糕"的战争事件。①

基于上述研究和思考，萨林斯对"一般事件"（event－in－general）的特征进行了总结，展示出一种新的"事件"观：无论是历史学家、哲学家、人类学家还是社会学家，都承认事件是"一种差异"，而这种差异使事件有意义。事件已经生产出来，与之前必定不同。事件继起于现存的秩序，又是一种变化。当然，并不是每一个行动都是历史事件。就人类行动的一般范畴而言，历史事件只是其中的一个子集，当一些行动组成并改变了事物的文化秩序时才能称之为事件。其中，会涉及历史学家所称的事件中的不同因果系列的交叉，即不同决定因素链条的巧合。这种交叉，形成互相关联的对抗系统。在行动中敌友双方发生交叉性变化，并由此来协调效果。总之，在萨林斯看来，事件就是"不同种类的（heterogeneous）文化秩序的综合"。②

由此，借助将事件与结构的关系赋予更深的意义，萨林斯完成了对长期悬置于学界的结构与事件的对立进行化解的意图。事实上，萨林斯通过"结构"与"事件"二元对立的解构，使布罗代尔结构史观中"逃离"的事件得以回归，并由此提出了一种新的"事件"说，推进了事件认知乃至历史认知的发展，对于西方传统史学、法国年鉴史学、美国民族史学的发展而言，亦具有重要的推进意义。

在2004年出版的学术专著《向修昔底德致歉》中，萨林斯基于"阐述人类学家的文化概念对于历史研究的价值，并且，反之，随着论述的展开，也阐明了文化研究中历史的某些价值"，从更为系统的历史人类学视角对"结构"与"事件"进行整合，进一步完善了他的历史事件观，型构了他的

---

① Marshall Sahlins, "The Return of the Event, Again", in Aletta Biersack ed., *Clio in Oceania: Toward a Historical Anthropology*, Washington D. C. : Smithsonian Institute Press, 1991, pp. 60 – 80.

② Marshall Sahlins, "The Return of the Event, Again", in Aletta Biersack ed., *Clio in Oceania: Toward a Historical Anthropology*, Washington D. C. : Smithsonian Institute Press, 1991, pp. 45 – 48.

历史人类学思想（文化结构论）。① 在此意义上讲，萨林斯在 ethnohistory 层面的突出贡献，即萨林斯基于对土著社会"内生事件"及"一般事件"的深刻揭示，为其历史人类学思想（文化结构论）的系统提出做出了重要铺垫。

4. 新的问题与挑战

就西方视域中的历史事件而言，如史学家讲述的鬼魂舞（the Ghost Dance）等活动，主要基于非土著资源来认知，在当地人的意义上讲不一定是事件；从 ethnohistory 的角度来看，即依靠系统处理土著资源及其内在的文化含义来看，这些是事件。事件（event）与非事件（nonevent），基于不同的文化背景，则有不同的认识。②

如前所述，萨林斯已经发展出用文化来界定什么是事件，③ 但他的架构并没有从当地的文化特性出发挑战"事件"概念本身，反而假定了"事件"的普遍性，由此引起杨淑媛、史翠珊（Marilyn Strathern）等人的批评。

在杨淑媛看来，萨林斯的夏威夷研究，强调的是夏威夷人对自己文化范畴的明显操纵，注重的是明确的事件，而不是具有意象性（image）的历史意识。④ 换言之，可能夏威夷社会并不存在西方学者如萨林斯所揭示的明确的历史事件。所谓历史事件，只是西方学者眼中的；在夏威夷人那里，它可能只是一种意象性的历史意识。

史翠珊认为，"事件"概念本身也是由文化界定的。在西方文化的观念中，事件包含了四个被假定的基本性质：其一，独特性（uniqueness）。在西方观念里，不管在人、时、地、物上，事件是独一无二的。其二，权力（power）。事件具有权力关系。其三，脉络（context）。任何事件都有其脉络。其四，时间（time）。事件与事件之间有其联系的关系，是建立在线性的时间观上的。对美拉尼西亚人（Melanesian）而言，这几个基本性质，都因当地文化的不同而有不同的意义与选择，以至于最终构成的事件是一种

---

① 参见 Marshall Sahlins, *Apologies to Thucydides: Understanding History as Culture and Vice Versa*, Chicago: The University of Chicago Press, 2004. 这里只关注萨林斯基于斐济社会的内生事件在 ethnohistory 层面的突出贡献；有关萨林斯历史人类学思想（文化结构论）的论述，需要另文专论。

② 参见 Raymond D. Fogelson, "The Ethnohistory of Events and Nonevents", *Ethnohistory*, Vol. 36, No. 2, Spring 1989, pp. 144-145.

③ 〔美〕马歇尔·萨林斯：《历史之岛》，蓝达居等译，上海人民出版社 2003 年版，第 233—240 页（《历史的隐喻和神话的现实》）。

④ 杨淑媛：《历史与记忆之间》，台北"中研院"民族所编：《人类学与历史研究的结合——以台湾南岛民族研究为例》（打印稿），2003 年，第 1 页。

"意象"（image）。① 在史翠珊看来，萨林斯处理的是历史事件，是确实发生的事与既有的象征体系之间的关系，即事件就是文化的解释。但事实上，西方人认为重要的历史事件不一定就是美拉尼西亚人知识系统中所认为的重要事件，西方人与美拉尼西亚人不一定拥有相同的时间观念。②

另外，罗萨多（Renato Rosaldo）和普莱斯（Richard Price）还借助经验材料，通过展示"他者"借重自身文化对其历史的独特记忆和认知，全面揭示了"他者"的"历史意识"（historical consciousness）或"历史思想"（historical thought），批判了源自西方学界的"事件"概念，进一步推动了ethnohistory 的发展。③

萨林斯《事件的再次回归》一文虽然一再强调事件（无论是内在事件，还是一般事件）是指发生的事情与结构间的关系，同时也是一种文化秩序上的差别，但未能完全祛除"这依然是一种西方文化偏见"的指责。④ 事实上，萨林斯与奥贝赛克拉（Gananath Obeyesekere）在库克历史事件上的争论，充分彰显了这一点。当然，萨林斯与奥贝赛克拉的争论，还涉及是否承认"文化差异的人类学本体论基本假定"，以及是否承认"存在一种以共同的人性和共有的现实感为基础的全人类共有的实践理性"等人类学学科根本问题。⑤

十几年之后，在《向修昔底德致歉》中，萨林斯就此类问题给出了一个明确的回应：不存在纯粹的主位观点，人类学家也不可能真正从当地人的视角看问题，需要承认人类学家受到自身时空和文化的限制，但这种限制恰恰是创造性理解的起点，因为只有在另外一个文化的眼中，陌生的文化才会更完全和彻底地揭示自己。因此，人类学家的立场不仅不是一种障碍，反而是一种促进。⑥

此外，萨林斯的"事件观"，还面临其他方面的质疑和挑战。如皮尔（J. D. Y. Peel）所指出的，萨林斯对历史过渡的注意中有一个静止的因素，他所提出来的历史模型乃是给定的文化秩序之间的过渡，结果是没有充分注

---

① 参见黄应贵《历史与文化：对于"历史人类学"之我见》，《历史人类学学刊》第 2 卷第 2 期，2004 年第 2 期，第 120—121 页。

② 参见台北"中研院"叶春荣主持的"历史人类学"研究群网站（2004 年成立）。

③ 参见本节后文（三）"历史记忆"中的详论。

④ 参见黄应贵《历史与文化：对于"历史人类学"之我见》，《历史人类学学刊》第 2 卷第 2 期，2004 年第 2 期，第 121 页。

⑤ 相关问题另文专论，这里不再展开讨论。

⑥ 参见 Marshall Sahlins, *Apologies to Thucydides: Understanding History as Culture and Vice Versa*, Chicago: The University of Chicago Press, 2004.

意到夏威夷人对自己往昔的表达方式;夏威夷人具有反思和争论的能力,反而是萨林斯把他们的文化当作一种没有能动性的天赋。[①] 在皮尔看来,"尽管瓦莱里(Valerio Valeri)和萨林斯都以夏威夷为研究对象,但瓦莱里更加充分地体会到历史是一个过程而不是不同结构状态之间的过渡。他把过程而不是(如萨林斯那样)把事件作为结构的潜在的对立面;在这里,结构和过程乃是人们认知的条件。瓦莱里之考虑他对转型研究的根本环境,也更多地是从人们之所欲为……而不是(像萨林斯那样)从文化范畴系统出发"。[②] 总而言之,在批判者的眼中,萨林斯"事件观"关注的是民族史学家替他者书写的历史,而非当地人自己表达的历史;关注的是不同结构之间的过渡,而非历史过程;关注的是抽象的文化体系,而非活生生的具有能动性的个人;关注的是事件对结构的"天然"能动作用,而非土著个体的能动性。

(三)历史记忆

"正如 ethnoscience 等一样,这一时期的 ethnohistory 也很少能自主成为一个独立专业。但是,ethnohistory 表达了土著对事件的接受,揭示了据称是没有历史的族群也是有历史的。尽管在传统的历史学技艺中很难发现 ethnohistory 的踪影,但 ethnohistory 已经多次出现在口述传统和'粗糙'的记忆之中"。[③]

20 世纪 60 年代中期以后,一些民族学人类学家开始研究土著族群的宇宙观,注意到宗教仪式表演中"永恒的时间"与更为现实性行为中的一般性时间是有区别的,认识到即使最原始的在宇宙观中缺乏"时间"观念的族群也能对过去、现在、将来进行区分,敏感地觉察到每一天的生活,尽管这些区分是多样的,有时甚至是矛盾的。"原始"这一词汇本身就有问题,实际上,"原始"族群也是成熟的"修辞家""历史学家",他们有再现和解释事件的过程和内容的方式,也有对事件的过程和内容进行检验、转化的方式,

---

① 参见〔澳〕迈克尔·罗伯茨《历史》,王琼译,载中国社会科学杂志社编《人类学的趋势》,社会科学文献出版社 2000 年版,第 148 页。

② 转引自〔澳〕迈克尔·罗伯茨《历史》,王琼译,中国社会科学杂志社编:《人类学的趋势》,社会科学文献出版社 2000 年版,第 148—149 页。瓦莱里(Valerio Valeri)的夏威夷研究探讨了夏威夷土著建构历史的两种主要方式——记叙(Narrative)和吟唱的族谱世系(Genealogy),展示了夏威夷人对自己往昔的表达方式,是对萨林斯夏威夷研究的重要补充。详见 Valerio Valeri, "Constitutive History: Genealogy and Narrative in the Legitimation of Hawaiian Kingship", in Emiko Ohnuki - Tierney, ed., *Culture through time: anthropological approaches*, Stanford, Calif.: Stanford University Press, 1990, pp. 154 - 192.

③ James D. Faubion, "History in Anthropology", *Annual Review of Anthropology*, Vol. 22, 1993, p. 42.

正如"文明"的殖民者一样。传统的再现（reproduction）与传统的发明（invention）之间、记忆（mnemonics）与魔咒（conjuration）之间、神话（myth）与历史（historia）之间的界线正在消失。[①]

　　深入土著族群宇宙观层次，对其时间、事件等分类系统所做的研究，对其有关历史和事件的记忆所做的研究，对其有关过去的认知所做的研究，集中表现为对作为文化负荷者的"他者"的"历史意识"（historical consciousness）或"历史思想"（historical thought）的研究。此类研究，力图展示没有文字记载的土著社会之所以也有自己的历史，在于他们有自己独特的历史记忆方式；换言之，他们有自己的"历史学家"以特殊的记忆方式来书写自己社会的历史。这种方式书写的历史，反映的并非一种静止不动的生活，而是一幅动态发展的画面，其中既包括自身社会的发展与变迁，也涵盖了外来的西方殖民者给自己社会发展带来的变化。这种历史记忆，已然成为土著社会族群认同的重要工具。

　　这类研究成为20世纪70年代以来美国民族学人类学脉络中ethnohistory研究的重要取向，展示了这一时期繁盛于美国民族学人类学界ethnohistory研究的突出成就。ethnohistory不再指替没有文字书写历史的原始族群书写历史，而是指他者如何认知过去和历史。正如耶韦特（Deborah Gewertz）和席费林（Edward Schiefflin）在批判传统民族史学观的基础上，对民族史研究本质所做的揭示："在过去，民族史（ethnohistory）指的是利用文献或考古材料建构民族史。对历史学家（及许多人类学家）来说，传统上民族史指的是替没有文字书写历史的民族重建历史，……对我们来说，这种观念即使不说不对，也不适当……民族史最根本的是要考虑到当地人自己对事件是怎么构成的看法，以及他们从文化角度建构过去的方式。"[②]

　　基于对以往民族史学研究"替没有文字书写历史的原始族群书写历史"的批判，基于对以往民族史学研究"注重西方学者眼中明确的历史事件，忽视当地人心目中意象性的历史意识"的批判，"历史记忆"也成为美国民族学人类学界民族史学流派理论架构的重要支点。

　　1. 伊龙戈特人：空间化的时间（spatialization of time）

　　美国人类学家罗纳托·罗萨多（Renato Rosaldo）的《伊龙戈特人的猎

---

① James D. Faubion, "History in Anthropology", *Annual Review of Anthropology*, Vol. 22, 1993, p. 44.

② Deborah Gewertz and Edward Schieffelin eds. , *History and Ethnohistory in Papua New Guinea*, Sydney: University of Sydney Press, 1985, p. 3. (Introduction) 参见第四章第一节"一　核心概念的流变"中的详论。

头（1883—1974）：一项社会与历史的研究》（*Ilongot headhunting, 1883 -1974: A study in society and history*），① 基于作者 20 世纪 70 年代在菲律宾吕宋岛伊隆戈特山地的田野调查而写成的一部民族志。

这部民族志以伊龙戈特人"猎头"习俗的盛衰为核心，透过细致入微的田野观察和访谈叙事，并结合教会及官方档案等文献，细腻而生动地描绘了近一个世纪以来伊龙戈特人所经历的世仇形成（feuding）、联姻、结盟、骚乱、生计变迁，以及周边异族、殖民者、侵略者和外来宗教进入等斑驳糅杂的"历史"，呈现出一幅伊龙戈特社会与文化、历史与现实相交织而又变动不居的画面。作者一反人类学把小型的、"原初"的社会当作"与世隔绝"的、"无历史"的"冷社会"的做法，在"猎头"习俗及其变迁的脉络中生动展示了"结构"与"历史"的复杂关系，摆脱了由共时性描述和文化均质化取向而带来的认识论的困惑，堪称历史人类学的典范；② 另外，需要强调指出的是，作者借助口述史技术和口头传承资料，在以伊龙戈特人自身叙事为中心的行为中揭示了其历史意识（historical consciousness）——伊龙戈特人如何透过文化意义的活动来记忆和认知过去，展示了"他者"建构和书写自己历史的特点，彰显了 ethnohistory 研究的理论旨趣和核心特质，堪称 ethnohistory 经验研究的典范，尽管作者本人并未将这项研究冠以"ethnohistory"的名称。

（1）伊龙戈特人主体性之凸显：历时研究视角的引入

罗萨多首先对以往民族学人类学研究缺乏历时维度，忽视研究对象主体性等现象进行了批判。美国博阿斯历史文化学派假定，文化是均质的，可以从一个文化的全体成员中归纳出一个基本的人性来；文化是延续的，在一个简单的时间点上，可以进行跨代研究，即可以从儿童的活动中总结出成年人的特性来。他们还假设原始文化是无时间的、静止的。罗萨多认为，这些假定，均基于短暂的田野调查上，局限在"眼见为实"上。另外，罗萨多还批判了源自法国社会学学派涂尔干的社会结构被给定的观点：人一生下来，就进入被给定的源自其祖辈的生活模式之中，并持久地一直延续下去。在罗萨多看来，这种观点建立在三个假设的基础上：其一，社会即戏剧。社会生活被视为戏剧，人们的角色表演是依据剧本的，而不是来自个人，社会戏剧总保持相同，只是演员和舞台道具发生变化。其二，社会即房屋。房屋是经久

---

① Renato Rosaldo, *Ilongot headhunting, 1883 - 1974: A study in society and history*, Stanford, Calif.: Stanford University Press, 1980.

② 参见〔美〕罗纳托·罗萨尔多：《伊隆戈人的猎头：一项社会与历史的研究（1883—1974）》，张经纬等译，北京大学出版社 2012 年版。

不变的，正如涂尔干的社会事实一样，人们只是在其支配下从早到晚、从一个房间到另一个房间活动。其三，复杂的社会事实由一些内在的原则来决定。总之，罗萨多认为，无论是博阿斯还是涂尔干，他们没有看到，人类生活不仅仅是被给定的，同时也是一种积极主动的建构。①

罗萨多原来并不准备写一部民族志历史，而计划用社会人类学的共时研究，根据世仇形成（feuding）和婚姻联盟的形式来考察菲律宾伊龙戈特人的亲属制度和社会组织。研究中他发现，伊龙戈特人缺乏标准的社会制度，如世系组织、婚姻规则、年龄阶序组织等，而只有在社会结构研究中放入时间因素，把共时研究改为历时研究，突破传统理论观念的束缚，才能更好理解伊龙戈特社会以及它的亲属制度和社会组织。②

1907—1909 年，美国人类学家威廉·琼斯（William Jones）曾到伊龙戈特人那里做过田野调查。在琼斯看来，伊龙戈特人的社会是简单的，男人狩猎、捕鱼、清理花园中的木材，女人则在花园中劳动，他们分别是猎手、花园护理者和养殖者。这与 1967—1969 年和 1974 年罗萨多的调查结果相似。由此，可以得出一般结论：社会结构是规则的排列，历经时间而相对持久和不变。尽管人类学者建构了这样一套持久的关系，但经典的田野调查是建立在共时框架基础上的，即他们试图从经验主义观察中归纳出长时段的社会结构。在罗萨多看来，这种经验主义观察在很短的时间片断中展开，这种概括本身是有问题的。③

基于上述考虑，罗萨多特别关注了伊龙戈特人的世仇形成（feuding）问题。在他看来，世仇体现了伊龙戈特人的历史意识，也是促动婚姻和居所移动的动力，在这个意义上讲，世仇形成的过程（process of feuding）也就是其历史的行为及感觉的中心。另外，罗萨多还注意搜集有关的生活史传记，因为在生活史传记中，才能体现变化过程的展开。罗萨多还引入早期地方史，以表明伊龙戈特人的社会组织是持久社会结构中变化的单元，而且它一直在波动和变化。由此，罗萨多将伊龙戈特人放在展开的时间中，而不是一系列结构中来加以理解，④ 由此，也充分彰显了伊龙戈特人的主体性。

① Renato Rosaldo, *Ilongot headhunting*, *1883 – 1974*: *A study in society and history*, Stanford, Calif. : Stanford University Press, 1980, pp. 10 – 14.

② Renato Rosaldo, *Ilongot headhunting*, *1883 – 1974*: *A study in society and history*, Stanford, Calif. : Stanford University Press, 1980, pp. 8 – 10.

③ Renato Rosaldo, *Ilongot headhunting*, *1883 – 1974*: *A study in society and history*, Stanford, Calif. : Stanford University Press, 1980, pp. 8 – 10.

④ Renato Rosaldo, *Ilongot headhunting*, *1883 – 1974*: *A study in society and history*, Stanford, Calif. : Stanford University Press, 1980, p. 24.

传统西方学界一般认为，个人只能在给定的"社会事实"的计划安排中活动，个人意识缺乏能动作用。"事实上，依龙戈特人最深厚的价值体系之一就是，他们的行动的展开，主要靠的是一种积极的即席创作，而不是按照社会的既定的计划。"①

（2）伊龙戈特人独特的历史记忆：空间化的时间（spatialization of time）

在记录伊龙戈特家族系谱的过程中，罗萨多发现，当地人经常以讲故事的形式来记忆和表述以往的械斗、婚姻、迁移，从而开列出关于其生活历程的许多地名名单。"最为乏味的故事也许就是关于1945年逃离日本军队的故事，人们连接不断地吟诵着他们在逃离过程中饮食、休息、睡眠的岩石、山丘和河流的所有地名，并因之而感动得泪流满面……"② 这些地名，"不仅组成互相关联而且也是与战争和政治学故事相关联的地图和时间轨迹，是当地历史的素材，是当地人的心理地图，为他们提供了一种组织社会关系的灵活方式，使他们能够适应不断变化的联盟形式、偶然性机会以及家庭事务……证明了伊龙戈特人的社会形式并不是没有时间性的，也证明了伊龙戈特人自己对结构变迁以及独特历史时期社会后果的意识"。③ 罗萨多的发现，事实上清楚地揭示了伊龙戈特人对历史"事件"的独特记忆——"历史意识"（historical consciousness）。

其一，在罗萨多看来，随着时间从一个历史时刻到另一个历史时刻的变化，伊龙戈特人有充足的理由觉察到他们的社会秩序和结构更新的过程。伊龙戈特人有他们自己独特的关于暴力（如猎头、战争的出现）与和平发展变化的循环分期和记忆方式，只是与西方日历式的记忆方式不同而已。④ "同一个简单的历史事件，有很多不同的解释方式，在人们的生活中司空见惯……在伊龙戈特人中，由于在很大程度上缺乏超越性别和年龄的社会生活的等级序列，因此没有一种权威的事件观被广泛接受，在这个意义上讲，他们的文化知识就是他们的观点。"⑤ "伊龙戈特人的行为是一种文化的建构，是植根

① Renato Rosaldo, *Ilongot headhunting，1883－1974：A study in society and history*, Stanford, Calif. : Stanford University Press, 1980, p. 23.

② Renato Rosaldo, *Ilongot headhunting，1883－1974：A study in society and history*, Stanford, Calif. : Stanford University Press, 1980, p. 16.

③ 〔美〕乔治·E·马尔库斯、米开尔·M·J·费彻尔：《作为文化批评的人类学》，王铭铭、蓝达居译，生活·读书·新知三联书店1998年版，第141—142页。

④ Renato Rosaldo, *Ilongot headhunting，1883－1974：A study in society and history*, Stanford, Calif. : Stanford University Press, 1980, pp. 38－60.

⑤ Renato Rosaldo, *Ilongot headhunting，1883－1974：A study in society and history*, Stanford, Calif. : Stanford University Press, 1980, p. 20.

于习俗的历史的产物，偶然发生、发展过程、文化形式在时间中汇聚，构成了历史的理解。"① "他们不是被动地接受历史，而是主动的建构。"②

　　其二，罗萨多还强调指出，伊龙戈特人是用空间化的时间来表征历史"事件"的。"伊龙戈特人使经历过的地方（空间）成为时间再现的象征化基础进而直接成为历史事件的指标。"③ "易隆高人（伊龙戈特人——笔者注）表面上看似私人化的无秩序的叙述中具有超越个人的共同的标准，给予这个共同标准的不是类似历法的人为的时间顺序，而是残留于空间的人们的行为标记。"④ 即是说，伊龙戈特人对历史"事件"的独特记忆，即"历史意识"，是通过其特有的文化体系建构出来的，体现在有关过去的故事中，并以当事者的人名、事件发生的地名来呈现——通过空间化的时间（spatialization of time）来展示。

　　其三，伊龙戈特人"历史意识"的形成是其特殊的社会生产生活方式的产物。这种"历史意识"不仅是个体性的，也具有共同性和集体性。伊龙戈特人以过去活动过的地点再现他们过去的时间与历史，使时间空间化，如此也具体化了他们的时间。但这类经由空间再现的"历史意识"却是建立在他们眼见为凭的历史观念上，更是体现在故事之中，使叙事形式本身成为一种特定的知识。这种状况的形成，与他们没有阶序秩序的社会生活，以及刀耕火种、不断迁移的生产方式有直接的关系。在伊龙戈特社会，事件不易有单一集体的观点，父辈的经验很难作为下一代的依循法则进行传递。这使得社会历史过程被他们感觉为即兴式而难以预测，也使他们的社会秩序被感觉为没有固定形式。但是，凭借个人与个别历史的累积效应，过去的集体意识仍可浮现。他们以一般史、个人（生命）史、以及发展过程的变迁结构等交叉而成他们共同的集体的"历史意识"：1945 年为他们的和平时代，1945—1955 年为他们的猎头时代，而 1955—1960 年是他们的结婚时代。⑤

　　桑格瑞（P. Steven Sangren）指出，近年来原始社会"无历史"的观点

　　① Renato Rosaldo, *Ilongot headhunting*, *1883 – 1974*: *A study in society and history*, Stanford, Calif. : Stanford University Press, 1980, p. 19.

　　② Renato Rosaldo, *Ilongot headhunting*, *1883 – 1974*: *A study in society and history*, Stanford, Calif. : Stanford University Press, 1980, p. 23.

　　③ 杨淑媛：《历史与记忆之间》，台北"中研院"民族所编：《人类学与历史研究的结合——以台湾南岛民族研究为例》（打印稿），2003 年，第 1 页。

　　④ 刘正爱：《历史人类学与人类学意义上的历史》，《中国农业大学学报》（社会科学版）2008 年第 3 期，第 105 页。

　　⑤ 参见黄应贵《历史与文化：对于历史人类学之我见》，《历史人类学学刊》第 2 卷第 2 期，2004 年 10 月，第 114—115 页。这里主要转述黄应贵先生的相关研究成果，特此鸣谢！

已经不再流行，农民的文化不再是无时间的。很多相关研究日渐注意到农民仪式、艺术和展演在重要的文化价值和范畴交流中的重要角色，但是，依然少有研究注意这些文化习俗是如何建构本土的历史意识的。罗萨多的《伊龙戈特人的猎头》是个例外，注意到了文化习俗在建构本土历史意识中的重要意义，即不仅表明原始社会意识到了时间的变化，而且表明他们的社会认同已经受到了他们如何看待、解释过去（他们的历史意识）的深刻影响。[1] 凯琦（Shepard Krech III）则认为，罗萨多对依龙戈特人历史意识的分析，尤其是对他们的"民族地理志知识"（ethnogeographical knowledge）中有关过去概念的考察，是很有影响力的研究。[2]

在萨林斯（Marshall Sahlins）看来，对菲律宾的依龙戈特人而言，在他们过去的陈述中就包含了文化形态，这种文化形态通过其模式性的方式，对所关注的世界进行选择、评估和组织，以此突出生活的某些方面，而对其他方面保持缄默。[3] 依龙戈特人的意象性的历史意识是由文化来调节的。而且，依龙戈特人发明了自己的社会生活，每一代人可以说都在重新发现菲律宾，不同的文化秩序造就了各自的历史性。[4]

不过，罗萨多并没有沿着萨林斯的这种思考方向继续深入讨论"文化如何建构历史"的问题，[5] 这主要是因为罗萨多有自己的反思方向和研究初衷。诚如罗萨多所言："为了更好地理解社会结构功能之间的关系，将时间冻结起来，才产生了无时间原始社会的幻觉。在人类学有关历史的研究中，无论是过程，还是历史意识，既不是被驳斥，也不是被肯定，而是被忽略了……我选择了不同的策略，发展出一套最适合研究伊龙戈特人社会的概念术语，最宽泛地界定了历史，在时间中研究变化，将伊龙戈特人与我们的概念对比，将他们的历史放在研究的中心。这种在广泛意义上使用历史概念的研究模式，既没有丢失潜在的跨文化并置的比较框架，也避免了利奇的蝴蝶标本

---

① P. Steven Sangren, *History and magical power in a Chinese community*, Stanford, Calif. : Stanford Univ. Pr. , 1987, p. 8. 同时参见该页的注释。

② Shepard Krech III, "The State of Ethnohistory", *Annual Review of Anthropology*, Vol. 20, 1991, p. 362.

③ 〔美〕马歇尔·萨林斯:《历史之岛》，蓝达居等译，上海人民出版社 2003 年版，第 99 页（注释 25）。

④ 〔美〕马歇尔·萨林斯:《历史之岛》，蓝达居等译，上海人民出版社 2003 年版，第 75 页。

⑤ 黄应贵:《历史与文化:对于历史人类学之我见》，《历史人类学学刊》第 2 卷第 2 期，2004 年 10 月，第 115 页。

式的采集以及给单一文化贴标签的方式。"①

　　概言之，作为美国民族学人类学界民族史学流派的重要代表作品，罗萨多《伊龙戈特人的猎头》不仅证明了伊龙戈特人是有历史的，而且论证了他们有关过去和历史的认知乃是其文化体系的一种建构，揭示了他们用自己的独特的方式来建构和书写自己的历史。严格意义来说，伊龙戈特社会并不存在西方世界所谓的明确的历史"事件"。伊龙戈特人对历史的认知是通过一种对过去的独特记忆——"历史意识"来体现的。这种"历史意识"，由当事者的人名、事件发生的地名，即由留在空间的人们的具体行为（空间化的时间，spatialization of time）来标记，而不是由统辖当今世界的西方公历时间顺序来呈现。由此，《伊龙戈特人的猎头》事实上也构成了对以往民族史学研究"替没有文字书写历史的原始族群书写历史"以及"注重西方学者眼中明确的历史事件，忽视当地人心目中意象性的历史意识"的一种批判。

　　2. 撒拉马卡人：初始时间

　　理查德·普莱斯（Richard Price），师从文化与人格学派代表克莱德·克拉克洪（Clyde Kluckhohn），于 1970 年在哈佛大学社会人类学系获得博士学位，既重视历史和文献，也重视人类学田野调查，主要研究秘鲁和墨西哥的高地印第安人。曾在耶鲁大学执教，后在霍普金斯大学任人类学教授和系主任。在过去的很长时间里，他一直与其夫人萨丽·普莱斯（Sally Price）合作，采用广大范围的非裔美洲人（Afro - American）的研究视角，对苏里南（Suriname，又叫做 Surinam，荷属圭亚那南美洲东北部的一个国家）马卢人（Maroons，Bush Negroes，字面意思为逃入丛林的黑奴）的过去和现在进行研究。在苏里南做了三年田野调查，以及在荷兰档案馆和博物馆里收集了大量苏里南材料之后，他们以口述材料、当代的传教士日记以及 John Gabriel Stedman 近来发现的 1790 年手稿的批评版（即 Narrative, *of a five years expedition against the Revolted Negroes of Surinam*）为材料基础，重构了作为苏里南马卢人六个支系之一的撒拉马卡人（Saramakas）在 18 世纪末期的生活。《初始时间：非裔美洲人的历史视野》（*First - time：The historical vision of an Afro - American people*）和《阿拉比的世界：非裔美洲人的形成》（*Alabi's World：The Making of an Afro - American people*），就是上述研究的具体体现。②

①　Renato Rosaldo, *Ilongot headhunting*, *1883 - 1974*: *A study in society and history*, Stanford, Calif. : Stanford University Press, 1980, p. 27.

②　参见 Richard Price, *First - time*: *The historical vision of an Afro - American people*, Baltimore: Johns Hopkins University Press, 1983. （封底）

另外，他的其他著述，如《马卢社会：反叛的美洲奴隶社区》（*Maroon Society：Rebel Slave Communities in the Americas*）、《撒拉马卡的社会结构》（*Saramaka Social Structure*）等，也多与马卢人、撒拉马卡人的研究有关。①

普莱斯《初始时间：非裔美洲人的历史视野》既是美国民族学人类学界民族史学流派的重要代表作，也是 ethnohistory 研究中所谓的"俗民史"研究范式的重要体现。这主要是因为它"依赖档案材料和民族志之间的相互澄清"，②"借助土著的历史文本和欧洲文献，重现无文字的撒拉马卡（Saramakas）的俗民史（folk history），并对撒拉马卡历史传统的口述故事、论证方式以及政治反映的记载给予了特殊的关注"；③它不仅是在族群（ethical）的意义上，而是从很多角度，敏锐地分析了撒拉马卡人"现在的""片段的""穿越的""防卫的""危险的"（Presentist、fragmented、perspectival、guarded、dangerous）等历史思想（historical thought）。④

事实上，撒拉马卡人以不同的修辞类型来贮存和压缩他们的过去，而普莱斯则使用有关的证据来重构多样的撒拉马卡人有关过去的印象；普莱斯对撒拉马卡人"初始时间"（first－time）的分析，就是对撒拉马卡人历史思想（historical thought）的揭示。⑤

（1）撒拉马卡人的"初始时间"知识及其意义

南美苏里南的马卢人（Maroons）共分六个支系，撒拉马卡人（Saramakas）即为其中之一，人口超过了国家总人口的10%。英语中的 Maroon 源自西班牙语，最初用于拉美的海地岛，指的是家养的牲畜。16世纪早期，专指从全美殖民种植园中成功逃跑出来的奴隶。撒拉马卡人当中大约有2万人居住在南美东北部苏里南地区的茂密丛林之中。他们的祖先是非洲人，17世纪末、18世纪初被卖到苏里南的蔗糖、木材和咖啡种植园中当奴隶。不久，他们或单独或合群，有时以更大的集体反抗的方式逃入茂密的雨林之中。撒拉

---

①　参见 Richard Price，*First－time：The historical vision of an Afro－American people*，Baltimore：Johns Hopkins University Press，1983.（封底）

②　〔美〕乔治·E·马尔库斯、米开尔·M·J·费彻尔：《作为文化批评的人类学》，王铭铭、蓝达居译，生活·读书·新知三联书店1998年版，第146页。

③　〔美〕乔治·E·马尔库斯、米开尔·M·J·费彻尔：《作为文化批评的人类学》，王铭铭、蓝达居译，生活·读书·新知三联书店1998年版，第144页。

④　Shepard Krech Ⅲ，"Ethnohistory"，in David Levinson and Melvin Ember eds.，*Encyclopedia of Cultural Anthropology*，New York：Henry Holt and Company，1996，Volume 2，p.426；Shepard Krech Ⅲ，"The State of Ethnohistory"，*Annual Review of Anthropology*，Vol. 20，1991，p.362.

⑤　Shepard Krech Ⅲ，"The State of Ethnohistory"，*Annual Review of Anthropology*，Vol. 20，1991，p.362.

马卡人，苏里南逃跑奴隶的子孙后裔，为了获得自身的解放，在苏里南斗争了近百年，于 1762 年才获得完全独立。20 世纪 60 年代，为了实现廉价发电，接近半数的传统撒拉马卡地区被洪水淹没。六千人撒拉马卡人被迫离开了家园，有些被安置在人工湖（Artificial Lake）北边的跨界村庄里，有的在南部边界附近建立了新的村庄。①

在撒拉马卡人的心目中，存在一个初始时间（first - time）。对应于欧洲人的历史时间观而言，它即指 1685 年的逃离至 1762 年与政府达成和平协定之间的时期。关于此一时期的知识被严格地保密。人们十分谨慎地对待这一时期的谚语，有时连表述者也不全明白它们的含义。这种知识是地权、政治地位继承以及举行仪式等方面的宪章。这一历史知识缓慢地、分别地、零散地由老年人掌握和传承。没有人泄露出自己所知道的一切，也没有人知道一切。这一历史知识的来源有多种形式：家谱支系、性状词类、地名、谚语、省略语、名单、歌曲以及祷词等。嵌入于这些形式中的许多信息不能在其他场合中获得，因为它们并不存在总的叙述形式。可是，在这些各种各样的历史记忆中，潜藏着一个中心的意识力量，这就是“一去不返”（never again）的警句，也就是避免使奴隶境况复归的回声。正因为撒拉卡马人采用这种态度看待历史和生活，因此即使他们成为现代世界的雇佣劳动者，依然能表现出充分的自尊。②

1762 年，一个撒拉马卡老人是这样致辞所有的撒拉卡马人（包括未活到和平时期以及活到和平时期的撒拉卡马人）的：“那些没有活着见到和平的撒拉卡马人，不要嫉妒，不要生气，这是于事无补的，因为时间是公平的，我们应该获得更多的自由。不要让他们去看自己失去了什么，让我们和他们站在一起，我们都是‘初始时间’的人。这就是我们对他们所说的。”③

这段话是普莱斯 1976 年从一个名叫 Tebini 的撒拉马卡老人的口述中转引的。Tebini 生于 1898 年，是普莱斯在田野调查中结识的。Tebini 是“初始时间”的历史学家，热爱自己的历史知识，是“真正发生了什么”（what really happened）的热切追寻者。在 1979—1980 年，他的记忆开始衰减。在此

---

① 参见 Richard Price, *First - time*：*The historical vision of an Afro - American people*, Baltimore：Johns Hopkins University Press, 1983.（前封面）

② Richard Price, *First - time*：*The historical vision of an Afro - American people*, Baltimore：Johns Hopkins University Press, 1983, pp. 6 - 8, pp. 11 - 14；参见〔美〕乔治·E·马尔库斯、米开尔·M·J·费彻尔《作为文化批评的人类学》，王铭铭、蓝达居译，生活·读书·新知三联书店 1998 年版，第 144—145 页。

③ Richard Price, *First - time*：*The historical vision of an Afro - American people*, Baltimore：Johns Hopkins University Press, 1983.（前封面）

之前，他是 20 世纪初那一代撒拉马卡人的最重要的联系者。在普莱斯看来，Tebini 是普莱斯自己的有关"初始时间"知识的最伟大的老师。① 由 Tebini 的致辞可知，"初始时间"知识，不仅是撒拉卡马人借助自己特殊文化而建构历史的工具，也是他们利用历史记忆实现自我认同的工具。

（2）撒拉马卡人"初始时间"知识的消解与展示过去历史的新路径

20 世纪 70 年代，撒拉马卡人的生活地区受到政府官员、旅游者以及拍片人的持续冲击。撒拉马卡文化并非简单地消失，而是面临转型。在普莱斯看来，变迁过程掌握在土著人手中的可能性，部分依赖于他们能不能获得展示过去历史的新路径，而这种新路径正是如《初始时间：非裔美洲人的历史视野》一样的 ethnohistory 类合作性研究工作能够提供的。如普莱斯一样的民族学人类学家们对撒拉卡马传统的记录，突破了"泄露初始秘密"的古老禁忌；这个传统终将消失，而他们的文本即将变成经典。撒拉马卡的历史知识将"失去其威力并成为冰结的记录，不再是某一特定人群的特有技艺，也不再是满足个别群体需要的节奏流动，不再包容多种表述形式和感受"。能够起到安慰作用的是，无论如何古老的传统毫无例外地都在逐渐消失或转型。由于意识到不可逆转的变迁和新的历史知识的缺失，许多撒拉马卡老年男子因而愿意加入普莱斯研究计划的合作者行列中来。②

普莱斯将土著的历史文本和欧洲文献进行了对比，采用了具有实验民族态色彩的新的叙事方式，"认真阐述了本土历史感受、本土传统的阐释和批评工具以及这一传统固有的文本"，③"通过同时展示西文文献资料和撒拉马卡人的历史知识，说明了两种知识可以互相证实并彼此延伸，他也鼓励读者来回在两种历史之间流动，并积极参与不同历史诠释模式的操演之中。作为民族志作者的普莱斯，为了达到预期效果，刻意对文本进行了安排，使两种历史和谐地整合在文本之中"。④ 在此基础上，普莱斯把 1685 年到 1762 年这一初始时间（first - time）分为了三个阶段：1685—1748 年的英雄时代（the heroic years），1749—1759 年的朝向自由时代（toward freedom），1760—1762

---

① Richard Price, *First - time*: *The historical vision of an Afro - American people*, Baltimore: Johns Hopkins University Press, 1983, p. 37.

② 参见〔美〕乔治·E·马尔库斯、米开尔·M·J·费彻尔《作为文化批评的人类学》，王铭铭、蓝达居译，生活·读书·新知三联书店 1998 年版，第 146 页。

③ 参见〔美〕乔治·E·马尔库斯、米开尔·M·J·费彻尔《作为文化批评的人类学》，王铭铭、蓝达居译，生活·读书·新知三联书店 1998 年版，第 146 页。

④ 参见〔美〕乔治·E·马尔库斯、米开尔·M·J·费彻尔《作为文化批评的人类学》，王铭铭、蓝达居译，生活·读书·新知三联书店 1998 年版，第 145 页。

年的最终自由时代（free at last）。① 可以说，这种历史呈现方式是作者和当地的撒拉卡马人共同合作的结果，是欧洲历史知识与撒拉马卡历史知识交融的产物，是撒拉马卡展示过去历史的一种新路径。这也正是 ethnohistory 研究的重要价值所在。

另外，"普莱斯将自己的评注点缀般地记录在他记录下来的撒拉马卡文本中，使他们同时出现在纸上。……此外，普莱斯还提出一些关于更为精致评注的发展线索。在冠以'对读者而言的讲者'（of speakers/ to readers）之名的章节中，他揭示了经由沃尔特·翁（Walter Ong）、古迪（Jack Goody）、斯蒂芬·泰勒（Stephen Tyler）之手而变得重要的口头感知到成文感知的转译问题。在同一章节之中，普莱斯还提供了一些照片和简略的个人传记，努力向他的读者展示他的撒拉卡马合作者的隐约形象。这反映了当代实验民族志对表述多种声音的特殊关注"。②

总之，普莱斯通过展示撒拉马卡人有关"初始时间"的历史知识，不仅表达了"他者"有历史、历史由文化来建构的主题，而且表达了"他者"利用历史记忆来实现自我认同的理想。近来撒拉马卡人有关"初始时间"的历史知识日渐消解，标志着撒拉马卡文化的变迁，而撒拉马卡人展示过去历史的新路径的获得，在于与"民族史学家"的合作，进而共同生产和呈现撒拉马卡人的历史思想。

在传统意义上讲，西方学界持有一种西方式的惯性思维，即西方的"意识"（consciousness）概念持久保持了将野蛮（无意识）从文明（有意识）中划分出来，将人类学（研究无意识的"他者"）从历史学（研究有意识的"我者"）中划分出来的倾向性。如列维—斯特劳斯曾有这样的定论，"原始意识是复杂的，原始人有自己的自成一格的准确的逻辑，他们探寻的问题不会比西方学者少，但它不是一种历史意识"；③ 也有学者认为，"……研究者们不能用来自原始人自己的术语来表达历史，因为这样的数据看来并不存在"。④

① Richard Price, *First - time: The historical vision of an Afro - American people*, Baltimore: Johns Hopkins University Press, 1983. （Contents）

② 〔美〕乔治·E·马尔库斯、米开尔·M·J·费彻尔：《作为文化批评的人类学》，王铭铭、蓝达居译，生活·读书·新知三联书店1998年版，第145页。

③ 参见 James D. Faubion, "History in Anthropology", *Annual Review of Anthropology*, Vol. 22, 1993, p. 42.

④ 参见 James D. Faubion, "History in Anthropology", *Annual Review of Anthropology*, Vol. 22, 1993, p. 42.

"以历史记忆"为关注中心的 ethnohistory 研究，无论是罗萨多（Renato Rosaldo）揭示的伊龙戈特人空间化的时间观念，还是普莱斯（Richard Price）揭示的撒拉马卡人有关初始时间的知识，恰说明"列维—斯特劳斯等学者的见解和证据值得重新考虑，ethnohistory（关注原始族群的历史意识）最终会重新混合到人类学发展前沿之中"①，同时证明"'意识'（conscious-ness）的概念是仅为我们（即指西方人——笔者注）设计出来的，它存在于我们之中。我们用它来保卫我们，也将随着我们而消失"。② 由此，根深蒂固的西方中心论思想在此类 ethnohistory 研究中得到了深入揭示、反思和清算。

此外，ethnohistory 在美国民族学人类学学界的日渐繁盛，尤其是美国民族学人类学界民族史学流派的形成，除了取得如上的理论成就之外，还引发了人类学研究方法的变革更新，收获了重要的方法论成果。对史学方法视野的广泛借重、多种表现手法并用是其重要的方法特色和叙事特色。

一般来看，传统史学家在"历史编纂"（historiography）中有着长久的兴趣，关注不同文明的过去是如何在书面历史中表达的。在这种历史编纂中，他们以西方的眼光来看待和书写历史。而民族学人类学家所特殊关注的俗民史（folk history）的一个重要方面，则突出体现在从本地人的角度看待和书写历史上，③ 从这个意义上讲，在民族学人类学家那里，ethnohistory、folk history 与 ethno - ethnohistory 的含义几乎是一样的。④ 因此，也有学者将20世纪70年代以来民族学人类学脉络中的 ethnohistory 研究方法称为"俗民史"（folk history）方法或 ethno - ethnohistory 方法。这种研究方法，不仅是对传统史学观的一种突破，也标志着传统民族学人类学文化撰写方式（以共时描述为主的民族志）的根本性变革。

从研究材料来看，民族志材料依然受到重视，但档案材料及口述材料已

①　参见 James D. Faubion，"History in Anthropology"，*Annual Review of Anthropology*，Vol. 22，1993，p. 42.

②　Marcel Mauss，"A Category of the Human Mind：The Notion of Person，the Notion of Self"，in Michael Carrithers et al.，eds.，*The Category of the Person*：*Anthropology*，*Philosophy*，*History*，Cambridge：Cambridge University Press，1985［1938］，p. 22.

③　Robert M. Carmack，"Ethnohistory：A Review of Its Development，Definitions，Methods，and Aims"，*Annual Review of Anthropology*，Vol. 1，1972，p. 239.

④　Shepard Krech III，"The State of Ethnohistory"，*Annual Review of Anthropology*，Vol. 20，1991，p. 361；Shepard Krech III，"Ethnohistory"，in David Levinson and Melvin Ember eds.，*Encyclopedia of Cultural Anthropology*，New York：Henry Holt and Company，1996，Volume 2，p. 426；Robert M. Carmack，"Ethnohistory：A Review of Its Development，Definitions，Methods，and Aims"，*Annual Review of Anthropology*，Vol. 1，1972，p. 239. 有关 ethno - ethnohistory 的讨论，可参见第四章第一节中的有关论述。

经由过去的"冷遇"状态转变为日渐关注的重点，而且依赖于档案材料、口述材料和民族志材料之间的相互澄清；从研究对象来看，多以历史上的文化及其变迁为研究对象，突破了传统民族志以当代文化研究为主的束缚，扩展了文化撰写的空间；从聚焦主题来看，多关注他者的历史或他者对历史的建构；从表现手法来看，注意从当地人的观点看待问题，不再如 ethnohistory 凸显阶段那样强调"由非土著提供的档案证据"的重要性，而主要以"民族志描述"历史化为中心、多种表现手法并用；从总体上来看，受到了实验民族志的影响，多具有实验民族志的一般特点，为"民族志描述"的历史化提供了一种新的尝试。

华莱斯的《塞内卡人之死与再生》不仅有人类学的共时描述，历史学的编年叙述，也有近于文学形式的描写，还有来自心理学、精神分析领域中的分析，并将理论、史实、描述有机交织在文本之中，它是突出反映民族志描述"历史化"的一部代表之作，深入探讨了民族志叙述中的历史表述问题。"它是一部最好的历史民族志（historical ethnography）作品，采用了历史学的叙述形式，并使民族志的历史感与历史学相媲美，是人类学家学习历史学家做社会史的典范。"① "在人类学家中，最敏锐地与历史材料进行对话的代表作，就是华莱斯的《塞内卡人之死与再生》，它是一部把历史学、人类学和心理研究完美混合在一起的名著。"②

普莱斯的《初始时间：非裔美国人的历史视野》，以历史上的撒拉马卡文化为关注对象，采用了多种材料（如西方文献、撒拉马卡人的口述材料等）、多种分析方式（文化批评、文化解释、文本分析），并有机结合起来，关注了多重声音的表达，③ 体现出了民族志描述的历史化倾向，有着明显的实验民族志特点，在表述上超越了传统民族志的文化书写方式。

三　"俗民史"研究范式：民族学人类学"历史化"的深入

不少西方学者认为，在 ethnohistory 研究中，"俗民史"（folk history, ethno – ethnohistory）研究类型的作品以被某些人所称的特殊社会、尤其是非文明社会的历史编纂（historiography）为主，主要为 20 世纪 70 年代以来具

---

① 〔美〕乔治·E·马尔库斯、米开尔·M·J·费彻尔：《作为文化批评的人类学》，王铭铭、蓝达居译，生活·读书·新知三联书店 1998 年版，第 136—137 页。

② Wilcomb E. Washburn, *The Indian in America*, New York：Harper Colophon Books, 1975, p. 280.

③ 〔美〕乔治·E·马尔库斯、米开尔·M·J·费彻尔：《作为文化批评的人类学》，王铭铭、蓝达居译，生活·读书·新知三联书店 1998 年版，第 145 页。

有历史眼光的民族学人类学家所从事。①

综合本节相关研究，结合国外学者的有关称谓，笔者将这种 ethnohistory 研究类型（主要为美国民族学人类学界民族史学流派所使用）归纳为"俗民史"（folk history，ethno – ethnohistory）研究范式：

20 世纪 70 年代以来，一些高举"ethnohistory"旗帜的美国民族学人类学家，在人类学不断"历史化"（historicization，historicized）的感召下，关注印白接触后、土著世界和西方世界相遇后，印第安人或其他土著族群（不再限于北美印第安人）的文化复兴，彰显了土著社会在西方世界与土著世界之间文化接触和涵化中的能动作用；关注土著社会的内在变化，展示了在没有外来的西方世界的干预下土著社会亦存在内在的变化；关注土著基于自身文化图式的独特的历史记忆，说明没有文字记载的土著社会，不仅有自己的历史，而且有自己的"历史学家"，有着基于自身独特的文化观和宇宙观而形成的独特的历史书写方式。他们以民族志材料为主，依赖于档案材料、口述材料和民族志材料之间的相互澄清，注意从当地人的观点看待问题，不再强调"由非土著提供的档案证据"的重要性，力主以"民族志描述"历史化为中心、多种表现手法并用。

这类研究，揭示了他者在历史建构中的能动性，彰显的是他者对历史的重构，以此对"白人中心论""西方中心论"进行解构：文化复兴中他者的宇宙观变化，如塞内卡人"心理现实"的改变，以及卡亚波人"社会意识"的形成，说明了"他者"文化不再是西方碰撞下被动变迁的产物；土著社会中的内在变化，如斐济社会中的"内生事件"，说明土著社会并非静态不变，而是有历史变迁的；土著社会基于自身文化图式的独特的"历史记忆"，如伊龙戈特人的空间化时间（spatialization of time）观念，撒拉马卡人的初始时间（first – time）知识，说明土著社会借助自身独特的文化手段可以建构出自己的历史，ethnohistory 研究不再指替没有文字书写历史的原始族群书写历史，而是指他者如何认知过去和历史。

这类研究，不仅关注北美印第安人，也关注世界各地的土著族群；不仅为破解长期困扰美国印第安人史研究的"白人价值与白人历史的框架结构"提供了新的切入点，也为反思困扰西方学界的"西方中心论"提供了新的视角。

---

① Shepard Krech III, "The State of Ethnohistory", *Annual Review of Anthropology*, Vol. 20, 1991, p. 348; Shepard Krech III, "Ethnohistory", in David Levinson and Melvin Ember eds., *Encyclopedia of Cultural Anthropology*, New York: Henry Holt and Company, 1996, Volume 2, p. 424. 参见第四章第三节中凯琦（Shepard Krech III）所做的相关总结。

这类研究，将研究重点聚焦在"他者"的"心理现实""社会意识""历史事件""历史记忆"等层面，事实上为非印第安裔学者（无论他们是史学家还是民族学人类学家）如何理解土著文化与传统提供了探索性的研究路径。

总之，这类研究，是民族学人类学"历史化"不断深入的体现，是一种隶属于民族学人类学范畴的"俗民史"（folk history，ethno‐ethnohistory）研究范式。其中，萨林斯基于对土著社会"内生事件"及"一般事件"的深刻揭示，为这种研究范式的形成做出了重要的理论贡献。虽然这些研究并未探讨"文化如何建构历史，历史如何建构文化"等更为深层的历史人类学理论问题，但为之后萨林斯（Marshall Sahlins）对此展开全面深入研究累积了必要的理论基础，为萨林斯"历史人类学"思想体系即"文化结构论"的形成有着重要影响，[①] 对于推进历史人类学研究范式和理论体系的成型，对于人类学理论和方法的更新具有重要的促进意义。

美国 ethnohistory 研究的重要代表人物、史学家伯纳德·科恩（Bernard S. Cohn）从认识论的高度对人类学与史学之间的关系进行了系统总结，提炼出了人类学与历史学结合领域的研究提纲，从史学、人类学两个学科的视角总结了 ethnohistory 研究所积淀出来的成果：其一，历史学家与人类学家有共同的研究主题，即"他者"，不仅是地理空间上的，也是历史时间上的；都关心文本和情境（text and context）；目的都在于说明人们行动的意义，在于解释和理解，而不在于建构规则和预言；均以"文学"形式来报告其结果。其二，研究事件（event）、结构（sturcture）和转换（transformation）。事件之所以成为事件，原因在于能够将事件的独特性转变（convert）成为普遍性、超越性、意义性（general，transcendent，and meaningful）。即，事件并不是一般史学家所说的独一无二的，只有将其独特性转变为具有普遍性意义，才是事件。这涉及文化体系怎么去分类，因此，文化分类系统成为历史学与人类学共同研究领域中第一个要面对和注意的问题。其三，礼节、行为典章、政治宗教仪式、神话权力、权威、交换、互惠、分类系统（或分类的建构与建构的过程）等，也都可以成为其研究单位和主题。殖民主义是最重要的历史情境，但殖民者与被殖民者必须合成为一个研究领域。其四，历史本身即建构（construction），同时也是构成（constitution），而不只是客体化（objectification）或者具体化（reification）的现象而已。如同文化是建构起

① 此问题需要新的课题另文专论。

来的一样，历史也是建构起来的，是人类思考的结果。其五，探讨的是文化本身，而不是历史，只是人类学家更强调比较的观点，这样才能理解当地发生的事件。[①]

在参考并扬弃伯纳德·科恩上述论述的基础上，综合本章对美国民族史学流派的相关研究，这里对美国民族史学流派形成与分野的状况及其意义进行总体评析：

第一，20世纪70年代以来，无论是美国史学界，还是民族学人类学界，都对ethnohistory表现出了浓厚的兴趣，都在试图从对方汲取理论方法营养，以拓展自己的学术发展空间。在经历了20世纪上半叶的孕育阶段("民族学人类学附庸"阶段)、20世纪50—70年代的凸显阶段("学会期刊"阶段)之后，美国学界中的ethnohistory于20世纪70年代逐渐步入其繁盛阶段("民族史学流派"阶段)，民族学人类学与历史学日渐交织在一起。在这个意义上讲，ethnohistory的繁盛，归功于美国史学家与民族学人类学家的共同努力，与他们之间的关系由原来的存在隔阂到后来的日渐交织息息相关。

第二，ethnohistory研究在美国学界的日渐兴起，民族学人类学家与历史学家关系的日益密切，主要体现在研究视角、研发方法的相互借鉴上。美国民族史学流派中史学家集团与人类学家集团在理论旨趣上存在明显分野。两条理论线索可谓泾渭分明：前者试图突破特纳边疆史研究框架，揭示美国早期历史是印白文化互动的历史，是包括土著印第安人在内的全面完整的历史，彰显的是对他者的历史形象的重构，受到了族裔政治、多元文化主义的深刻影响，遵循的是"专门史"研究范式；后者基于关注他者(不再局限于北美印第安人)的文化复兴、内生事件和历史记忆来展示他者对历史的能动建构，彰显的是他者对历史的重构，一定程度上是人类学"历史化"的重要产物，遵循的是"俗民史"研究范式。

第三，美国民族史学流派的形成与分野，体现了民族学人类学与历史学的相互结合，但这种结合目前限于"他者""文化分类系统""殖民"等"研究提纲"上，处于民族学人类学与历史学相互结合的"初级阶段"。事实上，民族学人类学与历史学的相互结合并未打造出系统的知识体系，在此种意义上讲，所谓美国民族史学知识，并非建构性的，而是反

---

① Bernard S. Cohn, "History and Anthropology—The State of Play", *Comparative Studies in Society and History*, Vol. 22, No. 2, Apr. 1980, pp. 198 – 221. 这里主要转述和汇总了黄应贵先生的研究成果，特此鸣谢！参见黄应贵：《历史与文化：对于"历史人类学"之我见》，《历史人类学学刊》第2卷第2期，2004年10月，第114—116页。

思性的，其价值体现在对于民族学人类学与历史学知识结合和锻造的反思上。由此，推动了历史人类学知识传统形成与建构过程的深入反思。事实上，所谓美国民族史学知识，更多展示在民族学人类学与历史学方法论结合与更新上。

第四，美国民族史学流派的形成与分野，为民族学人类学家和历史学家之间的进一步合作创造了可能空间。美国民族学人类学家为此做出了更多的贡献：如前所述，从事 ethnohistory 研究的非印第安裔学者如何理解土著文化与传统，成为史学家所面临的一个难题。有些学者甚至觉得，除非西方历史学家利用想象力，超越自身有限的"线性的""世俗化"的时间观念，否则他们根本不可能理解印第安人的世界观。美国民族学人类学界民族史学流派的出现，将研究重点聚焦在"他者"（不仅限于北美印第安人）的"心理现实""社会意识""历史事件""历史记忆""历史意识"等层面，很大程度上为非印第安裔学者（无论他们是史学家还是民族学人类学家）如何理解土著文化与传统提供了探索性的研究路径，为破解长期困扰美国印第安人史研究的"白人价值与白人历史的框架结构"提供了新的切入点，也为反思困扰西方学界的"西方中心论"提供了新的视角。

第五，美国民族史学流派中史学家集团与人类学家集团在各自学科之中的作用，事实上也未能得到充分发挥。这种状况，一定程度上又降低了上述 ethnohistory 研究成果的作用和价值，阻碍了 ethnohistory 研究的进一步发展。正如美国当代历史学家霍斯曼所强调指出的，人类学家在处理美国土著史时存在着明显的问题：虽然最好的民族史学家往往会是人类学家，像南希·卢里（Nancy Oestreich Lurie）、安东尼·华莱斯（Anthony Wallace）等这些来自人类学的民族史学家，在对人类学划定历史范围方面做了大量工作，但民族史学家在人类学整个学科体系中却难以发挥主要的作用。大多数人类学家不太尊重档案式史学研究方法，正像大多数历史学家对人类学的野外调查工作不以为然一样。涉及早期与白人接触这一时段而必须借助民族学档案资料时，人类学家大都很成功地写出了民族史。但对于 20 世纪这个最重要的研究阶段他们却很难成功地利用民族史学研究方法。研究 20 世纪白人与美国土著互相适应的有分量的历史著作，需要精通档案和口述资料，需要人类学家和历史学家的合作，但通常情况是人类学家和历史学家各行其是。①

---

① 参见〔美〕雷金纳德·霍斯曼《美国土著史研究的最近趋势及新动向》，胡锦山译，丁则民、黄兆群校，《世界民族》1990 年第 5 期，第 36 页。

　　总之，美国民族史学流派的形成与分野，一方面彰显了美国民族学人类学与美国史学在研究视野和方法上互相借鉴取得的初步成果，另一方面也说明美国民族史学的发展需要进一步打破学科藩篱，需要民族学人类学家与史学家进一步分享彼此的理论成果，在更大范围内、在更多研究领域中携手合作、共同努力。

第四章　美国民族史学核心概念的流变、经验研究的拓展与当代反思

　　本章对美国民族史学历史演变所涵盖的核心概念内涵的流变、经验研究的拓展、研究范式与方法的转换与综合，以及美国学界对民族史学的当代反思进行揭示，由此展示处于不断发展演变过程之中的美国民族史学"学科交融、混杂多样"的面相及"嬗变与整合"的特点。

　　二战前（孕育阶段）美国学界中的 ethnohistory，主要研究印白接触前北美印第安人的稳定自我复制的"静态"社会生活史，由为数不多的一些对档案材料感兴趣的美国民族学人类学家所从事。他们使用的方法也多是考古学、民族学和历史学方法的联合。

　　20 世纪 50—70 年代（凸显阶段），以美国民族学人类学家为主力军，在美国民族学人类学家和历史学家初步合作的基础上，创办了 ethnohistory 自己的专业学会和期刊。

　　20 世纪 70 年代以来（繁盛阶段），美国史学家逐渐加盟到 ethnohistory 研究的行列中来，以文化互动的视角展示印白接触相遇之后北美族群之间的互动，以印第安人为历史叙事主体展示美国早期历史的形成。这一时期，一些美国民族学人类学家在西方人类学不断"历史化"（historicization，historicized）的感召下，关注印白接触后、土著世界和西方世界相遇后印第安人或其他土著族群的文化复兴，关注土著"静态"社会的内在变化，关注土著基于自身文化图式的独特的历史记忆，试图说明的是土著社会是有历史的，土著社会借助自身独特的文化可以建构出自己的历史，在理论旨趣上与美国史学家的 ethnohistory 研究形成了明显的分野，在研究对象上也不局限于北美印第安人。当然，在研究方法、研究视角等方面民族学人类学家和历史学家在相互借鉴，又难分彼此。

　　一方面，ethnohistory 在美国学界的孕育、凸显和繁盛，尤其是美国民族史学流派的形成与分野，主要依托于美国民族学人类学和历史学两大学科，

反映了二者相互趋近（即都在试图从对方学科中汲取营养）的发展态势。相对清晰的学科发展脉络，是 ethnohistory 在美国学界发展演变的一种重要特征。

另一方面，美国民族史学的历史演变，既涵盖 ethnohistory 概念的阶段性流变，也包括经验研究的拓展——研究地域的不断扩展、研究主题的日益多样、研究范式和方法的不断转换与日渐综合，还包括学者们对美国民族史学的评述、反思与不断整合的发展脉络，由此折射出二战以来美国民族史学"学科交融、混杂多样"的整体面相，以及"嬗变与整合"的特点。在局部相对清晰的学科发展脉络映衬之下，美国民族史学从整体上展示出了一幅"学科交融"的画面。

ethnohistory 在大学中没有成为一个具体系所，而是居住在一个多样化的"壁橱"里。为了获得更多的支持，它跨越了学科界线。[1] 20 世纪 70 年代以来，人类学、历史学及其相关领域得到了迅猛发展。实验民族志（experimental ethnography）、后过程考古学（postprocessual archeology）、元历史学（metahistory）、人口统计学、语言学分析、象征分析等也应用到 ethnohistory 研究中来。ethnohistory 的学科背景是多样的，跨学科性也很明显。ethnohistory 研究者，多是"智识的自由贸易者"（intellectual free traders），并不来自某一学科，而是借用了语言学、考古学、地理学、文学批评（literary criticism）等其他学科的方法概念和工具。ethnohistory 分析手段日益丰富，同时也处于更加复杂和混乱的风险之中。[2] "所谓 ethnohistory，就在于跨越界线，即跨越时间和地理空间，跨越学科、部门，跨越主题——无论是伦理、文化、社会还是性别，其中'他者'依然是其中的核心概念"；[3] "ethnohistory 研究者就是萍水相逢的伙伴、志趣相投的人群（Strange Bedfellows, Kindred Spirits）"；[4] 有学者则戏称 ethnohistory 为"历史学与人类学的杂种儿子"。[5] 跨学科、多样化是二战以来美国民族史学的另一种或者说更为主要的一种表

---

[1] Jennifer S. H. Brown, "Ethnohistorians: Strange Bedfellows, Kindred Spirits", *Ethnohistory*, Vol. 38, No. 2, Spring 1991, p. 117.

[2] Jennifer S. H. Brown, "Ethnohistorians: Strange Bedfellows, Kindred Spirits", *Ethnohistory*, Vol. 38, No. 2, Spring 1991, pp. 115 – 116.

[3] Jennifer S. H. Brown, "Ethnohistorians: Strange Bedfellows, Kindred Spirits", *Ethnohistory*, Vol. 38, No. 2, Spring 1991, p. 116.

[4] Jennifer S. H. Brown, "Ethnohistorians: Strange Bedfellows, Kindred Spirits", *Ethnohistory*, Vol. 38, No. 2, Spring 1991, p. 113.

[5] 参见〔澳〕迈克尔·罗伯茨《历史》，王琼译，载中国社会科学杂志社编：《人类学的趋势》，社会科学文献出版社 2000 年版，第 153 页。

现形态，是这一时期美国民族史学的整体面相。

美国人类学家奥特纳（Sherry B. Ortner）人类学理论进行评论时曾经指出："尽管人类学从来没有采纳单一范式，但至少在某一时期有一些大的理论为学者们认同，存在一些简单的称号为他们互相攻击。现在（20 世纪 60 年代以来），对这样的讨论，学者们缺乏兴趣。我们不再互相谩骂，不再划分派别，即使我们能够划出界线，也不知如何为自己定位。"① 二战后尤其是 20 世纪 70 年代以来，从整体来看，美国民族史学具有与上述奥特纳所言及的"20 世纪 60 年代以来人类学研究"相似的混杂多样的特点。

总之，二战尤其是 20 世纪 70 年代以来，美国民族史学的表现形态具有明显的两面性。美国民族史学相对清晰的学科发展脉络，镶嵌在多样庞杂的整体发展框架之中。这可以从美国民族史学核心概念的流变、经验研究的拓展与当代反思中清晰展示出来。

第一节　核心概念的流变

一　ethnohistory 概念内涵的流变

与 ethnography、ethnology、ethnic group 等一样，ethnohistory 是 ethno 类学术概念中的重要一员；与 historical anthropology 等一样，ethnohistory 也是目前备受关注的西方"历史人类学"概念群中的重要一员，是深入研究西方"历史人类学"难以绕开的重要维度。

这里对不同历史时期有关 ethnohistory 一词的诸多释义进行考察和梳理，揭示 ethnohistory 概念内涵的流变及其阶段性特征，为理解 ethnohistory 这种学术现象的演变以及西方历史人类学的发展提供一种"知识考古"意义上的依据。

早在 20 世纪初，美国人类学界就已出现 ethnohistory 一词，同时给出了有关的诠释和界说。百余年来，ethnohistory 的内涵不断流变，有关释义和界说也变动不居，在不同的历史阶段表现出了不同的特点。②

---

① Sherry B. Ortner, "Theory in Anthropology since the Sixties", *Comparative Studies in Society and History*, Vol. 26, No. 1, Jan. 1984, pp. 126 – 127.

② 这里的历史阶段，涵盖了美国民族史学二战前的孕育阶段，二战后的凸显阶段，以及 20 世纪 70 年代以来的繁盛阶段。这里的阶段划分，建立在笔者对相关材料整理分析的基础之上，可供讨论。

（一）原初使用阶段（20 世纪上半叶）

如前所述，较早论述 ethnohistory 一词的，当推美国人类学家博阿斯（Franz Boas）的学生威斯勒（Clark Wissler）。1909 年，威斯勒在引介考古学系列报告《大纽约和哈德逊河下游的印第安人》时说："从整体上而言，一般的史前文化重构，所依靠的就是所获得的 ethno – historical 数据和考古学数据的联合，但是，这种方法被证明是徒劳的，因为它没有找到古代的地方证据，也没有指示出继承下来的或当今的文化类型。"[1] 这种认识，在 20 世纪上半叶的美国人类学界一直发挥重要作用，由此也制约了这一时期 ethnohistory 的发展。20 世纪上半叶，无论是与 ethnohistory 相关的经验研究，还是对 ethnohistory 的理论阐释，都处于原初使用阶段。20 世纪上半叶原初使用和诠释的 ethnohistory 研究，代表的是一种研究类型或研究范式：除与民族学人类学有着不可分割的联系外，与考古学也有一定的关联，与原始族群史前文化的重建息息相关，突出反映了当时的民族学人类学尝试引入史学视角的发展倾向，是民族学人类学的一种有益补充。[2]

（二）初步共识阶段（20 世纪 50 年代）

美国学界首次对 ethnohistory 展开系统阐释，是在 20 世纪 50 年代，即与 ethnohistory 相关经验研究的凸显相伴而生。1954 年，美国女人类学家沃格林（Erminie W. Voegelin）在刚刚创刊的 *Ethnohistory* 第 1 卷（创刊卷）第 2 期上，发表专题研讨文章，对当时日渐凸显的 ethnohistory 经验研究进行总结，对 ethnohistory 一词进行了系统阐释，给出了其操作性界定（a working definition of ethnohistory）："以最早的书面记录为基础，从时间向前发展的角度，研究原始社会的认同、区域、接触、运动、成员、文化动力等问题。"[3]同时，她把"具有历史思想的民族学家（historically minded ethnologists）称为民族史学家（ethnohistorian）"。[4]

这种界定，与 20 世纪 50 年代明确刊载在 *Ethnohistory* 有关卷期扉页上的研究宗旨——*Ethnohistory* 期刊将致力于"最早在档案历史中研究原始人群

---

[1] Clark Wissler ed., *The Indians of Greater New York and the Lower Hudson*, Anthropological Papers, American Museum of Natural History, Vol. 3. New York, 1909, p. xiii. (Introduction) 同时，可参见 David A. Baerreis, "The Ethnohistoric Approach and Archaeology", *Ethnohistory*, Vol.8, No. 1, Winter 1961, pp. 48 – 49.

[2] 第一章对此已有详细论述，为避免过多重复，这里只给出相关要点。

[3] Erminie W. Voegelin, "An Ethnohistorian's Viewpoint", *Ethnohistory*, Vol. 1, No. 2, Nov. 1954, p. 168.

[4] Erminie W. Voegelin, "An Ethnohistorian's Viewpoint", *Ethnohistory*, Vol. 1, No. 2, Nov. 1954, p. 168.

（尤其是美国印第安人）的文化和运动"、"关于原始族群文化和运动的最早的档案史研究，及与之相关的更为广阔的问题研究"① ——基本上是一致的，即都把研究的目光锁定在原始族群文化上，均重视档案等书面材料的使用。有学者指出，沃格林的操作性界定，是这一时期 *Ethnohistory* 期刊宗旨的一种"精确化"。②

另外，沃格林的界定，与 20 世纪初威斯勒的见解相较，亦有相近之处，亦有新的发展，是对威斯勒见解的延续与扩展。

在此期间，还有一些学者对当时的 ethnohistory 经验研究进行总结，从不同层面阐释 ethnohistory 的含义：

1957 年，达克（Philip Dark）撰文指出："ethnohistory 关心的是整个文化，包括空间上和时间上的，作为一种发展的实体，受限于族群单元的持续，受限于合适数据的获得……ethnohistory 研究的单元是族群，使用的方法是一种文化术语中的族群分析。这种分析，是一种兼具共时和历时文化模式的统一体（continuum）。在实践中这就是从整体来说的 ethnohistories 和从局部或某一方面来说的 ethnohistorical studies 的特征。"③

1959 年，尤勒（Robert C. Euler）强调指出："尽管分析或者仅仅记录一种历史叙述的数据可以是一种族群的历史，但还不能成为 ethnohistory，直到涉及了文化过程的理论，以图处理各种有关的全部历史数据。"④

这一时期，还有不少 ethnohistory 研究者，如多宾斯（Henry F. Dobyns）等也都强调历史过程在 ethnohistory 研究中的重要性："ethnohistory，（应该）是对文化或文化过程理解的一种发展，它依靠使用一种具有历史性质的协议、即通过时间来分析人类集团的行为，它基于现代民族志调查的范畴，更

---

① 参见 *Ethnohistory*1955 年卷、1957 年卷有关期的扉页。

② 参见 James Axtell，"The Ethnohistory of Early America：A Review Essay"，*The William and Mary Quarterly*，3rd Ser.，Vol. 35，No. 1，Jan. 1978，pp. 112 – 113。

③ Philip Dark，"Methods of Synthesis in Ethnohistory"，*Ethnohistory*，Vol. 4，No. 3，Summer 1957，p. 251. 在达克看来，ethnohistories 和 ethnohistorical studies 是不同的。前者是从整体来说的，后者是针对局部或某一方面而言的。参见本章第二节"三　研究范式与方法的不断转换与日渐综合"中的详论。

④ Robert C. Euler，"Ethnographic methodology：A Tri – Chronic Study in Culture Change，Informant Reliability，and Validity from the Southern Paiute"，in Carroll L. Riley and Walter W. Taylor，eds.，*American historical anthropology：essays in honor of Leslie Spier*，Carbondale：Southern Illinois University Press，1967，p. 67. 该文是作者在美国人类学联合会（American Anthropological Association）1959 年年会上的一篇参会论文。后经简要修改收入了上述论文集中。参见第二章第二节"ethnohistory 经验研究的历史过程化"中的详论。

适合于那些超越作者原初目的的分析。"① 这种分析和见解,在尤勒看来,并不能令人十分满意,但事实上已经构成当时学者们从事 ethnohistory 经验研究、构建方法论和理论假设的基础。②

总的来看,20 世纪 50 年代西方学界对 ethnohistory 一词的释义(即最早的系统阐释),虽然存在一些具体方面的区别,但基本上形成了这一时期关于 ethnohistory 的初步共识:ethnohistory 是隶属于民族学人类学范畴中的学术概念,主要关注原始族群,代表着一种新的民族学人类学方法,即通过增加历史视角对传统的民族志田野调查方法加以补充和完善。如,田野调查中注重使用档案等历史证据,共时与历时研究相结合,注重文化过程理论的应用等。

(三)传统共识阶段(20 世纪 60—70 年代)

随着 ethnohistory 经验研究的增多与深入,有关 ethnohistory 一词的释义也越来越多样化。1960 年,在"美国印第安民族史协会"(the American Indian Ethnohistoric Conference)第 8 届年会上,专门召开了关于 ethnohistory 概念的学术研讨会(Symposium on the Concept of Ethnohistory)。与会者分别从各自学科出发,对 ethnohistory 的含义及与相关学科的关系进行了多层面揭示。相关文章刊发在 *Ethnohistory* 1961 年第 1 期上。

民俗学家多尔森(Richard M. Dorson)指出,以往美国民俗学与历史学之间存在着鸿沟,③ 只是在历史学和民俗学的边界之间,才出现了如"民族史学"和"民族的民俗学"(ethnohistory and ethnic folklore)这样的概念。④ 在他看来,"在美国印第安人研究中,民间传说资源被加入到 ethnohistory 资源中来,如此设计的 ethnohistory 的功能在于,为美国历史中隐藏的得不到正式表达的族群提供了一种档案史"。⑤ 多尔森还指出,口述传统(Folk traditions)为民族史学家提供了一个有用的源泉,由此,民俗史(Folk history)

---

① 本段话出自 1959 年 Henry F. Dobyns 的一份名为"Ethnohistory"的未刊手稿。参见 Robert C. Euler, "Ethnohistory in the United States", *Ethnohistory*, Vol. 19, No. 3, Summer 1972, p. 206(References)。可参见第二章第二节"ethnohistory 经验研究的历史过程化"中的详论。

② Robert C. Euler, "Ethnohistory in the United States", *Ethnohistory*, Vol. 19, No. 3, Summer 1972, p. 201. 参见第二章第二节"ethnohistory 经验研究的历史过程化"中的详论。

③ Richard M. Dorson, "Ethnohistory and Ethnic Folklore", *Ethnohistory*, Vol. 8, No. 1, Winter 1961, pp. 12 – 13.

④ Richard M. Dorson, "Ethnohistory and Ethnic Folklore", *Ethnohistory*, Vol. 8, No. 1, Winter 1961, p. 16.

⑤ Richard M. Dorson, "Ethnohistory and Ethnic Folklore", *Ethnohistory*, Vol. 8, No. 1, Winter 1961, pp. 16 – 17.

成为民族史学的一部分。口述传统并没有取代更多的传统历史档案，而与更多的传统历史档案连接起来。①

历史学家沃什布恩（Wilcomb Washburn）指出："正是 ethnohistory 这种方法，将事实和对事实的感知从研究中区分开来，因此，只有 ethnohistory 才能称之为一种'全面'的历史学（history 'in the round'）……ethnohistory 是一种过程，一种方法，而不是一个严格意义上的有着固定边界和严格入口要求的学科……它在于将历史学家的谨慎准确和社会科学家的想象和理论联合起来。"②

考古学家贝雷斯（David Baerreis）强调："ethnohistory 并不是一种新的学科，近来的一些研究虽自称 ethnohistory，但在实质上与考古学中长期使用的方法论整合在一起……考古学中 ethnohistory 方法的性质在于，它集中在档案资源的使用与考古挖掘所获数据的结合上……对考古学而言，ethnohistory 方法在根本上是一种与有关人类文化史的广阔叙述联系在一起的研究方式。"③ 他还强调指出，应用于考古学中的 ethnohistory 方法，有两大类：其一，源自人类学传统，即使用档案材料来补充考古学数据，目的在于文化描写；其二，源自历史学传统，即把有文献记载的历史与考古学遗迹（考古遗迹的地点与有关的书面记录一致）潜在地联合起来。④

民族学家卢里（Nancy Oestreich Lurie）则认为："民族学家所使用的 ethnohistory，不是一种新的方法或新的研究领域。它和民族学一样久远，只是近年来民族学家才清楚意识到这种研究方式。尽管使用档案文献证据的研究方式源自历史学家，但从事 ethnohistory 的研究者们也开发出了自己的技术。他们使用档案文献证据的目的多种多样，不止于文化涵化和播化等层面的历史关怀……是为了努力寻找有效的文化和社会规则。"⑤ 他还指出，早在上一世纪（19 世纪），人们就开始利用档案证据来帮助解释民族志或考古学

① Richard M. Dorson, "Ethnohistory and Ethnic Folklore", *Ethnohistory*, Vol. 8, No. 1, Winter 1961, p. 27.

② Wilcomb E. Washburn, "Ethnohistory: History 'in the Round'", *Ethnohistory*, Vol. 8, No. 1, Winter 1961, p. 41, p. 45, p. 45. 第三章第一节美国史学界民族史学流派领军人物沃什布恩（Wilcomb E. Washburn）处对此已有全面的展开论述，这里只是择要提及。

③ David A. Baerreis, "The Ethnohistoric Approach and Archaeology", *Ethnohistory*, Vol. 8, No. 1, Winter 1961, p. 49, p. 70, p. 70.

④ David A. Baerreis, "The Ethnohistoric Approach and Archaeology", *Ethnohistory*, Vol. 8, No. 1, Winter 1961, p. 51.

⑤ Nancy Oestreich Lurie, "Ethnohistory: An Ethnological Point of View", *Ethnohistory*, Vol. 8, No. 1, Winter 1961, p. 79, pp. 89 – 90.

数据；而有意识地研究土著族群的变化，或者批判性地意识到出于民族志的目的而使用历史数据，是近来的发展，并把这种近来发展称之为 ethnohistory 研究。①

在 *Ethnohistory* 1961 年第 3 期上，有三篇文章，均出自民族学家之手，专门对上述 1960 年的概念研讨会以及发表在 *Ethnohistory* 1961 年第 1 期上的这四篇相关文章进行了评论，同时也表达了文章作者各自对 ethnohistory 的看法。这些出自民族学家的文章，摒弃民族学学科边界，从多学科视角来关注和解释处于方法层面的 ethnohistory。②

利科克（Eleanor Leacock）认为，"不应该太多考虑 ethnohistory 概念，而应该注意澄清 ethnohistory 方法，应该同意沃什布恩（Wilcomb Washburn）把 ethnohistory 视为一种过程和方法，而不把它视为拥有固定边界和严格入门要求的严格意义上的学科……ethnohistory 并不需要为其合法性进行辩护，它源自历史学和民族学领域，能把二者更好地联系起来，重要之处在于从事 ethnohistory 研究的学者们应更为关注一般的理论"。③ 利科克还指出，他同意多尔森（Richard M. Dorson）的见解，即作为 ethnohistory 一部分的民俗学（folklore）表达的是少数族群（小族群）的立场，对历史学而言，是一种有价值的补充；它使用传统史学中的编年和档案方法，但其注意力在于以白人的历史观作为背景的族群之中，为美国历史中所隐藏的得不到正式表达的族群提供了一种档案史。④

尤尔斯（John C. Ewers）强调，考古学、民族学、民俗学、历史学都对 ethnohistory 事业的发展做出了重要贡献。⑤ 对 ethnohistory 而言，并不存在单一的方法，而在于田野调查、图书馆和博物馆调查等方法的联合。这些材料也如档案材料一样应该接受批判。做一个彻底的 ethnohistory 研究，就要使用上述所有的这些技术方法，尽管这有着较大困难。⑥ 没有哪一项 ethnohistory

---

① Nancy Oestreich Lurie, "Ethnohistory: An Ethnological Point of View", *Ethnohistory*, Vol. 8, No. 1, Winter 1961, p. 79, p. 89. 可参见第一章中的相关论述。

② 参见 Eleanor Leacock, John C. Ewers, and Charles A. Valentine, "Symposium on the Concept of Ethnohistory – Comment", *Ethnohistory*, Vol. 8, No. 3, Summer 1961, pp. 256 – 280.

③ Eleanor Leacock, "Symposium on the Concept of Ethnohistory – Comment", *Ethnohistory*, Vol. 8, No. 3, Summer 1961, p. 256, p. 260.

④ Eleanor Leacock, "Symposium on the Concept of Ethnohistory – Comment", *Ethnohistory*, Vol. 8, No. 3, Summer 1961, p. 257.

⑤ John C. Ewers, "Symposium on the Concept of Ethnohistory – Comment", *Ethnohistory*, Vol. 8, No. 3, Summer 1961, p. 262.

⑥ John C. Ewers, "Symposium on the Concept of Ethnohistory – Comment", *Ethnohistory*, Vol. 8, No. 3, Summer 1961, pp. 266 – 268.

研究能把传统史学家从传统民族学家和部族史（tribal history）研究中分离开来。未来的"民族史学"家，将产生一个"彻底的、精巧平衡的历史学"（thorough，delicately balanced history），① 能够充分开发上述所有 ethnohistory 研究的潜在资源。②

瓦伦丁（Charles A. Valentine）指出，ethnohistory 的特殊贡献在于方法论，这种方法论把各种各样形式的证据联合起来。③ ethnohistory 不应该仅仅限于或者简化为有限的来自档案的民族学研究。民族学中档案证据的最大效用现在已经显而易见了。ethnohistory 的主要功能，在于揭示这些纯档案材料的局限性，在于设计方法来克服这些局限。④ ethnohistory 研究者的目标之一，就是对现存社会和有记忆时期的历史和民族志数据进行系统整合。这并不表示应该抛弃对遥远过去的调查。这里只是强调对近期的和短时段的跨学科调查，这也是 ethnohistory 最富潜力及成效的方法。⑤ ethnohistory 方法，将历史编纂（historiography）和民族志系统整合在一起，为揭示事件、编年序列、特殊历史的文化脉络提供了独特的资源，同时它也为有关文化变化的科学推论和概括提供了一个健全合理的经验基础和概念框架，解决了功能主义与历史主义的对立，对改进目前民族学人类学不注重历史的状况有重要助益。⑥总之，在瓦伦丁看来，ethnohistory 最大的潜力在于历史证据和民族志证据之间的密切整合，它的一种重要方法论类型就在于田野技术、档案研究之间系统规划的轮换。⑦

以此次研讨会为契机，西方学者对 ethnohistory 的阐释，日渐扩展，不再如 20 世纪上半叶和 50 年代那样多局限于民族学学科的狭小视野之中。一方面，"无论是民族学家、历史学家、民俗学家还是考古学家，一般都承认，

---

① John C. Ewers, "Symposium on the Concept of Ethnohistory – Comment", *Ethnohistory*, Vol. 8, No. 3, Summer 1961, p. 268.

② John C. Ewers, "Symposium on the Concept of Ethnohistory – Comment", *Ethnohistory*, Vol. 8, No. 3, Summer 1961, pp. 268 – 269.

③ Charles A. Valentine, "Symposium on the Concept of Ethnohistory – Comment", *Ethnohistory*, Vol. 8, No. 3, Summer 1961, p. 272.

④ Charles A. Valentine, "Symposium on the Concept of Ethnohistory – Comment", *Ethnohistory*, Vol. 8, No. 3, Summer 1961, p. 273.

⑤ Charles A. Valentine, "Symposium on the Concept of Ethnohistory – Comment", *Ethnohistory*, Vol. 8, No. 3, Summer 1961, p. 273.

⑥ Charles A. Valentine, "Symposium on the Concept of Ethnohistory – Comment", *Ethnohistory*, Vol. 8, No. 3, Summer 1961, p. 275.

⑦ Charles A. Valentine, "Symposium on the Concept of Ethnohistory – Comment", *Ethnohistory*, Vol. 8, No. 3, Summer 1961, p. 277.

ethnohistory 在于使用历史的档案和方法来获得有关文化变化的性质和原因的知识，但这种知识由民族学的概念和范畴来界定"；① 另一方面，"尽管上述界定有民族学家的专制性，但没有理由由此相信 ethnohistory 就是排他性的民族学或者文化人类学的亚学科。同样，也有理由把 ethnohistory 视为文化史学，或者沃什布恩所说的'全面'的历史学（history 'in the round'）"。② "不管人们是把 ethnohistory 视为文化史（史学的分支学科），还是文化人类学的一个亚学科，都承认 ethnohistory 的出现，代表着民族学和历史学等学科的联姻，代表着史学的历时性和民族学的共时性的统合，意味着可以为了自己学科的目的而使用对方学科的方法。"③

此期间，还有很多学者，如芬顿（William N. Fenton）④、卡马克（Robert M. Carmack）⑤、怀利（Kenneth C. Wylie）⑥、施韦因（Karl H. Schwerin）⑦、斯波思（Ronald Spores）⑧、特里杰（Bruce G. Trigger）⑨ 等，也提出了各自的解释，尽管侧重点不尽一致，但基本上支持上述观点。

1968 年，科恩（Bernard S. Cohn）在为《国际社会科学百科全书》撰写词条 Ethnohistory 时明确指出："ethnohistory 意味着依靠档案、口述和考古学资源，以及社会人类学的洞察力和概念框架，对一些非欧土著族群进行历史

① James Axtell, "The Ethnohistory of Early America: A Review Essay", *The William and Mary Quarterly*, 3rd Ser., Vol. 35, No. 1, Jan. 1978, p. 113; James Axtell, "Ethnohistory: An Historian's Viewpoint", *Ethnohistory*, Vol. 26, No. 1, Winter 1979, p. 2.

② James Axtell, "The Ethnohistory of Early America: A Review Essay", *The William and Mary Quarterly*, 3rd Ser., Vol. 35, No. 1, Jan. 1978, pp. 113 – 114.

③ James Axtell, "Ethnohistory: An Historian's Viewpoint", *Ethnohistory*, Vol. 26, No. 1, Winter 1979, p. 2.

④ William N. Fenton, "Ethnohistory and Its Problems", *Ethnohistory*, Vol. 9, No. 1, Winter 1962, p. 2, p. 8; William N. Fenton, "Field Work, Museum Studies, and Ethnohistorical Research", *Ethnohistory*, Vol. 13, No. 1/2, Winter – Spring, 1966, p. 72, p. 75.

⑤ Robert M. Carmack, "Ethnohistory: A Review of Its Development, Definitions, Methods, and Aims", *Annual Review of Anthropology*, Vol. 1, 1972, p. 230, p. 234.

⑥ Kenneth C. Wylie, "The Uses and Misuses of Ethnohistory", *Journal of Interdisciplinary History*, Vol. 3, No. 4, Spring 1973, p. 708, p. 709, p. 712, p. 720.

⑦ Karl H. Schwerin, "The Future of Ethnohistory", *Ethnohistory*, Vol. 23, No. 4, Autumn 1976, p. 323.

⑧ Ronald Spores, "Ethnohistory in Middle Age: An Assessment and a Call for Action", *Ethnohistory*, Vol. 25, No. 3, Summer 1978, pp. 200 – 201; Ronald Spores, "New World Ethnohistory and Archaeology, 1970 – 1980", *Annual Review of Anthropology*, Vol. 9, 1980, p. 575.

⑨ Bruce G. Trigger, "Ethnohistory: Problems and Prospects", *Ethnohistory*, Vol. 29, No. 1, Winter 1982, p. 10, p. 11.

研究，这些研究试图重构土著族群与欧洲发生碰撞前与后的历史。"① 这种展示在权威词典中的见解，基本上代表了这一时期学界对 ethnohistory 的总体认知与传统共识。

这种界定表明，"ethnohistory 是（研究）一般为传统民族学家所关注的人们的历史……民族学家使用 ethnohistory 时，认为它依赖于书面档案（即从狭义上来使用历史概念），而历史学家倾向于使用这个标签来研究过去的缺乏书面记录的社会（即从广义上来使用历史概念）；在本质上，民族学家将 ethnohistory 视为使用非民族学的证据（即历史档案），而出于人类学家的目的；在本质上，历史学家将 ethnohistory 视为使用非历史学的证据（即民族学材料），而出于历史学家的目的"。②

上述解释，与 20 世纪 60 年代 Ethnohistory 期刊上所展示的新宗旨（这里的新宗旨，是相对于 20 世纪 50 年代 Ethnohistory 创刊时期的宗旨而言的）也是相互对应的。如 Ethnohistory 1968 年卷的各期扉页上就明确表示，ethnohistory "与一般的文化史和过程相联系，与各个层次的社会文化人群组织的特殊历史相联系，尤其强调世界各地的原始族群和农民"。③

可以说，形成于 20 世纪 60—70 年代的上述传统共识，基本上代表了这一时期西方学界关于 ethnohistory 的主流观点，即不再如 20 世纪 50 年代那样将 ethnohistory 完全隶属于民族学范畴之中，而把它视为通过民族学、历史学方法的互补来研究一般为传统民族学家所关注的人们的历史。时至今日，这种见解仍然受到不少西方学者的支持，成为西方学界有关 ethnohistory 释义中的一种主要代表类型，一直发挥着不容忽视的影响。

（四）对传统共识的反思与新的主流释义阶段（20 世纪 70—90 年代）

20 世纪 60—70 年代形成的有关 ethnohistory 的传统共识，一直处于不断深化和调整的过程之中。这种状况，可以从 70—80 年代 Ethnohistory 期刊宗旨不断调整和变化上得到一定程度的反映。1978 年，Ethnohistory 各期扉页上明确刊行了新的研究宗旨，对 1968 年以来的期刊宗旨进行了调整："这是一部季刊，包括文章、原始档案和评论，与一般的文化史和过程相联系，与

① Bernard S. Cohn, "Ethnohistory", in David L. Sills ed., *International Encyclopedia of the Social Sciences*, New York: The Free Press, 1968, Volume 5, p. 440.

② William C. Sturtevant, "Anthropology, History, and Ethnohistory", *Ethnohistory*, Vol. 13, No. 1/2, Winter – Spring, 1966, p. 6. 这是斯特蒂文特对这一时期学界总体释义的一种总结。对于斯特蒂文特个人而言，并不赞成这样的释义，即他对上述 ethnohistory 的传统共识持批判态度。斯特蒂文特的个人见解，详见下文。

③ 参见第二章第二节"二 ethnohistory 专业期刊的创办与发展"中的有关论述。

各个层次的社会文化人群组织的特殊历史相联系，尤其强调世界各地的非工业化人群。"1982 年又修正为"这是一部季刊，涉及世界各地族群（ethnic peoples）的文化史"。1984 年又修改为"这是一部季刊，涉及世界各地文化和社会的过去，强调档案和田野材料的使用以及历史编纂（historiography）和人类学方法"。①

在不断调整与深化的过程之中，学者们的认识也日益深入。他们追根溯源、批判反思，并给出了新的释义。这些反思及新的释义，对 20 世纪 60—70 年代的传统共识产生了不小的冲击。值得注意的是，反思与新的释义自 60 年代就已逐步开始。

从词源上看，ethnohistory（民族史学）、ethnography（民族志）、ethnology（民族学）等词汇的前缀 ethno–，源自希腊语 ethnos。希腊语中的 ethnos，一般被用以指称原始部族、异教徒、野蛮人（"Heathen" people，barbarian），即专指"他者"（the Other）。此类含义被保留进上述英文词汇之中。ethnohistory 中的 ethno 不仅依然含有此类部族（tribal）的含义、"他者"（the Other）的含义和"野蛮人"（barbarian）的含义，在实际应用中具有排他性（exclusionary），另外，还增添了"少数族群"（minority）的含义。②

事实上，许多西方学者在忽视甚至是漠视这个根本性、本质性问题的前提下，就开始使用和解释 ethnohistory。③

"ethnohistory 是（研究）一般为传统民族学人类学家所关注的人们的历史"，④ "'民族史学'是处于时间维度中的人类学或者由人类学概念所供给的历史学"，⑤ "很多自述（self–described）的 ethnohistory，都是传统的编年体式的叙述历史，唯一区别就是加上了 ethno，即集中于传统上民族学人类学家感兴趣的地区"，⑥ ——此类形成于 20 世纪 60—70 年代的传统共识，由

---

① 参见第二章第二节"二 ethnohistory 专业期刊的创办与发展"中的有关论述。

② Shepard Krech III, "The State of Ethnohistory", *Annual Review of Anthropology*, Vol. 20, 1991, p. 364; Shepard Krech III, "Ethnohistory", in David Levinson and Melvin Ember eds., *Encyclopedia of Cultural Anthropology*, New York: Henry Holt and Company, 1996, Volume 2, p. 425.

③ Shepard Krech III, "The State of Ethnohistory", *Annual Review of Anthropology*, Vol. 20, 1991, p. 365.

④ William C. Sturtevant, "Anthropology, History, and Ethnohistory", *Ethnohistory*, Vol. 13, No. 1/2, Winter – Spring, 1966, p. 6.

⑤ Shepard Krech III, "The State of Ethnohistory", *Annual Review of Anthropology*, Vol. 20, 1991, p. 365.

⑥ Shepard Krech III, "The State of Ethnohistory", *Annual Review of Anthropology*, Vol. 20, 1991, p. 365; Shepard Krech III, "Ethnohistory", in David Levinson and Melvin Ember eds., *Encyclopedia of Cultural Anthropology*, New York: Henry Holt and Company, 1996, Volume 2, p. 425.

于缺少对 ethnohistory 词源本质的反思，日渐遭到批判。

凯琦（Shepard Krech III）强调指出，ethnohistory 对"民族史学"家而言，一直是一个令人忧虑不安的"贫乏"而"苍白"的术语：卢里（Nancy O. Lurie）在 20 世纪 60 年代就已经暗示——学界多把 ethnohistory 限制于原始族群上，而这种把 ethnohistory 限制性应用于原始社会的观念，直到 20 世纪 60 年代中后期才受到潜在批评。[1] 1965 年布伦斯维格（Henri Brunschwig）把 ethnohistory 视为一种"野草"，同时公开表示，"没有不存在历史的民族"。非洲学家简·范西纳（Jan Vansina）在 20 世纪 60 年代指出，文明社会的历史与未开化社会的历史没有什么差别，并不要求用历史学和 ethnohistory 来分别对待。布伦斯维格赞成简·范西纳的立场，同时进一步强调指出，没有书面历史的民族并不意味着他们没有历史，因此，构造和使用 ethnohistory 这个术语，对于没有书面历史的民族而言，本身就是一种伤害。德尚（Hubert Deschamps）也指出，在原始的意义上使用 ethnohistory，对非洲人来说，暗含着不公正的种族歧视。[2] 1982 年，沃尔夫（Eric R. Wolf）指出："或许可以称之为'民族历史'（ethnohistory），为的是与研究所谓文明人的'真正历史'（real history）分开。可是从民族历史的研究中，我们可以清楚看出这两种历史的研究主题是完全一样的。我们对民族历史所知愈多，便愈明白'他们的历史'和'我们的历史'是同一部历史中的某一部分。因而，世上没有所谓独立于'白人历史'的'黑人历史'，这两种历史都是一部共同历史的组成部分。不过，这种历史为了经济、政治或意识形态的理由受到传统研究的压抑或被删除。"[3]

近年来，还有人对 ethnohistory 以"救世主"身份（patronizing）出现的问题，表现出了新的忧虑。[4]如前所述，在 1960 年"美国印第安民族史协会"

---

[1] Shepard Krech III, "The State of Ethnohistory", *Annual Review of Anthropology*, Vol. 20, 1991, p. 364; Shepard Krech III, "Ethnohistory", in David Levinson and Melvin Ember eds., *Encyclopedia of Cultural Anthropology*, New York: Henry Holt and Company, 1996, Volume 2, p. 425.

[2] Shepard Krech III, "The State of Ethnohistory", *Annual Review of Anthropology*, Vol. 20, 1991, p. 364; Shepard Krech III, "Ethnohistory", in David Levinson and Melvin Ember eds., *Encyclopedia of Cultural Anthropology*, New York: Henry Holt and Company, 1996, Volume 2, p. 425. 本章第三节"一　20 世纪 90 年代美国学界对 ethnohistory 的系统评述与反思"中"民族史学"标识问题对此有进一步的讨论。

[3] 〔美〕埃里克·R·沃尔夫：《欧洲与没有历史的人》，贾士蘅译，民主与建设出版社 2018 年版，第 20 页。

[4] Shepard Krech III, "The State of Ethnohistory", *Annual Review of Anthropology*, Vol. 20, 1991, p. 364; Shepard Krech III, "Ethnohistory", in David Levinson and Melvin Ember eds., *Encyclopedia of Cultural Anthropology*, New York: Henry Holt and Company, 1996, Volume 2, p. 425. 可参见第三章第一节中的相关论述。

第 8 届年会上，民俗学家多尔森（Richard M. Dorson）提出："在美国印第安人研究中，民间传说资源被加入到 ethnohistory 资源中来，如此设计的 ethnohistory 的功能在于，为美国历史中隐藏的得不到正式表达的族群提供了一种档案史。"[1]这种观点，以"救世主"的身份为"他者"说话，由于其依然没有摆脱将"他者"视为"另类"的传统观念，因而也受到了批判。

在 ethnohistory 新的释义之中，最有代表性的就是"过去认知"说，或者"历史意识"（historical consciousness）说。在"民族科学"（ethnoscience）这样一种认知人类学视野之中，[2] ethnohistory 彻底祛除了词源上的"野蛮人""原始族群""他者"等含义，展示出了一种全新的内涵。

1964 年，斯特蒂文特（W. C. Sturtevant）在《民族科学研究》（Studies in Ethnoscience）一文中，从认知人类学的角度，对"民族志"（ethnography）、"民族植物学"（ethnobotany）、"民族科学"（ethnoscience）等概念给出了新的诠释，并把 ethnohistory 与这些概念在相同意义上来使用。他指出，"民族志"的目标是发现制约某一社会的观念模式，揭示该社会对物质世界和宇宙分类的特定途径；"民族植物学"就是关于植物世界的特定的文化概

---

① Richard M. Dorson, "Ethnohistory and Ethnic Folklore", *Ethnohistory*, Vol. 8, No. 1, Winter 1961, pp. 16 – 17.

② 关于认知人类学视野下的"民族科学"，在 20 世纪 60—90 年代国内外人类学界逐渐形成了一致的理解：在美国人类学家 C·恩伯和 M·恩伯看来，列维—斯特劳斯的结构主义方法，意味着通过直觉而不是通过逻辑来抓住某个文化内在的思维规则。"民族科学"的民族学方法，则力图从对民族志材料的逻辑分析中导出这些思维规则，这种民族志材料必须尽可能地避免受到观察者自己的文化倾向的干扰……"民族科学"力图通过某个民族自己的观点来认识他们心目中的世界，而不是根据一套事先确定好的人类学范畴来收集资料。通过研究一个民族的语言，特别是用以描述他们做什么的词汇，民族科学家力图系统地表述生成该文化中为人们所接受的行为的规则。参见 C·恩伯、M·恩伯《文化的变异：现代文化人类学通论》，杜杉杉译，辽宁人民出版社 1988 年版，第 69—70 页。

我国人类学家黄淑娉、龚佩华则认为，由于认知人类学所使用的基本方法是文化内涵事物的分类，因而这种方法也称为民俗分类（Folk Classification）或民俗分类学（Folk Taxonomy），同时也称为"新民族志"（New Ethnography）或者"民族科学"（Ethnoscience）。"民族科学"一词的使用更广泛些，但这一术语会使人想到，好像只有民俗分类或民俗分类学才是科学的，而其他种类的民族志则不科学。"民族科学"研究各个社会的分类体系，或者说研究某一文化的典型的"知识和认知体系"，这就是各"民族"的"科学"。这样，关于某一社会对植物界的民族分类，便称为"民族植物学"，进而类推出"民族动物学"、"民族地理学"等。但某个社会的文化并不限于自然领域，而是与集团观念、人际关系、集团间的关系以至与疾病、宗教有关，因而与各个社会所具有的"意义"密切相关，所以也使用"民族语义学"（Ethnosemantics）或"民族志语义学"（Ethnographic Semantics），"民族语义学"的目的是根据某一文化中一个成员所见到的真实情况，对该文化做出描写。参见黄淑娉、龚佩华《文化人类学理论方法研究》，广东高等教育出版社 1998 年版，第 364—365 页。

念，而不是一般意义上的按照学界的分类原则对植物进行描述；"民族科学"是一种普遍的民族志方法，它集中研究人的认知结构。在此基础上，斯特蒂文特指出，"ethnohistory 就是某一特定文化的负荷者有关过去的观念，而不是指一般意义上所认为的原始族群（'野蛮人'）的历史"。在斯特蒂文特看来，ethno 即指"某一特定文化的知识和认知体系"，而不再含有词源上的"野蛮人""原始族群""他者"等含义。①

1974 年，弗格森（Raymond D. Fogelson）在重构切罗基人（Cherokees）及其他北美土著的文化和历史世界时，曾"气愤"地构造了"ethno‐ethnohistory"这一词汇；② 弗格森认为，"历史意识"（historical consciousness）的特殊形式，在西方主要由书面档案来承担；这种承担，对 ethnohistory 而言，具有特殊的认识论上的两难困境——怎样说明所谓没有历史的人们（一般缺乏档案文献）的历史？不能简单地认为他们缺乏历史意识，因为所有的人们都拥有对过去的感觉，不管从西方人的观点来看某些族群对过去的感觉是多么的例外和特殊。理解非西方的历史，不仅需要生产档案，扩展由档案所构成的概念，也需要努力理解历史意识和话语（historical consciousness and discourse）的相异形式（alien forms）。为了强调与突出 ethno，为了凸显为西方所忽视的"他者"历史以及"他者"在历史建构中的能动性，弗格森"气愤"地指出，他所提出的"ethno‐ethnohistorical approach"是必要的。这种方法坚持要认真研究土著历史理论，将这些理论放在土著叙述、土著仪式之中，或者更为一般的土著哲学和土著世界观之中。内含于这种方法中的一个假设就是，事件可以被验证、界定和评价，要根据不同的文化传统相应赋予事件的不同理解。③

① William C. Sturtevent, "Studies in Ethnoscience", in Theory in Anthropology, edited by Robert A. Manners and David Klan, Aldine Publishling Company, New York, 1968, p. 475, p. 476, p. 491; William C. Sturtevant, "Studies in Ethnoscience", American Anthropologist, New Series, Vol. 66, No. 3, Part 2: Transcultural Studies in Cognition, Jun. 1964, p. 99, p. 100, p. 123.

② Raymond D. Fogelson, "On the Varieties of Indian History: Sequoyah and Traveller Bird", Journal of Ethnic Studies 2, 1974, pp. 105 – 112. 在该文中弗格森提出了 ethno‐ethnohistory 概念。另外，还可参见 Raymond D. Fogelson, "The Ethnohistory of Events and Nonevents", Ethnohistory, Vol. 36, No. 2, Spring 1989, p. 134; Shepard Krech III, "The State of Ethnohistory", Annual Review of Anthropology, Vol. 20, 1991, p. 361; Shepard Krech III, Ethnohistory, In David Levinson and Melvin Ember eds. , Encyclopedia of Cultural Anthropology, New York: Henry Holt and Company, 1996, Volume2, p. 426.

③ 参见 Raymond D. Fogelson, "On the Varieties of Indian History: Sequoyah and Traveller Bird", Journal of Ethnic Studies 2, 1974, pp. 105 – 112; Raymond D. Fogelson, "The Ethnohistory of Events and Nonevents", Ethnohistory, Vol. 36, No. 2, Spring 1989, pp. 134 – 135.

当时，很多对小规模社会感兴趣的学者，都同意弗格森将 ethnohistory 当作 ethno – ethnohistory 的重要性，认识到"在本质上，把 historia 用 res gestarum 来注释是有问题的（problematizing historia res gestarum）"，① 即"在本质上，历史研究作为对过去事情的客观描述是有问题的"。② 在弗格森的影响下，萨林斯（Marshall Sahlins）、罗萨多（Renato Rosaldo）和普莱斯（Richard Price）等学者的一些研究，开始转向了 ethno – ethnohistory 这种研究取向。③ ethno – ethnohistory 的提出，体现了西方学界开始关注"他者"的历史意识（historical consciousness），注意考察"他者"有关过去的认知方式，不再特意强调客观历史。由此，萨林斯等学者甚至认为，这种认识，无论是对传统的民族学，还是对传统的历史学，都构成了根本性冲击。④

也有学者从 ethno – ethnography 的角度来看 ethno – ethnohistory。迈尔斯（William F. S. Miles）指出，人类学家劳利斯（Robert Lawless）首先使用了 ethno – ethnography 的概念。劳利斯是在叙述和解释罗马天主教和新教传教士的活动中，在叙述和解释有关菲律宾群岛 Kalinga 人猎头活动的教义中提出来的。⑤ 在这种框架中，劳利斯从自己文化的角度调查了人类学家作为信息通讯员所扮演的角色，以及重新检视了人类学研究方法所依赖的民间和科学分析模式。⑥ 以此为基础，迈尔斯强调，ethno – ethnohistory 是指收集和解释那些有关土著历史中早期西方观察者和定居者的资料；ethno – ethnohistory 是重要的，因为它不仅仅帮助我们理解他者文化，而且，更重要的是，它帮助我们理解我们自身的作为非洲祖先之继承者的形象，提供了一种族群意义上的自我反思性。换言之，ethno – ethnohistory 涉及的不仅仅是"他者"、"他

---

① Shepard Krech III, "The State of Ethnohistory", *Annual Review of Anthropology*, Vol. 20, 1991, p. 361.

② "historia" 是拉丁文，其中一义指对过去的研究，即历史研究。参见杨豫《西方史学史》，江西人民出版社 1993 年版，第 6 页。"res gestarum" 也是拉丁文，指人类过去客观的经历和存在，即人类所做的事情。参见杨豫《西方史学史》，江西人民出版社 1993 年版，第 4 页。因此，"在本质上，把 historia 用 res gestarum 来注释是有问题的（problematizing historia res gestarum）"，即是说，"在本质上，历史研究作为对过去事情的客观描述是有问题的"。

③ 参见 Shepard Krech III, "Ethnohistory", in David Levinson and Melvin Ember eds. , *Encyclopedia of Cultural Anthropology*, New York: Henry Holt and Company, 1996, Volume 2, p. 426.

④ Marshall Sahlins, "Goodby to Tristes Tropes: Ethnography in the Context of Modern World History", *The Journal of Modern History*, Vol. 65, No. 1, Mar. 1993, p. 1.

⑤ 参见 Robert Lawless, "An Ethnoethnography of Missionaries in Kalingaland", *Studies in Third World Studies* 26, 1983, pp. 1 – 18.

⑥ 参见 Robert Lawless, "Ethnoethnographers and the Anthropologist", *Anthropology* 10, 1986, pp. 55 – 74.

者"的历史,也从中反思"我者"自己的文化,涉及"他者"与"我者"的关系问题,涉及跨文化综合问题。依据迈尔斯的见解,从本土的观点来看,而不是从殖民主义的观点来看,是 ethno – ethnohistory 的主要价值所在。①

1985 年,耶韦特（Deborah Gewertz）和席费林（Edward Schiefflin）对 ethnohistory 的本质曾给出了一种深具影响力和代表性的解释:"在过去,ethnohistory 主要利用文献或考古材料来建构。对历史学家（及许多人类学家）来说,传统上 ethnohistory 指的是替没有文字书写历史的族群重建历史……这种观念虽然不能说不对,也是不适当的……ethnohistory 最根本的是要考虑到当地人自己对事件是怎么构成的看法,以及他们从文化角度建构过去的方式。"②

总之,20 世纪 80—90 年代,随着对 ethnohistory 词源本质的反思,以及对隐含于其中的西方中心论的揭示,形成于 20 世纪 60—70 年代的传统共识日渐遭到批判。无论是斯特蒂文特所阐明的"ethnohistory 就是某一特定文化的负荷者有关过去的观念,而不是指一般意义上所认为的原始族群（'野蛮人'）的历史";还是弗格森为了凸显"他者"在历史建构中的能动作用,特意构造出 ethno – ethnohistory 来强调指出的"理解非西方的历史,不仅需要生产档案,扩展由档案所构成的概念,也需要努力理解历史意识和话语的相异形式……要根据不同的文化传统相应赋予事件的不同理解";或是耶韦特和席费林所揭示的"ethnohistory 最根本的是要考虑到当地人自己对事件是怎么构成的看法,以及他们从文化角度建构过去的方式"——这些可统称为所谓"过去认知"说（"历史意识"说）的观点,充分彰显出西方学界对 ethnohistory 的诠释,与 20 世纪 60—70 年代的传统共识（即把 ethnohistory 视为研究一般为传统民族学家所关注的人们的历史,视为替没有文字书写历史的族群重建历史）已有很大的不同,是对 20 世纪上半叶以来西方学者在 ethnohistory 研究中一直强调"由非土著提供的档案证据"的重要修正,也是

① William F. S. Miles, "Colonial Hausa Idioms: Toward a West African Ethno – Ethnohistory", *African Studies Review*, Vol. 36, No. 2, Sep. 1993, p. 12., p. 11.

② Deborah Gewertz, and Edward Schieffelin eds., *History and Ethnohistory in Papua New Guinea*, Sydney: University of Sydney Press, 1985, p. 3. （Introduction）还可参见 Shepard Krech Ⅲ, "The State of Ethnohistory", *Annual Review of Anthropology*, Vol. 20, 1991, p. 349; Shepard Krech Ⅲ, "Ethnohistory", in David Levinson and Melvin Ember eds., *Encyclopedia of Cultural Anthropology*, New York: Henry Holt and Company, 1996, Volume 2, p. 424; 台湾人类学学者叶春荣主持的台北"中研院"历史人类学（Historical Anthropology）研究群网站（2004 年成立）上有关 ethnohistory 的简介文章。

西方学者在对 ethnohistory 展开经验研究以及在此基础上进行释义的过程中取得的最为重要的创见之一。这成为萨林斯"历史人类学"（historical anthropology）思想体系的重要理论基础。① 在这些学者看来，ethnohistory 的出现，标志着历史不仅仅是西方学者笔下的历史；彰显出"他者"也是有历史的，并以自己特殊的文化方式建构出自己的历史。由此，不仅揭示了"他者"在历史建构中的能动性，冲击了"客观历史"说，还深入批判了西方中心论。

上述见解，即"过去认知"说（"历史意识"说），在对 20 世纪 60—70 年代有关 ethnohistory 的传统共识进行批判的同时，逐渐在 80—90 年代成为新的主流释义，成为西方学界关于 ethnohistory 释义中的又一种主要代表类型，至今发挥着不可替代的重要作用。

二　基于 ethnohistory 一词演化发展的认知

从以上 ethnohistory 一词的演化、发展来看，ethnohistory 的历史源头虽与民族学（ethnology）一样悠长，但在二战后才日渐凸显繁盛，逐渐为人们所认可和关注。战后以来，越来越多的西方学者对它表现出了浓厚的兴趣，不断给出理论层面的总结与诠释，以及相关的经验研究。这些理论层面的总结与诠释，既存在明显的分歧，也有一定的共识，折射出西方学者对 ethnohistory 这种学术现象的总体认知状况。②

1. 方法说。即将 ethnohistory 视为"二战"后出现的一种新的研究方法。持这种观点的学者较多。当然，他们对这种新的研究方法也存在不同认识。有学者（如威斯勒、沃格林、达克、多宾斯、尤勒、卢里、卡马克等）认为，它是民族学中出现的一种新方法。有学者（如多尔森等）认为，它是历史学中的新方法。有学者（以沃什布恩、利科克、瓦伦丁、芬顿、怀利、斯波思、阿克斯特尔、凯琦等为代表）认为它标志着民族学方法与历史学方法的联合，有学者（如贝雷斯）认为它标志着民族学方法与考古学方法的联

---

① 黄应贵指出，"在美国鲍亚士历史学派理论的影响下，有关被研究民族的历史之探讨，一直是民族历史学（ethnohistory）的工作。虽然，民族历史学在人类学的发展史上，并没有重要的成就与影响力，但其悠久的研究领域，终究累积出一些具理论意涵而属抽象层次的研究提纲，成为历史人类学形成及发展的重要源泉之一……但这些想法，必须等到萨林斯发展出文化结构论的理论观点来处理库克船长造访夏威夷所发生的一连串事件，才开花结果"。参见黄应贵《历史与文化：对于"历史人类学"之我见》，《历史人类学学刊》第 2 卷第 2 期，2004 年 10 月，第 115—116 页。可参见第三章第二节中的相关论述。

② 这里对上一部分"一　ethnohistory 概念内涵的流变"中有关学者的见解进行跨时段类型总结。这些见解的出处，限于篇幅，不再一一重复列出。

合，也有学者（如尤尔斯、特里杰）认为它标志着多种有关学科（历史学、殖民史、民族学、民俗学、考古学等）方法的联合。还有学者（以达克为代表）认为，它是一种分析方法，这种方法兼具共时和历时分析的特点。

2. 学科说。即将 ethnohistory 视为二战后出现的一种新的学科。持这种观点的学者较少，一般只是认可它是一种分支学科。有学者（如芬顿、施韦因）认为，它既可看做文化人类学的一个分支学科，也可看作历史学的一个分支学科。有学者（以沃什布恩为代表）认为，它可以是历史学的一个分支学科。有学者（以特里杰为代表）认为，它可以是人类学的一个分支学科。

多数学者（以沃什布恩、芬顿、卡马克、凯琦为代表）则明确指出，它不是一门相对独立的学科。也有个别学者（如阿克斯特尔）有着更为极端的见解，认为它不仅不是一个独立学科，甚至不是民族学人类学或历史学的一个分支学科。

3. 研究取向说。即把 ethnohistory 视为二战后新的研究取向。其一，以科恩为代表的很多西方学者认为，ethnohistory 意味着依靠档案、口述和考古学资源，以及社会人类学的洞察力和概念框架，对一些非欧土著族群进行历史研究，以图重构土著族群与欧洲发生碰撞前与后的历史。这种研究取向所涵括的理论主旨，即为 20 世纪 60—70 年代以来西方学界在对 ethnohistory 进行释义的过程中形成的传统共识。其二，斯特蒂文特、弗格森、萨林斯、耶韦特和席费林等学者认为，ethnohistory 意味着对原始族群有关过去的认知方式的研究，即对原始族群的历史意识（historical consciousness）的研究，并不代表对一般意义上所认为的原始族群历史进行考察。这种研究取向所包含的理论主旨，即为 20 世纪 60—70 年代以来西方学界对 ethnohistory 进行反思的主要成果，并逐渐在 80—90 年代成为 ethnohistory 新的主流释义。

4. 研究范式说。即把 ethnohistory 视为二战后新的研究范式（paradigm）。持这种观点的学者，如萨林斯等，并不多见。他们认为，这种新的研究范式，无论是对传统的民族学，还是对传统的历史学，都构成了根本性的冲击。

总之，对 ethnohistory 概念的认知和诠释，种类多样，从整体上展示出 ethnohistory 这种学术现象流变性与多义性的特点。跨越不同的历史阶段综合来看，它既可从民族学人类学的角度来理解，即"为了获得有关文化变化的性质和原因的知识"①，"为了努力寻找有效的文化和社会规则"②；也可从历史学的角度来解释，被看作一种"彻底的、精巧平衡的历史学"（thorough, delicately balanced history）③，一种"'全面的'历史学"（history 'in the round'）④；也可同时从民族学人类学、历史学的角度来把握，"是处于时间维度中的人类学或者由人类学概念所供给的历史学"⑤。它既指"研究一般由传统民族学家所关注的人们的历史"，也指"对原始族群有关过去的认知方式进行研究"。另外，无论是民族学人类学家的诠释，还是历史学家的释义，也无论是 20 世纪 50 年代的初步共识，还是 60—70 年代的传统共识，或是对传统共识的反思并逐渐在 80—90 年代占主导的新的主流释义，都不反对把 ethnohistory 视为一种新的研究方法。他们都主张用跨学科的眼光来看待 ethnohistory，强调了从田野、档案馆、博物馆等多处采纳数据的必要性，同时也都认可了 ethnohistory 在研究方法上的价值。

第二节　经验研究的拓展

二战以来，美国学界很多从事 ethnohistory 研究的学者，不管研究世界上哪一地区，都在使用各种各样的历史纪录，包括口述传统和档案文献等。他们中的很多人，使用跨学科方法，将文化史和考古学联系起来，将民族学和长范围的文化动力学结合起来。他们吸收当代理论，尤其是有关文化压力（cultural stress）的理论，使用这些假设来解释过去行为。他们以世界各地土著为主要关注对象，同时也开始研究世界上的开化民族。⑥ 不仅美国民族学人类学家和历史学家参与其中，其他一些如考古学等相关学科的学者也纷纷

---

① James Axtell, "The Ethnohistory of Early America: A Review Essay", *The William and Mary Quarterly*, 3rd Ser., Vol. 35, No. 1, Jan. 1978, p. 113; James Axtell, "Ethnohistory: An Historian's Viewpoint", *Ethnohistory*, Vol. 26, No. 1, Winter 1979, p. 2.

② Nancy Oestreich Lurie, "Ethnohistory: An Ethnological Point of View", *Ethnohistory*, Vol. 8, No. 1, Winter 1961, pp. 89 – 90.

③ John C. Ewers, "Symposium on the Concept of Ethnohistory – Comment", *Ethnohistory*, Vol. 8, No. 3, Summer 1961, p. 268.

④ Wilcomb E. Washburn, "Ethnohistory: History 'in the Round'", *Ethnohistory*, Vol. 8, No. 1, Winter 1961, p. 41.

⑤ Shepard Krech III, "The State of Ethnohistory", *Annual Review of Anthropology*, Vol. 20, 1991, p. 365.

⑥ Robert C. Euler, "Ethnohistory in the United States", *Ethnohistory*, Vol. 19, No. 3, Summer 1972, p. 205.

加盟。

代表美国民族史学突出学术成就、基于相近理论旨趣和研究范式而形成的美国民族史学理论流派，只是诸多民族史学经验研究的一种集中展示和一个重要局部；事实上，民族史学经验研究作品的繁多与纷杂，造成了民族史学经验研究的丰富性，民族史学经验研究除了具有局部意义上的"学科分野明晰"的特点之外，还具有整体意义上的"学科交融、混杂多样"的特点。下面即从研究地域的不断扩展、研究主题的日益多样、研究范式与方法的不断转换与日渐综合这些方面对纷繁的美国民族史学经验研究进行概览和梳理。

需要指出的是，"学科交融、混杂多样"的美国民族史学经验研究还可以由"命名杂乱""类型多样"等其他方面得以体现。20世纪90年代，*Ethnohistory* 期刊原主编（1983—1992年就任）、"美国民族史学学会"（the American Society for Ethnohistory）原主席（2005年就任）凯琦（Shepard Krech III）曾对"美国民族史学"的既往发展作过系统评述与反思，其中，对纷繁的美国民族史学经验研究"命名"问题和"类型"问题进行了细致考量、梳理和分析，并在既往学界的类型划分基础上，给出了新的类型划分。① 由此，可以更为全面地认识民族史学经验研究作品。

一 研究地域的不断扩展

学者施韦因（Karl H. Schwerin）曾对1963—1973年 *Ethnohistory* 期刊10年来所载文章情况进行统计：1963年的 *Ethnohistory* 期刊，共刊载了14篇经验研究类的文章，研究的目光都锁定在北美土著上，其中，有10篇出自人类学家之手；1964年，共刊载了13篇经验研究类文章，其中，有8篇来自人类学家，有9篇聚焦在北美；1965年，共14篇经验研究类文章，其中，人类学家10篇，研究北美的14篇；1966年，3篇理论述评类文章，3篇经验研究类文章，都出自人类学家之手，这3篇经验研究类的文章，1篇研究玻利维亚，2篇研究秘鲁，集中在拉丁美洲地区；1967年，共刊载3篇文章，都是经验研究，都聚焦在北美，有2篇出自人类学家之手；1968年，共刊载14篇经验研究类的文章，有12篇出自人类学家之手，7篇北美、2篇拉丁美洲、5篇旧世界；1969年，共刊载20篇经验研究类文章，有15篇出

---

① Shepard Krech III, "The State of Ethnohistory", *Annual Review of Anthropology*, Vol. 20, 1991, pp. 345 – 375; Shepard Krech III, "Ethnohistory", in David Levinson and Melvin Ember eds., *Encyclopedia of Cultural Anthropology*, New York: Henry Holt and Company, 1996, Volume 2, pp. 422 – 429. 参见本章第三节中的相关详论。

自人类学家之手，北美 16 篇，拉丁美洲 1 篇，旧世界 3 篇；1970 年，共刊载 10 篇经验研究类文章，有 5 篇出自人类学家之手，7 篇在北美，2 篇在拉丁美洲；1971 年，共刊载 20 篇经验研究类文章，有 10 篇出自人类学家之手，2 篇出自历史学家之手，8 篇出自其他学科专家之手，其中 15 篇在北美，1 篇在拉丁美洲，4 篇在旧世界；1972 年，共刊载 23 篇文章（包括理论和述评），人类学家 10 篇，研究北美的有 20 篇，拉丁美洲 1 篇，旧世界 2 篇；1973 年，共刊载了 16 篇文章（包括理论和述评），其中，人类学家 2 篇，研究北美的 6 篇。[①]

从上述 1963—1973 这 10 年间 *Ethnohistory* 期刊刊载文章的情况来看，到 1964 年，*Ethnohistory* 期刊上已经出现了研究范围跨出北美之外的一些文章，ethnohistory 研究不再局限于北美大陆。当然，北美大陆依然是它的一个重要关注地区。

如前所述，1968 年 *Ethnohistory* 期刊宗旨进行了更新，即在该年卷的各期扉页上明确表示，"这是一部季刊，包括文章、原始档案和评论，与一般的文化史和过程相联系，与各个层次的社会文化人群组织的特殊历史相联系，尤其强调世界各地的原始族群和农民"。在此之前，*Ethnohistory* 只有少数文章涉及非美国主题。在此之后，研究地域日益扩展，不再限于北美大陆的印第安人。[②]

除了 *Ethnohistory* 期刊之外，还有一些期刊对世界各地族群的 ethnohistory 研究表现出了浓厚兴趣。1960 年《非洲史期刊》（*Journal of African History*）创刊，展示了官方记录中的非洲传统，以及阿拉伯和埃及材料在 ethnohistory 研究中的价值。这一时期《太平洋史期刊》（*Journal of Pacific History*）的建立，成为太平洋地区 ethnohistory 研究的重要窗口，[③] 它主要刊载太平洋诸岛及亚洲东部等地区 ethnohistory 研究的文章。[④] 在《比较社会和历史期刊》（*The Journal of Comparative Society and History*）中，也有很多适合上述定义的 ethnohistory 研究。该刊物是传统历史学家的园地，研究对象主要在于早期西欧、古希腊、罗马、中国和印度，传统人类学家涉足不多。其中，有关非西

---

① Karl H. Schwerin, "The Future of Ethnohistory", *Ethnohistory*, Vol. 23, No. 4, Autumn 1976, p. 326. （图表）

② Robert C. Euler, "Ethnohistory in the United States", *Ethnohistory*, Vol. 19, No. 3, Summer 1972, p. 205.

③ Bernard S. Cohn, "Ethnohistory", in David L. Sills, ed., *International Encyclopedia of the Social Sciences*, New York: The Free Press, 1968, Volume 5, p. 443.

④ Robert M. Carmack, "Ethnohistory: A Review of Its Development, Definitions, Methods, and Aims", *Annual Review of Anthropology*, Vol. 1, 1972, p. 235.

方文化发展中的历史主题，多为人类学家所忽略。圣经和古典研究与人类学的密切整合，为该刊物的 ethnohistory 发展提供了重要平台。① 《中美洲印第安人手册》（*Handbook of Middle American Indians*）自 1956 年创刊以来，到 1986 年增补卷的出现，人类学家和历史学家在如何界定 ethnohistory 研究范围时已发生了巨大变化。② 该增补卷的出现，主要在于提供了一系列与中美洲殖民有关的主题文章和评论文章，对史前（prehistory）的研究根基进行了研讨，对玛雅、中部墨西哥、瓦哈卡（Oaxaca）等中美洲地区进行了 ethnohistory 意义上的研究。③

在一个无文字的具有同质文化的小社会里，传统人类学家对其进行民族志现在时描述是可能的。随着这种社会的减少，ethnohistory 日益成为人类学家在研究小社会中取得重要理论成果的领域。二战以来，田野工作机会在拉丁美洲、澳洲等地的扩展，以及许多殖民地国家的独立，对 ethnohistory 的发展是一个巨大的刺激，因为在上述地区有很多的历史资源可以利用。④ 如前所述，基于研究范围的拓展，经大多数会员的同意，1966 年 "美国印第安民族史学协会"（the American Indian Ethnohistoric Conference）更名为 "美国民族史学会"（the American Society for Ethnohistory）。⑤这种变化，更加有力地促进了 ethnohistory 在拉丁美洲、澳洲、非洲的拓展。

1. 拉丁美洲。对 ethnohistory 研究而言，档案资源最为富有的一个地区来自拉丁美洲。这里存在很多由西班牙管理者和宗教官员记录下来的长达 450 年的档案材料。⑥

拉丁美洲的 ethnohistory，集中于中美洲和安第斯山脉中部地区，材料主要来自西班牙统治时留下的档案，以及该地区的土著碑铭和象形文字记录等。这些研究者，不管是历史学家、民族学家、考古学家，还是语言学家，

① Robert M. Carmack, "Ethnohistory: A Review of Its Development, Definitions, Methods, and Aims", *Annual Review of Anthropology*, Vol. 1, 1972, p. 235.

② Ronald Spores, volume editor, with the assistance of Patricia A. Andrews, *Ethnohistory* (*volume 4*), *Supplement to the handbook of Middle American Indians*, Austin: University of Texas Press, 1986, Vii.

③ Ronald Spores, volume editor, with the assistance of Patricia A. Andrews, *Ethnohistory* (*volume 4*), *Supplement to the handbook of Middle American Indians*, Austin: University of Texas Press, 1986, pp. 3 – 6. (Introduction)

④ Bernard S. Cohn, "Ethnohistory", in David L. Sills ed., *International Encyclopedia of the Social Sciences*, New York: The Free Press, 1968, Volume 5, p. 443.

⑤ 参见第二章第二节 "一 ethnohistory 专业学会的组建" 中的有关论述。

⑥ Karl H. Schwerin, "The Future of Ethnohistory", *Ethnohistory*, Vol. 23, No. 4, Autumn 1976, p. 324.

都主张使用档案,既进行结构功能分析,也从事历史研究。20 世纪中叶,拉丁美洲的 ethnohistory 研究,主要在墨西哥和秘鲁进行。成果主要表现在《西班牙美洲历史评论》(*Hispanic American Historical Review*)、《拉丁美洲研究评论》(*Latin American Research Review*)、《拉丁美洲研究期刊》(*Journal of Latin American Studies*)、《拉丁美洲研究手册》(*Handbook of Latin American Studies*)之中。①

这里的西班牙殖民官员,保存了详细的适用于所有殖民地的皇家法令,以及省、教区和西方管理者的记录。这些没有出版的手稿,对历史学家和社会科学家而言,包含着很多有价值的信息。很多作品能回溯到欧洲碰撞之前,记录了当地文化的重要信息。并不是所有有用的信息都能在国家档案和图书馆中找到,很多有价值的信息是在有关省和教区中找到的。对收集到的涉及一个特殊文化和族群的 ethnohistory 材料进行比较研究,一般能够产生详细和连贯的结果,填补未知事实之间的空白,揭示多种多样的文化过程。依靠把各种手稿、档案以及地方层次上的调查结合起来,往往可以取得令人满意的研究结果。②

亚当斯(Richard N. Adams)认为,尽管克鲁伯(A. L. Kroeber)等早就认识到 ethnohistory 在拉美地区所具有的广阔前景,但拉美地区的 ethnohistory 并没有与北美地区的 ethnohistory 并行发展。③ 在亚当斯看来,在拉美有很多研究可以称为 ethnohistory,其特色在于以下几个方面:其一,从研究的材料来看,用以研究的材料很多,尤其是法律方面、人口统计学方面的材料,它们多是殖民地时期的。④ 其二,从研究的问题来看,主要在于阐明社会时代条件,其中,西班牙 ethnohistory 研究的问题主要涉及了印第安反叛、土地使用和改革、国家化等。⑤ 其三,从理论概念的选择来看,在特殊的问题中一般隐含着对历史事件进行分析时所需的概念,但研究者所使用的概念,尽管

---

① Ronald Spores, "New World Ethnohistory and Archaeology, 1970 – 1980", *Annual Review of Anthropology*, Vol. 9, 1980, pp. 577 – 578.

② Karl H. Schwerin, "The Future of Ethnohistory", *Ethnohistory*, Vol. 23, No. 4, Autumn 1976, pp. 327 – 328.

③ Richard N. Adams, "Ethnohistoric Research Methods: Some Latin American Features", *Ethnohistory*, Vol. 9, No. 2, Spring 1962, pp. 181 – 182.

④ Richard N. Adams, "Ethnohistoric Research Methods: Some Latin American Features", *Ethnohistory*, Vol. 9, No. 2, Spring 1962, p. 182.

⑤ Richard N. Adams, "Ethnohistoric Research Methods: Some Latin American Features", *Ethnohistory*, Vol. 9, No. 2, Spring 1962, p. 185.

源于本土，有其理论价值，但不一定合适，并不能完全反映出当地的整体文化。① 其四，在研究阶段之范围的选择上，一是关注族群及其研究的地理空间范围，二是关注互相维系在一起的多样化的文化和传统，这主要采用以下三种方式中的某一种来完成，即主题的比较研究、百科全书式的或程序性的汇集、综合。其中，对 ethnohistory 而言，综合是一种持续性挑战。成功的例子不多，因为综合需要首先得有大量的聚焦于特殊问题之上的狭小范围的研究，综合要建立在这种研究的基础之上。从这个意义上讲，时至今日，拉丁美洲的 ethnohistory，在实际表现中缺乏新意，在数量上受限。②

2. 澳洲。20 世纪 70 年代之前，西方学界还少有关于澳洲土著部族的历史研究。其一，澳洲的民族学人类学受到了英国社会人类学功能主义的深刻影响。有关社会组织、亲属关系、宗族等的探究很多，而很少涉及变化。如马林诺夫斯基、布朗（Alfred Radcliffe - Brown）、涂尔干等都研究过澳洲土著，他们一般都是这样进行研究。与美洲有关情况不同的是，澳洲的民族学人类学研究，很少涉及档案材料，对历史问题缺乏兴趣。其二，历史学家对澳洲土著居民也缺乏关注。③ 澳大利亚土著历史研究之展开，当归功于澳大利亚的"民族史学"家，是他们将巨大的民族志材料和书面档案材料结合起来。④

20 世纪 70 年代初，有关澳大利亚土著的 ethnohistory 研究刚刚开始。因此，由 ethnohistory 所引发的各种对抗（如民族学家与历史学家之间的对抗）在澳洲还没有形成。⑤ 20 世纪 70 年代这 10 年中，和新世界其他地区相比，澳洲的 ethnohistory 占有明显优势。它们与考古学和民族学联系紧密，使用档案和口述资源。⑥

20 世纪 70 年代，有关澳大利亚土著历史的研究主题日渐增多，其中最好的由所谓的 ethnohistory 研究者完成。⑦ 这些 ethnohistory 研究的主要目的在于：其一，建构一幅澳洲土著与欧洲发生接触和碰撞时澳洲土著文化的图

---

① Richard N. Adams，"Ethnohistoric Research Methods: Some Latin American Features"，*Ethnohistory*，Vol. 9，No. 2，Spring 1962，p. 188.

② Richard N. Adams，"Ethnohistoric Research Methods: Some Latin American Features"，*Ethnohistory*，Vol. 9，No. 2，Spring 1962，pp. 190 – 193.

③ Peter Corris，"Ethnohistory in Australia"，*Ethnohistory*，Vol. 16，No. 3，Summer 1969，p. 202.

④ Peter Corris，"Ethnohistory in Australia"，*Ethnohistory*，Vol. 16，No. 3，Summer 1969，p. 203.

⑤ Peter Corris，"Ethnohistory in Australia"，*Ethnohistory*，Vol. 16，No. 3，Summer 1969，p. 201.

⑥ Ronald Spores，"New World Ethnohistory and Archaeology，1970 – 1980"，*Annual Review of Anthropology*，Vol. 9，1980，p. 578.

⑦ Peter Corris，"Ethnohistory in Australia"，*Ethnohistory*，Vol. 16，No. 3，Summer 1969，p. 203.

画，以理解他们是如何最早（以及之后）应对西方文化的；其二，使用殖民者、传教士和行政人员等的书面描写和报告，来探究土著的历史。① 有关澳洲土著研究的文献很多，ethnohistory 研究因而有很多值得依赖的资源。② 除了上述书写记录、报纸档案等文献资源之外，口述资源（当地人的记忆）也是澳洲 ethnohistory 研究所用的重要材料。可见，澳洲有很多条件适合于 ethnohistory 研究。③ 在这里，ethnohistory 研究资源丰富、研究主题多样，方兴未艾，一幅澳—欧联系的历史画面正在逐步打开。④

　　澳洲历史研究如何发展，并不确定，但它很有可能受到美国印第安史、澳大利亚土著问题的刺激和深刻影响。重要的是，近来的发展受到了人类学家和历史学家的欢迎，这些发展并未受到有关 ethnohistory 含义和方法界定混乱的困扰。"如果不受 1968 年前 *Ethnohistory* 期刊上所做的 ethnohistory 研究宗旨——'在档案历史中研究原始人们的文化和运动以及与之有关的更为广阔的问题'——的限制，那么相对商业、政治等其他方面的研究而言，人们对澳大利亚土著历史研究会更感兴趣。"⑤

　　3. 非洲。非洲的 ethnohistory 也有长足发展。《非洲史期刊》（*Journal of African History*）提供了近年来非洲文化研究中比较重要的 ethnohistory 著作的概要。⑥ ethnohistory 在非洲的肇始源于二战后。二战前，职业史学家对口述材料不感兴趣；考古学家（研究石器时代的遗址）和人类学家（专注社会和政治结构和宗教系统而缺乏历时背景）限于各自的研究领域；语言学家稀少且只研究有限的一些语言。但是，很多重要的相关研究已经在那个时代着手进行。对战前非洲的主要族群而言，很多的口述传统被陆续出版，一些考古学、人类学、语言学方面早期的现代研究占据主导。二战以来，尤其是战后 10 年来，随着新的非洲国家的出现，引发了人们对非洲过去的研究兴趣。许多迹象表明，在此期间，ethnohistory 有了大的扩展性发展，很多档案资源、口述传统被开发和利用，语言学、考古学、人类学研究也有了突破性进展。有关 ethnohistory 的方法论问题，也被提出，尽管很多依然悬而未决。一

---

① Peter Corris, "Ethnohistory in Australia", *Ethnohistory*, Vol. 16, No. 3, Summer 1969, pp. 204 –205.

② Peter Corris, "Ethnohistory in Australia", *Ethnohistory*, Vol. 16, No. 3, Summer 1969, p. 201.

③ Peter Corris, "Ethnohistory in Australia", *Ethnohistory*, Vol. 16, No. 3, Summer 1969, p. 207.

④ Peter Corris, "Ethnohistory in Australia", *Ethnohistory*, Vol. 16, No. 3, Summer 1969, p. 207.

⑤ Peter Corris, "Ethnohistory in Australia", *Ethnohistory*, Vol. 16, No. 3, Summer 1969, pp. 207 –208.

⑥ Robert M. Carmack, "Ethnohistory: A Review of Its Development, Definitions, Methods, and Aims", *Annual Review of Anthropology*, Vol. 1, 1972, p. 235.

般而言，ethnohistory 与档案资源、口述传统的开发和利用，以及与语言学、考古学、人类学密切相关。即使有 ethnohistory 的专家和专门领域，也是相对而言的。实际上，多是学者的个体化行为和认识。某学者认为他的研究是 ethnohistory，这并不一定能得到大家的认可，即，在非洲，缺乏 ethnohistory 方法论上的共识。①

在非洲学家简·范西纳（Jan Vansina）看来，非洲的 ethnohistory 具有如下主要特点：其一，以非成文的历史资料丰富著称，如口述传统、人类学数据、语言学方面的档案、考古学材料等。与美洲和大洋洲相比，非洲文化时至今日依然繁荣。现在，依然能够意识到非洲的传统和非洲过去的历史，而美洲的印第安文化和波利尼西亚文化多年前就已经消失，或者正在消失，已不能代表现存文化。相比美洲而言，非洲的有关资料很易获得，口述传统的材料在非洲多得惊人。能与非洲这种特殊情况相比的，一般只有亚洲的一些热带地区。② 其二，有关非洲历史的书面材料（成文材料）多集中于非洲大陆地区（北非和西非）和一些内陆地区（中非、南非和东非）；这些材料，至少直到 19 世纪中叶，一直存续下来。当然，由于这些材料多出自欧洲人和阿拉伯人之手，而欧洲人和阿拉伯人并不真正理解他们所描写的文化，因此，这些材料往往内含很多偏见。ethnohistory 研究能帮助纠正这些偏见，书写铁器时代的非洲史，以及从细节上描写 16 世纪以来的非洲史。③

此外，威廉·亚当斯（William Y. Adams）还对 ethnohistory 与非洲伊斯兰传统的联系进行讨论。他认为，参与伊斯兰传统需要历史学确认。这种确认，一般而言，采纳了家庭系谱的传奇形式。无论是参与还是确认，都需要根据对非洲某地生产的 ethnohistory 研究的影响来接受检查。④

与其他地区的 ethnohistory 一样，非洲的 ethnohistory 也存在很多问题。但是，这些研究在数量上已经超过了世界上任何其他地区（除了亚洲热带的一些地区之外）。这会带动和有助于世界其他地区 ethnohistory 的发展。非洲学家简·范西纳（Jan Vansina）指出，20 世纪 50 年代非洲的很多 ethnohistory 还没有正式开始；但自那时起，有关 ethnohistory 研究的兴趣和问题就已经逐见端倪。他希望到 20 世纪 80 年代，由于不同的 ethnohistory 技术的使用，

① Jan Vansina, "Ethnohistory in Africa", *Ethnohistory*, Vol. 9, No. 2, Spring 1962, pp. 127 – 133.

② Jan Vansina, "Ethnohistory in Africa", *Ethnohistory*, Vol. 9, No. 2, Spring 1962, p. 126.

③ Jan Vansina, "Ethnohistory in Africa", *Ethnohistory*, Vol. 9, No. 2, Spring 1962, p. 127.

④ William Y. Adams, "Ethnohistory and Islamic Tradition in Africa", *Ethnohistory*, Vol. 16, No. 4, Autumn 1969, pp. 277 – 288.

非洲大陆史能够被完全修正。① 这也正是非洲 ethnohistory 的主要价值所在。

另外，还产生了很多关注"非裔美洲"的论文（Afro – American Disser-tations）。② 其中，非裔美洲的 ethnohistory（Afro – American ethnohistory）构成了新世界 ethnohistory 的核心部分，对于理解互动中的社会，尤其是理解处于热带和亚热带地区的美洲土著，具有重要意义。③ 20 世纪 80 年代"美国民族史学会"（the American Society for Ethnohistory）为促进将美洲土著史（Native American History）整合在内的非裔美洲 ethnohistory 的发展，做出了一定的贡献。1976、1977 和 1978 年学会的每年例会，都很重视非洲和非裔美洲的 ethnohistory。④ 口述史是重构非裔美洲人过去的主要资源。⑤ 非裔美洲的 ethnohistory，主要有两种重要类型：其一，ethnohistory 以历史学和社会人类学著称，重构文化变化的过程和模式；其二，ethnohistory 创新性地使用了新的资源，即考古学、生物学和语言学。⑥

随着研究地域的拓展，ethnohistory 研究中的学科意识，无论是来自民族学人类学，还是历史学，或者其他有关学科，逐渐淡漠；ethnohistory 研究，从整体上不断彰显出混杂多样的特点。当然，北美大陆、拉丁美洲、澳洲、非洲等世界范围内的土著族群依然是其重点关注对象。

二　研究主题的日益多样

根据斯波思（Ronald Spores）对 *Ethnohistory* 期刊 1954 – 1976 年（共 23 卷）的统计结果，在总共 323 篇文章中，可以分为 60 类：最多数量的是民族志描写类，共有 56 篇文章；一般理论、方法和问题的解释类有 41 篇文章；处理如族际关系等特殊问题类的文章有 22 篇；文化接触和涵化类有 16 篇；人口统计学类有 14 篇；此外，19 类有 4 – 13 篇文章，其余 52 篇额外的

① Jan Vansina, "Ethnohistory in Africa", *Ethnohistory*, Vol. 9, No. 2, Spring 1962, p. 133.

② Richard W. Stoffle and Demitri B. Shimkin, "Explorations in Afro – American Ethnohistory", *Ethnohistory*, Vol. 27, No. 1, Winter 1980, p. 5.

③ Richard W. Stoffle and Demitri B. Shimkin, "Explorations in Afro – American Ethnohistory", *Ethnohistory*, Vol. 27, No. 1, Winter 1980, p. 1.

④ Richard W. Stoffle and Demitri B. Shimkin, "Explorations in Afro – American Ethnohistory", *Ethnohistory*, Vol. 27, No. 1, Winter 1980, pp. 7 – 8.

⑤ Richard W. Stoffle and Demitri B. Shimkin, "Explorations in Afro – American Ethnohistory", *Ethnohistory*, Vol. 27, No. 1, Winter 1980, p. 4.

⑥ Richard W. Stoffle and Demitri B. Shimkin, "Explorations in Afro – American Ethnohistory", *Ethnohistory*, Vol. 27, No. 1, Winter 1980, p. 8.

文章分入 36 类。①

斯波思指出，*Ethnohistory* 期刊对美国之外地区的关注明显增加。1954—1966 年，81% 的文章与美国有关；1967—1978 年，与美国有关的只占 57%。在过去的 10 年里（1968—1978 年），研究正在朝向更为广阔的地区发展。在过去的 3 年里（1975—1978 年），研究主题主要强调了民族志描写（ethnographic description）、传记（biography）、群际关系（intergroup relations）、战争和叛乱（warfare and rebellion）、经济（economy）、人口统计学（demography）等。20 世纪 70 年代以来，对一般理论、方法和问题的解释等研究则有明显下降。②

ethnohistory 在美国学界的多样性，不仅表现在日益扩展的研究地域上，还充分体现在逐渐多样的研究主题之中。ethnohistory 不仅关注前面述及的边疆、文化涵化、政治经济、他者文化等传统意义上的基本研究主题，还关注其他一些更为纷杂而具体的研究主题，如土地、经济、生态、进化、旅游、性，等等。前所述及的美国史学界民族史学流派侧重"文化互动"主题，以及美国民族学人类学界民族史学流派侧重"文化复兴""内生事件""历史记忆"主题，③只具有相对而言的局部意义；从整体来看，ethnohistory 研究中这些纷杂而具体的研究主题跨越了学科界线，并由此逐渐打造出 ethnohistory "专属研究领域"，而不再局限于美国史学界的 ethnohistory 研究或者美国民族学人类学界的 ethnohistory 研究。当然，ethnohistory 的"专属研究领域"目前并未成形，处于逐步锻造过程之中。

1. 土地主题。1954 年，*Ethnohistory* 创刊。当时它所刊行的多数文章，在于阐述各个印第安部落的历史。其中，有一部分研究具有实际的目的，即依据文字档案材料来确定各部落地域的传统边界，以帮助印第安人维护自己的土地，使之免受殖民者和土地投机商的侵犯。④ 土地成为 20 世纪 50 年代 ethnohistory 研究的重要主题。

2. 经济主题。20 世纪 50 年代末以来，历史主义思想运用于民族学中的

---

① Ronald Spores, "Ethnohistory in Middle Age: An Assessment and a Call for Action", *Ethnohistory*, Vol. 25, No. 3, Summer 1978, p. 201.

② Ronald Spores, "Ethnohistory in Middle Age: An Assessment and a Call for Action", *Ethnohistory*, Vol. 25, No. 3, Summer 1978, p. 201.

③ 参见第三章第一节和第二节中的相关论述。

④ 参见〔苏〕C. A. 托卡列夫《外国民族学史》，汤正方译，中国社会科学出版社 1983 年版，第 312—313 页。

斗争，也表现在原始社会经济的形式主义和实体主义争论①之中，由此出现了所谓的经济人类学。马林诺夫斯基（Bronislaw Malinowski）和莫斯（Marcel Mauss）很早就指出了研究早期经济形式和关系（主要指财富的分配和交换制度）的重要性。在二战后的年代里，对原始社会和部落社会经济的兴趣，在时代背景（随着殖民主义的崩溃，亚非拉新国家的独立，以及这些国家对资本主义或非资本主义发展道路的选择）的衬托下，得到大大加强。他们需要检验现代欧美经济概念对于发展中国家经济制度的适应性。② 战后有关经济主题的兴趣，也反映到 ethnohistory 研究中来。20 世纪 80 年代以来，一些历史学家，主要对毛皮贸易感兴趣的经济史学家，也开始从事 ethnohistory 研究，并做出了重要贡献。这些学者带来了新的技术和新的理论观点，对于美洲土著史（Native American History）的研究有广泛而多样的助益。他们也为 ethnohistory 今后的发展创造了用以整合和界定的问题。③

3. 生态主题。有关生态研究的历史记录不多，因此生态研究很难成为 ethnohistory 的研究主题。目前的发展，显示出 ethnohistory 在该方面的特殊潜力。许多当代的生态学研究与现代条件联系紧密，但通过 ethnohistory 研究，可以揭示有关过去生态条件的有用信息，由此可以追溯人与文化之间在时间中互动关系的发展历程。重构过去的生态条件正在逐渐成为目前 ethnohistory 独特的研究领域。④

4. 进化主题。*Ethnohistory* 期刊刊行的很多文章，在探索各个印第安部落的历史时，确定了各印第安部落社会结构变化这个事实。这既是这种探索的重要成果之一，同时也由此得出了一个重要结论——依据 19 世纪和 20 世纪的材料，不能得出 17 世纪 18 世纪曾经有过的结论。利用 ethnohistory 方法，在某些情况下可以发现部落过去所存在的氏族关系，而这些部落的氏族

---

① 在原始社会经济中，尤其是在运用"现代的"即资本主义的经济概念去研究原始社会中，存在一个独特的争论。一些学者，即"形式主义者"（施耐德等），主张西方的经济学范畴（如资本、利润）可以适用于任何社会；而实体主义者（波拉尼等）认为，在原始社会里，作为这样的经济关系是不存在的，血缘关系、社会结构、宗教观念取代和包含了这些关系。参见〔苏〕C. A. 托卡列夫《外国民族学史》，汤正方译，中国社会科学出版社 1983 年版，第 314 页。

② 参见〔苏〕C. A. 托卡列夫：《外国民族学史》，汤正方译，中国社会科学出版社 1983 年版，第 313—314 页。还可参见施琳《经济人类学》（中央民族大学出版社 2002 年版）中的有关内容。

③ Bruce G. Trigger, "Ethnohistory: Problems and Prospects", *Ethnohistory*, Vol. 29, No. 1, Winter 1982, p. 5.

④ Karl H. Schwerin, "The Future of Ethnohistory", *Ethnohistory*, Vol. 23, No. 4, Autumn 1976, pp. 332 –333.

关系，后来由于同白人商人交往的影响，已经消失了。类似的结论，充分体现了 ethnohistory 进化主题的重要价值，以及同反进化主义进行争论的重大意义。①

5. 旅游主题。旅游（tourism）是殖民主义探险的扩展，也是文化过程中的一部分。作为一种文化活动，旅游与民族学范畴和类型的产物相一致。早在民族学人类学兴起之初，就使用了旅行家（travelers）留下的笔记材料；在 20 世纪则出现了旅游者（tourist）的概念，并以此替代旅行家（travelers）的概念。以照片、旅行见闻（travelogues）、旅游指南、旅游纪念品形式出现的早期旅游文化产品，有时就成为土著族群文化复兴的基础。旅游（tourism）的历史，对于更好地理解当代民族学人类学现象中的文化政治学具有重要意义，对于理解土著的"文化再造""文化复兴"也具有重要价值。由此，旅游主题也成为近来 ethnohistory 研究中的重要主题。② *Ethnohistory* 期刊 2003 年第 3 期是专刊，集中对土著族群与旅游（tourism）的主题进行了探讨。

6. 性主题。对 ethnohistory 而言，性（sexualities）主题是重要的。欧洲和北美广泛讨论的社会政策、后殖民情境之中的全球化经济，都与性别角色的变化、逐渐浮现的性经济（sexual economies）、性表达的方式，尤其与婚姻的现况、离婚的流行等等息息相关。对此如有更好的把握，需要理解人类有关性方面的历史和文化的多样性。因此，ethnohistory 在性主题方面将大有可为。③ *Ethnohistory* 期刊 2007 年第 1 期是专刊，集中研究了性遭遇（sex encounters）和性分裂（sex collisions）——殖民中美洲（Colonial Mesoamerica）中的性选择（alternative sexualities）问题。

此外，ethnohistory 对有关宗教、巫术、世界观及相关文化等观念意识（The Study of Ideology）方面的问题，也有一定关注。④ 族群认同（Group Identities，Ethnic Identification），主要体现在 ethnohistory 有关族群起源的研讨中，⑤ 也成为 ethnohistory 研究中的重要主题。

---

① 参见〔苏〕C. A. 托卡列夫《外国民族学史》，汤正方译，中国社会科学出版社 1983 年版，第 312—313 页。

② Neil L. Whitehead, "Editor's Statement", *Ethnohistory*, Vol. 50, No. 3, Summer 2003, p. 413.

③ Neil L. Whitehead, "Editor's Introduction", *Ethnohistory*, Vol. 54, No. 1, Winter 2007, pp. 1 - 2.

④ Karl H. Schwerin, "The Future of Ethnohistory", *Ethnohistory*, Vol. 23, No. 4, Autumn 1976, pp. 335 - 336.

⑤ 参见 Marian E. White, "Ethnic Identification and Iroquois Groups in Western New York and Ontario", *Ethnohistory*, Vol. 18, No. 1, Winter 1971, pp. 19 - 38; Adolph M. Greenberg; James Morrison, "Group Identities in the Boreal Forest: The Origin of the Northern Ojibwa", *Ethnohistory*, Vol. 29, No. 2, Spring 1982, pp. 75 - 102.

事实上，由于 ethnohistory 具有方法范畴的特性，因此，它涵盖着丰富具体的研究主题。这些丰富而具体的研究主题，有的为民族学家所关注，有的为历史学家所强调，有些则为各个有关学科的学者所从事，在不同历史阶段有着不同的表现。当然，这些研究主题也并非泾渭分明地为 ethnohistory 所"独享"，民族学人类学、历史学、考古学等有关学科也在相同或相近意义上对它们表示出了足够的兴趣。

值得着重指出的是，印第安土著社会，一直是 ethnohistory 最为传统和经久不衰的关注对象。ethnohistory 研究，涉及很多与印第安社会息息相关的具体研究主题：西方与印第安文化的、人口的、心理的和社会的碰撞；印第安人的慈善事业，包括其方法、结果和目标；印—白关系，尤其土著的行动和感觉对印—白关系的影响；欧洲贸易和商品对印第安文化的影响，印第安物质文化对殖民地的影响；印第安与外界关系在英国、法国和西班牙美洲殖民地中的比较；殖民者和印第安人的巫术、宗教和性角色的比较；印第安人和殖民者为维持和平和秩序所做的努力；作为战争、疾病、贸易、文化适应、人口增长移动剥夺的结果，殖民者和印第安人口模式是如何变化的；印第安人对白人侵犯和诱骗的抵抗；使用印第安人而不是白人的概念范畴来研究印第安社会的政治史；被忽视的印第安人和殖民集团在印—白关系中所扮演的角色；用印第安人和殖民主义者之间的个人关系（如印第安人和殖民主义者之间男人、妇女和儿童层面的关系）来平衡近来反映出来的以"憎恨印第安人的边疆"（"Indian‐hating frontier"）为主导的、单方面的白人意识形态的影响，等等。[1]

另外，ethnohistory 研究也零星表现出了对美国及西方社会自身进行关注的研究取向。[2] 多宾斯（Henry Dobyns）指出，ethnohistory 方法开始逐渐应用于美国及西方社会问题的研究，如社会社区发展，商业化，经济运输，铁路、公路、河流的设置等。[3] 他认为，ethnohistory 的研究策略可以应用于处理当代美国的社会问题。基于分析白人—盎格鲁撒克逊—新教徒（White—AngloSaxon—Protestant）（WASP）在肯塔基州 12 地区的 205 个定居点，多宾

---

[1] 参见 James Axtell，"The Ethnohistory of Early America：A Review Essay"，*The William and Mary Quarterly*，3rd Ser.，Vol. 35，No. 1，Jan. 1978，pp. 142–144.

[2] 美国民族史学家中的大多数，关注的主要是美国印第安人以及世界各地的土著族群，只有少有学者从"民族史学"的视角关注西方自身社会。参见 Robert C. Euler，"Ethnohistory in the United States"，*Ethnohistory*，Vol. 19，No. 3，Summer 1972，p. 204.

[3] Henry F. Dobyns，"Ethnohistory and Contemporary United States Social Problems"，*Ethnohistory*，Vol. 19，No. 1，Winter 1972，pp. 1–12.

斯揭示了这些居民将受到未来管理措施的深刻影响。他的研究目的在于，使用 ethnohistory 技术来获得关于肯塔基州当代政治的亚文化单元的理解。[①] 在卢里（Nancy O. Lurie）看来，民族学家也应该关心农民和工业化国家中的城市群体，她反对在 ethnohistory 研究中建立起一种"古文物研究的偏向"。[②] 多尔森（Richard M. Dorson）则认为，ethnohistory 可以被扩展到后碰撞时期的美国史学，覆盖美国人口中的所有族群。[③] 斯特蒂文特（William C. Sturtevant）指出，ethnohistory 中应该包含基于书面记录的有关西方过去社会的人类学研究，[④] 他建议要从 ethnohistory 的视角来多多关注西方自身社会。[⑤] 特里杰认为，"早期的欧裔美洲人（Euroamericans）对土著存在错误的认识，这些都反映在他们的历史记录中。ethnohistory 的出现，对理解欧洲社会的历史提供了新的洞察力，这比理解欧洲人如何与土著接触、重塑土著生活，更有意义。这种知识，加强了过去的研究与我们自己行动之间的不可熔断的联系"。[⑥]

传统意义上，ethnohistory 的研究对象以非工业社会的原始族群为主，关注其文化及变迁，世界各地的土著族群社会尤其是北美的印第安社会依然是其持续的关注点；但随着研究主题的日益多样，ethnohistory 也逐渐致力于"研究一般的文化史和过程，研究世界各地的有关各种层次的社会文化组织的人们的特殊历史"，[⑦] 研究内容越来越丰富，学科交融的特点越来越明显。

三　研究范式与方法的不断转换与日渐综合

卡马克（Robert M. Carmack）曾从方法论的角度对"民族史学"（ethnohistor）整体特征进行阐述。他认为，"民族史学"多是从方法论的角度来进行最初界定的。它是一种特殊的技术和方法，通过使用书面和口述传统，用

---

① Henry F. Dobyns, "Ethnohistory and Contemporary United States Social Problems", *Ethnohistory*, Vol. 19, No. 1, Winter 1972, pp. 1 – 12.

② 参见 Henry F. Dobyns, "Ethnohistory and Contemporary United States Social Problems", *Ethnohistory*, Vol. 19, No. 1, Winter 1972, p. 3.

③ 参见 Henry F. Dobyns, "Ethnohistory and Contemporary United States Social Problems", *Ethnohistory*, Vol. 19, No. 1, Winter 1972, p. 3.

④ 参见 Henry F. Dobyns, "Ethnohistory and Contemporary United States Social Problems", *Ethnohistory*, Vol. 19, No. 1, Winter 1972, p. 3.

⑤ 参见 Robert C. Euler, "Ethnohistory in the United States", *Ethnohistory*, Vol. 19, No. 3, Summer 1972, p. 204.

⑥ Bruce G. Trigger, "Ethnohistory: The Unfinished Edifice", *Ethnohistory*, Vol. 33, No. 3, Summer 1986, p. 264.

⑦ 参见期刊 *Ethnohistory* 1968、1978、1982 年卷的各期扉页。

以研究文化。作为方法论，它不仅与考古学互补，也和历史语言学、民族志和古生物学互补，但它没有独立于历史的特殊技术的要求。① 其最主要的体现就是一种折中主义——档案分析与考古学、民族志、语言学以及其他收集数据的方式结合在一起。因此，它对过去文化的重构，与历史学家相比，更为宽广。② 从人类学家的角度来看，以前人类学家往往忽视口述传统，但近来随着"民族史学"的出现，口述的和书面的历史资源与考古学数据被整合起来，用以产生研究的问题——其目的，一般而言，是文化人类学意义上的，与文化理论有关。③ 总之，在卡马克看来，"民族史学"涉及了一系列收集、准备和分析口述和书面传统的技术，而不能被视为一门独立的学科。④

自 20 世纪初美国民族学人类学界出现"民族史学"以来，美国民族史学已经走过百年的发展历程，不仅形成了自己的理论流派、产生了诸多的思想创见，在研究方法上也积累了丰富的经验、留下了鲜明的印记。美国民族史学研究方法，除了具有上述如卡马克（Robert M. Carmack）所说的整体特点之外，在不同时期有着不同的具体表现。

如前所述，在不同历史发展时期，美国民族史学形成了"历史民族志"（historical ethnography）、"专门史"（specific history）、"俗民史"（folk history，ethno – ethnohistory）等三种研究范式；与此相对应，出现了 20 世纪上半叶孕育时期的"直接的历史方法"（direct historical approach）或"历史民族志"（historical ethnography）方法，20 世纪 70 年代繁盛时期美国史学界民族史学流派的"专门史"（specific history）方法，20 世纪 80—90 年代繁盛时期美国民族学人类学界民族史学流派的"俗民史"（folk history，ethno – ethnohistory）方法。这三种研究范式与相应的方法，对于美国民族学人类学、历史学的沟通，尤其是对两大学科研究方法的更新发挥了重要作用。⑤

不同阶段研究范式和方法的划分和总结，只具有相对意义。事实上，美国民族史学研究范式和方法处于不断转换之中，更多表现出的是综合的特征。综合是 ethnohistory 研究范式和方法的核心特征，也是其主要发展趋势。

---

① Robert M. Carmack, "Ethnohistory: A Review of Its Development, Definitions, Methods, and Aims", *Annual Review of Anthropology*, Vol. 1, 1972, p. 232.

② Robert M. Carmack, "Ethnohistory: A Review of Its Development, Definitions, Methods, and Aims", *Annual Review of Anthropology*, Vol. 1, 1972, p. 233.

③ Robert M. Carmack, "Ethnohistory: A Review of Its Development, Definitions, Methods, and Aims", *Annual Review of Anthropology*, Vol. 1, 1972, p. 234.

④ Robert M. Carmack, "Ethnohistory: A Review of Its Development, Definitions, Methods, and Aims", *Annual Review of Anthropology*, Vol. 1, 1972, p. 234.

⑤ 参见第一章第一节、第三章第一节和第二节中的相关论述。

这种综合,更多地由研究方式的综合(包括历时研究与共时研究的综合、历史叙述与理论分析的综合)、研究材料的综合、多种具体研究技术的广泛采用等方法层面的综合展示出来,①由此亦折射出战后以来 ethnohistory 经验研究"学科日益交融"的整体特点。

(一)研究方式的综合

1. 历时研究与共时研究的综合

"为了使文化史研究更具历时性,ethnohistory 方法出现了,它们强调了 ethnohistory 数据的综合(synthesis)。"②

1957 年,达克(Philip Dark)的文章《ethnohistory 中的综合方法》在期刊 *Ethnohistory* 上发表。③ 基于对 20 世纪 40 年代及 20 世纪 50 年代初的一些 ethnohistory 实证作品进行检视,文章对这些研究中的综合方法进行了专门分析。尽管达克的讨论限于 ethnohistory 发展的凸显阶段,但对于之后的繁盛阶段而言,也具有重要的参考价值。可以说,透过他的有关讨论,能够清晰看到综合(synthesis)方法在 ethnohistory 中的广泛运用及其意义;他的有关讨论,折射出 ethnohistory 研究中综合(synthesis)方法的一般特点。

达克认为,ethnohistory 究竟是历史学、还是人类学的某些方面?这取决于研究单元的性质以及研究材料的特点。之所以被归入 ethnohistory 研究的范畴,是因为研究单元是族群,使用的方法是一种文化术语中的族群的分析。这种分析,是一种兼具共时和历时文化模式的统一体(continuum)。在实践中,它体现出从整体来说的 ethnohistories 和从局部或某一方面来说的 ethno-historical studies 的特征。④ 在达克看来,ethnohistory 关心的是整个文化,包括空间上和时间上的,作为一种发展的实体,受限于族群单元的持续,受限于合适数据的获得。从整体来看的 ethnohistories,可以抽象出很多阶段;从局部来看的 ethnohistorical studies,被选出的阶段由研究者的兴趣及可获得的

① 第一章第一节、第三章第一节和第二节分别就这三种研究范式及"直接的历史方法""专门史方法"和"俗民史方法"包括其转换作出了系统梳理和详细阐述,这里不再重复给出;20 世纪 50—60 年代,处于凸显阶段的美国民族史学也有自己的经验研究和方法特征,但因未能形成突出的研究范式与相应的方法,这里不再论述;这里只集中对能够突出体现"研究范式与方法日渐综合"特点的方法层面的综合进行论述。

② Robert C. Euler, "Ethnohistory in the United States", *Ethnohistory*, Vol. 19, No. 3, Summer 1972, p. 203.

③ Philip Dark, "Methods of Synthesis in Ethnohistory", *Ethnohistory*, Vol. 4, No. 3, Summer 1957, pp. 231 – 278.

④ Philip Dark, "Methods of Synthesis in Ethnohistory", *Ethnohistory*, Vol. 4, No. 3, Summer 1957, p. 251. 在达克(Philip Dark)看来, ethnohistories 和 ethnohistorical studies 有所区别。前者是从整体来说的,后者是从局部或某一方面而言的。

数据来决定。①

他认为，ethnohistory 研究者的任务主要在于两个方面：其一，重构一个族群的文化。在综合（synthesis）之前，他们要面对的是首先检查那些分析性数据（即分析一个族群的社会结构所需的那些材料）。分析一个族群的当今文化，有助于了解其过去。人类学分析中所用的各种方法（如比较分析、考古记录、语言学数据等），也是 ethnohistory 中多用的方法。② 其二，利用确凿的证据，而不是想象的画面。ethnohistory 研究，在于研究不能观察到的事件以及推论性地研究这些事件，在于可以从直接观察到的事件（即历史学家所说的证据）出发来讨论。将证据分析中获得的陈述，综合（synthesis）成显示一个族群变化发展着的文化结构（从最早的开始到现在，或到该族群消失）。③

达克（Philip Dark）讨论的主要贡献在于，他揭示出在一些 ethnohistory 作品中，族群文化结构的变化和过程是以哪些方式被综合成时间中的发展的。由于材料性质不同，这种综合存在多种抽象层次。总的来说，他认为，为了获得一个族群的文化史，一般有三种基本综合方式：跨段类型（cross - sectional type）、制度类型（institutional type）和文化统一体类型（culture continuum type）。④

跨段类型由一系列随机性的阶段组成。在每一阶段中，获得的是有关族群制度方面整合在一起（或功能性关联在一起）的综合画面。发展的意义由一个阶段接续一个阶段来体现，由此一幅幅共时性画面被串接起来。至于阶段如何选择，文化关系如何呈现，由研究者的兴趣和材料的性质来定。共时性是该模式的主要特点，每一阶段由功能主义方式来体现。其中，综合的方向是横向的，缺少历时性。在每一阶段中，采用的是功能主义的综合方式。一个阶段中以某种制度为核心，在下一个阶段中，可能会以另一种其他制度为核心。如果这是可能的，在这种状况中表达两个阶段之间的时间性发展性

① Philip Dark，"Methods of Synthesis in Ethnohistory"，*Ethnohistory*，Vol. 4，No. 3，Summer 1957，p. 251.

② Philip Dark，"Methods of Synthesis in Ethnohistory"，*Ethnohistory*，Vol. 4，No. 3，Summer 1957，p. 231.

③ Philip Dark，"Methods of Synthesis in Ethnohistory"，*Ethnohistory*，Vol. 4，No. 3，Summer 1957，p. 232.

④ Philip Dark，"Methods of Synthesis in Ethnohistory"，*Ethnohistory*，Vol. 4，No. 3，Summer 1957，pp. 232 - 233.

联系，就会显得比较困难。① 总之，跨段类型，选择的是过去某一时间中的整个文化（关联交织在一起的文化模式），这些文化和文化模式能够产生一系列的发展性联系。这种类型不仅取决于研究者的兴趣，也取决于能不能获得这样的材料来实现其目的。②

制度类型，与跨段类型有些对立。在这种类型中，时间的发展方面占据主导，共时性方面是次要的，几乎没有空间性的综合，是时间中的一种功能主义研究。③ 这种类型选择一个或一些特殊的主题为核心，在时间中围绕族群文化模式展开。④

文化统一体类型是 ethnohistory 的理想状态。无论是跨段类型，还是制度类型，目的都在于研究整个文化单元。前者为了结构的一致性而多倾向于牺牲时间的持续性；后者强调了时间的发展而忽视了结构的一致性。在文化连续统一体类型中，兼有了跨段类型、制度类型的优势，获得的是一种文化的共时综合与历时综合的平衡。族群文化通过时间来发展，经过空间来拓展和凝缩，随着时空变化，其内容和结构也跟着变化和调整。综合是空间性的，也是时间性的。⑤ 这种文化统一体类型，在达克看来，是 ethnohistory 研究方法的理想状态。⑥

达克指出，在综合过程中，体现了如下意义：

其一，描述了族群文化的结构和过程。

其二，显示了族群文化在结构化中的表现。

其三，展现了族群文化变化的机制。

其四，凸显了族群文化在结构和过程中的变化。这种变化，其依据在于两个方面。首先，时期的划分取决于族群文化在不同时期有着较大的差异，取决于基本结构的变化（如采集经济转化为农业经济或发展为城市经济），取决于族群文化的主要组成部分，如宗教、战争、艺术等发生变化。其次，

① Philip Dark, "Methods of Synthesis in Ethnohistory", *Ethnohistory*, Vol. 4, No. 3, Summer 1957, pp. 233 – 234.

② Philip Dark, "Methods of Synthesis in Ethnohistory", *Ethnohistory*, Vol. 4, No. 3, Summer 1957, p. 251. 可详见该文附图中的有关图表。

③ Philip Dark, "Methods of Synthesis in Ethnohistory", *Ethnohistory*, Vol. 4, No. 3, Summer 1957, pp. 237 – 238.

④ Philip Dark, "Methods of Synthesis in Ethnohistory", *Ethnohistory*, Vol. 4, No. 3, Summer 1957, p. 250. 可详见该文附图中的有关图表。

⑤ Philip Dark, "Methods of Synthesis in Ethnohistory", *Ethnohistory*, Vol. 4, No. 3, Summer 1957, p. 243.

⑥ Philip Dark, "Methods of Synthesis in Ethnohistory", *Ethnohistory*, Vol. 4, No. 3, Summer 1957, p. 251. 可详见该文附图中的有关图表。

共同的过程能够获得共同发展的一致性，这就是同一时期。

其五，展示出汇集是一种继承性的汇集；被重构的变化的机制由制度之组成部分的变化来展示。这种变化，也就是为 ethnohistory 研究者所中断的族群文化的事实。

其六，对在时间中发生的族群文化之过程进行综合，显现出了变化中的文化模式及其组成部分的发展主流和主要倾向性。①

达克的论述，在某种意义上讲，展示了 ethnohistory 研究方式的一种"理想型"。这种"理想型"彰显了 ethnohistory 研究在综合历时研究和共时研究中的潜在价值，彰显了 ethnohistory 研究在综合性发展中的优势，彰显了 ethnohistory 研究的综合性发展的趋势。

2. 历史叙述与理论分析的综合

ethnohistory 研究方式的综合，不仅包含历时研究与共时研究的综合，也包括历史叙述与理论分析的综合。历史叙述与理论分析的综合，是 ethnohistory 研究方法的重要特色。

在 ethnohistory 研究中，历史学家不再把历史叙述（narrative）作为唯一的表述方式，也在不断穿插理论分析（analytical），发生了由叙述型（narrative）向分析型（analytical）转换的态势。② 在传统史学作品中清晰可见的对立——实证主义（positivist）与相对主义（relativist）的对立，包括实证主义（positivist）与唯心主义（idealist）、客观主义（objective）与主观主义（subjective）、唯物主义（materialist）与象征主义（symbolic）的对立，在 ethnohistory 研究中越来越模糊。③ 在这类研究中，历史学家崇尚的是一种从实证主义（positivist）到极端相对主义（relativist）的互相叠加的综合链条。④ ethnohistory 所倡导的这种综合研究方式，促进了史学研究方法的更新变革，给历史学发展带来了新的气象。

在 ethnohistory 研究中，民族学家不再把民族志及在此基础之上的理论分析（analytical）作为唯一的表述方式，也在不断引入历史叙述（narrative）的视角，并与理论分析综合在一起，这不仅利于民族学家检验民族志有关结

---

① Philip Dark，"Methods of Synthesis in Ethnohistory"，*Ethnohistory*，Vol. 4，No. 3，Summer 1957，pp. 254 – 256.

② Shepard Krech III，"The State of Ethnohistory"，*Annual Review of Anthropology*，Vol. 20，1991，p. 349.

③ Shepard Krech III，"The State of Ethnohistory"，*Annual Review of Anthropology*，Vol. 20，1991，pp. 350 – 351.

④ Shepard Krech III，"The State of Ethnohistory"，*Annual Review of Anthropology*，Vol. 20，1991，p. 352. 有关的深入讨论，详见本章第三节。

构、功能和过程等基本概念的有效性，还利于民族志方法溯时间流而上，找到存在最大数量的文献的时间阶段，并将之作为标准的文化研究阶段，这对民族志研究而言，具有特殊的导向作用，民族志研究由此开始着重研究这些文化形式是如何变化的。[①]

总之，与单独使用某一种研究方式相比较，综合的研究方式能够带来更大收获，是社会和文化分析中的一种必要。[②] 无论对民族学的田野调查、还是对历史学的档案研究，ethnohistory 的综合研究方式均具有重要意义。

（二）研究材料的综合

在美国 ethnohistory 发展的早期，多使用与传统历史材料一样的档案材料。战后以来，有关文化史方面的档案记录，在传统史学家那里也能看到。目前，无论是历史学家，还是人类学家，都发现了各种史料的价值，注重研究材料的扩充与综合利用。ethnohistory 在材料使用上也朝着这样的方向发展，包括地图、照片、生态学调查、现场勘探、地图、音乐、绘画、口述材料、民间传说、考古文物等各种各样的丰富材料都成为它的研究材料并被加以综合使用。

需要着重指出的是，在使用历史材料上，ethnohistory 区别于历史学的一个重要方面，在于提供了一种新的维度，即，在检查和使用各种历史材料（包括非土著的西方观察者留下的书面记录、民间史料、口述材料）的时候，批判性地使用了民族学人类学概念和视角。对 ethnohistory 研究者而言，他们利用从田野中获取的经验，能够从档案提供者自身目的来评价档案材料的可靠性，超越了一般历史评价的方法，因此，相比一般历史学家而言，ethnohistory 能够生产出有关族群的特殊知识，提供语言学上的洞察力，深入理解文化现象，进而使 ethnohistory 研究者能更加充分地使用数据。

同时，ethnohistory 研究者家也有别于他们的人类学同伴。ethnohistory 研究者主要依赖两种历史资源：其一，早期族群的后续文化，此时假定在长的时间内主要的文化模式保持稳定；其二，相同的一般文化区中的很多相关联文化，它们更适合处于相同的时期，以共享文化特质。

尽管发现了新的材料资源，ethnohistory 研究者依然主要依靠书面记录，很大程度上是非土著的西方观察者留下的材料。当然，这些材料，是需要接

---

①　Robert M. Carmack，"Ethnography and Ethnohistory：Their Application in Middle American Studies"，*Ethnohistory*，Vol. 18，No. 2，Spring 1971，pp. 130 – 131.

②　Robert M. Carmack，"Ethnography and Ethnohistory：Their Application in Middle American Studies"，*Ethnohistory*，Vol. 18，No. 2，Spring 1971，p. 138.

受严格批评才加以使用。①

一般而言，档案资源总是缺乏和不尽完善，尤其在有关个人隐私方面（如家庭和性生活）以及一些世俗活动（如农业、食物、服装、礼仪等）方面。这些没有被记录下来的事实，很少为统治权力所改变。由此，许多这种性质的文化活动可以保留至今，能够为民族志学者利用亲历的田野调查加以悉获，用于填补以档案为唯一依据的文化重构中的空白。②

在田野工作中，ethnohistory 研究者大多会使用当地的语言，能够解读当地语言所写的文献，实现从当地人的角度看待问题；在田野调查中，还能发现额外的历史资料，主要是一些俗民史（folk history）方面的资料，如神话、传奇等，由此可以大大扩充档案资源；另外，在田野调查中还可以发现某些地方记录——有些有价值的古老资料在某地区一直保存到现在，这种状况可能不多，但往往能引起人们的极大兴趣。③

总之，ethnohistory 研究中，各种档案材料与民族志调查材料（调查员的口述和记忆）的综合，既能为民族志田野调查提供历史背景等实用的优势，也能提供仪式活动（也是重要的社会组成部分）等制度研究的一手材料，由此可以形成各种材料进行互相补正（尤其是纠正档案文献中对土著的歪曲性记录）的有利局面，对研究的深化具有重要意义。④

（三）多种具体分析方法以及现代科技手段的广泛采用

ethnohistory 研究方法中，还广泛引入了多项具体的分析方法。这些具体的分析方法，在运用中与多样的研究材料和研究方式结合在一起，同样反映出 ethnohistory 研究方法的综合性特点。

20 世纪50—70 年代，人类学中最重要的研究主题就是研究社会制度，界定和分析社会结构，进行功能分析。功能分析能够显示出文化中多种因素之间的关联。这种结构—制度分析（Structural – Institutional Analysis）方法在

①　James Axtell, "The Ethnohistory of Early America: A Review Essay", *The William and Mary Quarterly*, 3rd Ser., Vol. 35, No. 1, Jan. 1978, pp. 118 – 119; James Axtell, "Ethnohistory: An Historian's Viewpoint", *Ethnohistory*, Vol. 26, No. 1, Winter 1979, pp. 3 – 4; William N. Fenton, "Field Work, Museum Studies, and Ethnohistorical Research", *Ethnohistory*, Vol. 13, No. 1/2, Winter – Spring 1966, p. 75.

②　Robert M. Carmack, "Ethnography and Ethnohistory: Their Application in Middle American Studies", *Ethnohistory*, Vol. 18, No. 2, Spring 1971, p. 131.

③　Robert M. Carmack, "Ethnography and Ethnohistory: Their Application in Middle American Studies", *Ethnohistory*, Vol. 18, No. 2, Spring 1971, pp. 131 – 132.

④　Robert M. Carmack, "Ethnography and Ethnohistory: Their Application in Middle American Studies", *Ethnohistory*, Vol. 18, No. 2, Spring 1971, pp. 137 – 138.

近年来的 ethnohistory 研究中也有反映。① 之后，以特纳（Victor Turner）为代表的人类学家对"象征分析"（Symbolic Analysis）感兴趣，引发了人类学由社会结构研究转向文化的象征研究。1963—1973 年的 ethnohistory 研究，对此虽有一定的表现，却没有表现出足够的兴趣。② 语言分析（Linguistic Analysis），是一种专业性很强的技术，在 ethnohistory 研究中逐渐有了应用，尽管在量上并不多。③ 人口统计学（Demography）分析在 ethnohistory 研究中受到一定的关注，因为有关人口统计学的历史资料很多，人口统计学技术与 ethnohistory 研究相结合，容易取得理论成果。④

另外，随着 ethnohistory 与考古学、历史学方法之间关系的密切，一些先进的现代科技手段也被引入 ethnohistory 研究中来。如，遥感摄影术，主要包括使用黑白照片（BW）、彩照、红外胶卷（IR）、热红外胶卷等，就为很多 ethnohistory 研究者所青睐，成为研究的重要辅助。这些技术手段，可以用来提供更多的档案资源，发现新的地点和模式，校正口述传统，在时间中测量变化。此外，航空照片、照相地图等还被用来作为田野向导，用来激发与被调查人之间的讨论，拓展新的空间和时间视野，加强对环境的关注，等等。⑤

总之，传统的分析方法与方兴未艾的新的分析方法和技术手段在 ethnohistory 研究方法中的广泛采用，丰富了 ethnohistory 研究方法，展示了 ethnohistory 研究的多样化和综合性特点。

四　二战以来 ethnohistory 经验研究的一般特点及影响

1980 年，斯波思（Ronald Spores）对 20 世纪 70 年代日渐繁盛的新世界 ethnohistory 给出了足具代表性的总结，为全面认识二战后以来，尤其是 20 世纪 70 年代以来 ethnohistory 经验研究的总体发展提供了重要参考依据。

第一，20 世纪 70 年代 ethnohistory 研究产生了很多作品，大量的与此相关的"描述性"研究出现了，包括族群的历史民族志、跨地区综合等。这些

① Karl H. Schwerin, "The Future of Ethnohistory", *Ethnohistory*, Vol. 23, No. 4, Autumn 1976, pp. 333 – 334.

② Karl H. Schwerin, "The Future of Ethnohistory", *Ethnohistory*, Vol. 23, No. 4, Autumn 1976, p. 335.

③ Karl H. Schwerin, "The Future of Ethnohistory", *Ethnohistory*, Vol. 23, No. 4, Autumn 1976, pp. 329 – 330.

④ Karl H. Schwerin, "The Future of Ethnohistory", *Ethnohistory*, Vol. 23, No. 4, Autumn 1976, pp. 331 – 332.

⑤ Laurence Kruckman, "The Role of Remote Sensing in Ethnohistorical Research", *Journal of Field Archaeology*, Vol. 14, No. 3, Autumn 1987, pp. 344 – 350.

研究把 ethnohistory、考古学及民族学材料整合在一起，所涉及的主要地区有美洲中北部、墨西哥中部、玛雅文化带、环加勒比海地区、秘鲁、北美中部大平原地区、太平洋地区、夏威夷地区等。其理论主题主要有文化变化、生态学、社会组织、宗教、人口统计学等。这些理论主题，很少与 ethnohistory 直接相关，因为它们在 ethnohistory、考古学、民族学人类学、历史学等有关学科中以相同或相近意义来使用。换言之，这些理论主题，在 ethnohistory、考古学、民族学、人类学、历史学等学科中都在使用，难以分辨它们只是 ethnohistory 的"专利"。①

第二，ethnohistory 传统上研究的是新世界的早期历史时期、碰撞时代以及之后欧洲人定居和殖民化时代。ethnohistory 研究者通过使用书面和口头资源，主要处理的是土著和西方社会及二者间的碰撞。② 以民族志方式分析古玛雅人（Classic Mayan）、萨巴特克人（Zapotecan）的书写体系以及米斯特克人（Mixtec）的书写密码，属于 ethnohistory 的研究范畴。ethnohistory 还研究碰撞时代和殖民时代早期的印加人（Inca，古秘鲁土著人）、阿芝台克人（Aztecs）、休伦人（Huron），对北美印第安文化进行整体研究。③ 北美纳瓦霍人部落委员会（Navaho Tribal Council）的记录、墨西哥的恰帕斯（Chiapas）部落的法庭记录、新墨西哥的阿尔伯克（Albuquerque）地区 B. I. A. 医院的记录，都成为 ethnohistory 的资源。ethnohistory 的研究范围日渐扩展，象形文字、动画电影、录音带也都被纳入 ethnohistory 的视野。为处理这些材料，ethnohistory 提供了一种方法论，把它们转化成有意义的文化数据。④

第三，ethnohistory 近年来不一般的迅速发展，其主要原因在于：它允许长时间发展序列的细节关照；它允许在任何过去的一个时间点上进行共时功能分析（只要能找到相关资料）；它依赖的是科学的方法论，调查者所提供的数据是经过鉴别和再认的；它大大提升和丰富了民族学、考古学和传统史学领域。⑤

---

① Ronald Spores, "New World Ethnohistory and Archaeology, 1970 – 1980", *Annual Review of Anthropology*, Vol. 9, 1980, pp. 580 – 581.

② Ronald Spores, "New World Ethnohistory and Archaeology, 1970 – 1980", *Annual Review of Anthropology*, Vol. 9, 1980, p. 576.

③ Ronald Spores, "New World Ethnohistory and Archaeology, 1970 – 1980", *Annual Review of Anthropology*, Vol. 9, 1980, p. 576.

④ Ronald Spores, "New World Ethnohistory and Archaeology, 1970 – 1980", *Annual Review of Anthropology*, Vol. 9, 1980, p. 576.

⑤ Ronald Spores, "New World Ethnohistory and Archaeology, 1970 – 1980", *Annual Review of Anthropology*, Vol. 9, 1980, pp. 576 – 577.

　　第四，ethnohistory 研究领域由美国印第安土著向外逐步扩展，但在方法论和理论方面，新世界 ethnohistory 的发展有一个集中趋势，即历史学家从人类学家的概念中获益，人类学家从历史学家的历史编纂中获益。北美、拉丁美洲、澳洲是新世界 ethnohistory 实证研究的集中地区，在扩展知识、理论源泉和研究技术方面，互促共进。[1]

　　第五，20 世纪 70 年代这十年的发展只说明 ethnohistory 在深度研究上、在热带地区的综论上，小有成就。20 世纪 80 年代的 ethnohistory，对比较性数据和适当的理论背景进行整合的程度越来越高。它们使用档案、民族志、考古学、语言学等多种资源，提升分析、整合及综合研究的水平，研究内容主要涉及新世界东北土著的社会体系、市场贸易、古墨西哥的贡品、新世界东南地区的政治体系、加利福尼亚的法律和政府、宾夕法尼亚的宗教、殖民时期墨西哥的群际关系、阿塔帕斯坎（Athapascans）北部的文化适应及社会和宗教等。

　　另外，他还预言，20 世纪 90 年代之后的 ethnohistory，感兴趣的应该依然是人类学家和历史学家。[2]

　　如前所述，1954 年，美国女人类学家沃格林曾对二战后日渐凸显的 ethnohistory 进行过初步总结。[3] 这两个总结的对比，清晰地折射出 20 世纪 70 年代处于繁盛阶段的 ethnohistory 迅猛发展的新特点，以及这种迅猛发展给美国乃至西方学界带来的理论和方法论层面的深刻变革。

　　在笔者看来，二战以来，尤其是 20 世纪 70 年代以来，ethnohistory 经验研究一直处于不断拓展的过程之中：

　　研究地域由北美大陆向拉丁美洲、澳洲、非洲等各地土著世界不断扩展，不仅研究北美的印第安人，还研究拉丁美洲、澳洲、非洲等世界各地的土著族群。

　　不仅关注边疆、文化涵化、政治经济、他者文化等传统意义上的基本研究主题，一些更为纷杂而具体的研究主题，如土地、经济、生态、进化、旅游、性等，也纷纷纳入其研究视野，而不再局限于美国史学界民族史学流派所侧重的 "文化互动" 主题以及美国民族学人类学界民族史学流派所侧重的 "文化复兴" "内生事件" "历史记忆" 等主题。

---

　　[1]　Ronald Spores, "New World Ethnohistory and Archaeology, 1970 – 1980", *Annual Review of Anthropology*, Vol. 9, 1980, p. 578.

　　[2]　Ronald Spores, "New World Ethnohistory and Archaeology, 1970 – 1980", *Annual Review of Anthropology*, Vol. 9, 1980, p. 591.

　　[3]　参见第二章第二节 "五 ethnohistory 兴起于美国学界的一般特点" 中的相关论述。

出现了 20 世纪 70 年代 "专门史"（specific history）研究范式，20 世纪 80—90 年代 "俗民史"（folk history，ethno - ethnohistory）研究范式，以及 20 世纪 70 年代以来不断综合（synthesis）的发展倾向。20 世纪 70 年代以来的不断综合，不仅包括研究方式的综合，即历时研究与共时研究的综合、历史叙述与理论分析的综合，也包括研究材料的综合，即各种档案材料与民族志调查材料（调查员的口述和记忆）的综合，还包括多种具体分析方法和技术手段，即功能分析、象征分析、语言分析、人口统计学分析以及一些与考古学、历史学方法有着密切关系的先进的现代科技手段等的广泛采用。

二战以来，在纷繁的 ethnohistory 经验研究中，不仅民族学人类学家和历史学家参与其中，其他一些如考古学等相关学科的学者也纷纷加盟。比较之下，仍以民族学人类学家和历史学家为主体，民族学人类学家参与程度更高一些。他们主要使用档案材料和口述资源，主要处理土著和西方社会二者间的碰撞问题。

一方面，这些研究者在努力实现人类学和历史学之间的互补。他们 "分享了人类学和历史学，而没有限于哪一种学科。他们既溯时间流而上（upstream），也顺时间流而下（downstream），既关注过程，也关注事件，既批判性地使用书面材料，也使用有关文化的功能—发展的概念，对各种材料保持一种开放的心态——图解材料、口述史、传统民族志、考古学证据、语言学证据等都被涵盖进来。因此，不少学者将 ethnohistory 理解为一种灵活的方法，来应对文化过程和变化等问题，有力实现了历史学和人类学之间的真正互补"。[1]

另一方面，这些研究者的努力依然具有自身的学科局限性，亦需要不断地自我突破。"当民族史（ethnohistory）在 20 世纪 50 年代作为独立的有组织的整体出现时，显而易见，人们都感到人类学与历史学的研究方法应当融为一体，以写出有说服力的美国土著社会史。这种融合至今（20 世纪 80 年代）看来仍很必要，但事实上，多数民族史学家是经过训练的人类学家，……对多数历史学家来说，许多民族史学家仍侧重按人类学的方式进行思维，……从整体上说，他们更成功地采用了历史的研究方法，而历史学家却未能从人类学中掌握它的研究方法。然而民族史学不是人类学的一个大分支，而且大多数人类学家没有认真地考虑其资料中提出的历史问题。"[2]

---

[1]　Ronald Spores, "New World Ethnohistory and Archaeology, 1970 - 1980", *Annual Review of Anthropology*, Vol. 9, 1980, p. 576.

[2]　参见〔美〕雷金纳德·霍斯曼《美国土著史研究的最近趋势及新动向》，胡锦山译，丁则民、黄兆群校，《世界民族》1990 年第 5 期，《世界民族》1990 年第 5 期，第 27—28 页。

总之，从整体来看，随着 ethnohistory 经验研究的逐步拓展，尤其是研究主题的丰富、研究范式方法的综合，一个不再从属于美国史学界或者美国民族学人类学界的 ethnohistory "专属研究领域"正在逐步锻造之中。

第三节　当代反思

一　20 世纪 90 年代美国学界对 ethnohistory 的系统评述与反思

自 ethnohistory 这种学术现象出现以来，国外学界，尤其是美国学界，对它的认知取得了一定的共识，但在学理价值、学科属性、研究范畴、命名方式、内涵界说、研究类型、研究方法、基本性质等一系列相关问题上一直存在争论。在某种意义上讲，ethnohistory 就是在共识与争论中，尤其是争论中，不断演变和发展的。

如上所述，百余年来，ethnohistory 的内涵不断流变，有关 ethnohistory 的释义和界说经历了 20 世纪上半叶原初使用阶段、20 世纪 50 年代初步共识阶段、20 世纪 60—70 年代传统共识阶段、20 世纪 70—90 年代对传统共识的反思与新的主流释义阶段等不同历史发展时期，表现出了不同的阶段特点。可见，在 ethnohistory 的发展历程之中，不断有新的争论产生，又不断形成新的共识。

20 世纪 90 年代，国外学界尤其是美国学界的一些知名学者在这些争论和共识的基础上，开始对"民族史学"的发展历程（主要针对民族史学经验研究）进行总结、评述和反思。最有代表性的专文研讨是 1991 年凯琦（Shepard Krech III）的《民族史学的发展状况》①，以及 1996 年他为《文化人类学百科全书》（*Encyclopedia of Cultural Anthropology*）撰写的词条"民族史学"（Ethnohistory）。②

凯琦（Shepard Krech III）曾先后在乔治·梅森大学（George Mason University）和布朗大学（Brown University）执教，任 *Ethnohistory* 期刊主编长达 10 年之久（1983—1992），2005 年任"美国民族史学学会"（the American

---

①　Shepard Krech III, "The State of Ethnohistory", *Annual Review of Anthropology*, Vol. 20, 1991, pp. 345 – 375.

②　Shepard Krech III, "Ethnohistory", in David Levinson and Melvin Ember eds., *Encyclopedia of Cultural Anthropology*, New York: Henry Holt and Company, 1996, Volume 2, pp. 422 – 429.

Society for Ethnohistory）主席,① 是美国民族史学的重要代表人物之一。

《民族史学的发展状况》由《民族史学、历史人类学、历史学：差别是什么》（"Ethnohistory, Anthropological History and History：What Are the Differences?"）修改和扩充而成，发表于1991年《人类学年度评论》（*Annual Review of Anthropology*）第20卷上。《民族史学、历史人类学、历史学：差别是什么》系凯琦提交给1990年11月1—4日在加拿大安大略省首府多伦多举行的美国民族史学学会第38届年会的参会论文。②

1996年，经过新的充实和完善，凯琦关于"民族史学"的总括性学术见解清晰镌刻在他为《文化人类学百科全书》所撰写的词条"民族史学"（Ethnohistory）之中。

在这些专文讨论中，基于对相关实证研究和理论评述的综合比较，凯琦明确揭示了民族史学的思想基础；总结了北美地区民族史学的研究方法，以及民族史学研究的世界视野和相关主题；给出了有关"民族史学"发展方向和未来定位的新思考。

凯琦针对"民族史学"所做的总结、评述与反思，自成体系，整合了不同历史阶段"民族史学"的相关争论与共识，汇集和涵盖了诸多学者的论断，代表了20世纪90年代以来国外学界尤其是美国学界对既往"民族史学"的总体认知状况，映现了国外学界尤其是美国学界对"民族史学"的当代反思水平。

（一）实证主义与观念主义的相互叠加：民族史学的思想基础

20世纪50年代以来，很多西方学者对"民族史学"进行了探讨，逐渐形成了"民族史学"的诸多理解方式，其中既有共识，也有争论。针对这种状况，凯琦给出了明确的总结："在20世纪的大部分时间里，学界对'民族史学'的构成，可以基本达成共识；但进入20世纪90年代以来，这种共识不再保存———除了都认可'民族史学'是一种方法、不是一个学科之外。有学者犹豫地称之为'民族史学'，其他人则把它简单地称作历史学。'民族史学'家以及局外的人们，都能发现这种令人困惑的局面，但从中可以反映出民族学与历史学关系在战后的较大变化。"③ 他进一步强调指出："对许

① 参见 *Ethnohistory* 期刊的有关目录。

② 参见 Jennifer S. H. Brown, "Ethnohistorians：Strange Bedfellows, Kindred Spirits", *Ethnohistory*, Vol. 38, No. 2, Spring 1991, pp. 122 – 123（注释）；Shepard Krech III, "The State of Ethnohistory", *Annual Review of Anthropology*, Vol. 20, 1991, p. 365（致谢）。

③ Shepard Krech III, "Ethnohistory", in David Levinson and Melvin Ember eds., *Encyclopedia of Cultural Anthropology*, New York：Henry Holt and Company, 1996, Volume 2, p. 422.

多人来说，'民族史学'并不会停止存在（因为如果说'民族史学'有什么特色的话，它是一种方法，而不是一种学科）；相反，对某些人而言，'民族史学'并不存在，因为'民族史学'的研究范围太过宽泛。"①

因此，如何界定"民族史学"，"民族史学"是何种发展状况（state），在凯琦看来，需要加以揭示，这就需要讨论民族学与历史学之间的关系，由此也就需要以科恩（Bernard S. Cohn）《历史学与人类学：进展情况》（History and Anthropology：The State of Play）为基础展开新的评述和反思。这也正是凯琦撰写的《民族史学的发展状况》（The State of Ethnohistory）一文名称的由来。②

换言之，揭示"民族史学"战后勃兴的现况，梳理及澄清以往学界在"民族史学"理解上的诸多分歧，需要以民族学人类学与历史学之间的关系作为考察的切入点，这既需要从学理上分析传统史学研究范式的特点，也需要关注战后民族学人类学与历史学关系的新变化。

20 世纪上半叶，在英美学界，民族学人类学与历史学这两个学科实际上是互斥的。20 世纪 80 年以来，这两个学科明显汇合了。这种深刻的转换意味着在历史编纂学（historiography）中"民族史学"具有较大的研究空间。③

20 世纪上半叶的历史学家，崇尚的是规范的历史主义（rule historicists），延续 19 世纪流传下来的观念主义（idealists）与实证主义（positivists）之间的争论，用学者自己的术语来理解时代，即多关注政治史，以独特事件为基础（unique – event – based），是一种表意的（ideographic）、特殊主义的（particularistic）、非理论的（atheoretical）、直觉的（intuitive）、现实的（factual）、真实的（truthful）叙述史（narrative histories）。④

一方面，有些学者寻求有关过去的真理，分别建立各自的历史解释，由此存在竞争性的历史理解；另一方面，有些学者强调历史的自然特性、历史叙述、历史客观性。实际上的形势可能更为复杂，因为这两个方面虽然总是

---

① Shepard Krech III, "The State of Ethnohistory", *Annual Review of Anthropology*, Vol. 20, 1991, p. 346.

② Shepard Krech III, "The State of Ethnohistory", *Annual Review of Anthropology*, Vol. 20, 1991, pp. 346 – 347.

③ Shepard Krech III, "Ethnohistory", in David Levinson and Melvin Ember eds. , *Encyclopedia of Cultural Anthropology*, New York：Henry Holt and Company, 1996, Volume 2, p. 422.

④ Shepard Krech III, "The State of Ethnohistory", *Annual Review of Anthropology*, Vol. 20, 1991, p. 349.

互斥，但并非永远互斥，往往混合在一起，而且并不仅限于这两种方式。[1]

当然，对20世纪上半叶主流历史主义（historicism）的反抗早就存在，但直至二战后，这种反抗才渐成潮流。这些反抗，主要来自以布洛赫（Marc Bloch）、费弗尔（Lucien Febvre）和布罗代尔（Fernand Braudel）等为代表的法国年鉴史学家。他们推崇的是科学（scientific）而不是直觉（intuitive），注重的是比较（comparative）而不是特殊（particularistic），书写的是社会史而不是政治史，描述的是整个社会而不仅仅是大人物。在他们看来，历史是由长时段的地理和气候结构、短期的经济和人口变化、以及短暂瞬间的政治战争史组成的。它是分析性的（analytical）、而不是叙述的（narrative），是理论的（theoretical）、而不是乏理论的（theory – less）。[2]

近年来，象征人类学在如达恩顿（Robert Darnton）、戴维斯（Natalie Davis）等一些文化史学家的著作中不断显现。尽管学界对史学的这些新变化评价不一，但足以表明传统史学范式已逐渐出现了改观。[3]

从民族学人类学与历史学的关系来看，直到20世纪中期，它们之间的界线依然十分明显。对很多历史学家而言，许多人集中在叙述上，对社会科学理论持有敌意，很少人对人类学家所独尊的研究对象———土著及其历史感兴趣；对许多人类学家而言，这一时期主要集中在现在时田野调查上，对土著历史也缺乏足够关注。[4]

当然，其中也有例外。例如，英国社会人类学家埃文斯—普里查德（E-. E. Evans – Pritchard），对社会变化和历史感兴趣；在美国，也有对文化涵化、文化变化过程感兴趣的人类学家；在法国，年鉴史学派对人类学的概念保持了浓厚的兴趣。这些例外，为历史学与人类学之间对话的扩展提供了基础。近年来，这种对话加快了步伐。在人类学中，把历史整合进分析之中的研究在数量上获得了很大增长；在历史学中，传统的政治和传记叙述的研究方式被削弱，出现了所谓的新史学。目前，人类学家多用传统的历史材料和方法来使他们人类学家感兴趣的问题有意义，而历史学家也多用传统人类学田野工作方法和视野来使他们历史学家的问题有意义。埃文斯—普里查德接

---

① Shepard Krech III, "The State of Ethnohistory", *Annual Review of Anthropology*, Vol. 20, 1991, pp. 351 – 352.

② Shepard Krech III, "The State of Ethnohistory", *Annual Review of Anthropology*, Vol. 20, 1991, p. 349.

③ Shepard Krech III, "The State of Ethnohistory", *Annual Review of Anthropology*, Vol. 20, 1991, p. 349 – 350.

④ Shepard Krech III, "Ethnohistory", in David Levinson and Melvin Ember eds., *Encyclopedia of Cultural Anthropology*, New York: Henry Holt and Company, 1996, Volume 2, p. 422.

受了梅特兰（F. W. Maitland）的见解——人类学要么是历史学，要么什么也不是，并认为这也可以倒转过来，即，历史学要么是社会人类学，要么什么也不是。在凯琦看来，20世纪后半叶人类学和历史学的发展，逐渐证实了普里查德的预言。[①]

尽管民族学和历史学之间目前还存在"误解"，但近来民族学人类学和历史学之间在互相影响已是不争的事实。有关历史学是反理论的（atheoretical）、特殊的（particularistic）、表意的（ideographic）、说教的（moralistic），而民族学人类学是理论的（theoretical）、概化的（generalizing）、研究普遍性的（nomothetic）、价值无涉的（value free）——这种传统的划分方式不再维持。[②]

随着民族学人类学与历史学学科界线的日渐渗透，为了更为深入讨论这种跨学科影响的性质，凯琦指出，关注点不在于明确如俗民史（folk history）、专门史（specific history）、民族志重构（ethnographic reconstruction）等"民族史学"研究类型是属于历史学分支、还是属于民族学人类学分支，而应该集中确定民族学人类学家和历史学家是用何种方式来解释文化和社会事实的。[③]

综上，"民族史学"的战后勃兴，在凯琦看来，与战后传统史学研究范式的日渐改观有关，与战后民族学人类学与历史学关系的逐步趋近与交融相连，得益于战后新的理论和方法诉求，即崇尚实证主义与观念主义相叠加，而不再单独强调实证主义或者其对立面。"在民族史学研究中，崇尚的是一种从实证主义（positivist）到极端相对主义（relativist）互相叠加的链条；这条链条掩饰了实证主义（positivist）与观念主义（idealist）、客观主义（objective）与主观主义（subjective）、唯物主义（materialist）与象征主义（symbolic）等传统史学争论；在这条链条中，民族学人类学与历史学的理论方法得以互换。"[④]

（二）历史叙述（historical narrative）与分析（analysis）：北美地区民族史学研究方法

凯琦对北美地区"民族史学"研究的考量和划分，主要基于历史叙述与

① Shepard Krech III, "Ethnohistory", in David Levinson and Melvin Ember eds., *Encyclopedia of Cultural Anthropology*, New York: Henry Holt and Company, 1996, Volume 2, pp. 422–423.

② Shepard Krech III, "The State of Ethnohistory", *Annual Review of Anthropology*, Vol. 20, 1991, p. 350.

③ Shepard Krech III, "The State of Ethnohistory", *Annual Review of Anthropology*, Vol. 20, 1991, p. 350.

④ Shepard Krech III, "The State of Ethnohistory", *Annual Review of Anthropology*, Vol. 20, 1991, p. 352.

分析这两种基本研究方法展开。

1. 历史叙述（以历史学家为主）

北美和西北墨西哥地区，相对其他地区而言，曾经是一个刺激"民族史学"发展的重要地区。该地区产生了"民族史学"研究中一种最为基本的类型，即历史叙述型：它以叙述一个部族和国家的过去为主，有时只是临时集中于文化领域，也有可能通过传记来展开。它主要描述印第安人与白人的关系，在某种意义上具有"边疆"意味。它聚焦于美国印第安人的历史研究，多为历史学家所从事。它以数据而不是理论为基础，多依赖档案而不是口述传统，并假定能够从档案中"释放"出一个编年性描述。[①]

叙述是此类研究的突出特点。这种叙述，不仅仅是事实的简单呈现，也是小心的权衡和解释。他们并不强调理论，而是注重在一个一端为理性主义、客观主义、实证主义（rationalist /objective / positivist），另一端为历史主义、主观主义、观念主义（historistic /subjective /idealist）的联系统一体中行进。[②]

2. 实证主义分析（以历史学家为主）与观念主义分析（以民族学人类学家为主）

相比历史叙述而言，有些为数不多的著述强调理论。凯琦将此类研究视为分析型（analysis），并把它分为实证主义分析型（positivist analytic genre）（历史学家占主导）、观念主义分析型（idealist analytic approach）（民族学人类学家占主导）两种。实证主义分析型，注重的是生态学、经济学和政治经济学；观念主义分析型则对实体的象征结构感兴趣。在这二者之中，分析优于叙述。[③]

在实证主义分析型中，商业主义（mercantilism）、市场经济（market economy）、皮毛贸易（fur trade）、世界体系（world – system）、经济（economy）、生产资源控制（control of productive resources）、低度发展（underdevelopment）、内部殖民主义（internal colonialism）、依从（dependency）、生态学（ecology）、人口统计学（demography）、生产的模式和关系（modes and relations of production）、商业化（commoditization）等概念随处可见。其中，主

① Shepard Krech III, "The State of Ethnohistory", *Annual Review of Anthropology*, Vol. 20, 1991, pp. 352 – 353.

② Shepard Krech III, "The State of Ethnohistory", *Annual Review of Anthropology*, Vol. 20, 1991, p. 353.

③ Shepard Krech III, "The State of Ethnohistory", *Annual Review of Anthropology*, Vol. 20, 1991, p. 353.

要留下了美国史学家的足迹，也有一些人类学家的身影。①

观念主义分析型则关注文化象征和文化观念，以弗格森（Raymond D. Fogelson）及他的学生等民族学人类学家为参与主体。② 也有一些观念主义作品，多直接地来自历史学家而不是民族学人类学家。他们或对皮毛贸易的动机提供了修正主义的解释，或对印第安历史进行了哲学意义上的思考，或对哥伦比亚大平原上的印第安—白人历史进行"民族知识学"（ethnointellectual）意义上的分析。所有这类研究，展示了文化解释及有关争论等方面的重要问题，提供了有关方法论和理论基础的讨论，对整合土著观点做出了重要贡献。③

还有一种观念主义分析：援引土著的陈述来呈现一个有关事件的"非问题化"的土著视野（un - problematized native version of events），或者通过分析土著咨询者的权力和特权对历史事件和过程进行"民族社会学"（ethnosociological）意义上的论述，或者对土著象征体系中的构成和变化与历史条件变化之间的关系有着浓厚的兴趣。④

与历史学家占主导的实证主义分析相比较，这种在北美地区进行的观念主义分析主要由民族学人类学家来完成，所依据的材料也多由田野中的土著咨询者来提供。⑤

（三）政治经济、社会生态、实践、文化：ethnohistory 研究的世界视野和主题

从世界范围来看的"民族史学"研究，或者说"民族史学"研究的世界视野，处于两极之间：一极把不同的社会以互相联系的政治经济形式联系起来，另一极使有限的、自治的、系统的（bounded, autonomous, systemic）的社会文化单元内部的不同的社会文化结构得以呈现；一极是政治经济（political economy），一极是文化（culture），中间地带则是多样的重叠，主

①　Shepard Krech III, "The State of Ethnohistory", *Annual Review of Anthropology*, Vol. 20, 1991, pp. 353 – 354.

②　Shepard Krech III, "The State of Ethnohistory", *Annual Review of Anthropology*, Vol. 20, 1991, p. 354.

③　Shepard Krech III, "The State of Ethnohistory", *Annual Review of Anthropology*, Vol. 20, 1991, p. 354.

④　Shepard Krech III, "The State of Ethnohistory", *Annual Review of Anthropology*, Vol. 20, 1991, p. 354.

⑤　Shepard Krech III, "The State of Ethnohistory", *Annual Review of Anthropology*, Vol. 20, 1991, p. 354.

要是社会生态（society and ecology）、实践（practice）。①

政治经济、社会生态、实践、文化既是凯琦总结的世界范围"民族史学"研究的主题类型，也是世界范围"民族史学"研究类型划分的依据，由此展示 ethnohistory 研究的世界视野。此外，他还把北美地区民族史学研究方法（历史叙述、实证主义分析和观念主义分析），亦即他对北美地区"民族史学"研究的考量依据，拓展应用于世界范围"民族史学"每一主题类型的分析之中。②

1. 政治经济

此主题类型阐明了有待研究的社会与世界历史体系相互联系起来的过程。在这种类型的 ethnohistory 研究中，政治经济（political economy）、生产的模式和关系（modes and relations of production）、霸权（hegemony）、社会形成（social formation）、资本支配（domination of capital）、依从（dependency）和低度发展（underdevelopment）等概念，与全球资本主义（global capitalism）、殖民关系（colonial relations）是辩证联系和整合在一起的。此类作品不仅仅对分析感兴趣，也对唯物主义、实证主义以及或明或暗的比较感兴趣，与沃尔夫（Eric R. Wolf）、伊曼纽尔·沃勒斯坦（Immanuel Wallerstein）等学者的理论息息相关，最终的理论源泉来自马克思。其中，人类学家多从事理论分析，历史学家多从事历史叙述。③

2. 社会和生态

此主题类型的 ethnohistory 研究，主要集中在社会、生态、人口统计学的实证主义分析上。④

3. 实践

此主题类型的 ethnohistory 研究，在于批判和纠正政治经济主题因忽视"他者"实践能动性所形成的缺陷。以沃尔夫（Eric R. Wolf）为代表的政治经济主题倡导者注意到资本主义世界中心体系对于边缘地区的单向性（unidirectional）影响，没有看到资本主义扩张反过来也受到了地方文化、事件的影响，没有注意到行动者（agency）在殖民关系中的能动作用。沃尔夫等人

---

① Shepard Krech III, "The State of Ethnohistory", *Annual Review of Anthropology*, Vol. 20, 1991, p. 355.

② Shepard Krech III, "The State of Ethnohistory", *Annual Review of Anthropology*, Vol. 20, 1991, p. 355.

③ Shepard Krech III, "The State of Ethnohistory", *Annual Review of Anthropology*, Vol. 20, 1991, pp. 355 – 356.

④ Shepard Krech III, "The State of Ethnohistory", *Annual Review of Anthropology*, Vol. 20, 1991, pp. 357 – 358.

将大的世界体系整合进地方分析之中来理解政治经济，历史在政治经济主题视野中只是西方对非西方的碰撞，中心对边缘的碰撞。事实上，历史不单"像船一样从外驶来"，因此，不能只书写西方对非西方碰撞的历史，也要书写非西方对西方能动反抗的历史，即历史学家和人类学家还要从布迪厄（P. Bourdieu）、福柯（M. Foucault）、吉登斯（A. Giddens）、汤普森（E. P. Thompson）、威廉斯（R. H. Williams）等学者中汲取理论营养，把当地人视为积极的行动者（agents），将当地人放在当地人自己创造的历史之中。资本主义市场之决定性作用的扩展受到了土著积极行动、抵抗的影响和调适（mediate），这主要表现在正在展开的世界体系形成过程与地方文化之间的辩证联系之中。[1]

在这种主题类型之中，有些作品（例如，研究苏门答腊的契约劳动者、巴西的咖啡种植园主、纽芬兰的村民等）对文化价值与外在关系十分关注，对权力话语（discourses of power）、权力关系与资本主义的发展很重视，对殖民主义结构中革命或者抵抗的动机和行动（actions and motivations）感兴趣；有些作品则对市场经济力量和阶级形成之间结构联系的背景进行了大量介绍（其中，阶级之间的差异，由反抗力量来调适），强调了农民阶级的内在差异，揭示了处于系统关系中的农民知识分子及其有关的政治话语（political discourses）；有的还特别强调了地方文化和全球力量之间多样化关系之中性别意识形态（gender ideologies）的转换。[2]

凯琦还强调指出，卡马罗夫夫妇（Jean Comaroff and John L. Comaroff）的有关著述是此类研究中的突出表现。[3] 卡马罗夫夫妇的作品说明，在工作和劳作的语言中、在压迫史的诗学（the poetics of oppressive history）中、在难以捉摸（subtleties）的集体意识（collective consciousness）中，都是由文化来编码的；[4] 珍·卡马罗夫（J. Comaroff）在她的代表性著述中指出，南非的 Tshidi 人"既被决定也决定着自己的历史，在每日生产的货物和含义中来

① Shepard Krech III, "The State of Ethnohistory", *Annual Review of Anthropology*, Vol. 20, 1991, pp. 358 – 359.

② Shepard Krech III, "The State of Ethnohistory", *Annual Review of Anthropology*, Vol. 20, 1991, p. 359.

③ Shepard Krech III, "The State of Ethnohistory", *Annual Review of Anthropology*, Vol. 20, 1991, p. 359.

④ J. L. Comaroff and J. Comaroff, "The madman and the migrant: work and labor in the historical consciousness of a South African people", *American Ethnologist*, Vol. 14, Issue 2, 1987, pp. 191 – 209. 同时可参见 Shepard Krech III, "The State of Ethnohistory", *Annual Review of Anthropology*, Vol. 20, 1991, p. 359.

反对和默许，来进行再生产，以寻求转换他们的困境"。①

4. 文化

该主题类型关注土著历史观念，对行动者（agency）以及不可避免的文化建构（cultural constructions）的分析有着强烈兴趣。② 凯琦将这种主题类型又细分为三类：

其一，文化的象征建构。这类民族史学作品相信，文化是由象征体系建构起来的，正如文本（text）是以某种方式被建构起来的一样。这些作品关注土著文化，从文化、结构而不是从生态、人口统计来解释行为，强调了文本或田野中本土观点和价值（文化）的发现，对口述传统、历史以及语言学数据进行批评，对历史编纂（historiography）而言有一定的拓展作用。这其中也包括一些叙述型（narrative）的历史学家的作品。③

其二，文化的历史解释（historical interpretation of cultures）。近来的有关文化的大量著述，与象征主义（symbolism）、符号学（semiotics）有关。对民族史学研究而言，文化的历史解释成为如何阅读文本（text）中的隐喻（metaphor）、换喻（metonym）以及其他修辞（tropes）的关键，即成为如何阅读文本的逻辑（the "logics" of texts）的关键，实质在于将意义或象征结构中的转变与社会历史变化联系起来，其间也涉及心理抵抗、社会霸权（hegemonic）等问题。④

其三，神话历史的结构主义解释。此类作品与列维—斯特劳斯（lévi-strauss）的结构主义有着千丝万缕的联系，热衷于列维—斯特劳斯的热社会有历史、冷社会无历史之划分的讨论，意在开发有关过去文化的世界。这些作品明确地考察结构的历史以及本土历史学家的历史编纂（historiographical）习俗，彰显出作为土著历史编纂（historiography）的"民族史学"与作为或多或少传统上（实证主义意义上）的族群（ethnos）历史之间的张力，揭示出历史如何

---

① J. Comaroff, *Body of Power*, *Spirit of Resistance*：*The Culture and History of A South African People*, Chicago：Univ. Chicago Press, 1985, p. 1；J. L. Comaroff, "Dialectical systems, history and anthropology：units of study and questions of theory", *Journal of Southern African Studies*, Volume 8, Issue 2, 1982, pp. 143 – 172. 同时可参见 Shepard Krech III, "The State of Ethnohistory", *Annual Review of Anthropology*, Vol. 20, 1991, p. 359.

② Shepard Krech III, "The State of Ethnohistory," *Annual Review of Anthropology*, Vol. 20, 1991, p. 359.

③ Shepard Krech III, "The State of Ethnohistory," *Annual Review of Anthropology*, Vol. 20, 1991, p. 360.

④ Shepard Krech III, "The State of Ethnohistory", *Annual Review of Anthropology*, Vol. 20, 1991, p. 360.

既是过去的隐喻（metaphor）、又是现在的换喻（metonymy），揭示出传统发明中的多样性，揭示出知识是怎样生产的，以及过去是如何被感知的。[①]

（四）"历史人类学"（anthropological history）取代"民族史学"（ethno-history）：民族史学的发展方向与新的定位

1. ethnohistory 概念本身内含政治学含义

哪些研究可以被称为 ethnohistory 类的作品，这需要评价的标准；[②] 究竟哪些作品属于多样化的"民族史学"研究，这是需要作答的有一定困难的问题。[③]

在凯琦看来，为什么某些作品自称或被称为"民族史学"——这是问题所在，即"民族史学"存在一个标识的问题。[④]

凯琦认为，这些作品，一般都是历史作品，关心的是一般由人类学家所研究的人群。但经过仔细检视，它们不一定被贴上 ethnohistory 的标签。即使在特定的学术圈子里，要给这些作品明确贴上 ethnohistory 的标签，也存在一定的阻力，未能达成共识。[⑤]

20 世纪 80 年代以来，数以百计的有关著述出现了。以凯琦（Shepard

---

① Shepard Krech III, "The State of Ethnohistory", *Annual Review of Anthropology*, Vol. 20, 1991, pp. 361 – 363. 这里需要补充说明一下的是，"历史又是现在的换喻（metonymy）"可以与意大利历史学家、哲学家、新黑格尔主义的主要代表之一——克罗齐（Bendetto Croce, 1866—1952）的"一切历史都是当代史"来对照理解。第一，从认识论上来看，"一切历史都是当代史"意味着，历史正是以当前的现实生活作为参照系的，人们对过去历史的考察不可避免地带有当代社会的眼光，过去只有和当前的视域相重合的时候，才能为人所理解。第二，从本体论上来看，"一切历史都是当代史"的含义在于，不仅我们的思想是当前的，我们所谓的历史也只存在于我们的当前；没有当前的生命，就没有过去的历史可言。所谓"当代"，是指它构成我们当前的精神生活的一部分，历史是精神活动，而精神活动永远是当前的。对克罗齐来说，时间本身不是独立的存在，也不是事物存在的外在条件；它只是精神自身的一部分，所以我们既不能把时间、也不能把过去看成是精神以外的事物。因此，可以说看来已经消逝的古罗马的荣光，其实依然活生生存在于精神之中，存在于从萨维尼到每一个热爱罗马法的人的精神和著述之中。只要它还影响我们，就存在于我们之间。这里的见解，部分参考了 Mtime 时光网 2009 年 4 月 6 日的未署名文章《解读克罗齐"一切历史都是当代史"》。

② Kenneth C. Wylie, "The Uses and Misuses of Ethnohistory", *Journal of Interdisciplinary History*, Vol. 3, No. 4, Spring 1973, p. 720.

③ Shepard Krech III, "The State of Ethnohistory", *Annual Review of Anthropology*, Vol. 20, 1991, p. 352, p. 363.

④ Shepard Krech III, "The State of Ethnohistory", *Annual Review of Anthropology*, Vol. 20, 1991, p. 363.

⑤ Shepard Krech III, "The State of Ethnohistory", *Annual Review of Anthropology*, Vol. 20, 1991, p. 363.

Krech III）为代表的学者，只是将关注的范围限于这一时期英文著述中多来自历史学家和社会文化人类学家的作品，而未对考古学、艺术史、地理学以及其他相关领域中的作品进行检视。凯琦认为，这不会影响他的结论。①

需要补充说明的是，上述的这种标签，可以是 ethnohistory，也可能是 historical anthropology、anthropology of history、anthropological history、historical ethnology、ethno‐ethnohistory、non‐Western history 等。西方学界对 ethnohistory 等此类词汇并不作严格区分，往往随机使用它们，或者作为同义词或近义词轮换使用它们。

此类所谓"民族史学"标识问题的产生，在凯琦看来，主要有以下几个方面的原因：

其一，部分是由于民族学、历史学之间关系的变化造成的。无论是当时的民族学人类学还是历史学，都已不是 20 世纪 60 年代的传统学科——人类学家开始研究西方本土社会，正如以前他们研究异域土著社会一样；历史学也发生变化，开始关注平民史（proctologic）、自下而上的历史或来自底层的历史（history from the bottom up or history from below），关注曾经为人类学所独尊的文化和社会领域的历史。②

其二，与 ethnohistory 在美洲或非洲等不同地域的使用习惯也有关系。历史（history）、社会史（social history）、文化史（cultural history）和 ethnohistory 等学科及分支学科的界定越来越模糊。这一困境，在一个特殊的地理区域之内或许并不太明显，因为在这个区域内大家可以达成一定共识，但是在不同的地区之间，问题就比较突出，因为存在较多的分歧和对抗。例如，在北美被称为 ethnohistory，在世界其他地区可能被称为社会史，或文化史，或 ethno‐ethnohistory，或只是被简单称为历史。③ 在北美，一项很自然被称为 ethnohistory 的史学研究，在非洲很难被称为 ethnohistory。④

---

① Shepard Krech III, "The State of Ethnohistory", *Annual Review of Anthropology*, Vol. 20, 1991, p. 352.

② Shepard Krech III, "The State of Ethnohistory", *Annual Review of Anthropology*, Vol. 20, 1991, p. 348; Shepard Krech III, "Ethnohistory", in David Levinson and Melvin Ember eds., *Encyclopedia of Cultural Anthropology*, New York: Henry Holt and Company, 1996, Volume 2, p. 424.

③ Shepard Krech III, "The State of Ethnohistory", *Annual Review of Anthropology*, Vol. 20, 1991, p. 348; Shepard Krech III, "Ethnohistory", in David Levinson and Melvin Ember eds., *Encyclopedia of Cultural Anthropology*, New York: Henry Holt and Company, 1996, Volume 2, p. 424.

④ Shepard Krech III, "The State of Ethnohistory", *Annual Review of Anthropology*, Vol. 20, 1991, p. 348; Shepard Krech III, "Ethnohistory", in David Levinson and Melvin Ember eds., *Encyclopedia of Cultural Anthropology*, New York: Henry Holt and Company, 1996, Volume 2, pp. 424 –425.

其三，更为重要的是，与西方学界固有的"西方中心论"有关。作为非洲学家和口述史学家，简·范西纳（Jan Vansina）在 20 世纪 60 年代就曾提出"研究未开化社会的历史与研究文明社会的历史没有什么差别，因此没有必要构造这样一个特殊的词汇——ethnohistory"。① 他认为用一个词"历史"去统称这些作品即可，无需把 ethnohistory 加到所谓未开化的民族身上，而把历史加到所谓文明民族身上。② "如果我们被简·范西纳说服，我们可能会问，为什么有那么多 ethnohistory 作品不能被简单地称作历史作品？"③ 在凯琦看来，有很多带连字符（限定词）的历史，包括人口统计学史、经济史、劳动史、社会史、家庭史、政治史、外交史、城市史、文化史、心理史、计量史、口述史等，或者思想史、科学史、妇女史、精神史等，其中许多的限定词多指文化和社会抽象物，有些指的是方法。从理论上讲，这些限定词范畴都不能将某种类型的社会排除在外，即人们可以在任何地方从事计量史、口述史、家庭史、文化史研究；但在实践上，许多社会（或人们）（如一些所谓的原始族群）以前都被排斥在历史学家关注的视野之外。ethno‐history，也是一种带连字符（限定词）的历史，但是，它与上述带连字符（限定词）的历史并不一样。④ 事实上，构造 ethnohistory 这样一个词汇，并专门应用于原始族群身上，而把历史学应用于文明人身上——ethnohistory 与历史学分野的存在，本身就暗含着种族歧视思想，本身就是西方中心论的产物。

诚如凯琦所强调的："不能漠视 ethnohistory 的政治学含义，那些持续把自己视为 ethnohistory 家、关心道德批评的学者们，必须拥有一个反思性的历

① Jan Vansina, "Recording the Oral History of the Bakuba: I. Methods", *Journal of African History*, Vol. 1, 1960, p. 53. 参见 Shepard Krech III, "The State of Ethnohistory", *Annual Review of Anthropology*, Vol. 20, 1991, p. 363; Shepard Krech III, "Ethnohistory", in David Levinson and Melvin Ember eds., *Encyclopedia of Cultural Anthropology*, New York: Henry Holt and Company, 1996, Volume 2, pp. 424 – 425.

② Jan Vansina, "Recording the Oral History of the Bakuba: I. Methods", *Journal of African History*, Vol. 1, 1960, p. 53. 参见 Shepard Krech III, "The State of Ethnohistory", *Annual Review of Anthropology*, Vol. 20, 1991, p. 363; Shepard Krech III, "Ethnohistory", in David Levinson and Melvin Ember eds., *Encyclopedia of Cultural Anthropology*, New York: Henry Holt and Company, 1996, Volume 2, pp. 424 – 425.

③ Shepard Krech III, "The State of Ethnohistory", *Annual Review of Anthropology*, Vol. 20, 1991, p. 363; Shepard Krech III, "Ethnohistory", in David Levinson and Melvin Ember eds., *Encyclopedia of Cultural Anthropology*, New York: Henry Holt and Company, 1996, Volume 2, p. 425.

④ Shepard Krech III, "The State of Ethnohistory", *Annual Review of Anthropology*, Vol. 20, 1991, pp. 363 – 364; Shepard Krech III, "Ethnohistory", in David Levinson and Melvin Ember eds., *Encyclopedia of Cultural Anthropology*, New York: Henry Holt and Company, 1996, Volume 2, p. 425.

史观。"① 凯琦进一步强调指出，这无疑被许多学者忽略，即，他们在不考虑此问题的前提下，就直接命名 ethnohistory 方法和作品。②

在一定意义上讲，正是由于 ethnohistory 概念本身内含政治学含义，才会有"为什么有那么多的'民族史学'作品不被简单地称作历史作品，'民族史学'是不是一种如经济史等那样带连字符（限定词）的历史"此类问题的存在，而"民族史学"相应成为包括美国学界在内的西方学界深入反思"西方中心论"的一个重要场域。

总之，如何辨识纷繁的 ethnohistory 经验研究作品，存在不同见解，因研究者、学科、学术圈、学术传统、表述语言等的不同而存在差异；而"民族史学"标识问题的产生，更主要的是由 ethnohistory 概念本身内含的政治学含义所决定的。如果说国外学界对 ethnohistory 经验研究作品的外在标识存在一定共识的话，那就是 ethnohistory 可以被理解为一面意义宽泛的"旗帜"，代表着民族学人类学与历史学等有关学科相互趋近的一种发展态势，代表着民族学人类学家、历史学家及有关学者便于沟通和交流的一种凭借媒介、工具和方法。学界在认识 ethnohistory 上的共性与差异，也是美国民族史学整体上呈现出多样化面相的内在学理基础。

2. ethnohistory 研究类型的有关共识

凯琦在对"民族史学"标识问题进行深入揭示和反思的同时，也为试图解决问题做出努力，由此也一定程度上反映出美国学界在探索"民族史学"未来发展与定位中做出的新尝试。

凯琦指出，尽管有关"民族史学"的标签名称很多，但有关"民族史学"基本产物（经验研究作品）的类型，也存在一些共识：

第一种类型属于"历史民族志"（historical ethnography）类，这类作品以无时间的或者说是有关过去某一时刻的文化和社会的共时重构为主。或者说，主要通过从现在到过去进行类推的溯流而上（upstream）的研究方式、即所谓的"直接的历史方法"（direct historical method，主要为考古学家所使用）来书写。这是一种发端于考古学，主要为早期（20 世纪上半叶）具有历史眼光的民族学人类学家所从事。

第二种类型属于"专门史"（specific history）类，对某一特殊社会和族群进行从最早到最近时刻的历时研究、即沿着顺流而下的方向（downstream）

① Shepard Krech III, "The State of Ethnohistory", *Annual Review of Anthropology*, Vol. 20, 1991, p. 364.

② Shepard Krech III, "The State of Ethnohistory", *Annual Review of Anthropology*, Vol. 20, 1991, p. 365.

进行研究；当使用"顺流而下"（downstream）的方式来进行解释时，"专门史"（specific history）又多指部族或族群过去的传统事件的叙述史。主要为二战后以来一些具有民族学人类学眼光的历史学家所从事。

第三种类型属于"俗民史"（folk history，ethno-ethnohistory）类，这类作品以被某些学者所称的特殊社会尤其是非文明社会的历史编纂（historiography）为主。主要为20世纪70年代以来具有历史眼光的民族学人类学家所从事。①

卡马克（Robert M. Carmack）等学者在对"民族史学"研究类型的划分方式进行总结时，也分为如上"专门史"（specific history）、"历史民族志"（historical ethnographies）、"俗民史"（folk history，ethno-ethnohistory）等三类，但在每一类所涵盖的具体内容上则有与上述相关论述不尽相同的理解。②

另外，在凯琦看来，笼统而言，目前有三种基本研究类型影响着"民族史学"的使用：

其一，在北美，一些"民族史学"家把"民族史学"限制在美国印第安人身上，也有学者将之拓展到所谓的某些少数族群身上，而只有很少的学者将"民族史学"平等地运用于主体族群身上。这样做，也就等于说，西方人，尤其是城市居民或者是主体族群，拥有历史，对他们的历史进行研究不属于"民族史学"范畴。把"民族史学"限制于特殊族群、少数族群的模式，是目前"民族史学"中的一种基本类型。当然，这种做法实际上并不公平。③

其二，许多自述（self-described）的 ethnohistory，是指传统的旧的编年体叙述型历史（词头 ethno- 只代表它是某些土著族群，即传统上人类学家感兴趣的族群），即历史编年式地叙述一个族群或国家的过去，强调的是族际之间的关系，尤其是欧洲与土著之间的关系。④

---

① Shepard Krech III, "The State of Ethnohistory", *Annual Review of Anthropology*, Vol. 20, 1991, p. 348; Shepard Krech III, "Ethnohistory", in David Levinson and Melvin Ember eds., *Encyclopedia of Cultural Anthropology*, New York: Henry Holt and Company, 1996, Volume 2, p. 424.

② 参见 Robert M. Carmack, "Ethnohistory: A Review of Its Development, Definitions, Methods, and Aims", *Annual Review of Anthropology*, Vol. 1, 1972, pp. 236-242.

③ Shepard Krech III, "The State of Ethnohistory", *Annual Review of Anthropology*, Vol. 20, 1991, p. 364; Shepard Krech III, "Ethnohistory", in David Levinson and Melvin Ember eds., *Encyclopedia of Cultural Anthropology*, New York: Henry Holt and Company, 1996, Volume 2, p. 425.

④ Shepard Krech III, "The State of Ethnohistory", *Annual Review of Anthropology*, Vol. 20, 1991, p. 365; Shepard Krech III, "Ethnohistory", in David Levinson and Melvin Ember eds., *Encyclopedia of Cultural Anthropology*, New York: Henry Holt and Company, 1996, Volume 2, p. 425.

其三，有些历史学家把人类学整合到历史研究之中，有些人类学家把历史学整合到人类学研究之中，无论是理论还是方法，历史学与人类学互相借鉴——这种研究也是目前 ethnohistory 研究中的一种基本类型。①

可以说，这种基于"民族史学"实际运用的角度而形成的有关"民族史学"三种研究类型的共识，基本上也为国外学界所认可。

3. anthropological history 取代 ethnohistory

在深入反思 ethnohistory 概念本身内含政治学含义的基础上，在有机吸纳以往针对 ethnohistory 研究类型而形成的有关共识的基础上，凯琦对之前他所做的北美地区"民族史学"研究的考量和划分（基于历史叙述与分析这两种基本研究方法）及世界范围"民族史学"研究的考量和划分（基于政治经济、社会生态、实践、文化四种研究主题）进行重新整合和调整，给出了有关"民族史学"发展方向和未来定位的新思考。

在凯琦看来，"今天 ethnohistory 的核心（相比过去更为显著），在于联合历史学和人类学中的方法和理论，同时聚焦于某些族群的历史（history）、历史编纂（historiography）之中"。②

就前半句"今天 ethnohistory 的核心（比过去更为显著），在于联合历史学和人类学中的方法和理论"而言，ethnohistory 中的词头 ethno‐变成了 anthropological 的同义语。③

对此，凯琦有自己的独到解释：1972 年卡马克（Robert M. Carmack）曾说，ethnohistory 的目标，"从总体上来说，属于文化人类学范畴，主要在于处理文化理论"。④ 从今天的观点来看，这种见解有些学科沙文主义的味道。ethnohistory 理论来自人类学，只是因为相比历史学而言，人类学有更多的明确的理论假设。实际上，历史学有与社会科学家（如马克思、涂尔干、韦伯及其后继者）一样的追求目标。严格来讲，这两个学科中的理论既不来自人

① Shepard Krech III, "The State of Ethnohistory", *Annual Review of Anthropology*, Vol. 20, 1991, p. 365; Shepard Krech III, "Ethnohistory", in David Levinson and Melvin Ember eds., *Encyclopedia of Cultural Anthropology*, New York: Henry Holt and Company, 1996, Volume 2, p. 425.

② Shepard Krech III, "Ethnohistory", in David Levinson and Melvin Ember eds., *Encyclopedia of Cultural Anthropology*, New York: Henry Holt and Company, 1996, Volume 2, p. 425.

③ Shepard Krech III, "Ethnohistory", in David Levinson and Melvin Ember eds., *Encyclopedia of Cultural Anthropology*, New York: Henry Holt and Company, 1996, Volume 2, pp. 425 – 426.

④ Robert M. Carmack, "Ethnohistory: A Review of Its Development, Definitions, Methods, and Aims", *Annual Review of Anthropology*, Vol. 1, 1972, p. 234. 参见 Shepard Krech III, "The State of Ethnohistory", *Annual Review of Anthropology*, Vol. 20, 1991, p. 350; Shepard Krech III, "Ethnohistory", in David Levinson and Melvin Ember eds., *Encyclopedia of Cultural Anthropology*, New York: Henry Holt and Company, 1996, Volume 2, p. 426.

类学，也不来自历史学，而是来自符号学（semiotics）、结构主义（structuralism）、马克思主义（Marxism）、批评理论（critical theory）、语言学（linguistics）、社会学（sociology）、文化研究（cultural studies）、文艺评论（literary criticism）、政治经济（political economy）或世界体系理论（world - system theory）等。无论是人类学还是历史学，都不专注于某一理论，尽管在不同时期会受到某一理论的影响。事实上，这两个学科都开放性地接受了外界影响。[①] 在凯琦看来，ethnohistory 的出现，就在于联合历史学和人类学中的方法和理论，这正是 ethnohistory 中词头 ethno - 变成了 anthropological 的同义语的内在含义。

就后半句"ethnohistory 同时聚焦于某些族群的历史（history）、历史编纂（historiography）之中"而言，ethnohistory 变成了 anthropological history。

对此，凯琦给出了四点说明：其一，当把历史（history）或历史编纂（historiography）应用于某族群的时候，等同于人类学与历史学方法和理论的互换。其二，anthrohistory 对某些人而言，是有吸引力的一个标识，但凯琦认为并不需要创造这样的新语，即用 anthropological history 或者用 historical anthropology 已经足够。其三，与 ethnohistory 这个标识相对照，无论是 anthropological history 或者 historical anthropology，都不会"辱其名"。因为无论是学科名义上的，还是仅仅作为一种研究风格，anthropological history 或 historical anthropology，与 ethnohistory 一样，都聚焦于历史研究之中。其四，如果作为批判标准的有关 ethnos 的传统分界线消失了，就可以做出明确决定——人类学分析，就是历史学分析；历史学分析，就是人类学分析。[②]

基于这四点，凯琦还强调，目前，ethnohistory 的标识与名称问题更为凸显，尤其当"ethnohistory 同时聚焦于某些族群的历史（history）、历史编纂（historiography）之中"的时候。在实践中，ethnohistory 把一些族群排除在外。改变办法之一，在于把 ethnohistory 应用于所有的族群，而不管他们在国家中的状况身份如何。而最优的方法，在凯琦看来，在于彻底不用 ethnohis-

---

① Shepard Krech III, "The State of Ethnohistory", *Annual Review of Anthropology*, Vol. 20, 1991, p. 350; Shepard Krech III, "Ethnohistory", in David Levinson and Melvin Ember eds., *Encyclopedia of Cultural Anthropology*, New York: Henry Holt and Company, 1996, Volume 2, p. 426.

② Shepard Krech III, "The State of Ethnohistory", *Annual Review of Anthropology*, Vol. 20, 1991, p. 365; Shepard Krech III, "Ethnohistory", in David Levinson and Melvin Ember eds., *Encyclopedia of Cultural Anthropology*, New York: Henry Holt and Company, 1996, Volume 2, p. 426.

tory 这个名称。① "民族史学" 对 "民族史学" 家而言，一直是一个令人忧虑不安的 "贫乏" 而 "苍白" 的术语。②

综合来看，"今天 ethnohistory 的核心（相比过去更为显著），在于联合历史学和人类学中的方法和理论，同时聚焦于某些族群的历史（history）、历史编纂（historiography）之中"——这句话集中展示了凯琦 "民族史学" 思想的核心特点。在此基础上，凯琦明确指出，将来可用 anthropological history 取代 ethnohistory，即以 anthropological history 作为新的标识与名称；③ 同时，他还总结给出了 anthropological history 研究的四种可能类型。

第一，ethno – ethnohistory 或者俗民史学（folk history），作为研究土著有关过去观念的历史学，是 anthropological history 研究中的一种重要类型。这种类型与前述的世界范围民族史学研究中 "文化" 主题类型相近。

20 世纪 80 年代以来，很多学者坚持把 ethnohistory 与 ethnoscience（民族科学）等 ethno – 类概念在同源意义上使用，即把 ethnohistory 与土著有关过去的观念相联系，把 ethnohistory 作为研究土著有关过去观念的历史学。④ 也有学者将这种类型的 ethnohistory 称为 ethno – ethnohistory 或者俗民史学（folk history）。⑤ 凯琦明确指出，这类作品越来越清晰地成为 anthropological history 中的一种重要类型。他们对很多土著的 "历史思想"（historical thoughts⑥）进行研究，对土著的时间概念，对其传统的发明、文化的发明及制造历史（making history）的文化方式感兴趣，对土著如何感知过去表现出了很大的关心。这类研究的总特点在于，关注文化和历史的重构，关注怎样在殖民主

① Shepard Krech III, "The State of Ethnohistory", *Annual Review of Anthropology*, Vol. 20, 1991, p. 365; Shepard Krech III, "Ethnohistory", in David Levinson and Melvin Ember eds. , *Encyclopedia of Cultural Anthropology*, New York: Henry Holt and Company, 1996, Volume 2, p. 426.

② Shepard Krech III, "The State of Ethnohistory", *Annual Review of Anthropology*, Vol. 20, 1991, p. 364; Shepard Krech III, "Ethnohistory", in David Levinson and Melvin Ember eds. , *Encyclopedia of Cultural Anthropology*, New York: Henry Holt and Company, 1996, Volume 2, p. 425.

③ Shepard Krech III, "Ethnohistory", in David Levinson and Melvin Ember eds. , *Encyclopedia of Cultural Anthropology*, New York: Henry Holt and Company, 1996, Volume 2, p. 426.

④ Shepard Krech III, "The State of Ethnohistory", *Annual Review of Anthropology*, Vol. 20, 1991, p. 365; Shepard Krech III, "Ethnohistory", in David Levinson and Melvin Ember eds. , *Encyclopedia of Cultural Anthropology*, New York: Henry Holt and Company, 1996, Volume 2, p. 426.

⑤ 参见 Shepard Krech III, "The State of Ethnohistory", *Annual Review of Anthropology*, Vol. 20, 1991, p. 361; Shepard Krech III, "Ethnohistory", in David Levinson and Melvin Ember eds. , *Encyclopedia of Cultural Anthropology*, New York: Henry Holt and Company, 1996, Volume 2, p. 426; Robert M. Carmack, "Ethnohistory: A Review of Its Development, Definitions, Methods, and Aims", *Annual Review of Anthropology*, Vol. 1, 1972, p. 239.

⑥ 即历史意识（historical consciousness），指他者对过去的认知、对历史和事件的观念。

义话语中捕捉真实的土著声音，怎样从文化上植入的、有力的话语中摆脱意识形态霸权的干扰，讨论的焦点在于历史的真实性、什么构成了历史、历史是怎样产生的;[①] 另外，文化，作为被概化的象征体系或文本（text），或以某种结构化的方式，被这些学者应用到历史分析的中心；他们关心历史文本（historical texts）中的隐喻（metaphor）、换喻（metonym）以及其他修辞（trope），即关心历史文本的逻辑（he "logics" of texts），注意考察历史是如何成为过去的隐喻（metaphor）和现在的换喻（metonym）的；他们的兴趣在于在土著的行动中发现意义，对历史性（historicity）、文化结构（cultural structure）、历史的透视性和对抗性（perspectival and contested nature of history）、神话（math）以及其他有关范畴提出问题。[②] 这类研究的代表人物，除了引领潮流的先锋斯特蒂文特（William C. Sturtevant）、弗格森（Raymond D. Fogelson）、普莱斯（Richard Price）、萨林斯（Marshall Sahlins）外，还包括对小规模社会感兴趣的很多学者。这些学者，也多把这种研究兴趣作为 anthropological history 或者 historical anthropology 研究。[③]

凯琦还指出，若从直观的字面意义上来看，anthropological history 或者 historical anthropology 与强调土著过去观念的 ethno - 类术语并不同源。凯琦随后解释说："没有理由如此排斥性地来理解 anthropological history，因为 anthropological history 中所长久关注的重点和其重要的组成部分应该还是土著的历史观念。"[④]

第二，历史叙述（historical narrative）或专门史（specific history），是 anthropological history 研究中最为普通的一种类型。这种类型与前述的北美地区民族史学研究中的历史叙述型（主要为历史学家所从事）相近。

这类研究，其动力源泉主要是档案数据，而不是外在的理论。它依赖更多的是档案资源，而不是口述证词，假定描述性的编年体叙述能够从"档

① Shepard Krech III, "The State of Ethnohistory", *Annual Review of Anthropology*, Vol. 20, 1991, pp. 362 - 363; Shepard Krech III, "Ethnohistory", in David Levinson and Melvin Ember eds. , *Encyclopedia of Cultural Anthropology*, New York: Henry Holt and Company, 1996, Volume 2, pp. 426 - 427.

② Shepard Krech III, "Ethnohistory", in David Levinson and Melvin Ember eds. , *Encyclopedia of Cultural Anthropology*, New York: Henry Holt and Company, 1996, Volume 2, pp. 426 - 427.

③ Shepard Krech III, "The State of Ethnohistory", *Annual Review of Anthropology*, Vol. 20, 1991, pp. 361 - 363; Shepard Krech III, "Ethnohistory", in David Levinson and Melvin Ember eds. , *Encyclopedia of Cultural Anthropology*, New York: Henry Holt and Company, 1996, Volume 2, p. 426.

④ Shepard Krech III, "Ethnohistory", in David Levinson and Melvin Ember eds. , *Encyclopedia of Cultural Anthropology*, New York: Henry Holt and Company, 1996, Volume 2, p. 426.

案"中释放出来，并对土著文化感兴趣。它不提供某族群的历史编纂（historiography），只是提供该族群的历史视野。有些叙述在描述文化的同时，也远避了理论。最好的相关作品可能并不鼓励自命不凡的理论，而是有着强烈的叙述风格以及证据方面的仔细权衡和解释。①

第三，专门史（specific history）及其他形式的 anthropological history 研究，作为理论促动的产物，还主要体现在许多人类学家和历史学家对社会和文化过程的历史分析（historical analysis）上。这种类型与前述的世界范围民族史学研究中"政治经济""社会生态"两个主题类型相近。

这种社会和文化过程，把不同的社会以互相联系的政治经济形式联系起来；这种过程，也是一种因果联系，在视野上最终是一种世界历史和世界体系影响了社会的发展，直至今天。其中，生态学（ecology）、人口统计学（demography）、商业主义（mercantilism）、市场经济（market economy）、世界体系（world–system）、政治经济（political economy）、生产资源控制（control of productive resources）、内部殖民主义（internal colonialism）、生产的模式和关系（modes and relations of production）、商业化（commoditization）、霸权（hegemony）、依从（dependency）、低度发展（underdevelopment）等概念随处可见，并与全球资本主义（global capitalism）或者作为辩证的和殖民的关系的国家（the state, dialectical and colonial relations）相联系。这些著作，在解决上述问题的过程中，侧重的是经济学、政治学、人口统计学、生态学，侧重的是唯物主义、实证主义和比较，理论源泉多来自马克思等思想家。这类研究，以"政治经济""社会生态"主题为主，主要关心人口变化的过程、生态学、唯物主义、经济变化和文化适应，注重的是作为资本主义功能发展的技术经济的变化，政治经济以及政治经济的差异，但对能动性以及殖民关系关注不够。在他们看来，中心与边缘的关系是单向的，历史就是叙述西方对非西方的碰撞、中心对边缘的碰撞。②

第四，anthropological history 研究还对地方文化如何调整和结构化外部世界，以及个人能动性如何超越系统能力感兴趣。这种类型与前述的世界范围民族史学研究中的"实践"主题类型相近。

有些学者既注重分析世界体系对社会或地区的影响，也注重分析个人的能动性。其中，对理论的涉及程度，直接体现了学科对理论使用的优先：人

①　Shepard Krech III, "Ethnohistory", in David Levinson and Melvin Ember eds., *Encyclopedia of Cultural Anthropology*, New York: Henry Holt and Company, 1996, Volume 2, p. 427.

②　Shepard Krech III, "Ethnohistory", in David Levinson and Melvin Ember eds., *Encyclopedia of Cultural Anthropology*, New York: Henry Holt and Company, 1996, Volume 2, p. 427.

类学家倾向于一种自我意识的比较和明显的理论文本介入；而历史学家侧重于叙述，理论评论仅作为"尾注"。当然，这其中也有很多例外。[①]

为了书写非西方的历史，而不是西方对非西方碰撞的历史，历史学家和民族学人类学家，主要从布迪厄（P. Bourdieu）、福柯（M. Foucault）、吉登斯（A. Giddens）、汤普森（E. P. Thompson）、威廉斯（R. H. Williams）等学者身上汲取营养，把土著当作积极的能动者、行动者，以这种身份把他们带入历史。资本主义市场决定性作用之扩展受到了土著积极行动、抵抗的影响和调适（mediate），这主要表现在正在展开的世界体系之过程与地方文化之间的辩证联系之中，如农民持续反对压迫和霸权就源自外在的资本关系。[②]

总之，凯琦认为，20 世纪上半叶，研究小规模族群社会历史的 ethnohistory，既为民族学人类学家所忽略，也为历史学家所忽略；ethnohistory 的出现，实际上起到了最初填补民族学人类学与历史学之间空白的作用。这些社会的历史，之所以被历史学家忽略，是因为他们的规模、地点和他们的族群特性（ethnicity）；为人类学家所忽略，在于人类学民族志方法的限制以及当时的科学理论不太关注历史。这些社会的历史，只有依靠 ethnohistory 才得以看到。在今天（20 世纪 90 年代），ethnohistory 的名称受到质疑，是因为 ethnos 本身的含义受到怀疑，而不在于 ethnohistory 的方法论有问题。[③] 由此，凯琦明确指出："在使用 anthropological history（即用 anthropological history 来取代 ethnohistory）时，这种怀疑消失了。正如它的很多开放的支持者所赞成的，它卷入了人类学、历史学理论和方法的联合之中，而且同时聚焦于某些族群的历史（history）、历史编纂（historiography）之中。而这样来看待和定性 ethnohistory，没有理由认为它不会繁荣发展。"[④]

一方面，凯琦的努力，突破了学界以往从方法角度将 ethnohistory 经验研究分成三类的传统划分方式，[⑤] 也突破了以往基于"民族史学"实际运用而形成的有关"民族史学"三种研究类型的传统共识，揭示并批判了民族史学

① Shepard Krech III, "Ethnohistory", in David Levinson and Melvin Ember eds., *Encyclopedia of Cultural Anthropology*, New York: Henry Holt and Company, 1996, Volume 2, pp. 427 – 428.

② Shepard Krech III, "Ethnohistory", in David Levinson and Melvin Ember eds., *Encyclopedia of Cultural Anthropology*, New York: Henry Holt and Company, 1996, Volume 2, p. 428.

③ Shepard Krech III, "Ethnohistory", in David Levinson and Melvin Ember eds., *Encyclopedia of Cultural Anthropology*, New York: Henry Holt and Company, 1996, Volume 2, p. 428.

④ Shepard Krech III, "Ethnohistory", in David Levinson and Melvin Ember eds., *Encyclopedia of Cultural Anthropology*, New York: Henry Holt and Company, 1996, Volume 2, p. 428.

⑤ Shepard Krech III, "The State of Ethnohistory", *Annual Review of Anthropology*, Vol. 20, 1991, p. 355.

经验研究作品命名问题中隐含的西方中心论，为学界总体概览诸多的"民族史学"经验作品提供了一种新的架构，也为国内学者深入了解和反思美国民族史学的历史发展提供了重要窗口。

另一方面，凯琦的努力，意在将民族史学等同于历史人类学，将宽泛的人类学"历史化"和宽泛的历史学的"人类学转向"笼统包容进来，因此也存在淡化民族史学独特的理论方法成就的消极作用，给深入反思民族史学（ethnohistory）本身的一些缺憾和局限性带来负面影响。①

需要指出的是，本书第一章第三章基于理论旨趣的不同，揭示了诸多的民族史学经验研究作品所集中代表的三种研究范式：20世纪上半叶，附着在民族学人类学学科脉络中的"历史民族志"（historical ethnography）研究范式；20世纪70年代以来，属于史学范畴的"专门史"（specific history）研究范式以及属于民族学人类学范畴的"俗民史"（folk history）研究范式。三种研究范式的明确划分和提出，"悬置"了民族史学经验研究作品的纷繁杂乱，突出展示了美国民族史学的主要学术成就与局限性，是对国外学界民族史学经验研究传统类型划分（侧重方法）的一种深化和延伸，也是对凯琦的上述总结和分析的一种补充和完善，一定程度上有助于推进"民族史学"的当代反思。

二　美国学界当代民族史学观

20世纪90年代以来，基于不同历史阶段"民族史学"的相关争论与共识，基于对这些争论与共识的评述与不断整合，美国学界出现了对民族史学的总体认知和当代反思。其中，凯琦（Shepard Krech III）为此做出了突出贡献。

从20世纪90年代凯琦对不同历史阶段处于争论不止、争论与共识并存的"民族史学"所作的系统评述与反思来看，美国学界有关"民族史学"的整体认知，取得了一些涵盖分歧与争论在内的共同认识，折射出一种当代民族史学观。美国学界当代民族史学观，渗透着20世纪下半叶席卷全球的后现代思想以及时代整体自反（reflexive）精神。②

第一，民族史学（ethnohistory）的出现与不断发展，在于不断消除历史学家与民族学人类学家之间的隔阂，不断消解实证主义（positivist）与观念

---

① 关于美国民族史学对于历史人类学的反思意义、建构意义，以及美国民族史学本身的历史局限性，将在结语中专门探讨。

② 美国学界当代民族史学观的揭示，建立在笔者相关梳理和分析的基础之上，可供进一步讨论。关于其意义及局限性的深入反思，详见结语。

主义（idealist）的对立，崇尚的是从实证主义（positivist）到极端相对主义（relativist）互相叠加的链条。在这条链条中，民族学人类学与历史学的理论方法得以互换和联合，同时聚焦于某些族群的历史（history）、历史编纂（historiography）之中。

第二，严格意义上来讲，ethnohistory 的理论基础既不来自人类学，也不来自历史学，而是来自符号学（semiotics）、结构主义（structuralism）、马克思主义（Marxism）、批评理论（critical theory）、语言学（linguistics）、社会学（sociology）、文化研究（cultural studies）、文艺评论（literary criticism）、政治经济（political economy）或世界体系理论（world – system theory）等，开放性地接受了外界的影响。

第三，"民族史学"在"我者"与"他者"之间关系的纠结中发生发展。"我者"与"他者"的关系问题是贯穿"民族史学"研究的一条重要主线，也是促动其不断发展的内在动力。无论是民族学人类学家的"民族史学"研究、还是历史学家的"民族史学"研究，一直困扰于"我者"与"他者"这一矛盾范畴，其目标亦在于不断破解和消弭"我者"与"他者"的二元对立。"历史人类学"（anthropological history, historical anthropology）为"民族史学"（ethnohistory）突破"我者"与"他者"的二元对立、重建学科伦理提供了重要出路和发展方向。

第五章 美国民族史学的发展历程、
趋势与影响

本章对美国民族史学孕育、凸显与繁盛的发展历程进行回溯和总结,对美国民族史学的未来发展趋势进行初步展望,揭示美国民族史学取得的成就、面临的问题与影响。

第一节 美国民族史学的发展历程

20 世纪 80 年代,美国考古学家特里杰(Bruce G. Trigger)曾明确指出,关于 ethnohistory 只达成了一个默认的共识:ethnohistory 使用档案证据和口述传统,从最早的欧洲接触时代开始来研究非开化社会的变化。此外,他还强调指出,在 ethnohistory 周围,事实上存在着很多"悬而未解"的问题:ethnohistory 是一个独立学科,还是一个人类学或历史学的分支,还是分析特殊种类数据的方法,或者对其他学科而言,仅仅是一种方便的数据来源? ethnohistory 是与人类学密切相关,还是与历史学密切相关,或者仅仅是这两个学科之间的一种桥梁,而没有真正的自己的研究领域?是早期历史文化的民族志重构——"历史民族志"(historical ethnography),还是伴随欧洲碰撞的来临而研究土著文化的变化?而且是不是如许多 ethnohistory 研究者所认可的那样——这二者已经构成了 ethnohistory 的两个基本分支?或者在严格的意义上,仅仅把后者的有关活动视为 ethnohistory?这些问题,在特里杰看来,已经成为 ethnohistory 的重要标志。①

这里将以前面几章的研究为基础,吸纳和整合国外学者的部分相关论述,对美国民族史学孕育、凸显与繁盛的发展历程进行系统回溯和反思,针

---

① Bruce G. Trigger, "Ethnohistory: Problems and Prospects", *Ethnohistory*, Vol. 29, No. 1, Winter 1982, p. 2.

对上述环绕在 ethnohistory 周围的具有标志意义的普遍性问题给出一种新的思考视角和初步回答，揭示和总结美国民族史学发展历程的总体特点。

一　学科的分野并行与趋近发展

在美国学界，无论是民族学会、民俗学会、人类学会，还是历史学会，较早就成立了。"美国民族学会"（American Ethnological Society）创立于 1842 年；① "纽约人类学会"（Anthropological Society of New York）创立于 1864 年，"华盛顿人类学会"（Anthropological Society of Washington）创立于 1879 年，它们都由美国民族学会分化而来。② "美国民俗学会"（American Folk – Lore Society）由博阿斯（Franz Boas）于 1888 年创办。③ "美国历史学会"（American History Society）成立于 1884 年。④ 如前所述，标志着 ethnohistory 日渐凸显于美国学界的"美国民族史学会"（American Society for Ethnohistory）成立于 1966 年，⑤ 与"美国民族学会""美国历史学会"及"美国民俗学会"等学会的创办相比，晚了近百年。这不仅说明美国民族史学是一种新近凸显的学术现象，一定程度上也反映了美国民族学、历史学等相关学科在塑造建构美国民族史学之中经历了一个较长时期的探索过程。

（一）分野并行

直到 20 世纪中期，美国历史学与民族学之间的界限依然是十分明显的，尽管在此之前彼此之间存在一些相互交叉、融合的情况。⑥ 界限的存在，事

---

① 1839 年法国巴黎民族学会的成立，是人类学和民族学学科形成的标志。紧随其后，1842 年美国民族学会创办。参见何星亮《关于"人类学"与"民族学"的关系问题》，《民族研究》2006 年第 5 期，第 43 页。

② 参见杨成志《杨成志人类学民族学文集》，民族出版社 2003 年版，第 483 页；还可参见何星亮《关于"人类学"与"民族学"的关系问题》，《民族研究》2006 年第 5 期，第 44 页。

③ 参见杨成志《杨成志人类学民族学文集》，民族出版社 2003 年版，第 241、456、513 页。

④ 1884 年美国历史学会成立，1895 年定期出版了《美国历史评论》，历史学作为一门专业在美国确立。参见张广智主著《西方史学史》，复旦大学出版社 2000 年版，第 197 页。

⑤ 参见第二章第二节"一　ethnohistory 专业学会的组建"中的有关论述。

⑥ 参见 Shepard Krech III, "Ethnohistory", in David Levinson and Melvin Ember eds., *Encyclopedia of Cultural Anthropology*, New York: Henry Holt and Company, 1996, Volume 2, p. 422; Shepard Krech III, "The State of Ethnohistory", *Annual Review of Anthropology*, Vol. 20, 1991, pp. 345 – 346; Bruce G. Trigger, "Ethnohistory: Problems and Prospects", *Ethnohistory*, Vol. 29, No. 1, Winter 1982, pp. 3 – 4; Robert M. Carmack, "Ethnohistory: A Review of Its Development, Definitions, Methods, and Aims", *Annual Review of Anthropology*, Vol. 1, 1972, p. 227; William C. Sturtevant, "Anthropology, History, and Ethnohistory", *Ethnohistory*, Vol. 13, No. 1/2, Winter – Spring 1966, pp. 3 – 5; Eleanor Leacock, "Symposium on the Concept of Ethnohistory – Comment", *Ethnohistory*, Vol. 8, No. 3, Summer 1961, pp. 258 – 259; James Axtell, "Ethnohistory: An Historian's Viewpoint", *Ethnohistory*, Vol. 26, No. 1, Winter 1979, pp. 6 – 7; 等等。

实上是由这两个学科在研究对象和研究方式上的差异所造成的。

从研究对象来看。传统的美国史学，研究欧洲起源及其文化的发展、书写欧裔美国人（Euroamericans）的编年史；而传统的美国民族学则研究美国土著文化、研究"静态"的"低级"文化，是一门兴起于弗吉尼亚和新英格兰地区、伴随着对美国土著的征服而兴起的学科，具有领土扩张和种族主义色彩。①

从研究方式来看。其一，传统美国民族学假定，解释需要理论、类型学和概括；而传统美国历史学研究的是独特的事件，支持叙述（narrative），很少进行直率的概括（explicit generalization），② 并对社会科学理论持有一定的"敌意"。③ 历史学家虽然也关心概括、理论和比较，但强调的是事实的选择以及对事实意义的思考，主要关心的是独特的事件，在于重构"真实"的过去；民族学家则主要关心分类、类型与概括，选择不同类的事实，从更一般的类型的角度看待事件。因此，相比之下，在使用理论、规则方面，历史学家比人类学家更为谨慎。④

其二，传统美国历史学家注重年代学意义上的叙述，忽视了对整体文化的结构功能分析；传统的美国民族学家则注重共时的结构分析，对整体文化模式进行重构，将文化的不同部分联系成一个整体（holism）。⑤

其三，书面的记录对于传统美国历史学研究是十分重要的，是界定美国历史学为一研究领域的核心特色，⑥ 换言之，传统美国历史学家很少从事田野工作，与传统美国民族学家相比，他们也关注现在，但更关注过去；而传统美国民族学家倾向于获得对无时间的文化模式的解释，他们的许多数据来自田野中的活文化，对过去文化的兴趣不大，喜欢提出理论假设，但由于认可主位（emic）与客位（etic）研究的差别，承认自己的理论假设也是有限

① Bruce G. Trigger, "Ethnohistory: Problems and Prospects", *Ethnohistory*, Vol. 29, No. 1, Winter 1982, pp. 3 – 4.

② William C. Sturtevant, "Anthropology, History, and Ethnohistory", *Ethnohistory*, Vol. 13, No. 1/2, Winter – Spring 1966, pp. 6 – 7.

③ Shepard Krech III, "Ethnohistory", in David Levinson and Melvin Ember eds., *Encyclopedia of Cultural Anthropology*, New York: Henry Holt and Company, 1996, Volume 2, p. 422.

④ William C. Sturtevant, "Anthropology, History, and Ethnohistory", *Ethnohistory*, Vol. 13, No. 1/2, Winter – Spring 1966, p. 2.

⑤ James Axtell, "Ethnohistory: An Historian's Viewpoint", *Ethnohistory*, Vol. 26, No. 1, Winter 1979, p. 6.

⑥ William C. Sturtevant, "Anthropology, History, and Ethnohistory", *Ethnohistory*, Vol. 13, No. 1/2, Winter – Spring 1966, p. 2.

度的。①

其四，传统美国历史学家允许有自己的道德批评，内含很多文学技巧、伦理评判，属于人文学科（humanities，human studies；笔者注：不宜译为人文科学），而不属于社会科学（social science）；② 相对而言，传统美国民族学的观点也含有伦理价值因素，但追求的是一种客观的科学研究。③

在美国历史学家科恩（Bernard S. Cohn）看来，二战以来，在研究前工业和今天的现代化社会中，以及在研究 19 世纪之前的历史社会中，人类学家和历史学家表现出了彼此之间的相互需要，主要体现在两个方面：

第一，历史学需要概化，需要概念和理论的支撑。在 19 世纪"科学历史学"的发展阶段，历史学家不需要概括和概念，如果编年顺序确定了，过去的事实就能反映出来。20 世纪初，历史学家逐步认识到，要想做深入研究，就得做概括，如使用"国家""革命""发展"等概念；结论中对某人、某时期的聚合式陈述，就是概括；通过思想中潜存的模式化（如城市化、工业化等）等概括，片段的历史研究依据结构和过程组织起来，历史学家也由此越来越离不开社会科学家为概化所做的贡献。事实上，更为广阔的系统化历史学和元史学（meta‐history），如斯宾格勒（O. Spengler）、汤因比（A. Toynbee）等所做的工作，作为史学概化的重要成果，也在不断涌现。在这一阶段，有意识地使用社会化文化中有关过程和结构的概念，使社会科学家和历史学家互相联系在一起。历史学家需要从其他学科中采借概念。可以说，在历史学的分支学科中，这种采借是明显的。在经济史中，经济学的概念和方法被采借；在知识史、社会史中，心理学、社会学和人类学的概念被采用。20 世纪 40 年代以来，历史学对文化人类学概念和方法的借重越来越强烈。人类学中文化的概念，涉及特定时间、特定人群的行为和价值考察，与历史学家的偏好是一致的。如人类学家本尼迪克特（Ruth Benedict）的《文化模式》，对历史学家有启发作用，为他们提供了研究的模式。

当然也有例外，如布洛克（Marc Bloch）这些历史学家并不想把田野工作与历史研究结合起来，并不赞赏以此来搜寻现存社会中前工业和农业技术的痕迹，或者来搜寻社会组织的现存形式。

---

① James Axtell，"Ethnohistory：An Historian's Viewpoint"，*Ethnohistory*，Vol. 26，No. 1，Winter 1979，pp. 6 - 7.

② James Axtell，"Ethnohistory：An Historian's Viewpoint"，*Ethnohistory*，Vol. 26，No. 1，Winter 1979，pp. 7 - 8.

③ William C. Sturtevant，"Anthropology，History，and Ethnohistory"，*Ethnohistory*，Vol. 13，No. 1/2，Winter‐Spring 1966，p. 2.

第二，历时研究对于建构理论，甚至对某些不易证明的社会和文化的描述性概化的发展也作出了贡献。就是最为严格的共时性民族志描写，（对于某个人而言）也需要处理至少60年的时间维度，要面对有关过去的问题、变化的规范、偶然性的社会安排以及社会结构的持续性方面。通过历时研究，人类学家可以根据结构的重组，在体系内确定变化，无论其是波动、偶然变化还是循环的结果；通过历时研究，人类学家能够加深对社会结构的认识。要知道社会结构的变化方向，人们需要时间的维度；要知道社会结构的变化，就必须重视历时研究的方法，不管是研究原始社会、农民社会，还是研究工业社会。换言之，对于人类学的理论发展而言，历时研究是必要的。[1]

科恩的总结，针对的是整个西方史学界和西方民族学人类学界，同样适用于美国史学与美国民族学人类学。

总之，20世纪上半叶，美国史学与美国民族学之间的分野清晰可见，它们并行发展、彼此对立，同时也具有互补性，存在相互交融的空间与可能。

（二）趋近发展

ethnohistory不是突然出现的，早在19世纪后半叶就有萌芽，主要体现在美国民族学人类学学科范畴之中。[2] 20世纪上半叶，最初的ethnohistory研究，多数由民族学家来担任，目的多在于使他们逐渐熟悉历史编纂（historiography）技术。当然，由田野研究到档案研究的转型，对这些民族学家而言并不容易。[3] 他们中有很多人相信，书面记录材料中充满有关过去的谎言和误解，担心从田野中离开会使他们限于错误的证据之中。为了防止这种局面的出现，他们认为，ethnohistory研究者应该时刻保持自己的民族志训练。此外，民族学家也倾向于使用书面材料，好像这些材料就是他们自己的田野笔记。尽管这种方法能够产生许多有价值的ethnohistory意义上的分析，但它多被视为一种足以冒犯职业历史学家的"天真"的历史方法论。长期以来，"北美的ethnohistory研究，是文化人类学扩展研究中的一部分，无论是理论基础，还是研究目的，都是人类学意义上的"。[4]

二战以来，无论是民族学人类学还是历史学，都为彼此的交流与对话准

---

① Bernard S. Cohn, "Ethnohistory", in David L. Sills, ed., *International Encyclopedia of the Social Sciences*, New York: The Free Press, 1968, Volume 5, pp. 445 – 446.

② Francis Jennings, "A Growing Partnership: Historians, Anthropologists and American Indian History", *Ethnohistory*, Vol. 29, No. 1, Winter 1982, p. 23.

③ Bruce G. Trigger, "Ethnohistory: Problems and Prospects", *Ethnohistory*, Vol. 29, No. 1, Winter 1982, pp. 4 – 5.

④ Bruce G. Trigger, "Ethnohistory: Problems and Prospects", *Ethnohistory*, Vol. 29, No. 1, Winter 1982, p. 5.

备了基础。① 尤其是 20 世纪 80 年代以来，历史编纂（historiography）出现了巨大变化，很多作品在历史编纂中体现了历史学和民族学之间的交融与整合。这种具有深刻意义的转换，意味着 ethnohistory 在历史编纂中将有越来越大的发展空间。②

二战后，ethnohistory 逐渐进入了美国历史学的学科视野。一些史学家将历史资源与现在时民族志田野调查结合起来，目的在于重构这些族群的过去，在于呈现一种"全面的"的历史（history"in the round"；"rounded"history），同时将土著族群的社会和文化系统也考虑进去，对印第安各族群的定居和流动有着特殊的关注，包括他们是如何在文化上实现环境适应的，他们的人口统计史，他们与欧洲关联的性质，以及如皮毛贸易和战争等活动对美洲印第安人所造成的影响等。③ 值得着重指出的是，他们很少有依靠比较而建构概念和理论体系的意图，其研究的问题，主要来自所研究社会的性质、时期、类型，以及档案材料的种类、民族学家的理论架构。④

二战后，美国民族学家对历史研究的兴趣也日益浓厚。二战前，克鲁伯（A. L. Kroeber）对此曾有所揭示；20 世纪 50 年代之后，对此继续关注，并认为民族学与历史学具有相似性。⑤ 1945 年，怀特（Leslie Alvin White）明确指出，研究时间和空间中文化形式的起源和扩展——这种历史方法，是一种科学化的方法。与此相对的功能主义方法，聚焦于文化体系如何由构成它的不同元素来体现，也是一种科学化的方法。而进化论的方法，是科学化理论的成果。同时，它们又都离不开历史研究。进化论是一种过程，由之，一种在功能上互相联系的组织在时间上被转换。因此，对它的解释，依赖于将历史与功能主义联合起来的方法。⑥ 埃根（Fred Eggan）没有沿着怀特的进

① Shepard Krech III, "The State of Ethnohistory", *Annual Review of Anthropology*, Vol. 20, 1991, p. 346; Shepard Krech III, "Ethnohistory", in David Levinson and Melvin Ember eds., *Encyclopedia of Cultural Anthropology*, New York: Henry Holt and Company, 1996, Volume 2, p. 422.

② Shepard Krech III, "The State of Ethnohistory", *Annual Review of Anthropology*, Vol. 20, 1991, p. 346; Shepard Krech III, "Ethnohistory", in David Levinson and Melvin Ember eds., *Encyclopedia of Cultural Anthropology*, New York: Henry Holt and Company, 1996, Volume 2, p. 422.

③ Bernard S. Cohn, "Ethnohistory", in David L. Sills, ed., *International Encyclopedia of the Social Sciences*, New York: The Free Press, 1968, Volume 5, p. 440.

④ Bernard S. Cohn, "Ethnohistory", in David L. Sills, ed., *International Encyclopedia of the Social Sciences*, New York: The Free Press, 1968, Volume 5, pp. 440 – 441.

⑤ 参见 Robert M. Carmack, "Ethnohistory: A Review of Its Development, Definitions, Methods, and Aims", *Annual Review of Anthropology*, Vol. 1, 1972, p. 228.

⑥ 参见 Robert M. Carmack, "Ethnohistory: A Review of Its Development, Definitions, Methods, and Aims", *Annual Review of Anthropology*, Vol. 1, 1972, p. 228.

化含义往下讨论，但关注了相似的问题。1954 年，他把英国社会人类学中的结构—功能主义与文化史学家对时间过程的兴趣联系起来。通过他所称的"可控制的比较"（controlled comparisons），把结构—功能体系放在一个有限的地理、文化和历史框架之中。① 1965 年，赫斯科维茨（M. J. Herskovitz）将文化涵化研究和更新的历史兴趣联系在一起。他指出，无论是美国还是英国的人类学家，由于持续关注殖民社会，被迫将研究的目光转向文化动力，即研究引发制度和心理变化的机制。功能主义的概念为这种研究提供了概念框架，并与推论性的历史重构方法结合起来。事实上，仅仅靠文化特质（traits）的分析是难以支撑此类研究的。用赫斯科维茨自己的话来说，就是"历史重构方法将被 ethnohistory 研究所取代，将让路于 ethnohistory 研究"。②

　　战后尤其是 20 世纪 70 年代以来，随着 ethnohistory 在美国学界的日渐凸显与繁盛，民族学家为了自己的研究，也使用历史记录；历史学家也越来越有效地使用民族学理论。这些人都可以称为 ethnohistory 研究者。很多人并不在乎称呼，不仅因为他们在传统的称呼下感到"安全"，而且因为他们只是借用其他相关学科的洞察力，所解决的依然是各自的传统问题。③ 这不仅充分反映了战后美国民族学人类学与历史学的日渐趋近，同时也标志着 ethnohistory 中依然存在民族学人类学脉络与历史学脉络的明显分野。

　　当然，此种分野在日渐模糊，这突出表现在 ethnohistory 方法之中，即 ethnohistory 共同面对着共时分析、历时叙述和相关描写的综合。④ 无论是描述，还是概括、比较和分析，他们相辅相成地运用于民族学人类学与历史学之中。⑤ 为此，有学者认为，ethnohistory 并不需要为其合法性进行辩护，也不需要大书特书；作为一个源自历史学和民族学的特殊研究领域，ethnohistory 能把二者最好地联系起来，只是 ethnohistory 研究者更为关注一般的理论。⑥ 也有学者指出，ethnohistory 的方法论，需要历史学和民族学方法的艺

① 参见 Robert M. Carmack, "Ethnohistory: A Review of Its Development, Definitions, Methods, and Aims", *Annual Review of Anthropology*, Vol. 1, 1972, p. 228.

② 参见 Robert M. Carmack, "Ethnohistory: A Review of Its Development, Definitions, Methods, and Aims", *Annual Review of Anthropology*, Vol. 1, 1972, p. 229.

③ Wilcomb E. Washburn, "Ethnohistory: History 'in the Round'", *Ethnohistory*, Vol. 8, No. 1, Winter 1961, p. 42.

④ James Axtell, "Ethnohistory: An Historian's Viewpoint", *Ethnohistory*, Vol. 26, No. 1, Winter 1979, p. 6.

⑤ Eleanor Leacock, "Symposium on the Concept of Ethnohistory – Comment", *Ethnohistory*, Vol. 8, No. 3, Summer 1961, p. 259.

⑥ Eleanor Leacock, "Symposium on the Concept of Ethnohistory – Comment", *Ethnohistory*, Vol. 8, No. 3, Summer 1961, p. 260.

术性整合，① 不仅需要如历史学那样有意义的叙述，也需要如民族学那样的概括。②

由上可见，美国民族史学的发生发展，从一个侧面体现了 20 世纪美国民族学人类学与历史学之间的"分合"关系，即从分野并行到趋近发展的整体发展脉络与走向。

二　国家政治行为的不断介入及其不同影响

国家政治行为的不断介入并发挥不同效果的影响，也是 ethnohistory 发展演变历程的一个重要特点。国家政治行为的不断介入，始终是左右美国民族史学发展的重要因素之一。相对其他西方国家而言，ethnohistory 得以在美国凸显与繁盛，得以在美国学界有突出展示，在某种意义上讲，与这种显著的国家政治行为的不断介入有着直接联系。

战后美国民族史学的勃兴，与"印第安权利申诉委员会法案"（Indian Claims Commission Act）在美国国会的通过、美国司法部与印第安州大学合作的"大湖区—俄亥俄流域研究计划"（the Great Lakes – Ohio Valley Research Project）的实施直接相关。即，国家政治行为的介入，直接诱发了美国民族史学的兴起。借此"机缘"，ethnohistory 研究者们才有机会被"召唤"并大规模而非战前小范围地聚拢在一起，在协调美国土著和联邦政府之间的谈判中扮演重要角色。③

另外，美国印第安群体（American Indian Group）成为美联邦所认可的印第安部族（Indian Tribe）的有关政策之出台，包括其间所涉及的诸多事务及活动，成为联邦政府与学界合作，尤其是国家行为渗透于 ethnohistory 发展之中的又一例证和具体体现：

1978 年秋天，美国内务部（Department of the Interior）印第安事务署（Bureau of Indian Affairs）发布了一项新的政策和规定，即对美国印第安群体（American Indian Group）进行认定，使之成为国家认可的印第安部族（Indian Tribe）。主要在于通过历史档案以及更多的社区描述，为建立印第安部族地位提供证据。在此之前，印第安人还没有经由标准系统的认定过程，取得

---

① Bruce G. Trigger, "Ethnohistory: Problems and Prospects", *Ethnohistory*, Vol. 29, No. 1, Winter 1982, p. 10.

② Bruce G. Trigger, "Ethnohistory: Problems and Prospects", *Ethnohistory*, Vol. 29, No. 1, Winter 1982, p. 10.

③ James D. Faubion, "History in Anthropology", *Annual Review of Anthropology*, Vol. 22, 1993, p. 42.

美国联邦的认可，成为联邦所公认的部族（tribes）。这需要印第安谱系学专家、文化人类学家、作为印第安专家的历史学家（Indian – specialist historians）或"民族史学"家（ethnohistorians）的参与和帮助。①

要得到这种承认，他们需要具备满足七个标准：其一，是长期受到偏见的原来的美国印第安人或土著；其二，居住在特殊的社区——美国印第安地区，与其他人分开，是历史上居住在印第安人地区的印第安人种族的后裔；其三，从古至今一直保持其政治影响；其四，能复制和传承本族的"文献"，无论是以书面的形式，还是以其他形式；其五，成员的谱系清楚，能自我辨认本族的成员，这种辨认的标准具有历史延绵性；其六，只属于某一部族，不能兼跨几个部族；其七，国会立法所明令禁止的联邦关系，无论是个人，还是族群，不能成为国会立法承认的主体。②

印第安部族的联邦承认，一般需要提供大量的历史学和民族志数据，需要勾画出该族群与欧美文化从接触至今持续不断的画面。这也正是以奎因（William W. Quinn, Jr.）为代表的所谓"公众民族史学家"（public ethnohistorian）的重要工作。③

奎因是该项活动中的重要参与者，一个拥有历史学、人类学、宗教史等跨学科背景的"民族史学家"（ethnohistorian），一个"公众民族史学家"（public ethnohistorian）。在他看来，他们的主要任务在于生产有关美国土著印第安部族（Native American Indian tribes）的详细的"民族史学"报告。其听众不是学术界的专家，而是美国的公众。这使他们成为在美国内务部印第安事务署进行部族史研究的"公众民族史学家"。④ 在决定印第安人申请获得联邦承认的事务中，实际上是这些人物起到了关键性的影响作用。在其他相似事务和活动之中，此类公众的历史学家或"民族史学家"们也多扮演着这样的角色。⑤ 总之，这些"民族史学家"们使用跨学科方法，来研究过去的文化、传统和部族社会、特殊社会以及相关的文化现象，将历史学和人类

① William W. Quinn, Jr. , "Public Ethnohistory? Or, Writing Tribal Histories at the Bureau of Indian Affairs", *The Public Historian*, Vol. 10, No. 2, Spring 1988, p. 71.
② William W. Quinn, Jr. , "Public Ethnohistory? Or, Writing Tribal Histories at the Bureau of Indian Affairs", *The Public Historian*, Vol. 10, No. 2, Spring 1988, pp. 74 – 75.
③ William W. Quinn, Jr. , "Public Ethnohistory? Or, Writing Tribal Histories at the Bureau of Indian Affairs", *The Public Historian*, Vol. 10, No. 2, Spring 1988, p. 73.
④ William W. Quinn, Jr. , "Public Ethnohistory? Or, Writing Tribal Histories at the Bureau of Indian Affairs", *The Public Historian*, Vol. 10, No. 2, Spring 1988, p. 72.
⑤ William W. Quinn, Jr. , "Public Ethnohistory? Or, Writing Tribal Histories at the Bureau of Indian Affairs", *The Public Historian*, Vol. 10, No. 2, Spring 1988, p. 76.

学中最好的原则和方法整合进上述研究领域之中。①

国家政治行为的介入，给 ethnohistory 在美国学界的发展带来了机遇，在某种意义上讲，刺激了它的发生发展；但同时，也给其发展带来了一定的消极影响。

1990 年，美国颁布了"美国印第安艺术和工艺法案"（the American Indian Arts and Crafts Act）。法案宣布，在售卖艺术品的时候，那些不属于联邦政府承认的部族成员，若自己声称是该种族的成员，就要受到制裁。即，凡是违反了"官方民族史学"（an official ethnohistory）的人们，就要受到处罚。在美国，没有印第安人会存在于联邦体系之外。另外，学界的民族志数据必须得到一系列联邦授权的部族权威机构的"过滤"。事实上，ethnohistory 的洞察力已经陷入部族世界权力斗争的冲突之中。②

近来，美国出现了国家对一系列非官方的历史标准进行攻击的问题。这些非官方的历史标准，是学界根据跨学科、多主题的研究现状修改而成的。学界的努力，遭到了"自我指定的有良好组织的业余爱好者"（实际上是一些官僚政客）的攻击。这些业余爱好者攻击了新的历史标准，认为这种新的历史标准背叛了美国文明，抛弃了国家英雄主义，他们觉得"国家的民族史学"（the national ethnohistory）遭到了践踏。为此，学界做出了回应，认为这种攻击，是保守的、狭隘的，是一种效忠于国家文化认同（national cultural identity）概念的体现。③

霍克西（Frederick E. Hoxie）④ 指出，现今的美国，存在着"'民族史学'部族主义"（ethnohistorical tribalism），即 ethnohistory 并没有消散种族对抗，也没有激发自然的跨文化理解的过程。上述"美国印第安艺术和工艺法案"的通过及对非官方的历史标准的攻击等国家政治行为的介入，在他看来，并非跨文化张力（cross - cultural tension）的原因，事实上这些现象反映

---

① William W. Quinn, Jr., "Public Ethnohistory? Or, Writing Tribal Histories at the Bureau of Indian Affairs", *The Public Historian*, Vol. 10, No. 2, Spring 1988, p. 73.

② Frederick E. Hoxie, "Ethnohistory for a Tribal World", *Ethnohistory*, Vol. 44, No. 4, Autumn 1997, pp. 599 – 600.

③ Frederick E. Hoxie, "Ethnohistory for a Tribal World", *Ethnohistory*, Vol. 44, No. 4, Autumn 1997, pp. 598 – 599.

④ 霍克西（Frederick E. Hoxie），史学家，曾任芝加哥纽伯里图书馆（Newberry Library）研究人员。芝加哥纽伯里图书馆拥有全美著名的美国印第安人历史中心。印第安史专家詹宁斯（Francis Jennings）就曾出任过该图书馆研究人员。参见 Frederick E. Hoxie, "Ethnohistory for a Tribal World", *Ethnohistory*, Vol. 44, No. 4, Autumn 1997, p. 595; Francis Jennings, "A Growing Partnership: Historians, Anthropologists and American Indian History", *Ethnohistory*, Vol. 29, No. 1, Winter 1982, p. 21.

着更为广阔的文化张力（cultural tensions）；尽管美国社会看起来稳定兴旺，但是美国的民族史学家们并没有在摩尔根（Lewis Henry Morgan）1851 年就讲过的"kinder feeling"（即，对印第安人及其他文化上的遥远族群表示出更多的友爱，这种友爱要建立在美国民间和国内相关制度的真实认可的基础上①）方面取得太大的进展。②

三　以特有方式再现文化

民族史学流派的出现，是 ethnohistory 在美国学界逐步繁盛的重要表现。无论是美国史学脉络中的民族史学流派，还是美国民族学人类学脉络中的民族史学流派，都明显展示出了对文化主题的倚重和兴趣。文化主题成为沟通美国民族学人类学和美国历史学两大学科脉络，并使之相互趋近、日渐交织在一起的重要联系纽带。对文化主题的倚重，是美国民族史学整体发展历程的另一个重要特点，以特有方式再现文化成为美国民族史学的核心内容。

第一，历史学家和民族学人类学家可以共享新的界定，而无须考虑各自的领地，这主要体现在其共同的研究主题——文化上。"对于民族学人类学和历史学而言，ethnohistory 都意味着重要的价值，其中文化（包括历史上的文化）是其共同关注的对象。"③

与民族学人类学一样，ethnohistory 也把目光集中在一个作为时间和空间中发展实体的族群或社会的整体文化（holism）上。尽管有时 ethnohistory 侧重于文化的某一方面，但 ethnohistory 分析依然源于民族学人类学假设——离开整体，就不能理解部分。这种概念假定社会成员的行为以一种模式化的方式展开，而 ethnohistory 研究者的任务就在于揭示这种模式——在特定的社会中，在每一时间段之中，作为组成部分的个人，包括其行动、信仰和留下的古器物，如何共同构成了功能整体。④ 另外，ethnohistory 也像历史学那样，强调社会文化的变化，提供最好的机会来检查文化模式增长和衰落的理论，来验证文化变化，来解释文化的稳定性。

第二，历史学脉络中的 ethnohistory，引入了文化互动的视角，树立了

---

① 参见 Frederick E. Hoxie, "Ethnohistory for a Tribal World", *Ethnohistory*, Vol. 44, No. 4, Autumn 1997, p. 597.

② Frederick E. Hoxie, "Ethnohistory for a Tribal World", *Ethnohistory*, Vol. 44, No. 4, Autumn 1997, p. 600.

③ James Axtell, "Ethnohistory: An Historian's Viewpoint", *Ethnohistory*, Vol. 26, No. 1, Winter 1979, p. 3.

④ James Axtell, "Ethnohistory: An Historian's Viewpoint", *Ethnohistory*, Vol. 26, No. 1, Winter 1979, p. 2.

"文化边疆"的新形象。历史学涉足 ethnohistory 研究领域，多集中于边疆史研究。依靠强调每种文化必须以自己的方式来理解，历史学脉络中的 ethnohistory 聚焦于印白两种文化的互动与碰撞上，指出边疆史研究不再是白人文明成功战胜土著文化的悲惨故事的再现。① 文化互动视角的引入及"文化边疆"新形象的树立，是 ethnohistory 给美国历史学带来的新气象，也是 ethnohistory 自身发展历程的重要特点。

ethnohistory 的一种重要创见在于，每一种文化都有自己的评价体系，不能只根据自身文化来评判，必须承认文化的冲突性价值，应该在这种文化的冲突中获得对文化的准确理解。② 依靠准确叙述和分析过去的文化变化，ethnohistory 研究者还帮助现在的一代人来理解他们自己的文化起源。③ 将叙述、因果分析、年代学混合在一起的 ethnohistory，更多关注的是文化上的细微差别，关注的是对公正的需求。④

第三，民族学人类学脉络中的 ethnohistory，在强调文化主题的同时，也在重新阐发文化。

尽管学界对文化性质的界定不尽一致，但从传统上来看，许多人类学家都认为："文化是一种由社会成员所分享的意义、价值和规范组成的理想化模式，能够根据集体的非制度化行为推断出来，能够根据他们行动的象征性行为，包括他们留下的古器物、语言和社会制度等推断出来。"⑤

20 世纪 60 年代，很多人类学家，不管属于何种理论流派，都接受上述"规范性"（normative）的文化定义。文化是统一的、连贯的分析单元，通过文化可以清晰界定行为模式、分享象征和价值，承认社会中潜在的矛盾。同时，他们也指出，象征、神话及宗教活动被假定能够掩饰这些冲突。但是，20 世纪 70 年代以来，人类学之外的三种运动——马克思主义（Marxist scholarship）、文学研究（literary studies）、社会史（social history；笔者注：

---

① James Axtell, "Ethnohistory: An Historian's Viewpoint", *Ethnohistory*, Vol. 26, No. 1, Winter 1979, pp. 2 – 3.

② James Axtell, "Ethnohistory: An Historian's Viewpoint", *Ethnohistory*, Vol. 26, No. 1, Winter 1979, p. 8.

③ James Axtell, "Ethnohistory: An Historian's Viewpoint", *Ethnohistory*, Vol. 26, No. 1, Winter 1979, p. 7.

④ James Axtell, "Ethnohistory: An Historian's Viewpoint", *Ethnohistory*, Vol. 26, No. 1, Winter 1979, p. 9.

⑤ 参见 James Axtell, "The Ethnohistory of Early America: A Review Essay", *The William and Mary Quarterly*, 3rd Ser., Vol. 35, No. 1, Jan. 1978, p. 113; James Axtell, "Ethnohistory: An Historian's Viewpoint", *Ethnohistory*, Vol. 26, No. 1, Winter 1979, p. 2.

这里所言的社会史，实际上是一种较为宽泛的概念，将文化史、ethnohistory 等均涵盖在内），动摇了人类学中的这种文化概念。由此，至少三种新的文化观在近来的人类学作品中浮现出来：其一，文化是一种多元（multiplicity）的声音；其二，文化是一种战场（battlefield），不同群体用之来界定象征、从事斗争；其三，文化是一种过程，卷入了冲突、斗争、协调及能动者的行动（actors' agency）之中。①

20 世纪 70 年代以来，民族学人类学的"表述"（representation）出现危机，民族学人类学的学科权威（authority）受到挑战。有学者如凯洛格（Susan Kellogg）等认为，这种危机，使大多数的人类学研究和理论处于问题之中，使整个文化的概念置于问题之中。而解决这种危机的一种方法，就是采纳文化的历时和过程概念，将历史置于人类学理解的中心。② 有学者则从"历史化"（historicization；historicized）的角度对文化概念做出了全新解释。③

上述文化观的新变化，显示了文化与权力、政治之间的深刻关联；它拒斥了有关人类行为的实证主义概念，支持所有的人类行为要以思想为中介的论断；民族志（ethnographic）数据不再是事实的贮存库，而逐渐被视为一种文本（text），即被视为一种未被阐明的密码（decipher）、一种由文化所构成的假设；它广泛承认，无论某种族群如何"纯朴"，都逃不脱殖民体系的碰撞，都被置入了世界政治经济体系之中。④

以上文化观的变化，与民族学人类学脉络中发生的历史化（historicization；historicized）有关，或者说，民族学人类学的历史化是引发传统文化观变化的重要因素之一。ethnohistory 对美国民族学人类学的重要贡献，主要在于引发了传统文化观的根本性变革，由此事实上也在一定程度上消解了 20 世纪 70 年代以来民族学人类学的学科发展"危机"。

以特有方式再现文化，贯穿于 ethnohistory 整体发展历程之中，深刻影响着美国乃至西方民族学人类学的未来发展走向。

---

① Susan Kellogg, "Histories for Anthropology: Ten Years of Historical Research and Writing by Anthropologists, 1980–1990", *Social Science History*, Vol. 15, No. 4, Winter 1991, p. 419.

② Susan Kellogg, "Histories for Anthropology: Ten Years of Historical Research and Writing by Anthropologists, 1980–1990", *Social Science History*, Vol. 15, No. 4, Winter 1991, p. 419.

③ 本章第三节"（三）文化'历史化'（historicization；historicized）（二战以来）"对此展开深入讨论。

④ Susan Kellogg, "Histories for Anthropology: Ten Years of Historical Research and Writing by Anthropologists, 1980–1990", *Social Science History*, Vol. 15, No. 4, Winter 1991, p. 420.

四　彰显他者及其能动性

二战以来，民族学人类学家和历史学家逐渐突破了各自传统的学科壁垒，从只强调空间或只强调时间的侧面转到将这两个方面统合起来，形成了 ethnohistory 这个新的研究领域。除了文化主题之外，"他者"（印第安人等土著族群）也成为 ethnohistory 所关注的核心主题。① 对他者及其能动性的彰显，贯穿 ethnohistory 发展历程之中，体现了 ethnohistory 整体发展历程的基本特点。

一方面，"ethnohistory"旗帜下的边疆史研究，根本性地改变了北美印第安人在美国历史中的形象——他们不再如特纳边疆学派那样所刻画的，是被压迫者，是可以被忽视的对象。在美国历史中，印第安人的作用是举足轻重的，是不能忽视的重要力量。对印第安土著族群——"他者"的持续关注，对其能动性的着力彰显，既是"ethnohistory"旗帜下边疆史研究的核心特色，也是 ethnohistory 推动美国史学向前发展的重要体现。

ethnohistory 研究为美国史学树立了一种"全面完整"意义上的历史观（history "in the round"; "rounded" history）：美国历史不仅仅是一部盎格鲁 - 撒克逊的叙事史，也不仅仅是一部欧洲移民西部边疆拓垦的叙事史，同样也是一部本土印第安人的叙事史。②

ethnohistory 研究，不仅仅是历史研究的拓展，也改变了对欧裔美国史（Euroamerican history）的理解。离开了对美洲土著史（Native American History）的理解，就不能很好地理解欧裔美国史；而忽视美洲土著史研究，就只能造成对土著和欧洲人关系的片面理解。③

另一方面，民族学人类学脉络中的 ethnohistory 也表现出对他者及其能动性的着力强调。面对日渐延伸、遍布全球的强势的西方政治经济，他者文化或土著文化纷纷"瓦解""变迁"，或在新的条件下"再造"和重新"发明"。④

作为民族学人类学脉络中 ethnohistory 研究的代表人物，萨林斯（Mar-

---

① Jennifer S. H. Brown, "Ethnohistorians: Strange Bedfellows, Kindred Spirits", *Ethnohistory*, Vol. 38, No. 2, Spring 1991, p. 116.

② Robert M. Carmack, "Ethnohistory: A Review of Its Development, Definitions, Methods, and Aims", *Annual Review of Anthropology*, Vol. 1, 1972, p. 236.

③ Bruce G. Trigger, "Ethnohistory: Problems and Prospects", *Ethnohistory*, Vol. 29, No. 1, Winter 1982, pp. 14 – 15.

④ 持"传统的重新发明"这种观点的人大有人在，并具有一定的影响力。代表人物主要有英国社会史学家霍布斯鲍姆（Eric Hobsbawm）等人。

shall Sahlins）认为，这无需如列维—斯特劳斯（Levi - Strauss）那样为此而"忧郁"，而应该看到这种表象背后的实质——他者文化变迁所展示出的并不仅仅是世界体系改变了他者，他者也在改变世界体系。文化在行动中以历史的方式被再生产出来，同时，文化又在行动中以历史的方式被改变——在这种文化与历史辩证发展的过程中，他者文化体现了能动性，是它吸纳并转换了"并连"结构（structure of conjuncture），将世界政治经济体系变成自己文化的一部分，在改变世界政治经济体系的同时，自身也发生了变化。①"全球性物质力量的特定后果依赖于它们在各种地方性文化图式中进行调适的不同方式"，②"世界体系是各种相对性文化逻辑的理性表达形式，其采取的方式是交换价值"，③"从本土人民的观点来看，世界体系的剥削可能恰好是地方体系的一种繁荣"，④"……世界体系对夏威夷文化的影响只能以波利尼西亚系统（波利尼西亚体系包含夏威夷）自身文化来调停（mediate）资本主义经验的方式来理解"，⑤"不是欧洲来的毛瑟枪把斐济酋长造就为历史上的强人，而是斐济酋长使毛瑟枪成为历史上的利器"。⑥

概言之，萨林斯看到的不是他者文化在西方政治经济影响下的被动变迁、被重新"发明"和被"再造"，而是他者文化在世界体系中的能动作用，是土著文化如何影响了世界政治经济体系的变革，如何影响了世界历史

---

① 参见〔美〕马歇尔·萨林斯：《别了，忧郁的譬喻：现代历史中的民族志学》（1992，1993），李怡文译，载王筑生主编：《人类学与西南民族——国家教委昆明社会文化人类学高级研讨班论文集》，云南大学出版社 1998 年版。"忧郁"一词，来自列维—斯特劳斯的《忧郁的热带》（参见〔法〕列维—斯特劳斯：《忧郁的热带》，王志明译，生活·读书·新知三联书店 2000 年版）。书中，列维—斯特劳斯对土著文化在全球经济一体化过程中纷纷瓦解表现出一种"忧郁"情怀。

② 〔美〕马歇尔·萨林斯：《资本主义的宇宙观——"世界体系"中的泛太平洋地区》，赵丙祥译，载萨林斯：《历史之岛》，蓝达居等译，上海人民出版社 2003 年版（附录），第 364 页。

③ 〔美〕马歇尔·萨林斯：《资本主义的宇宙观——"世界体系"中的泛太平洋地区》，赵丙祥译，载萨林斯：《历史之岛》，蓝达居等译，上海人民出版社 2003 年版（附录），第 367 页。

④ 〔美〕马歇尔·萨林斯：《资本主义的宇宙观——"世界体系"中的泛太平洋地区》，赵丙祥译，载萨林斯：《历史之岛》，蓝达居等译，上海人民出版社 2003 年版（附录），第 365 页。

⑤ Marshall Sahlins, "The Political Economy of Grandeur in Hawaii from 1810 to 1830", in Emiko Ohnuki - Tierney ed. , *Culture through Time：Anthropological Approaches*, Stanford, Calif. ：Stanford University Press, 1990, pp. 55 - 56.

⑥ 〔美〕马歇尔·萨林斯：《别了，忧郁的譬喻：现代历史中的民族志学》，李怡文译，载王筑生主编：《人类学与西南民族——国家教委昆明社会文化人类学高级研讨班论文集》，云南大学出版社 1998 年版，第 38 页。

的发展进程。这些见解，体现了民族学人类学脉络中 ethnohistory 研究的重要创见和价值，不断推动民族学人类学向前发展。

第二节　美国民族史学的发展趋势

以上对美国民族史学的发展历程进行了系统回溯与反思，这里将对美国民族史学的发展趋势进行初步展望，探求美国民族史学的未来走向。

一　从 *Ethnohistory* 期刊发展情况来看

Ethnohistory 是美国民族史学学会（the American Society for Ethnohistory）的正式期刊（official journal），因此，该期刊的发展动态，尤其是它所刊载的经验研究类文章的变化，对于美国民族史学的未来发展而言，具有重要的引领作用。*Ethnohistory* 期刊的发展情况，尤其是近年来的发展情况，是展望美国民族史学发展趋势的一个重要窗口。

Ethnohistory 期刊自 1954 年创刊以来，至 2020 年底已经发行了 67 卷（每年出版一卷，从未中断）。在半个世纪的发展历程之中，逐渐形成了自己的风格和特色。

在创刊之初的 20 世纪 50—70 年代中期，刊载的文章主要分为经验研究、理论述评、书评等几大类。经验研究类文章，多以北美土著为研究对象，文章作者多为民族学人类学家，研究方法多以档案材料和口述材料为主。此时的 *Ethnohistory* 期刊，处于民族学人类学占据主导的时期。

施韦因（Karl H. Schwerin）曾经对 *Ethnohistory* 期刊 1963—1973 年这 10 年的发展情况进行过系统总结：

第一，在此期间，*Ethnohistory* 期刊所载文章，其关注对象多集中于北美地区，作者多为民族学家人类学家；在这些研究中，侧重科学范式的与侧重历史范式的参半。[①]

第二，传统的历史研究在 ethnohistory 研究中起着重要作用，但它并不局限于历史学家。事实上，*Ethnohistory* 期刊中有很多历史类文章，则多出自很少接受历史学学科训练的民族学人类学家之手。从一个社会科学家的角度来看，传统史学的研究范围很窄；但是，在该期刊上，有很多超出传统史学研

---

① Karl H. Schwerin, "The Future of Ethnohistory", *Ethnohistory*, Vol. 23, No. 4, Autumn 1976, p. 326.

究范围的文章。这些文章使用鲜为人知的档案、手稿等材料。研究以概述为主，主要是因为这些材料分散而且包含的相关信息有限。这类研究，在某种意义上讲，很难被称为历史研究。对于感兴趣的学者来说，却往往能够提供无价的帮助。另一种就是使用有评注的传记材料（annotated bibliographies）、手稿收集指导（guides to manuscript collections）等具有可比性的历史材料。而最为普通的研究方式，即对历史事件进行描述，对一系列在时间中发生的连接事件进行描述。历史传记（historical biographies）、民族志重构（ethnographic reconstructions）、一般的历史描述（general descriptive history）等，也被涵盖进去。① 还有就是对早期历史研究的批评和解释。再有就是对方法论等问题的探讨。还有一些概述和哲学类的文章。②

基于以上总结，施韦因指出，理想的民族史学应该为历史学家和民族学人类学家提供自然的汇合场所。但事实是，自一开始，该领域就为民族学人类学家所统治。③ 他认为，民族学人类学家的研究可以归入历史研究，而历史学家的工作往往也具有科学的特点。在方法论的界限上很难区分民族学人类学家的研究与历史学家的研究。最好的形式就是充分发展学科的潜力，置身其中的研究者能够使用各种合适的技术来分析特殊的问题。在他看来，ethnohistory 能够提供一种巨大的科学方法的发展潜能：科学分析的方法会或多或少应用于 ethnohistory 研究材料之中——从事文化动力的研究，将导致系统的科学分析；而依靠为特殊的文化现象提供新的观点，科学方法有助于促进一种整体上的文化性质与功能的新的理解。④

20 世纪 70 年代中期之后，研究范围逐步拓展，世界各地的他者或土著逐渐被纳入研究视野；作者也不再限于民族学人类学家，考古学家、历史学家及其他有关学科的研究人员也加盟其中；研究主题越来越多样，但多聚焦在他者文化方面；研究方法多以跨学科研究为主。

进入新世纪以来，*Ethnohistory* 期刊所刊载的经验研究类文章，在保持原有的多样化特点的同时，也出现了一些新的变化。与从创刊初期的 20 世纪 50 年代到 20 世纪末这一阶段相比，新世纪以来 *Ethnohistory* 期刊最突出的变

---

① Karl H. Schwerin, "The Future of Ethnohistory", *Ethnohistory*, Vol. 23, No. 4, Autumn 1976, p. 325, p. 327.

② Karl H. Schwerin, "The Future of Ethnohistory", *Ethnohistory*, Vol. 23, No. 4, Autumn 1976, p. 327.

③ Karl H. Schwerin, "The Future of Ethnohistory", *Ethnohistory*, Vol. 23, No. 4, Autumn 1976, p. 324.

④ Karl H. Schwerin, "The Future of Ethnohistory", *Ethnohistory*, Vol. 23, No. 4, Autumn 1976, pp. 328 – 329.

化是集中性的专题研究越来越多。

从 1954（创刊）至 1985 年，有 5 期刊发了专题研讨会的部分论文集。从 1986 年开始，出现了专刊研究，但直到 1997 年，只有 5 期属于这种类型。即，从 1954（创刊）至 1997 年 44 卷之中，将刊发的专题研讨会的部分论文集也计算在内的话，总共才有 10 期属于专刊类：①

1955 年第 4 期集中刊发了 1954 年 10 月在美国密歇根州底特律举行的关于"人类学与印第安权利申诉"（Anthropology and Indian Claims Litigation）论坛中的提交论文；② 1973 年第 4 期集中刊载了"民族考古学"研讨会（Symposium on Ethnoarchaeology）论文；③ 1976 年第 2 期集中刊载了"历史人口统计学"研讨会（Symposium on Historical Demography）论文；④ 1978 年第 1 期集中刊载了"族群形成过程"研讨会（Symphosis on Ethnogenesis）论文；⑤ 1980 年第 4 期集中刊发了 1979 年 10 月美国民族史学学会（the American Society for Ethnohistory）举办的"易洛魁"研讨会（the Conference on Iroquois Research）论文。⑥

1986 年第 2 期专刊发表了"旅游文学、民族志与民族史学"（Travel Literature, Ethnography, and Ethnohistory）；⑦ 1987 年第 1 期专刊发表了"Inka Ethnohistory"，即专门讨论了印加帝国（Inka Empire）是靠何种方式来强化控制其国民人口的；⑧ 1989 年第 1 期专刊发表了"民族史学与非洲"（Ethno-

---

① 这里只统计经验研究。*Ethnohistory*1961 年第 1 期、第 3 期所集中刊载的有关 ethnohistory 概念的专题研讨则未计算在内。

② Verne F. Ray, "Introduction"（Anthropology and Indian Claims Litigation：Papers Presented at a Symposium Held at Detroit in December, 1954），*Ethnohistory*, Vol. 2, No. 4, Autumn 1955, pp. 287 – 291.

③ *Ethnohistory*, Vol. 20, No. 4, Autumn 1973.

④ *Ethnohistory*, Vol. 23, No. 2, Spring 1976.

⑤ *Ethnohistory*, Vol. 25, No. 1, Winter 1978. 这里将 Ethnogenesis 译为"族群形成过程"。这种翻译方式受到中央民族大学巫达教授的启发。参见巫达《关于 ethnogenesis 一词的理解与翻译》，《西北民族研究》2009 年第 4 期，第 95—97 页。也有学者如南京大学范可教授译之为"族群发生学"。参见范可《田野工作与"行动者取向的人类学"：巴特及其学术遗产》，《民族研究》2020 年第 1 期，第 53 页。

⑥ Thomas S. Abler, "Introduction", *Ethnohistory*, Vol. 27, No. 4, Special Iroquois Issue, Autumn 1980, pp. 291 – 293.

⑦ Caroline B. Brettell, "Introduction：Travel Literature, Ethnography, and Ethnohistory", *Ethnohistory*, Special Issue：Travel Literature, Ethnography, and Ethnohistory, Vol. 33, No. 2, Spring 1986, pp. 127 – 138.

⑧ Terence N. D'Altroy, "Introduction", *Ethnohistory*, Special Issue：Inka Ethnohistory, Vol. 34, No. 1, Winter 1987, pp. 1 – 13.

history and Africa）；① 1995 年第 4 期专门对 "殖民地中美洲的土著妇女、权力及反抗"（Women，Power，and Resistance in Colonial Mesoamerica）进行了讨论；② 1996 年第 4 期专门对 "美洲土著妇女对基督教的回应"（Native American Women's Responses to Christianity）进行了讨论。③

自 20 世纪末以来，专刊研究明显增多。自 1998—2007 年 10 卷之中，就有 13 期专刊研究，所涉及的研究范围、研究主题、学科领域展示出了 "多样化中的集中化" 特征。

1998 年，怀特海德（Neil L. Whitehead）在首次担任 *Ethnohistory* 期刊主编时，明确指出，*Ethnohistory* 期刊会一如既往地奉行其编辑政策，在北美地区忠实反映该期刊的传统力量。同时，他还认为，从编辑的角度来看，该刊物将更为开放，会涉及 ethnohistory 材料的理论讨论和跨文化讨论，将扩展研究和读者的范围，鼓励北美之外其他地区的研究，承认 ethnohistory 更为广泛的学科范围，鼓励其他学科的加盟（包括与此有关联的学科，如人类学、地理学、历史学、艺术史、文学研究、考古学等），并大力倡导关于特殊主题或地区的专刊研究（special issues of the journal dedicated to a particular theme or region）。④

自 1999 年第 4 期开始，专刊研究逐渐增多。1999 年第 4 期专门从 ethnohistory 的观点讨论了战争和暴力问题。在这一期中，多样的文章围绕一个一般的主题而被编成一组，由此扩展了单篇文章的学术价值（intellectual value）。并不是所有的讨论都是由作者或者编辑有意安排的，但是这些文章在研究主题方面的一致性，都得到了认可，由此也激发了更多的评论和兴趣。此外，这一期还计划了 "新几内亚的千禧年信仰" "殖民地委内瑞拉的 ethnohistory" "超越庄园" 等有待将来专刊发行的主题。⑤

2000 年第 1 期是专刊，集中对新几内亚地区的千禧年倒计时（Millennial Countdown）现象进行了研究；⑥ 2000 年第 3—4 期从人类学、考古学和历史

① Edward I. Steinhart, "Introduction", *Ethnohistory*, Special Issue: Ethnohistory and Africa, Vol. 36, No. 1, Winter 1989, pp. 1 – 8.

② Kevin Gosner and Deborah E. Kanter, "Introduction", *Ethnohistory*, Special Issue: Women, Power, and Resistance in Colonial Mesoamerica, Vol. 42, No. 4, Autumn 1995, pp. 561 – 562.

③ Michael Harkin and Sergei Kan, "Introduction", *Ethnohistory*, Special Issue: Native American Women's Responses to Christianity, Vol. 43, No. 4, Autumn 1996, pp. 563 – 571.

④ Neil L. Whitehead, "Editor's Statement", *Ethnohistory*, Vol. 45, No. 2, spring 1998, p. 179.

⑤ Neil L. Whitehead, "Editor's Statement", *Ethnohistory*, Vol. 46, No. 4, fall 1999, p. 643.

⑥ *Ethnohistory*, Vol. 47, No. 1, winter 2000.

学的综合角度，专刊研究了委内瑞拉的殖民转换问题。[1]

2001 年第 1—2 期，专刊对马达加斯加历史进行了研究，展示了历史学和人类学之间旧有的细微差别，以及"传统"（tradition）和"现代性"（modernity）等类概念是如何中断的。以马达加斯加历史和当代社会和文化为基础，这些文章反映了马达加斯加岛广阔的地理空间，展示了除了欧洲殖民主义之外的很多影响因素。同时，这些文章还明确表示了与旧有的"何为历史"等观念之间的断裂。更为有意义的是，一些本地的马达加斯加学者加盟其中，一些马达加斯加历史资源得以开发利用。[2]

2002 年第 1 期是专刊，强调了地理学（geography）、人口统计学（demography）、制图技术（cartography）、考古学（archaeology）等与 ethnohistory 分析密切相关的学科和方法在研究中的作用。这些研究，呈现出文化上的特色，在解释有关人类环境的文化知识上鼓励整体分析（holistic approach），并由此来整合过去的研究；有些研究，还重构了人口发展的过去；还有研究揭示了 ethnohistory 研究与人口统计学之间的密切关联及意义。这三类研究，都涉及考古学问题，都意识到考古学在研究过去中的重要性，由此，考古学方法成为这些有关过去之研究中的重要补充方法。[3] 2002 年第 2 期也是专刊，集中研究了加勒比海盆地（The Caribbean Basin）地区。这些研究，既属于考古学性质，也属于历史学性质，附着在近来开始流行的有关该地区地方认同（local identity）的学术脉络之中。这种纯地理学意义上的强调，使以文化和历史术语为基础的跨地区比较成为可能。这些从跨加勒比海地区遴选出来的著述，倾向于鼓励研究主题和方法论上的进一步整合。[4] 2002 年第 3 期也是专刊，研究地域集中在亚马孙河盆地和安第斯山脉地区（Amazonia and the Andes），研究主题主要为非族群意义上（秘鲁农民）的"民族史学"（Unethnic Ethnohistory）、玻利维亚乡村的法律"民族史学"（Legal Ethnohistory）。[5]

2003 年第 1 期是专刊，集中对中美洲（Mesoamerica）乡村地区庄园之外的土地关系与社会经济变化进行研究，对墨西哥及其周边地区的庄园（Hacienda）所扮演的角色进行反思。从中可以发现，这些庄园，无论在规

① *Ethnohistory*, Vol. 47, No. 3 – 4, summer – fall 2000.

② Neil L. Whitehead, "Editor's Statement", *Ethnohistory*, Vol. 48, No. 1 – 2, Winter – Spring 2001, p. 1.

③ Neil L. Whitehead, "Editor's Statement", *Ethnohistory*, Vol. 49, No. 1, Winter 2002, p. 1.

④ Neil L. Whitehead, "Editor's Statement", *Ethnohistory*, Vol. 49, No. 2, Spring 2002, p. 225.

⑤ *Ethnohistory*, Vol. 49, No. 3, summer 2002.

模上、还是运作上更为多样，在族群特性上也更为复杂（plural），在经济角色扮演上也更为多元。文章中多含历史脉络分析，证明了将考古学资源、历史学资源、民族志资源整合在一起的重要性，为历史中的庄园研究展示了一种新的维度。① 2003 年第 3 期也是专刊，集中对土著族群与旅游（tourism）主题进行了研究。地理学、历史学、人类学、读写识字研究（literacy study）对 ethnohistory 有诸多助益，体现了跨学科是 ethnohistory 的特色。近来，这些学科领域都关注了旅游主题，显示出"旅游"（tourism）既不是一个眼前的现象，也不是一种边缘化活动。相反，它是殖民主义探险的扩展，也是文化过程中的一部分。这一期中的文章，立足北美，对这些有关问题做出了原创意义上的研究及贡献。②

2005 年第 1 期专刊集中研究了太平洋地区的历史制作（history making）问题，由此还引发了对民族国家主义（nationalism）、民族国家制作（nation making）、全球化（globalization）和现代性（modernity）的关注，以及在这种话语体系之中性别的含义。通过这些研究，民族志理解在历史解释中的中心性变得越来越明显。这些研究，也清晰证实了历史研究的核心问题源自"在历史和当代行动中来界定身份"的日常生活。③

2006 年第 1 期是专刊，把图尔卡纳人（Turkana）作为东非的殖民图像（Colonial Icon），从当地人的观点对其文化及变迁进行了集中研究。④

2007 年第 1 期专刊集中研究了性遭遇（sex encounters）和性分裂（sex collisions）——殖民中美洲（Colonial Mesoamerica）中的性选择（alternative sexualities）问题。这些研究证实，无论是研究方法还是理论框架，对于指导历史学和人类学研究而言，ethnohistory 都是重要的。这些文章，依靠把传统的历史编纂方法（historiographical approaches）和理论框架的洞察力结合起来，对殖民地南美过去几十年中的性别与性展开了更为广泛的研究，揭示了性、权力、愿望之间的关系，揭示了这些关系是如何在身体控制制度、性表达和性压抑中得到展示的。⑤ 2007 年第 4 期是专刊，集中对处于帝国时代（the Age of Empire）和帝国之间（Between Empires）的美国西部印第安人的

---

① Neil L. Whitehead, "Editor's Statement", *Ethnohistory*, Vol. 50, No. 1, Winter 2003, p. 1.

② Neil L. Whitehead, "Editor's Statement", *Ethnohistory*, Vol. 50, No. 3, Summer 2003, p. 413. 参见第四章第二节"二 研究主题的日益多样"中的详论。

③ Neil L. Whitehead, "Editor's Foreword", *Ethnohistory*, Vol. 52, No. 1, Winter 2005, p. 1.

④ *Ethnohistory*, Vol. 53, No. 1, winter 2006.

⑤ Neil L. Whitehead, "Editor's Introduction", *Ethnohistory*, Vol. 54, No. 1, Winter 2007, pp. 1 - 2. 参见第四章第二节"二 研究主题的日益多样"中的相关论述。

过去（重点对他们的起源）进行了研究。这些研究，不仅仅加深了对土著的理解，认识到他们复杂的一面及与西方的多重联系，同时，也使北美族群神话中的沙文主义黯淡无光，为北美族群的民族自豪感提供了有益的纠正。①

由上观之，20 世纪末以来新近刊出的 *Ethnohistory* 期刊，随着专刊研究的增多，在保持原有的多样化、开放性和包容性等风格特点——"研究地域广泛分散，涵盖众多学科和主题"——的同时，有向集中化方向发展的趋势，即表现出了"多样化中的集中化"的发展态势。*Ethnohistory* 期刊的这种新的发展动向，同时折射出了新世纪 ethnohistory 在美国学界的新变化，代表着美国民族史学的一种重要发展趋势。

二　从西方学者的有关述评来看

二战以来，已有不少学者对 ethnohistory 的未来发展进行过展望。在 1960 年 9 月 Wenner - Gren 夏季论坛"人类学视野"（Anthropological Horizons）主题讨论中，克鲁伯（A. L. Kroeber）把"文化史和民族学的命运"（Culture History and the Fate of Ethnology）作为主要议题之一。他再次强调了他的早期陈述，并进行了扩展，即把文化史作为一种有待发展和可资利用的资源，认为文化史方法是一种分析性的、整合性的、进化性的方法，② 而文化史的发展方向能够拯救民族学的命运。③ 1961 年，自称"ethnohistory 美德早期皈依者"④ 的埃根（Fred Eggan）明确指出，近来 ethnohistory 的发展证明了上述克鲁伯的观点；但埃根同时又指出，民族学将来的发展将会是多样的，"一般史（general history）和专门史（special history）正张开了大嘴，等待吞咽民族学、人类学这样的学科"。⑤

有关 ethnohistory 未来发展的诸多讨论，更多体现在 20 世纪 70 年代以来，主要包括以下几个代表性的方面：

第一，认为 ethnohistory 的未来发展将更为折中和综合。

---

① Neil L. Whitehead, "Editor's Introduction", *Ethnohistory*, Vol. 54, No 4, fall 2007, pp. 581 – 582.

② Fred Eggan, "Some Anthropological Approaches to the Understanding of Ethnological Cultures", *Ethnohistory*, Vol. 8, No. 1, Winter 1961, p. 5.

③ Fred Eggan, "Some Anthropological Approaches to the Understanding of Ethnological Cultures", *Ethnohistory*, Vol. 8, No. 1, Winter 1961, p. 8.

④ Fred Eggan, "Some Anthropological Approaches to the Understanding of Ethnological Cultures", *Ethnohistory*, Vol. 8, No. 1, Winter 1961, p. 1.

⑤ Fred Eggan, "Some Anthropological Approaches to the Understanding of Ethnological Cultures", *Ethnohistory*, Vol. 8, No. 1, Winter 1961, pp. 8 – 9.

如前所述，尽管 ethnohistory 有自己的刊物和学会，有相关的研究队伍，但其组织较为松散，往往是一种临时性的拼凑。另外，其研究主题也较为宽泛。因此，依据有关学科确立的标准①来看，它的确很难算是一个独立的学科领域，折中性与综合性是其固有的重要特征。有不少学者认为，ethnohistory 将来的发展，会向着更为折中与综合的方向发展。

1982 年，美国比较考古学家特里杰（Bruce G. Trigger）指出，历史学家詹宁斯（Francis Jennings）的 15 卷本《北美印第安手册》1979 年的出版，暗示着无论在技术上、内容上还是数量上，ethnohistory 研究都有了很大发展，暗示着很多受到良好训练的职业历史学家将会涉足其间。但是，就当时而言，历史学中的 ethnohistory，民族学中的 ethnohistory——这种基本的学科分野，依然比较森严。②在特里杰看来，应该鼓励一种更为综合、折中的方法，即在更为广阔的学术训练范围内来掌握 ethnohistory 的方法论：传统史学、ethnohistory、生态学、考古学在收集和分析人类行为的数据时，都发展出自己的一套特殊方法，都需要特殊的训练，但研究都应该放在生态学、历史唯物主义、文化唯物主义或者观念主义的框架之中，必须在历史的情境之中进行。美洲土著历史（Native American History）自发生到现在，已有 2 万年的历史，要研究它，需要史前考古学、ethnohistory、欧裔美洲史学（Euroamerican history）等多方专家的加盟，需要口述史学、历史语言学、体质人类学、比较民族学等多方面的技术。研究北美土著历史，需要这些不同学科之间的综合。在一般的意义上讲，比起其他社会科学，ethnohistory 研究者在综合分析方面将更有经验。③

第二，对 ethnohistory 的未来发展存在顾虑，并渴求它有新的变更。

1989 年，帕曼（Donald L. Parman）和普莱斯（Catherine Price）指出，若审视当前 *Ethnohistory* 的订阅表，可以发现，在订阅此期刊的人员之中，民族学人类学家是历史学家的 5 倍。这种状况，以及当时"要建立一个国家

---

①　现代学科的确立有如下标志：第一，世界上出现了新的研究对象和解释该对象的需求；第二，解释该对象因果序列或性质自成一格；第三，用于描述和解释该对象的事实材料自成其类；第四，形成收集、分类、分析和概括事实材料的特殊角度、方法和概念术语；第五，建成培养专业人员的机构和为同行提供导向的刊物和学会；第六，从业人员作为知识传播者在学术中心或公共教育体系中受到尊重。参见张海洋《文化理论轨迹》，载庄孔韶主编：《人类学通论》，山西教育出版社 2004 年版，第 39 页。

②　Bruce G. Trigger, "Ethnohistory: Problems and Prospects", *Ethnohistory*, Vol. 29, No. 1, Winter 1982, pp. 15 – 16.

③　Bruce G. Trigger, "Ethnohistory: Problems and Prospects", *Ethnohistory*, Vol. 29, No. 1, Winter 1982, p. 16.

性组织，出版一个一流期刊来补充完善 *Ethnohistory* 期刊"的呼吁，反映出无论基于何种原因，许多历史学家对 *Ethnohistory* 期刊及其学会并不看重。①这种局面的出现，也使得很多西方学者对 ethnohistory 的未来发展心存顾虑。

这一时期，有些学者从整体上对作为一种职业的美洲土著历史（Native American history）——印第安史学（Indian History）进行了评价，从中更能清晰看出他们对 ethnohistory 未来发展的忧虑以及新的期盼。在这些人当中，有人认为，近来的印第安史研究深刻影响了美国历史的进程；也有人认为，这些作品，并没有成为主流，过时的理论和无可计数的错误损坏了近来的著作；有些人认为，将印第安史学视为一种为大家所认可的领域，尚存在问题，因为有不少学者只是把印第安史学作为边疆史学或者西方史学的余兴表演或者附属物；② 有学者对印第安史学近来的发展有些担忧，因为一些著名的学者对它缺乏关注，有些研究并不成熟，缺乏训练；还有学者指出，最好和最快地提高印第安史学的研究水平，就是写出引人注目的作品，以此吸引职业史学界和公众的注意力。③

此外，印第安史学家还持续从民族学的观点来评价他们研究的优势和不足，而多数人对印第安史学家如何使用这些技术来弥补传统的历史研究有着浓厚的兴趣。在有些学者看来，他们做得并不怎么样，实际上是民族学家而不是历史学家做出了最好的 ethnohistory 研究。④

如何做出新的变更以提高印第安人史的研究水平？有人直率地指出，需要更多的工作、经费和时间；也有人认为，要建立一个国家性组织，出版一个一流期刊来补充完善 *Ethnohistory* 期刊；最为普遍的观点则认为，需要使用更多的跨学科方法来书写印第安人史；还有一些人则充分看到，事实上目前 ethnohistory 的使用相当有限，多限于印第安社区的社会、经济和政治结构，他们主张用一种更为广阔的视野将印第安与全世界其他土著包含进来，

---

① Donald L. Parman；Catherine Price，"A 'Work in Progress'：The Emergence of Indian History as a Professional Field"，*The Western Historical Quarterly*，Vol. 20，No. 2，May 1989，p. 193（注释21）. 有关学会和期刊的论述，详见第二章第二节。

② Donald L. Parman；Catherine Price，"A 'Work in Progress'：The Emergence of Indian History as a Professional Field"，*The Western Historical Quarterly*，Vol. 20，No. 2，May 1989，p. 195.

③ Donald L. Parman；Catherine Price，"A 'Work in Progress'：The Emergence of Indian History as a Professional Field"，*The Western Historical Quarterly*，Vol. 20，No. 2，May 1989，p. 196.

④ Donald L. Parman；Catherine Price，"A 'Work in Progress'：The Emergence of Indian History as a Professional Field"，*The Western Historical Quarterly*，Vol. 20，No. 2，May 1989，p. 193.

来进行比较研究。①

第三，认为 ethnohistory 的未来发展前景光明，并期待它有新的发展。

早在 20 世纪 60—70 年代，就有很多学者对 ethnohistory 的光明前景表示出足够的信心。1961 年，美国历史学家沃什布恩（Wilcomb E. Washburn）指出："ethnohistory，作为拥有期刊、组织和追随者的一门学科，将会持续存在——这无需证明；若它停止存在，我也肯定，它将证明自己的这种发展也是正确的，能为历史学家和人类学家所接受。因此，让我们都成为 ethnohistory 研究者吧，写我们之所写，让别人随便称呼我们好了。"② 此外，他还充分肯定了 ethnohistory 的价值，并认为它将会有蓬勃发展的未来——"ethnohistory 将来会变得更加开放，将首次大规模地认真考察档案材料，并从中澄清过去族群碰撞研究中的诸多混乱"。③

1976 年，施韦因（Karl H. Schwerin）指出，就目前来看，"ethnohistory 已经取得了重要成就，包括方法论和理论上的拓展。今后的时代将是 ethnohistory 发展令人激动的时代，尽管它还很年轻……如果我们能够将 ethnohistory 研究引向深入，那么无论是历史学还是民族学人类学，将为我们提供经验性数据以及新的思想源泉，将为我们在解释文化数据方面提供指导"。④

1978 年，斯波思（Ronald Spores）指出，ethnohistory 的发展已到中年（Ethnohistory in Middle Age）。他呼吁 ethnohistory 应该有新的发展：其一，个人或者团体，在学术机构和 ethnohistory 研究中，应该越来越重视跨学科的发展，由此，学者们要进一步组织起来，在 ethnohistory 的方法论中、在保守的程序中接受系统训练。其二，应该对各种各样的档案材料（书面记录、口述记录）越来越重视，包括对他们的置放、保存、编目等。其三，要注意收集这些档案及口头文献，要与"美国民族史学会"（the American Society for Ethnohistory）的基础作用和进一步发展发生联系。其四，要建立定期的奖励和促进制度，为 ethnohistory 及其学会的发展做出贡献。在斯波思看来，已经

① Donald L. Parman; Catherine Price, "A 'Work in Progress': The Emergence of Indian History as a Professional Field", *The Western Historical Quarterly*, Vol. 20, No. 2, May 1989, p. 193.

② Wilcomb E. Washburn, "Ethnohistory: History 'in the Round'", *Ethnohistory*, Vol. 8, No. 1, Winter 1961, p. 45. 还可参见 Shepard Krech III, "The State of Ethnohistory", *Annual Review of Anthropology*, Vol. 20, 1991, p. 346.

③ Wilcomb E. Washburn, "Ethnohistory: History 'in the Round'", *Ethnohistory*, Vol. 8, No. 1, Winter 1961, p. 45.

④ Karl H. Schwerin, "The Future of Ethnohistory", *Ethnohistory*, Vol. 23, No. 4, Autumn 1976, p. 337.

取得的成就对这个学科和学会的将来发展，是至关重要的。①

20世纪90年代以来，又有不少新的相关讨论，展望了ethnohistory未来发展的乐观前景。

学界一般认为，由于近来人类学和历史学之间的不断整合，ethnohistory需要重新界定，需要检验其有效性。② 1991年，布朗（Jennifer S. H. Brown）对此提出两点意见：其一，目前二者的整合状态并不令人满意，因为仍然有很多的人类学家、历史学家忽视二者间的联系。在有关期刊和会议中所表现出来的ethnohistory，对不同学科之间的交流不够重视，很少作品能真正体现这种交流。其二，关于ethnohistory的重新界定，正如对文化概念的界说一样，一直在持续进行，但这并不重要。关键在于从社会的角度、文化的角度以及历史的角度来扩展研究的领域。在他看来，各种新的界定出现，并不意味着这类研究将会消失或者被悬置起来，因为志趣相投的人大有人在。③

1996年，凯琦（Shepard Krech III）明确指出，"在今天，ethnohistory的名称受到质疑，是因为ethnos本身的含义受到怀疑，而不在于ethnohistory的方法论有问题。……在使用anthropological history时，这种怀疑消失了。正如它的很多开放的支持者所赞成的，它卷入了人类学和历史学理论和方法的联合之中，而且同时聚焦于某些族群的历史（history）、历史编纂（historiography）之中。而这样来看待和定性ethnohistory，没有理由认为它不会繁荣发展"。④

2007年，约翰·文德（John Wunder）评论说，对于ethnohistory研究而言，"没有哪个印第安人由于微不足道或者过于与世隔绝而难以勾勒，没有哪个印第安人群体由于其地位无足轻重而不必分析其利益。不管是接触前、殖民地早期还是20世纪90年代，没有哪个时代因受到局限而不能研究"⑤。

2007年，曾任 Ethnohistory 期刊主编10年之久（1998—2007）的怀特海德（Neil L. Whitehead）从期刊发展的角度憧憬了ethnohistory的未来："……

① Ronald Spores，"Ethnohistory in Middle Age: An Assessment and a Call for Action"，*Ethnohistory*，Vol. 25，No. 3，Summer 1978，pp. 204 – 205.

② Jennifer S. H. Brown，"Ethnohistorians: Strange Bedfellows, Kindred Spirits"，*Ethnohistory*，Vol. 38，No. 2，Spring 1991，p. 120.

③ Jennifer S. H. Brown，"Ethnohistorians: Strange Bedfellows, Kindred Spirits"，*Ethnohistory*，Vol. 38，No. 2，Spring 1991，p. 120.

④ Shepard Krech III，"Ethnohistory"，in David Levinson and Melvin Ember eds.，*Encyclopedia of Cultural Anthropology*，New York: Henry Holt and Company，1996，Volume 2，p. 428.

⑤ John Wunder，"Native American History, Ethnohistory, and Context"，*Ethnohistory*，Vol. 54，No. 4，Fall 2007，p. 602.

这种经历和体验，即，作为主编所担负的重任，得到了缓解，是因为一流的学者们用他们自己的方式将 *Ethnohistory* 期刊推向了一个新的重要的高度……"①

综合 *Ethnohistory* 期刊近来发展情况以及西方学者的有关讨论，可以看出，进入新世纪以来，美国民族史学在保持原有的多样、松散等风格特点的同时，显示出了多样性与集中化并存、更为折中与综合的发展态势。尽管不少学者对其散漫、宽泛的发展现状不无担忧，但也有人认为其前景光明。作为萌发于美国民族学人类学与历史学等学科中间地带的"混血儿"，作为二战后日渐凸显和繁盛的一种学术现象，ethnohistory 方兴而未艾，会在富于挑战性的未来发展中不断更新，给学界不断带来新的启发。

第三节 美国民族史学的影响

"今天，ethnohistory 在北美空前繁荣。有关的出版物，无论是质、还是量，都有迅猛提高和增长。与此同时，在澳大利亚、在非洲，也有了它的足迹。ethnohistory 的发展，与民族学和史前考古学数据的联合息息相关，针对从美洲土著史（Native American History）的角度理解殖民史（colonial history）而言也有重要意义。在一个整合的历史框架中，在调整这些相关方法中，ethnohistory 扮演了重要角色。"②

ethnohistory 孕育、凸显和繁盛的发展演变历程，给美国学界和社会带来了重要影响。这些影响，既展示在表层的学科和方法层面，促进了民族学人类学、历史学等学科的沟通和方法的互补；也表现在由表及里的知识层面，促动了民族学人类学、历史学等传统研究范式的转换与知识生产能力的提升；还触及了深层的文化概念层面，解构了"白人中心论""西方中心论"，重构了他者的形象。这些影响，既体现了美国民族史学这种学术现象的学术价值，也彰显了美国民族史学这种社会运动的社会意义。

下面将美国民族史学放在二战以来处于转型中的西方学术及社会的宏观视野之下，来深入揭示其影响。

---

① Neil L. Whitehead, "Editor's Introduction", *Ethnohistory*, Vol. 54, No. 4, fall 2007, p. 582.
② Bruce G. Trigger, "Ethnohistory: Problems and Prospects", *Ethnohistory*, Vol. 29, No. 1, Winter 1982, p. 1.

一　学科的沟通与方法的互补①

传统上，西方或欧美的现代学科体系由自然科学（natural science）、社会科学（social science）和人文学科（humanities，human studies；笔者注：不宜译为人文科学）三大板块组成。社会学、民族学、人类学通常被归入社会科学，而历史学一般被归入人文学科。② 分属于社会科学与人文学科的民族学人类学和历史学，历来存在学科界限与藩篱。

介于民族学人类学和历史学之间的民族史学在美国学界的凸显与繁盛，为打破学科界限与藩篱，实现沟通与交流创造了条件。

第一，民族史学在美国的凸显与繁盛，集中体现了民族学人类学与历史学的互补性及其所带来的诸多优势和价值。

斯特蒂文特（William C. Sturtevant）认为，研究"真实"过去、追逐独特事件的历史学家，意识到了其中的困难，开始求助于民族学家的视野。民族学家在建构和检验理论模式的同时，也开始注意历史证据。民族史学的出现，作为一种被认可的研究领域，是民族学与历史学在目标、方法和技术方面和睦亲善的重要体现。③ 民族史学是民族学与历史学共享之兴趣所在。④ 历史学家、考古学家和一些民族学家，对历时、历史解释感兴趣，而其他民族学家和一些描写性的语言学家则喜欢共时、结构解释。在理解任何文化和社会现象中，这是两种不同但互补的研究方式。如果将结构方法和历史方法结合起来理解文化，就能取得更为完全的理解，而且这是可能的。近年来民族史学的出现，就是这样一种方式。民族学家、历史学家在为整合这两种研究类型做出了努力，尽管依然存在民族学家抵触历史研究、历史学家抵触民族学等社会科学的情况，存在大家都接受了民族史学，但对何为民族史学争论不止的局面。⑤ 只用档案而不用口述信息，一般并不能告知一个现存社会

---

① 前面几章已有相关论述，这里主要基于西方学者的一些重要论断给出进一步的总结性说明。

② 参见李剑鸣《历史学家的修养和技艺》，上海三联书店 2007 年版，第 49 页（注释 2）；周晓虹：《西方社会学：历史与体系》（第一卷），上海人民出版社 2002 年版，第 281 页。

③ William C. Sturtevant, "Anthropology, History, and Ethnohistory", *Ethnohistory*, Vol. 13, No. 1/2, Winter – Spring 1966, p. 44.

④ William C. Sturtevant, "Anthropology, History, and Ethnohistory", *Ethnohistory*, Vol. 13, No. 1/2, Winter – Spring 1966, p. 1.

⑤ William C. Sturtevant, "Anthropology, History, and Ethnohistory", *Ethnohistory*, Vol. 13, No. 1/2, Winter – Spring 1966, pp. 3 – 5.

的有关情况。① 历时的民族史学研究并不完全陷于非西方社会，但它主要的研究对象在于非西方社会。在这种研究中，档案材料是有用的，但由于它们多不是本地人的作品，因此，其内部会有一些偏见和错误。民族史学的资源多种多样，对彼此核查和互相补正具有重要意义。②

在卡马克（Robert M. Carmack）看来，民族史学的出现，重要意义就在于打破了民族志方法与历史研究方法之间的隔阂，并把它们有机联系起来。将民族志技术与民族史学技术加以平衡，有很多优点：其一，档案的使用，对于检验有关结构、功能和过程等基本概念的有效性是必要的。其二，对于文化重构而言，档案研究能够导致建立时间阶段，即可以使用民族志方法溯时间流而上，找到存在最大数量的文献的时间阶段作为标准的文化研究阶段。其三，来自档案的有关文化过去形式的知识，对民族志研究而言，还具有特殊的导向作用。对民族志学者看来意义不大的文化形式，通过民族史学研究却发现了其重要价值——研究这些文化形式是如何变化的（这些不断变化的文化形式经常"滑入"文化使者即研究者的无意识之中，它们很重要，需要挖掘出来）。③ 总之，民族志与民族史学方法的联合，比单独使用某一种方法能够带来更大的收获。这种应用，能够导致一种将共时的结构功能研究和历时研究综合在一起的研究，目前来看，已经成为社会和文化分析中的一种必要。④

第二，民族史学在美国的凸显与繁盛，带来了美国印第安史学的突破、传统殖民史学的更新、美洲土著史的发展，突出体现了民族史学对史学学科方法的借鉴意义。

帕曼（Donald L. Parman）和普莱斯（Catherine Price）认为，随着战后美国民族史学的出现，印第安史学（Indian History）在方法论上才有了重要突破。这种方法依靠对历史材料（historical documentation）的人类学分析来实现。这种新方法的使用，要求历史学家根据其宗教、社会组织、政治结构、婚姻家庭模式或者其他的数据种类——如何从功能上理解族群——来研究印第安社区。在民族史学方法中，暗含着一种信仰，即学者

① William C. Sturtevant, "Anthropology, History, and Ethnohistory", *Ethnohistory*, Vol. 13, No. 1/2, Winter – Spring 1966, p. 7.

② William C. Sturtevant, "Anthropology, History, and Ethnohistory", *Ethnohistory*, Vol. 13, No. 1/2, Winter – Spring 1966, p. 8.

③ Robert M. Carmack, "Ethnography and Ethnohistory: Their Application in Middle American Studies", *Ethnohistory*, Vol. 18, No. 2, Spring 1971, pp. 130 – 131.

④ Robert M. Carmack, "Ethnography and Ethnohistory: Their Application in Middle American Studies", *Ethnohistory*, Vol. 18, No. 2, Spring 1971, p. 138.

应该戒除以往的评论，应该根据文化的指令来看待印第安人和非印第安人，认识到印第安人和非印第安人在遭遇中可以相互适应和改变。民族史学的主要目标在于，呈现一种完整和平衡的印—白关系画面，尤其是要把美洲土著人从传统的沉默的"道具"中和被忽视的异教徒的历史设置中移走。①

科恩（Bernard S. Cohn）强调，民族史学与传统殖民史学有很多不同之处。民族史学家一般有一手的田野调查经验，这种经验使他们能够发展出相关研究地区的功能化知识，这样，他们对档案文献的解读效果就会很深。民族史学家依赖的是系统、功能等概念，而不是仅仅来自偶然和特殊的事件。他们使用一般的有关社会文化组织的知识，根据世系社会、农民社会等概念来建构他们的研究单元。他们倾向从当地土著的角度来洞察历史事件，而不是从欧洲殖民者、管理者的角度来看待历史，甚至在他们使用这些殖民者管理者所留下的档案文献时，也是如此。他们对殖民政策实践的兴趣胜过对这些政策起源的探究。②

特里杰（Bruce G. Trigger）指出，民族史学研究，能够对缺乏土著观点的档案进行弥补，能够以土著人的行为来解释问题。靠这种分析，相比欧洲编年史作者在17—18世纪所认识到的而言，更为充分地表明了土著在历史发展中的独立角色。这种研究，不仅扩充了北美历史研究的范围，而且揭示了传统的殖民史解释方式中的偏见和局限。③

特里杰还指出，近年来，作为一个研究领域，美洲土著史（Native American history）被认可。因为这里有把民族史学研究、民族史学观点整合进原初只涉及欧裔美国人（Euroamericans）主题的好"市场"。当原初以研究欧裔美国文化为主的历史学家涉足美洲土著史时，民族史学研究方式就会变得越来越重要。④他认为，一直以来，民族史学被用来指无文字原始族群的历史，以区别文明社会历史的书写。如果抹掉这种偏见，就无需在知识体系上来论及民族史学了，而代之以美洲土著史，或者更为具体地称之为易洛魁历

---

① Donald L. Parman and Catherine Price, "A 'Work in Progress': The Emergence of Indian History as a Professional Field", *The Western Historical Quarterly*, Vol. 20, No. 2, May 1989, pp. 186 – 187.

② Bernard S. Cohn, "Ethnohistory", in David L. Sills ed., *International Encyclopedia of the Social Sciences*, New York: The Free Press, 1968, Volume 5, p. 441.

③ Bruce G. Trigger, "Ethnohistory: The Unfinished Edifice", *Ethnohistory*, Vol. 33, No. 3, Summer 1986, pp. 257 – 258.

④ Bruce G. Trigger, "Ethnohistory: Problems and Prospects", *Ethnohistory*, Vol. 29, No. 1, Winter 1982, p. 5.

史（Iroquois history）、纳瓦胡历史（Navajo history）等，正如称呼俄国史、中国史、英国史一样。①同时，特里杰还特别强调，很多有关美洲土著史的书面档案，都是欧洲殖民的产物。从这个意义上讲，土著史学就是殖民史（colonial history）学的拓展，或者说是殖民史学的一个重要组成部分，而独立于白人殖民史学的土著史学是不可能的。②欧洲殖民史研究与美洲土著史研究相辅相成。③美洲土著史研究视野的出现，直接得益于史学对民族史学的整合和借重，得益于民族史学对史学的推动和更新价值。

　　在特里杰看来，民族史学的出现和发展，对传统的殖民史学而言，是一种重要的提升，具有促动传统殖民史学更新的重要意义。

　　第三，民族史学在美国的凸显与繁盛，还见证了考古学的突破，重点体现了民族史学与考古学视野、技术和方法联合的优势及挑战。

　　特里杰（Bruce G. Trigger）指出，研究欧洲碰撞之前的土著文化，主要是考古学问题，因此，考古学方法应该是民族史学的重要组成部分。④ 在19世纪，一般认为土著文化在欧洲人到来之前的很多世纪是静止的，变化来自欧洲人到来之后。能够被看到的变化只是一些移民流动，而不是内在的变化。一般假定，考古学证据支持这种观点，这应该也是考古学的局限性。⑤现在看来，土著文化在欧洲接触之前也是变化的，这对理解与欧洲接触所发生的变化，有着积极意义。⑥ 把史前研究（考古学）作为土著历史研究的一个重要组成部分，有助于从很大程度上依赖于欧裔美国人档案的种族中心论中解脱出来。这并不意味着在研究过去中，要把考古学和民族学做严格区分，正如始于19世纪80年代的欧洲学者将历史学和史前学分开一样，现在无需这样做。现在要做的，是在有关过去的研究中加强民族史学研究与考古

---

① Bruce G. Trigger, "Ethnohistory: Problems and Prospects", *Ethnohistory*, Vol. 29, No. 1, Winter 1982, p. 11.

② Bruce G. Trigger, "Ethnohistory: Problems and Prospects", *Ethnohistory*, Vol. 29, No. 1, Winter 1982, p. 11.

③ Bruce G. Trigger, "Ethnohistory: Problems and Prospects", *Ethnohistory*, Vol. 29, No. 1, Winter 1982, pp. 14 – 15.

④ Bruce G. Trigger, "Ethnohistory: Problems and Prospects", *Ethnohistory*, Vol. 29, No. 1, Winter 1982, p. 13.

⑤ Bruce G. Trigger, "Ethnohistory: Problems and Prospects", *Ethnohistory*, Vol. 29, No. 1, Winter 1982, p. 11.

⑥ Bruce G. Trigger, "Ethnohistory: Problems and Prospects", *Ethnohistory*, Vol. 29, No. 1, Winter 1982, p. 12.

学研究的结合。① 尽管民族史学家使用了很多考古学数据来补充他们所已知的，或者从史前后期、历史早期（late prehistoric or early historic times）的文化和事件等书面资源中来进行推断，但总的来看，民族史学与考古学的联系，并不如与民族学的联系更为紧密。②

斯波思（Ronald Spores）在对 20 世纪 70—80 年代新世界民族史学与考古学的关系进行深入探究时指出，在研究史前时期和历史时期（protohistoric and historic periods）的美国文化中，民族史学和考古学之间的互补关系表现得很突出。他们都涉及文化和过去，都使用人类学理论，用于解释、描写文化以及它的功能和发展方面。当然，在研究方法上，它们之间也存在不小的差异。考古学集中在复原和分析物质文化上，以重构、描写和解释文化、文化发展为目的；出于相似的目的，民族史学则在于使用书面文本以及系统收集口述资源。对于一些类型的问题，有时考古学的方法论更加适用；对其他一些相关研究而言，档案研究可能更为有效；有些问题，需要将民族史学和考古学技术整合起来；在许多情形下，还需要民族志和其他的方法。③ 斯波思还指出，考古学家检查和使用书面资源等历史证据来解释史前文化模式和发展，导致对考古学记录的进一步阐发；同样，民族史学家也把考古学数据应用于拓展历史视野、解释那些不易为历史学记录所充分说明的现象之中。考古学和档案数据是并行的证据，共同使用这两种证据，才能阐明一个给定的文化模式。④

总之，作为一种发生发展于民族学、历史学等学科边际的新兴学术现象，民族史学发挥着重要的学科纽带作用，带来了学科沟通的诸多优势和价值，为学科沟通以及方法互补做出了重要贡献。

需要指出的是，民族史学的学科沟通和方法互补意义，有待进一步发挥。长期以来，在研究美国印第安人的多数史学家心目中，白人到来之前的北美历史仍然是人类学家的天地，而对于其他大部分历史，历史学家也未能

---

① Bruce G. Trigger, "Ethnohistory: Problems and Prospects", *Ethnohistory*, Vol. 29, No. 1, Winter 1982, p. 12.

② Bruce G. Trigger, "Ethnohistory: Problems and Prospects", *Ethnohistory*, Vol. 29, No. 1, Winter 1982, p. 12.

③ Ronald Spores, "New World Ethnohistory and Archaeology, 1970 – 1980", *Annual Review of Anthropology*, Vol. 9, 1980, p. 578.

④ Ronald Spores, "New World Ethnohistory and Archaeology, 1970 – 1980", *Annual Review of Anthropology*, Vol. 9, 1980, pp. 578 –579.

把考古学的、语言学的和口述史学的资料运用到他们的研究中去。① 正如尤勒（Robert C. Euler）所言："我们需要在历史学和人类学学科中为 ethnohistory 寻求更为坚强的位置，拓展 ethnohistory 研究的方法……尽管目前有这种研究计划的高校并不是很多，但他们毕竟开启了 ethnohistory 研究的新征程。"②

二　研究范式的转换与知识生产能力的提升

无论从民族学人类学的角度来看，还是从史学的角度来看，"ethnohistory，作为民族学人类学与历史学合作的领域，并不是一种短暂的流行时尚，它不亚于一场革命，标志着学者们在界定问题、明确研究范围中的根本性改变"。③

任 *Ethnohistory* 期刊主编 10 年之久（1998 - 2007）的怀特海德（Neil L. Whitehead），在他即将卸任之际（2007 年底），是这样总结 ethnohistory 的："ethnohistory 标志着范式的转换（paradigmatic change），无论在过去的研究中还是从现在的意义上来看；也无论我们称之为 ethnohistory、historical anthropology、non - Western history 还是 ethno - ethnohistory，或者其他什么。该术语的日渐繁殖，也告诉我们，在 ethnohistory 研究之中有很多来自不同学术集团的学者，他们使用多种多样的方法来思考、解释、讨论我们自己和'他者'的过去。"④

如前所述，二战后 ethnohistory 研究的凸显与繁盛，对于忽视"他者"历史、忽视"他者"的历史能动性、以研究静态文化为主导、以小范围田野调查为主要材料来源的传统民族志研究范式产生了重要冲击，对于强调"由非土著提供的档案证据的重要性"的传统史学叙事方式也有着重要的影响。另外，因强调"美国历史更多地应该由美国印第安土著族群的叙事史来体现，由北美族群文化互动来体现"，ethnohistory 这种新的研究范式对于源自盎格鲁 - 撒克逊的传统美国史学，对于来自美国边疆学派的"美国历史是一部'文明'对'野蛮'的讨伐"的传统美国史观，都是一种重要的革新，

---

① 参见〔美〕雷金纳德·霍斯曼《美国土著史研究的最近趋势及新动向》，胡锦山译，丁则民、黄兆群校，《世界民族》1990 年第 5 期，第 36 页。

② Robert C. Euler, "Ethnohistory in the United States", *Ethnohistory*, Vol. 19, No. 3, Summer 1972, p. 205.

③ Francis Jennings, "A Growing Partnership: Historians, Anthropologists and American Indian History", *Ethnohistory*, Vol. 29, No. 1, Winter 1982, p. 24.

④ Neil L. Whitehead, "Editor's Introduction", *Ethnohistory*, Vol. 54, No. 4, fall 2007, p. 581.

一种根本性的突破。

更为重要的是，学界因 ethnohistory 而产生的历史知识论上的新见解，以及历史建构论的新观念，是 ethnohistory 带给学界的更为深刻的影响："'历史主义'（historicism），作为'现在主义'（presentism）的对立面，可以为历史知识营造情境，以允许对过去的事件进行解释……认识到过去和现在之间的分界面，对于 ethnohistory 研究者而言，既有理论价值也有实践意义。"①"ethnohistory 研究者利用不同的话语模式，利用并不仅仅限于书面的档案材料，依靠承认不同的事实概念，从事 ethnohistory 研究……由此，历史学家不再需要获得所谓的事实，而成为一个创造的综合者，在获得的事实和事件中来建构组织。历史学家制造了历史。"② 在 ethnohistory 研究之中，"没有历史学，只有历史学家"。③

总之，战后 ethnohistory 在美国学界的凸显和繁盛，不仅引发了民族学人类学、历史学传统研究范式和叙事方式的转换，而且促进了民族学人类学、历史学知识视野的开拓，推动了民族学人类学、历史学知识生产的丰富性和多元化，提升了民族学人类学、历史学知识生产的能力。

三 文化概念的反思与他者的重构

二战后 ethnohistory 在美国学界的兴起，促使西方学者，尤其是美国的历史学、民族学人类学学者展开了文化概念层面的深入反思，对蕴含在学术研究中的"白人中心论""西方中心论"进行了不同程度的揭示和批判，并由此实现了对他者的重构。这种反思，与战后尤其是 20 世纪 60 年代以来西方学界的整体自反（reflexivity）与解构（deconstruction）④ 息息相关、相伴而生。这不仅是 ethnohistory 在学科、知识层面上的学术价值的进一步彰显，同时也是其社会影响的具体展示。

---

① Raymond D. Fogelson, "The Ethnohistory of Events and Nonevents", *Ethnohistory*, Vol. 36, No. 2, Spring 1989, p. 136.

② Raymond D. Fogelson, "The Ethnohistory of Events and Nonevents", *Ethnohistory*, Vol. 36, No. 2, Spring 1989, p. 141.

③ 转引自 Raymond D. Fogelson, "The Ethnohistory of Events and Nonevents", *Ethnohistory*, Vol. 36, No. 2, Spring 1989, p. 137；参见 Paul Ricoeur, *The Contribution of French Historiography to the Theory of History*, Zaharoff Lectures, New York: Oxford University Press, 1980, p. 9. 在 ethnohistory 研究之中，"没有历史学，只有历史学家"。这句话还有一层含义，即，在 ethnohistory 研究中，他者不仅是有历史的，而且有自己的历史学家来书写和建构自己的历史；在 ethnohistory 研究中，彰显的是他者在历史建构中的主体性、能动性。

④ 参见第二章第一节中的有关论述。

在古典时代，西方学界认为，欧洲人和土著的接触，由居住在小规模土著社区之外围的具有扩张性的社会来促动。民族学人类学家和历史学家都在试图解释这个过程，由此，形成了相对土著而言的欧洲人的偏见，即"西方中心论"思想。中心之于边缘（center differs from periphery）、国家之于部族（state differs from tribe）、殖民者之于被殖民（colonizer differs from colonized）、神圣之于异教（sacred differs from profane）等对立概念产生了，并持续发挥作用，一定程度上影响着西方学界的整体认知。①

在 18 世纪，历史学家所书写的是一幅这样的图画，即欧洲是具有"动力的、获得性的"（dynamic and acquisitive），美国的印第安人是静止的和不具有进步性的（static and unprogressive）。② 在早期进化论时代的人类学家，如摩尔根（Lewis Henry Morgan）那里，也没有对 19 世纪形成的"文明"与"野蛮"对立观念进行挑战。③ 对这些人类学家而言，从西班牙人发现新世界中获得的最大成果，就是"发明"了美国印第安人。欧洲与美洲土著之间的接触和联系，是其关注的重点，但其中充满了对美洲土著的偏见。④ 这种接触是不对称的，"白人中心论""西方中心论"进一步得以强化。⑤

进入 20 世纪，在有些学者那里，ethnohistory 就是研究土著原始社会的变化，历史学就是研究拥有丰富文献资源的文明复杂社会。这种分工，贯穿于史学与 ethnohistory 之间，无论是在北美，还是在世界其他地方。这种分工，实际上也在强化"白人中心论""西方中心论"。⑥

在某种意义上讲，无论是民族学人类学界，还是史学界，西方学界一直存在根深蒂固的"西方中心论"倾向，总在"有意或无意"凸显中心（欧洲）与外围（土著）之间的二元对立。与此同时，也有不少西方学者在不断自我反思，试图对这种二元对立以及"白人中心论""西方中心论"进行解构。这种反思或解构，随着时代的发展，也在逐步深入。其中，以关注

---

① William S. Simmons, "Culture Theory in Contemporary Ethnohistory", *Ethnohistory*, Vol. 35, No. 1, Winter 1988, p. 1.

② William S. Simmons, "Culture Theory in Contemporary Ethnohistory", *Ethnohistory*, Vol. 35, No. 1, Winter 1988, p. 2.

③ William S. Simmons, "Culture Theory in Contemporary Ethnohistory", *Ethnohistory*, Vol. 35, No. 1, Winter 1988, p. 3.

④ Bruce G. Trigger, "Ethnohistory: The Unfinished Edifice", *Ethnohistory*, Vol. 33, No. 3, Summer 1986, p. 254.

⑤ Bruce G. Trigger, "Ethnohistory: The Unfinished Edifice", *Ethnohistory*, Vol. 33, No. 3, Summer 1986, p. 255.

⑥ Bruce G. Trigger, "Ethnohistory: Problems and Prospects", *Ethnohistory*, Vol. 29, No. 1, Winter 1982, p. 3.

"他者"的历史、关注文化的"历史化"（historicization；historicized）为研究旨趣的 ethnohistory 意义上的解构，引人注目，是二战以来最具代表性的深层次解构之一。

（一）纯洁（pristine）、静止（static）的文化（20 世纪初到 20 世纪 30 年代）

从 20 世纪初到 20 世纪 30 年代，美国民族学人类学界博阿斯（Franz Boas）学派在批判进化论的种族偏见以及"西方中心论"中扮演了重要角色。可以说，博阿斯学派是较早对进化论、"白人中心论""西方中心论"进行批判的人类学家。他们断言，文化既不是道德的例子，也不是活的化石，而是具有不同的、平等的价值。他们抛弃了构拟历史，采纳了共时理论。他们寻找很少受到殖民干涉的社会，并认为这种纯洁（pristine）的微观世界能够提供洞察人类社会结构和功能的最好机会。他们还感到有责任在这些文化受到冲击变化之前从中汲取更多的理论营养。寻找纯洁的土著文化在当时的西方民族学人类学（不仅仅限于美国民族学人类学）中占据主导。此外，为了强调土著社区的历史纯洁性（historical purity），博阿斯、克鲁伯（A. L. Kroeber）、列维 - 斯特劳斯（Levi - Strauss）等学者将民族学人类学与历史学分割开来，列维 - 斯特劳斯还特别指出，民族学人类学靠检查它自己的"无意识"（unconscious）基础来展开研究，历史学组织自己的数据与"有意识"（conscious）表达社会密切联系起来。①

博阿斯学派倡导文化相对主义，并使很多欧裔美洲人（Euroamericans）看到传统北美土著文化的重要价值，而不再把传统北美土著看成人类进化的一个原始阶段。但是，博阿斯学派的主张与进化论也不是完全对立的。他们都一致认为土著文化在史前阶段很大程度上是静止的，其变化很大程度上是外在因素影响的结果，而土著文化的解体，是欧洲碰撞的结果。博阿斯等民族学人类学家的主要目标就在于，在土著文化完全消失之前尽可能把它们记录下来。为此，有学者批评说，博阿斯学派的研究是一种"拯救式人类学"（salvage anthropology）。② 由此，他们寻找和建构的土著文化概念，不仅是纯洁（pristine）的，同时也是静止（static）的。他们在解构"西方中心论"的同时，事实上也预留下了需要进一步解构的空间。

---

① William S. Simmons，"Culture Theory in Contemporary Ethnohistory"，*Ethnohistory*，Vol. 35，No. 1，Winter 1988，pp. 3 - 5.

② Bruce G. Trigger，"Ethnohistory：The Unfinished Edifice"，*Ethnohistory*，Vol. 33，No. 3，Summer 1986，p. 256. 可参见第一章第二节中的有关论述。

（二）文化涵化（acculturation）（20 世纪 30 年代到二战）①

20 世纪 30 年代，美国民族学人类学学界兴起了以雷德菲尔德（Robert Redfield）、林顿（Ralph Linton）和赫斯科维茨（M. J. Herskovits）等为代表的文化涵化研究。文化涵化研究是民族学人类学对土著文化变迁日益关注的结果，也是对博阿斯等一贯主张的"土著群体和文化在日渐消失"的回应。② 文化涵化研究，在于力求知道土著文化是以何种方式来应对欧洲碰撞的，开始意识到用历史的观点理解土著文化的重要性，并认为土著历史是一种有价值的研究。③

二战结束后不久，美国的一些民族学家涉入了"印第安权利申诉案例"（the Indian Claims cases）之中。这使得他们不得不接受档案研究这项新技术的挑战，并由此逐渐意识到"由欧洲人的到来所引发的土著生活改变"等类问题的复杂性。在这种情况下，文化涵化研究逐步转换为 ethnohistory 研究。

这一时期，尽管 ethnohistory 获得了跨学科的特性，但当时它是属于民族学人类学的一个新的分支学科，主要是通过使用档案来解释欧洲接触之后的土著文化生活是如何改变的；另外，与史前考古学的见解（在文化生态学和文化定居模式分析的影响下，史前考古学承认在欧洲发现这些地方之前，在土著文化中已经有了内在的变化）一样，ethnohistory 也拒斥了常态的土著文化是静止的假设；更为重要的是，以档案为基础，通过研究土著如何保持或者改变自己的生活以应对外在的迅速变化的条件，ethnohistory 也驳斥了固有的信念——自最早的欧洲接触起，发生在土著文化中的唯一变化，就是它们的解体。可以说，只有在后博阿斯（post – Boasian）时代，民族学人类学家才开始理解土著的动力论和创造力，才清醒地认识到欧洲人有意无意构造的各种文化偏见。文化涵化研究以及由之转化而来的 ethnohistory 研究，为"白人中心论""西方中心论"的进一步解构开启了大门。④

（三）文化"历史化"（historicization；historicized）（二战以来）

"目前大规模的历史变化，已经刺穿了最为遥远的'避难所'，西方民

---

① 可参见第二章第一节、第三章第二节中的有关论述。
② Bruce G. Trigger, "Ethnohistory: The Unfinished Edifice", *Ethnohistory*, Vol. 33, No. 3, Summer 1986, pp. 256 – 257.
③ Bruce G. Trigger, "Ethnohistory: Problems and Prospects", *Ethnohistory*, Vol. 29, No. 1, Winter 1982, p. 4.
④ Bruce G. Trigger, "Ethnohistory: The Unfinished Edifice", *Ethnohistory*, Vol. 33, No. 3, Summer 1986, p. 257.

族学人类学家和历史学家逐渐把中心和边缘当作一个整合的研究视野。"① 在这个整合的过程中，他们不再寻求纯洁的静止的土著文化，而是关注土著文化的变化，凸显他者的历史，关注文化的"历史化"（historicization；historicized），凸显历史是"他者"的一种能动性文化建构，并以此来消解"白人中心论""西方中心论"。在这个整合的过程中，他们还将原来专门研究土著的民族学人类学与专门研究西方自身的历史学整合起来，即在 ethnohistory 旗帜之下，来解构印第安人（边缘）与白人（中心）、土著（边缘）与西方（中心）的二元对立，由此重构他者。

针对文化的"历史化"，日本女人类学家大贯惠美子（Emiko Ohnuki-Tierney）明确指出：其一，所有文化都是杂交（hybridity）的产物，混杂（hybrid）是文化的天然性质。但是，传统上，文化一直被视为密封的整体（holism），而寻找纯洁的文化使人类学家在很长的时间里偏离了正确的航道。其二，后现代主义者拒斥了文化的概念，但并没有提出一个可以替代的概念。在大贯惠美子看来，不应该放弃文化的概念，而应该发展文化的概念。不仅要承认文化的不可预测性（contingency）和多样性（multiplicity），不仅要把它放在一个更大的脉络情境（context）——涵盖在世界之中，而且还要认可它的历史化（historicizing）。当把文化当作历史过程（historical processes）来理解的时候，可以认识到尽管某种文化发生了根本性变化，但其特性并未被否认。其三，没有理由假定近来的全球化（globalization）能够消灭文化差异，能够创造出一个后现代的（postmodern）、全球化（globalization）时代的世界文化（World Culture）。理解特殊文化，不宜从封闭的视角出发，而应该放在时间的变化之中，而这仍然是目前人类学的主要目标。应该关注有关个人的浓描（thick description），因为这些个人正在经历着外在的、全球化对其文化的影响。事实上，文化就是各种有关因素长期共同作用的结果。这种努力，不应该牺牲个人的主观能动性（subjectivity），而应该把个人放在社会过程（social processes）之中来理解，即，应该强调个人身份（identities）是如何在某一具体社会情境（context）中形成、构造和表演的。②

在大贯惠美子看来，人类学未来发展的关键，就在于上述这种文化的

---

① William S. Simmons, "Culture Theory in Contemporary Ethnohistory", *Ethnohistory*, Vol. 35, No. 1, Winter 1988, p. 5.

② Emiko Ohnuki-Tierney, "Always Discontinuous/ Continuous, and 'Hybrid' by Its Very Nature: The Culture Concept Historicized", *Ethnohistory*, Vol. 52, No. 1, Winter 2005, p. 190. 还有一些学者，如凯洛格（Susan Kellogg）等也给出了相近的观点。参见本章第一节"三 以特有方式再现文化"中的有关讨论。

"历史化"（historicization of culture），即必须用历史来思考文化。否则，人类学只能缓步而行。当莽撞假定"冷社会"（cold society，缺乏变化的土著社会）存在，以及把文化的过去现在和将来作为民族志现在进行"抓拍"（snapshot）的时候，人类学的发展就会十分缓慢。[1]

在文化的"历史化"观念影响下，一些历史学家也意识到人类学的文化观点有助于他们认识殖民概念的虚构成分，认识到这种虚构在压迫土著之中的作用。[2] 以纳什（Gray B. Nash）、沃什布恩（Wilcomb E. Washburn）、詹宁斯（Francis Jennings）等为代表的"ethnohistory"旗帜下的边疆史研究，就是这样一种历史研究。他们抛弃了欧洲殖民的观点和单方面的欧洲殖民神话，注意到欧洲与土著等社会实体之间的互相作用。[3] 这些史学家的作品，呈现的是一种印白文化互动的视野，不再是印第安人（边缘）—白人（中心）的二元对立。

在文化的"历史化"观念影响下，一些民族学人类学家，逐渐认识到要以新的方式对待变化、时间和权力，要以辩证互动的方式来对待世界体系与拥有资源和自身利益的土著之间的关系。[4] 以沃尔夫（Eric R. Wolf）、敏兹（Sidney W. Mintz）和陶西格（Michael Taussig）等为代表的美国民族学人类学家，揭示了世界政治经济体系中"他者"历史的存在，体现了民族学人类学家为消解西方（中心）与土著（边缘）二元对立所做的新尝试，尽管他们未能对"他者"文化在世界历史中的能动建构作用给予充分重视。以华莱斯（Anthony Wallace）、特伦斯·特纳（Terence Turner）、萨林斯（Marshall Sahlins）、罗萨多（Renato Rosaldo）、普莱斯（Richard Price）等为代表的美国民族学家人类学家，高举"ethnohistory"旗帜，充分彰显"他者"文化在世界历史中的能动建构作用：土著文化变迁，并不仅仅意味着世界体系改变了土著，事实上，土著文化也在影响世界政治经济体系的变革，影响世界历史的发展进程；土著文化把世界政治经济体系变成了自己文化的一部分，在改变世界政治经济体系的同时，自身也发生了变化。他们不仅重构了"他者"，而且为消解西方（中心）与土著（边缘）二元对立、消解"西方中心

---

[1] Emiko Ohnuki–Tierney, "Always Discontinuous/ Continuous, and 'Hybrid' by Its Very Nature: The Culture Concept Historicized", *Ethnohistory*, Vol. 52, No. 1, Winter 2005, pp. 190–191.

[2] William S. Simmons, "Culture Theory in Contemporary Ethnohistory", *Ethnohistory*, Vol. 35, No. 1, Winter 1988, p. 5.

[3] William S. Simmons, "Culture Theory in Contemporary Ethnohistory", *Ethnohistory*, Vol. 35, No. 1, Winter 1988, p. 6.

[4] William S. Simmons, "Culture Theory in Contemporary Ethnohistory", *Ethnohistory*, Vol. 35, No. 1, Winter 1988, p. 6.

论"做出了独特贡献。

在文化的"历史化"观念影响下，无论是民族学人类学家，还是史学家，他们都认识到"'人类社会，不论是史前社会、原始社会或现代社会，都不是封闭的体系，而是开放的体系'；……它们与远近的其他群体在网状的关系中难分难解……民族历史学家的业绩，一而再地指出这个说法的正确性"。①

总之，二战后 ethnohistory 在美国学界的凸显与繁盛，与历史学学者、民族学人类学学者及相关学科的学者展开的文化层面的接续逐步深入的反思密切相关，与这些学者对隐含在学术研究中的"白人中心论"及"西方中心论"之不断解构紧密相连，与这些学者对他者的重构息息相关。从这个意义上讲，ethnohistory 不仅具有重要的学术价值，而且产生了广泛而深远的社会影响。② 需要强调指出的是，如前所述，史学与民族学人类学二者之间的合作目前未能引领潮流，作为史学与民族学人类学交流互动产物的 ethnohistory 依然存在学科分野，未能形成自己的专属知识体系；无论在史学学科之中，还是在民族学人类学学科之中，ethnohistory 都未能占据主导；ethnohistory 对"白人中心论""西方中心论"的批判、对他者的重构依然需要不断深入。这些因素的存在，又限制着 ethnohistory 学术价值和社会影响的进一步发挥。

诚如美国考古学家特里杰（Bruce G. Trigger）指出的："ethnohistory 是在纠正欧裔美洲（Euroamericans）社会自 16 世纪至今对土著人的偏见中出现的。近年来，ethnohistory 则得益于欧洲人是如何认识美洲土著历史的。……这些进步，为的是克服美洲土著处于现代社会边缘的状态，但是，或许更为重要的是，这些欧美的 ethnohistory 研究者们在研究美洲土著历史的过程中，实现了对自己社会的批评"；③ "许多欧美 ethnohistory 研究者对帮助土著获得正义和扩展自由做出了很多值得称赞的贡献。他们使用民族语言学及其他分析技术，可以更有效地从土著的观点看待过去。但是，他们疏远研究对象的现象，并没有彻底克服，除非欧美人和土著人在现代北美社会中互相疏远的局面不再存在"。④

---

① 〔美〕埃里克·R·沃尔夫：《欧洲与没有历史的人》，贾士蘅译，民主与建设出版社 2018 年版，第 20 页。

② 有关美国民族史学的社会影响以及政治伦理方面的特性，将在结语部分作进一步深入揭示、阐明和总结。

③ Bruce G. Trigger, "Ethnohistory: The Unfinished Edifice", *Ethnohistory*, Vol. 33, No. 3, Summer 1986, p. 253.

④ Bruce G. Trigger, "Ethnohistory: The Unfinished Edifice", *Ethnohistory*, Vol. 33, No. 3, Summer 1986, p. 264.

结　　语

这里以正文研究为基础，从二战以来美国及西方学术和社会转型的视野出发，系统总结和客观评述美国民族史学的学术地位和社会影响，归纳出一个由述而作的独特的美国民族史学新形象。同时，指出美国民族史学对于我国相关学科及领域的借鉴或启示意义。

一　由述而作：美国民族史学新形象

美国史专家李剑鸣在评价我国的外国史研究时曾鲜明地指出，"不少外国史研究者借鉴和吸收国外的研究成果，经过取舍、整理和重新编排，形成了中文的综合之作……一个课题无论外国学者研究得多么充分，只要在国内尚属空白，而外国史学科建设又需要填补这样的空白，就有必要用中文话语对国外的相关成果进行创造性的综合……这毕竟是一种低层次的工作，只是为实现学术创新而做的铺垫……目前国内的外国史研究还处在以'述'为主的阶段，这种'述'不能是简单地重复外国学者的研究，更不是编译或转述他们的论著，而是要以中国学者的视角和解释框架来重新审视他们研究过的问题，在鉴别吸收的基础上形成新的综合，真正做到'以述为作'"。[①]

美国民族史学，作为美国历史与社会的缩影，既是一种活态的学术运动，也是一种复杂的社会运动。与美国民族史学相关的概念探讨、经验研究、学术述评，都是其重要组成部分。对这种活态的学术运动和复杂的社会运动进行描述和分析，需要借鉴和吸收国外的阶段性研究成果和述评性总结，需要对其进行取舍和整理，形成中文的综合之作；同时更需要以中国学者的视角和框架重新审视国外学者研究过的问题，在鉴别吸收国外学者相关研究成果，尤其是一些有价值的评述性探讨的基础上，形成美国民族史学研究新的综合，展示一种独特的美国民族史学新形象，实现"由述而作"。在某种意义上讲，"以述为作""由述而作"既取决于国内的外国史研究的总

---

① 李剑鸣：《历史学家的修养和技艺》，上海三联书店 2007 年版，第 234 页。

体水平和现状，也取决于属于美国史学史范畴的美国民族史学这种研究对象本身。

本书基于美国民族学人类学家研究美洲印第安人及拉丁美洲、澳洲、非洲等各地土著族群的"真实历史"，以及美国史学家使用民族学人类学视野研究印第安人史，或者说基于美国民族学人类学家和历史学家共同关注印第安人等土著族群，呈现美国民族史学研究的规范路径，以尽可能降低从民族学人类学和历史学两个学科的研究成果来总结和归纳一个"美国民族史学"的"错位"印象。事实上，本书力争展示的是民族史学的知识论和方法论，并非民族学人类学和历史学的相关知识论与方法论。①

本书关注和研究美国民族史学，以美国民族史学作为本书锁定的问题研究对象，并非仅仅在于展示和评述美国学者的相关研究，而是以"美国民族史学"为核心学术分析工具，以中国学者特有的视角和框架来描述、揭示和分析"美国民族史学"这种活态的学术运动和复杂的社会运动，以此透视美国历史与社会。

美国民族学人类学界和美国史学界是美国民族史学这种学术现象和社会运动的主要展演舞台。其中，美国民族学人类学界扮演着更为突出的角色。在百年发展演变历程中，美国民族史学经历了孕育阶段（"民族学人类学附庸"阶段）、凸显阶段（"学会期刊"阶段）和繁盛阶段（"民族史学流派"阶段）等三个发展阶段，具有民族学人类学脉络、史学脉络两个学科发展脉络，形成了分别隶属于民族学人类学和史学两个学科脉络的两个民族史学流派，出现了"历史民族志"（historical ethnography）、"专门史"（specific history）、"俗民史"（folk history，ethno – ethnohistory）三种研究范式，展示了"文化互动和全面完整"的美国史观，出现了反映民族学人类学"历史化"的"文化复兴""内生事件"和"历史记忆"三个理论架构支点，浮现了美国民族学家沃格林（Erminie Wheeler – Voegelin）、美国史学家沃什布恩（Wilcomb E. Washburn）、美国人类学家萨林斯（Marshall Sahlins）、美国民族史学期刊原主编和美国民族史学学会原主席凯琦（Shepard Krech III）等四个主要的代表人物，推动了美国民族学人类学、美国史学视野理论方法的创新发展，也为西方历史人类学的发展演变提供了重要的展示平台，具有重要的学术价值，产生了广泛的社会影响。②

---

① 此处部分吸纳了国家社科基金匿名评审专家的审读意见，特此鸣谢！
② 本书对美国民族史学三个发展阶段、两个学科发展脉络、两种流派、三种研究范式、一种史观、三个理论架构支点、四个代表人物的揭示和提炼，对于既往的美国民族史学研究和认知是一种有力推动。

（一）学术发展特性

作为一种活态的学术运动和复杂的社会运动，美国民族史学首先展示出了它的学术发展特性。作为历史人类学的一种活态嬗变类型，历经百年发展与不断演变的美国民族史学以特有方式涵盖了美国民族学人类学的"历史化"、美国史学的"人类学转向"，体现了美国民族学人类学、历史学各自变化和彼此"协奏"的过程，彰显了二战以来西方史学、西方民族学人类学相互趋近的发展态势，是反思历史人类学知识传统形成与建构过程及特点的重要窗口。①

1. 美国民族学人类学的"历史化"与美国史学的"人类学转向"

美国民族学人类学界是 ethnohistory 的重要发源地。20 世纪上半叶的 ethnohistory，一直附着在美国民族学人类学学科脉络之中。20 世纪 50—70 年代，随着国际形势及美国国内社会政治条件变化，以及西方新史学对民族学人类学理论和方法的关注，尤其是美国史学界对印第安人史研究的广泛关注，美国史学逐渐涉足 ethnohistory 领域。这一时期的 ethnohistory 研究，美国民族学人类学家依然占据主导，日益强调历史相关主题和视角。20 世纪 70 年代以来，美国印第安史学家和民族学人类学家都打出了"ethnohistory"的旗帜，都在整合史学、民族学人类学学科资源，形成了分别隶属于民族学人类学和史学两个学科脉络的民族史学流派，表现出了不同的研究范式和路径，在理论旨趣上形成了明显的分野。"学科分野明晰"是美国民族史学的一个重要特征。ethnohistory 在美国学界的发生发展，从一个侧面体现了 20 世纪美国民族学人类学与历史学之间的"分合"关系，即从分野并行到趋近发展的整体发展脉络与走向。

美国民族史学首先由不同时期美国民族学人类学的"历史化"发展倾向②来体现：

20 世纪上半叶的美国民族史学，根据充分的已知，主要是直接的历史证据，可以是早期的现在时民族志调查形成的档案材料，也可能是考古学或语言学性质的材料，获得史前文化模式保存下来的相关详细信息，然后通过一

---

① 本书对"作为历史人类学的一种活态嬗变类型的美国民族史学——即作为同时展示美国民族学人类学的'历史化'和美国史学的'人类学转向'的重要平台，作为美国民族学人类学和美国史学各自变化、彼此'协奏'的重要产物，作为二战以来西方史学、西方民族学人类学相互趋近发展态势的重要体现，作为反思历史人类学知识传统形成与建构过程及特点的重要窗口"的具体揭示，对于既往的西方历史人类学研究和认知也是一种有力推动。

② 需要说明的是，美国民族史学仅是美国民族学人类学"历史化"中的一个"片段"，并不涵盖美国民族学人类学"历史化"的全部。参见第三章第二节中的有关论述。

种溯时间之流而上（upstreaming；backward in time）的时间中的比较，用现在的已知资料来填补、解释和建构先前的模糊的史前文化，突出反映了当时的民族学人类学尝试引入史学视角的发展倾向，是对这一阶段包括以现在时田野调查为主、忽视土著历史重构的博阿斯学派在内的美国民族学人类学的一种有益补充。

20 世纪 50—70 年代，美国民族史学主要表现为一种"关注原始族群文化的历史过程化的档案史研究"。

20 世纪 70 年代以来，为了彰显他者在西方世界与土著世界之间文化接触、涵化中的能动作用，为了展示在没有外来的西方世界的干预下土著社会亦存在内在的变化，为了说明没有文字记载的土著社会不仅有自己的历史，而且有自己的"历史学家"，有着基于自身独特的文化观和宇宙观而形成的独特的历史书写方式，美国民族史学分别关注了他者的"文化复兴""内生事件"与"历史记忆"，揭示了他者在历史建构中的能动性，彰显的是他者对历史的重构。这些研究，以民族志材料为主，依赖于档案材料、口述材料和民族志材料之间的相互澄清，注意从当地人的观点看待问题，不再强调"由非土著提供的档案证据"的重要性，以"民族志描述"历史化为中心、多种表现手法并用。

另外，作为二战后印第安人史研究中的一种重要发展趋势，美国民族史学也由美国史学的"人类学转向"来体现：

在民族学人类学视野方法的影响下，依靠档案材料而不是口述资源展开研究，重视对西方档案文献中的"扭曲性"记录进行辨识，将档案材料的使用与民族学人类学分析结合起来，将现存的有关史料和源自最早时期文化碰撞的民族学人类学文献联系起来，在引入民族学人类学、心理学、考古学等社会科学理论的同时，依然主要倚重传统的历史叙事，对某一特殊社会和族群进行从最早到最近时刻的历时研究，即沿着顺流而下的方向（downstream）进行研究，他们以文化互动的视角展示印白接触相遇之后美国早期历史的形成，凸显印第安人在美国历史建构中的主体能动作用，由此建构出一种新的以印第安土著族群为叙事主体的美国史，一种涵盖印第安土著族群在内的全面完整意义上的美国史，彰显的是对他者的历史形象的重构。

百余年来，美国民族史学的两个重要构成和两种重要表征，即美国民族学人类学"历史化"、美国史学的"人类学转向"，更多的由美国民族学人类学、美国史学各自学科的变化来体现，有些情况下也由美国民族学人类学、美国史学之间的彼此"协奏"，即 20 世纪 70 年代以来彼此学科资源包括视野方法的互相借鉴和整合来体现。正是基于美国民族学人类学"历史

化"、美国史学的"人类学转向",美国民族史学的独特价值和影响才得以
充分彰显。

需要指出的是,美国民族学人类学的"历史化"与美国史学的"人类
学转向"并不能"等量齐观",①美国民族史学价值和影响的发挥也多局限在
美国民族学人类学、美国史学等学科内部,是分别针对于美国民族学人类学
理论方法的发展更新②以及美国史学研究视野观念方法的发展更新而言的。

从美国民族史学百年发展来看,民族史学事实上未能在美国民族学人类
学学科体系中发挥主导作用,也未能在美国史学学科体系中发挥关键作用;
民族史学研究中美国民族学人类学家与史学家并不十分熟悉对方学科的研究
方式,他们的民族史学研究往往各行其是,"貌合神离",缺乏深度合作和互
补;美国民族史学组织松散,研究群体并不固定,只是将对历史感兴趣的民
族学人类学家、对民族学人类学感兴趣的历史学家聚拢在一起,以关注历史
的民族学人类学家为主,职业史学家不多;美国民族史学学会成立较晚,其
主办的期刊,即 *Ethnohistory* 影响力有限,有些学者尤其是职业历史学者对
美国民族史学期刊及其学会并不十分看重。这些状况的存在,一定程度上也
在限制美国民族学人类学的"历史化"与美国史学的"人类学转向"的深
入展开,进一步影响了美国民族史学的创新发展。

2. 建构过程之中的美国民族史学

美国民族史学作为一个过程性的知识生成系统,首先表现为美国民族学
人类学的"历史化"与美国史学的"人类学转向",而最后是否能够形成独
特的学科分支,以独立形态表现出来,即能不能最终建构和锻造出一个具有
专属意义的、独立的、一体化的美国民族史学知识体系出来,是一个需要考
量和反思的重要问题。③

根据正文中的相关研究,笔者认为,美国民族史学虽然历经百年发展,
但由于美国民族史学本身的"学科混血儿"特点,具有专属意义的、独立
的、一体化的美国民族史学知识体系及独特的问题意识、历史意识依然处于
建构和锻造过程之中:

第一,美国民族史学缺乏自己的独特的理论基础,但有着比较明确的理
论指向和目标。

---

① 参见导论中的有关论述。

② 就民族学人类学学科而言,史学视角、区域视角等都是民族学人类学理论方法更新的重要
　表现。作为贯穿人类学学科发展之中的史学视角,对于民族学人类学理论方法更新具有更
　为重要的意义。参见导论中的有关论述。

③ 这个问题的提出,参考并吸纳了国家社科基金匿名评审专家的审读意见,特此鸣谢!

　　一方面，美国民族史学虽然型构了"历史民族志""专门史""俗民史"等研究范式，但缺乏自己的独特的理论基础。严格意义上讲，ethnohistory 的理论既不来自人类学，也不来自历史学，而是来自符号学（semiotics）、结构主义（structuralism）、马克思主义（Marxism）、批评理论（critical theory）、语言学（linguistics）、社会学（sociology）、文化研究（cultural studies）、文艺评论（literary criticism）、政治经济（political economy）或世界体系理论（world - system theory）等，开放性地接受了外界的影响。另一方面，美国民族史学有着比较明确的理论指向和目标。ethnohistory 的出现与不断发展，在于不断消除历史学家与民族学人类学家之间的隔阂，不断消解实证主义（positivist）与观念主义（idealist）的对立，崇尚的是从实证主义（positivist）到极端相对主义（relativist）互相叠加的链条。这条链条掩饰了实证主义（positivist）与观念主义（idealist）、客观主义（objective）与主观主义（subjective）、唯物主义（materialist）与象征主义（symbolic）等传统史学争论；在这条链条中，民族学人类学与历史学的理论方法得以互换和联合，同时聚焦于某些族群的历史（history）、历史编纂（historiography）之中。

　　第二，百余年来，美国民族史学核心概念"ethnohistory"的内涵变动不居，在不同时代有不同的表现，但也逐步形成了自己特有的认知架构，积累了一定的共识。

　　跨越不同的历史阶段综合来看，"ethnohistory"概念既可从民族学人类学的角度来理解，即"为了获得有关文化变化的性质和原因的知识"，"为了努力寻找有效的文化和社会规则"；也可从历史学的角度来解释，被看作一种"彻底的、精巧平衡的历史学"（thorough, delicately balanced history），一种"'全面的'历史学"（history 'in the round'；"rounded" history）；也可同时从民族学人类学、历史学的角度来把握，"是处于时间维度中的人类学或者由人类学概念所供给的历史学"。它既指"研究一般由传统民族学家所关注的人们的历史"，也指"对原始族群有关过去的认知方式进行研究"。无论是民族学人类学家的诠释，还是历史学家的释义，也无论是 20 世纪 50 年代的初步共识，还是 60—70 年代的传统共识，或是对传统共识的反思并逐渐在 80—90 年代占主导的新的主流释义，都不反对把 ethnohistory 视为一种新的研究方法。他们都主张用跨学科的眼光来看待 ethnohistory，强调了从田野、档案馆、博物馆等多处采纳数据的必要性，同时也都认可了 ethnohistory 在研究方法上的价值。

　　第三，百余年来，尤其是二战以来，美国民族史学经验研究不断拓展，纷繁芜杂，未能生产出体系化的理论知识，但也在逐步明确自己的研究对象、主题、范畴，逐步凝练自己的理论架构，逐步明晰自己的研究取向、方向和方法，逐步形成自己的知识生产主体。

研究地域由北美大陆向拉丁美洲、澳洲、非洲等地不断拓展，不仅研究北美的印第安人，还研究拉丁美洲、澳洲、非洲等世界各地的土著族群。

不仅关注边疆、文化涵化、政治经济、他者文化等传统意义上的基本研究主题，不仅强调美国史学界民族史学流派所侧重的"文化互动"主题和架构以及美国民族学人类学界民族史学流派所侧重的"文化复兴""内生事件""历史记忆"等主题和架构，一些更为纷杂而具体的研究主题和视角，如土地、经济、生态、进化、旅游、性等，也纷纷纳入其研究视野。

一般而言，"关注由人类学家所研究的人群的历史作品"被贴上了 ethnohistory 的标签。这些作品，多出自历史学家和社会文化人类学家之手；这种标签，可以是 ethnohistory，也可能是 historical anthropology，anthropology of history，anthropological history，historical ethnology，ethno – ethnohistory，non – Western history 等。ethnohistory 经验研究作品与标识的多样与杂乱，ethnohistory 经验研究作品标识和命名问题的存在，与人类学、历史学的学科发展有关，与 ethnohistory 在美洲或非洲等不同地域的使用习惯有关，更与西方学者固有的西方中心论有关——构造 ethnohistory 这样一个词汇，并专门应用于某些少数原始族群身上，而把历史学应用于文明人身上，这种做法本身就暗含着种族歧视思想，是西方中心论的产物。

百年来，美国民族史学经验研究作品既可以由 20 世纪上半叶"历史民族志"（historical ethnography）、20 世纪 70 年代"专门史"（specific history）、20 世纪 80—90 年代"俗民史"（folk history；ethno – ethnohistory）三种研究类型或范式来体现，也可以由美国印第安人史或某些少数族群史、传统的旧的编年体叙述型历史（词头 ethno – 只代表它是某些土著族群，即传统上人类学家感兴趣的族群）来代表，也可以由民族学人类学与史学视野理论方法的相互借鉴来展示；既可以由北美地区历史叙述型（historical narrative）和理论分析型（analysis）以及理论分析型中所包含的实证主义分析型（positivist analytic genre）、观念主义分析型（idealist analytic approach）等研究方法来彰显，也可以由世界范围的政治经济主题、社会生态主题、实践主题、文化主题来反映。美国民族史学经验研究作品，或呈现不同的社会以政治经济形式互相联系起来的过程，或强调此过程中"他者"的实践能动性，或对自成系统的社会文化单元内部不同的社会文化结构之呈现感兴趣（如土著历史观念的建构、土著文化的象征建构、土著文化的历史解释、土著神话历史的结构主义解释等），或强调对土著社会与生态进行实证主义分析。

20世纪70年代以来，各种研究范式和方法不断综合，不仅包括研究方式的综合，即历时研究与共时研究的综合、历史叙述与理论分析的综合，也包括研究材料的综合，即各种档案材料与民族志调查材料（调查员的口述和记忆）的综合，还包括多种具体研究技术，即功能分析、语言分析、人口统计学以及一些与考古学、历史学方法有着密切关系的先进的现代科技手段等的广泛采用。

不仅民族学人类学家和历史学家参与其中，其他一些如考古学等相关学科的学者也纷纷加盟。比较而言，仍以民族学人类学家和历史学家为主体，但民族学人类学家参与程度更高一些。

3. 历史人类学的活态嬗变类型与反思窗口

无论从美国民族史学的重要构成和表征——美国民族学人类学的"历史化"与美国史学的"人类学转向"——来看，还是从建构过程之中的独特的美国民族史学知识体系来看，美国民族史学既是一种植根于美国民族学人类学学科，萌生于美国民族学人类学学科边际，与美国民族学人类学有着一样悠长历史源头的学术现象，又是一种二战后凸显于美国民族学人类学和美国史学等学科中间地带兼有学科、方法、取向、范式等多重特点的复合型和过渡型新兴学术现象。它可以被理解为一面意义宽泛的"旗帜"，代表着民族学人类学与历史学等有关学科相互趋近的一种发展态势，代表着民族学人类学家、历史学家及有关学者便于沟通和交流的一种凭借媒介、工具和方法，以特有方式体现了历史人类学的方法、理论、观察视角、风格与旨趣，成为历史人类学的一种活态嬗变类型。

作为历史人类学的一种活态嬗变类型的美国民族史学，对于"历史人类学知识传统形成与建构过程及特点"具有重要的反思意义，是反思历史人类学知识传统形成与建构的重要窗口；随着独特的美国民族史学知识体系、问题意识、历史意识的不断锻造和凝练，会给历史人类学知识传统形成与建构不断提供新的建设性贡献。

处于发展和流变过程之中的美国民族史学，虽然理论、方法和知识成果具有过程性，影响力有一定的历史局限，未能探讨"文化如何建构历史、历史如何建构文化"等更为深层的历史人类学理论问题，但为之后萨林斯（Marshall Sahlins）对此展开全面深入研究累积了必要的理论基础，为萨林斯"历史人类学"思想体系即"文化结构论"的形成有着重要影响。事实上，美国民族史学在不断推进历史人类学研究范式和理论体系的成型，为历史人类学知识传统的形成与建构累积了必要的学术基础。

作为抽象的理论事实总体的"西方历史人类学"与作为"西方历史人

类学"的一种活态嬗变类型的"美国民族史学"整合成一体两面、知识相关以及分析方法和理论阐述相互建构的逻辑纽带是什么,①是一个需要继续专题研究和全面深入考量才能给出进一步解答的重要问题。②

（二）"政治化"及"伦理化"特性

作为一种活态的学术运动和复杂的社会运动,美国民族史学还突出展示出了它的"政治化"及"伦理化"特性:二战以来,随着民权运动、女权运动的蓬勃发展,少数群体族裔意识高涨,多元文化主义滥觞,美国民族史学日渐成为为印第安人等土著代言的"族裔政治"的一部分,成为反思"白人中心论""西方中心论"以及重塑印第安人等他者历史主体地位的重要场域。另外,美国民族史学又不得不面对当代"白人极端主义复燃"的挑战,背负着反思由"白人中心论解构""白人极端主义复燃"而构成的历史悖论的重任。

美国民族史学对"白人中心论""西方中心论"的反思和解构,受到二战后尤其是20世纪70年代以来弥散全球的后现代思潮的洗礼,受到了二战后西方社会深刻变化的影响,受到了二战以来西方学界不断自反（reflexive）的影响。

作为反思和解构"西方中心论""白人中心论"的重要场域,美国民族史学的发生发展与演变,事实上都在重新发现印第安人等"他者"的历史地位,重新解读"我者"与"他者"的关系。"我者"与"他者"的关系问题是贯穿美国民族史学的一条重要主线,也是促动其不断发展的内在动力。美国民族史学在"我者"与"他者"之间关系的纠结中发生发展。无论是民族学人类学家的"民族史学"研究,还是历史学家的"民族史学"研究,一直困扰于"我者"与"他者"这一矛盾范畴,其目标亦在于不断破解和

---

①　这个问题的提出,参考和吸纳了国家社科基金匿名评审专家的审读意见,特此鸣谢!

②　本书的关注重点在于美国民族史学及其意义,以美国民族史学这样一个具体窗口来反思历史人类学知识传统的形成与建构过程及特点,由此引发了"历史人类学知识传统形成和建构"问题的深入反思,为西方历史人类学研究的不断深入提供一种重要的学术事实依据和一种探索性的可能方向。限于时间与研究范畴的限定,本书未能就历史人类学知识传统的形成与建构问题,以及美国民族史学与历史人类学知识论建构的深层关联问题进行专门探讨和论述。由此,为不引起歧义,书稿题目由原来的《历史人类学知识传统的形成与建构:美国民族史学研究》调整为《美国民族史学》。事实上,历史人类学知识传统的形成与建构问题,美国民族史学与历史人类学知识论建构的深层关联问题,都是与本课题相关的重要问题,为笔者继续深入西方历史人类学研究提供了新的重要触发点。本书的重要价值之一则在于引出这些问题。这些问题,可作为后续相关问题,通过新的专题研究来解决。这些涉及下一步研究如何深入展开、如何锁定具体问题的初步想法,受到国家社科基金匿名评审专家审读意见的启发,特此鸣谢!

消弭"我者"与"他者"的二元对立。"历史人类学"（anthropological history，historical anthropology）为"民族史学"（ethnohistory）突破"我者"与"他者"的二元对立、重建学科伦理提供了重要出路和发展方向。①

美国民族史学一直在反思和解构"白人中心论""西方中心论"，同时，其本身的存在（如 ethnohistory 这个名称）亦在不断暗示并强化印白对立、土著与西方世界对立的传统刻板印象，长期以来美国民族史学深陷这种"自我纠结"之中。构造 ethno‐history 这样一个词汇，型构 ethno‐history 这样一种特殊的研究范式，即是这种"自我纠结"的重要体现。

美国民族史学对"白人中心论""西方中心论"的反思和解构，存在学科差异：就美国史学界而言，ethnohistory 尝试建构少数族裔地位的新史学，对传统美国史学将美国社会划分为"我者"和"他者"、将白人和西方人基于中心位置并将少数族裔置于边缘地位进行批判与反思。过去的客观的唯一的美国白人历史成为族裔成员代表各自群体诉说和建构的历史，美国历史成为是可以从多个角度理解的历史。就美国民族学人类学界而言，ethnohistory 尝试彰显包括北美印第安人在内的土著对历史的文化建构，由此说明土著社会是有历史的，土著社会并非静态社会：与西方接触之前，土著社会本身亦有变化；在与西方接触之后，土著社会的变化也在能动性地影响西方世界，由此解构了具有西方中心主义色彩的"我者"与"他者""中心"与"边缘"的对立。

美国民族史学对"白人中心论""西方中心论"的反思和解构，具有自我扬弃、不断发展的特点：20 世纪初，最初使用的"ethno‐historical"，强调的是由非当地土著提供的"纪实"档案（documentary），当时的美国民族学人类学界对 ethnohistory 研究中口述传统的真实性做出了负面评价。20 世纪 50 年代，民族史学日渐凸显，当时的 ethnohistory 研究依然强调由非土著提供的档案证据的重要性。这种状况，在 20 世纪 70 年代日渐繁盛的 ethno-

① 作为一种学术活动乃至一种学术传统，"民族史学"在不断破解和消弭"我者"与"他者"二元对立中扮演了重要角色，为之提供了重要途径。需要指出的是，在当代，还有其他学术途径也在尝试突破"我者"与"他者"的这种二元对立：基于多元的语言、历史、生态、文化所构建起来的"多元物种"（multispecies）既不和谐也不争夺地生活在一起——在这种由"多元物种"观所折射出的新的生活愿景中，没有人与自然的分离，没有"我者"与"他者"的对立，所有生物都能够回归生命本原，无论男女都能够摆脱狭隘的想象理性的束缚来表达自我（参见〔美〕罗安清《末日松茸——资本主义废墟上的生活可能》，张晓佳译，华东师范大学出版社 2020 年版）。事实上，"民族史学"与"多元物种"观虽然代表着各自不同的学术发展脉络，但在破解和消弭"我者"与"他者"的二元对立中形成了意义交集，建立了意义关联。"民族史学"与"多元物种"观在共同推动学术反思与社会转型。

history 研究中得以纠正，即研究中学者们逐步认识到土著族群提供的口述材料的重要性，由此事实上也在彰显"他者"在 ethnohistory 研究中的主体地位，也是对"白人中心论""西方中心论"的一种解构。另外，ethnohistory 研究中一直存在以"救世主"的身份为"他者"说话的倾向，近年来已有学者对 ethnohistory 研究中的这种"救世主"身份等相关问题进行批判和揭示，并表现出新的忧虑，由此，亦体现了美国民族史学对"白人中心论""西方中心论"反思和解构的不断深入。另外，形成于 20 世纪 60—70 年代的传统共识，即认为 ethnohistory 就是"研究一般为传统民族学家所关注的人们的历史"的见解，由于缺少对隐含于 ethnohistory 词源中的西方中心论的反思，日渐遭到批判；80—90 年代一种新的主流释义，即"过去认知"说或"历史意识"（historical consciousness）说则应运而生："ethnohistory 考察的是某一特定文化的负荷者有关过去的认知方式，即当地人自己对事件是怎么构成的看法，以及他们从文化角度建构过去的方式，而不是传统意义上的替没有文字书写历史的族群重建历史。"这种见解，是对 20 世纪上半叶以来西方学者在 ethnohistory 研究中一直强调"由非土著提供的档案证据"的重要修正，也是美国民族史学对于"白人中心论""西方中心论"不断自我反思的重要成果。

另外，国家政治行为的不断介入始终是左右美国民族史学发展的重要因素之一，美国民族史学对于"白人中心论""西方中心论"的解构同样受到国家政治力量的约束。国家政治力量对美国民族史学的干预、渗透和过滤，一定程度上体现了印第安人的权利诉求，但事实上也是在限制和控制印第安人的生存发展空间，阻碍了美国民族史学学术发展特性的进一步发挥。

《印第安人权利申诉委员会法案》（Indian Claims Commission Act）的通过和印第安人权利申诉委员会（Indian Claims Commission）的建立，由美国司法部和印第安纳大学合作的大湖区—俄亥俄流域研究计划（The Great Lakes – Ohio Valley Research Project）的出台，一方面凸显了印第安人的权利诉求，另一方面也在为联邦政府有效治理印第安社会提供依据；美国印第安群体（American Indian Group）成为美联邦所认可的印第安部族（Indian Tribe）的有关政策之出台，包括其间所涉及的诸多事务及活动，既是国家政治力量渗透于 ethnohistory 发展之中、深刻影响 ethnohistory 发展的具体体现，也是国家政治力量限制和控制印第安人生存发展空间的一种折射；"美国印第安艺术和工艺法案"（the American Indian Arts and Crafts Act）对违反官方"民族史学"（an official ethnohistory）的制裁和处罚，体现了联邦政府对印第安人的控制，体现了一系列联邦授权的部族权威机构对学界的控制，事实上，ethnohistory 的学术性已经深陷部族世界权力斗争之中；美国出现的国家对一系列非官方的历史标准的攻击，即认为这种新的历史标准背叛了美国文明，抛弃了国家英雄主义，践踏了国家的"民族史学"（the national ethnohistory），不仅体现了国家政治力量和学界在"民族史学"理解上的明显差异与斗争，而且一定程度上预示了 ethnohistory 的现实效果——ethnohistory 未能消散种族对抗，并未实现跨文化理解，它反而彰显着更为广阔的文化张力，在友爱对待印第安人等异文化族群上，ethnohistory "有心而无力"。

进入新世纪以来，美国及西方社会日益强调多元文化主义，强调每个群体的独特利益，不但未能有效消散种族意义上的对抗，反而助推了这种对抗。美国白人极端主义活动日渐频繁，白人极端主义组织不断出现即是这种对抗的重要表现。复燃的白人极端主义现象（White Extremist Phenomenon）使得美国社会日趋对立化，种族问题日益凸显。美国的种族问题、印第安人等土著权利保护等问题，包括对种族问题、印第安人等土著权利保护等问题的认知与研究，盘根错节，相互纠葛。由此，不难理解美国民族史学一直在不断反思和解构"西方中心论""白人中心论"，却又不得不面对"复燃的白人极端主义"，不难理解这种"悖论"现象背后存在着复杂的历史和现实制约因素，有着复杂的历史和社会渊源。

在当代，美国民族史学不仅需要面对传统的根深蒂固的"西方中心论""白人中心论"，面对"西方中心论""白人中心论"在新的历史条件下的表现——白人极端主义，而且需要面对"少数族裔中心论"，面对"平等论"和"平衡论"。美国民族史学对"白人中心论""西方中心论"的解构依然在不断进行，但西方救世主的研究心态依然存在，土著与西方两种世界观和价值观的对立依然存在，有关争论并未停止。

美国民族史学因自身学术发展特性和政治伦理特性相互纠葛而型构出一种深具复杂性的总体特征和面相，由此也一定程度上展示了美国历史和社会的复杂面相：美国的历史和社会是一个"白人中心论不断解构""白人极端主义重新复燃"的"悖论"的历史和社会。事实上，具有复杂面相的美国民族史学，为理解"悖论"的美国历史和社会提供了重要的路径和视角，提供了鲜活的场景和反思的视野，深刻影响了当代"美利坚"民族国家的建构。

（三）美国民族史学新形象

美国民族史学是全面完整认识美国历史和社会复杂面相的重要窗口，是反思美国种族问题、族裔问题的重要视角，也是美国史学、美国民族学人类学发展更新的重要路径。

以美国学界为代表的西方学界在理解和运用 ethnohistory 时，主要体现在档案文献记载相对缺乏的土著族群（不仅包括北美的印第安人，还包括拉丁美洲、澳洲、非洲等世界各地的土著族群）的历史研究上，彰显的是二战后民族学人类学与历史学互相趋近的一种新的发展态势。ethnohistory 与民族学人类学的关系相对更为密切，无论是其发生发展、还是主要的理论和方法成果，都深深嵌入在民族学人类学脉络之中。ethnohistory 突出地由 20 世纪 70年代以来美国民族学人类学、美国史学各自学科的变化，尤其是美国民族学人类学、美国史学之间的彼此"协奏"来体现，即主要由这一时期彼此学科资源包括视野方法的互相借鉴和整合来体现。目前而言，它并非一个独立而成熟的学科。

二战以来，作为美国民族史学的重要构成和重要表征——无论是美国民族学人类学的"历史化"，还是美国史学的"人类学转向"，均与美国及西方学术和社会转型有关，受到了 20 世纪下半叶席卷全球的后现代思潮以及时代整体"自反"（reflexive）与人文学科"表述危机"（crisis of representation）的深刻影响，它们共享了"他者"和"文化"主题，体现了由"欧洲殖民史"到"美洲土著史"研究视野的历史性转变，提供了民族学人类学与历史学尝试共同建构一种新的区域文化史乃至全球文化史研究进路的可能性。作为一种活态的独特的历史人类学嬗变类型，美国民族史学正在逐步彰显其核心问题意识和历史意识。①与法国年鉴史学、英国社会史学一样，美国民族史学在西方历史人类学中应有自己的一席之地，②当属英国历史学家杰弗里·巴勒克拉夫（Geoffrey Barraclough）在《当前史学主要趋势》中所称的"历史研究领域扩大中最重要的方面"。③

美国民族史学是美国学者以及西方学者反思白人中心论、西方中心论的理论工具，也是美洲印第安人以及世界各地土著族群彰显历史能动性的理论工具，成为族裔政治、多元文化主义的重要组成部分。在此意义上讲，美国民族史学不仅是一种展示历史人类学活态嬗变的学术现象，更是一种负载政

---

① 本书对"独特的美国民族史学核心问题意识和历史意识"的初步揭示，对于既往的美国民族史学研究和认知是一种推动。

② 学界对法国年鉴史学、英国社会史学等在西方历史人类学的重要地位已经有明确揭示，近乎常识，这里不再赘述。本书力图冲刷学界因美国民族史学自身存在的一些不足而形成的低估乃至漠视其学术地位的传统认知误区和刻板印象，力图彰显美国民族史学在西方历史人类学中的特有地位，对于既往的美国民族史学、西方历史人类学研究和认知都是一种推动。

③ 〔英〕杰弗里·巴勒克拉夫：《当代史学主要趋势》，杨豫译，北京大学出版社 2006 年版，第 133 页。

治和伦理话语的社会运动。"美国民族史学"（American ethnohistory）本身既是一种学术话语，同时也是一种政治伦理话语。美国民族史学对于当代"美利坚"民族国家的不断建构有着重要的影响。

美国史学、美国民族学人类学基于一种共同的"民族史学"视角——对"我者—他者"二元对立进行解构的"美国民族史学"新视角，尝试共同推动美国史研究的"跨国转向"，拓展美国史研究的全球史视野，构建美国史研究的世界史研究范式，为二战后西方史学的创新发展寻求了一条新的探索之路。其中，美国民族学人类学发挥了尤为突出的动力源泉的作用。①

事实上，美国民族史学也反映出以美国学者为主的西方学者对"美国民族史"的一种认知：美国民族史不仅代表美国印第安人历史的一种重要发展趋势、美国历史的一种新视野，也在探求世界各地土著历史何以可能，探求包括美洲史、澳洲史和非洲史等在内的世界历史何以可能。

美国民族史学亦是一种知识生产活动，目前虽未形成专门而完备的知识体系，尚处于锻造专属研究领域的知识探索过程之中，但已经具备如英国学者迈克尔·吉本斯（Michael Gibbons）所言的"知识生产新模式"的潜在特征——在知识生产的源头上注重应用语境、在学科框架上注重跨学科和超学科性、在场所和从业者上注重异质性和社会弥散性、在社会责任上注重社会问责和自我反思性。②作为一种知识生产活动，作为一种潜在的知识生产新模式，美国民族史学突出展示出了知识社会学的反思价值，在反思美国历史和

---

① 有学者认为，20 世纪末以来，全球史或跨国史的兴盛已经深刻改变了美国学界历史研究的各个领域，美国女性史、社会性别史和性存在史的研究者，把美国女性和性别置于全球或跨国背景下考察，在不断打破民族国家的框架和地理区域的限制，在美国女性史、性别史与性存在史研究中存在比较明显的全球及跨国转向。参见曹鸿《美国女性史、性别史与性存在史研究的全球及跨国转向》，《全球史评论》第十八辑"全球史视角下的美国"，2020 年第 1 期，第 97—130 页。

　　但也有学者指出，要从美国史学自身的流变中去看待美国史研究的"跨国转向"。这一转向并未真正突破民族国家史的既有写作框架，它更多的是针对美国史学家的某种封闭心态而做出的回应，这需要从美国史学史的脉络中去把握其出现的原因。参见孙江《从美国史学史看美国史学研究的"跨国转向"》，《全球史评论》第十八辑"全球史视角下的美国"，2020 年第 1 期，第 189—202 页。

　　在笔者看来，美国史学、美国民族学人类学基于一种共同的"民族史学"视角——对我者—他者二元对立进行解构的"美国民族史学"新视角，尝试共同推动美国史研究的"跨国转向"，拓展美国史研究的全球史视野。在某种意义上讲，美国史研究"跨国转向"的动力源泉很有可能来自美国史学学科的外部，美国民族学人类学在美国史研究"跨国转向"中扮演了极为重要的"推手"角色。

② 〔英〕迈克尔·吉本斯等著：《知识生产的新模式——当代社会科学与研究的动力学》，陈洪捷、沈文钦等译，北京大学出版社 2011 年版，第 15—29 页。

社会的发生发展中，在反思美国的自我认知中，在反思"白人中心论解构、白人极端主义复燃"的历史悖论中扮演着越来越重要的角色，有着广阔的知识生产与再生产空间和应用前景。

二　借鉴与启示意义

习近平总书记在哲学社会科学工作座谈会上的讲话（2016 年 5 月 17 日）中明确指出："要按照立足中国、借鉴国外，挖掘历史、把握当代，关怀人类、面向未来的思路，着力构建中国特色哲学社会科学，在指导思想、学科体系、学术体系、话语体系等方面充分体现中国特色、中国风格、中国气派……国外哲学社会科学的资源，包括世界所有国家哲学社会科学取得的积极成果，这可以成为中国特色哲学社会科学的有益滋养。要坚持古为今用、洋为中用，融通各种资源，不断推进知识创新、理论创新、方法创新。"[1]

习近平总书记在致中国社会科学院中国历史研究院成立的贺信（2019 年 1 月 2 日）中强调："历史研究是一切社会科学的基础。……整合中国历史、世界历史、考古等方面研究力量，着力提高研究水平和创新能力，推动相关历史学科融合发展，总结历史经验，揭示历史规律，把握历史趋势，加快构建中国特色历史学学科体系、学术体系、话语体系。"[2]

中国和美国相比，国情不同，文化传统不同，学术研究传统亦存在一定的差异。[3]美国民族史学对于我国史学等相关学科及领域的借鉴或启示意义，除了如导论中所言的——主要在于获得准确把握当前美国学界变动趋向的背景知识，以深入洞悉外部世界及由此来反观我们自己，同时对其提出的问题及其理解方式做出新的思考，学习其是如何创造性地提出、分析和解决问题的，为提高我们的思想力提供借鉴——之外，也有一些具体的值得参考和借鉴的方面：

美国民族史学每个历史发展阶段都蕴含着丰富细腻的方法论探索。美国民族史学研究形成了 20 世纪上半叶的历史民族志方法（直接的历史方法），二战以来的专门史方法、俗民史方法，以及二战以来的综合研究方法。印第安史学方法、史前考古学方法、文化涵化方法、文化"历史化"方法等也是美国民族史学研究中密切关注的方法。另外，还出现了代表性的研究范

---

[1]　习近平：《在哲学社会科学工作座谈会上的讲话》（2016 年 5 月 17 日），新华网，2016 年 5 月 18 日。

[2]　习近平：《习近平致中国社会科学院中国历史研究院成立的贺信》（2019 年 1 月 2 日），新华网，2019 年 1 月 3 日。

[3]　何星亮：《中西学术研究之异同》，《社会科学管理与评论》2003 年第 3 期，第 15—28 页。

式——历史民族志研究范式、专门史研究范式、俗民史研究范式。美国民族
史学研究中还存在因学科、研究地域、研究者不同而展示出的研究方法上的
具体而微的差异。这些丰富细腻的方法论成果，对于构建和完善我国的民族
史学、历史人类学等相关学科体系、学术体系和话语体系具有重要的参考
价值。

富含民族学人类学学科精华的美国民族史学，不仅彰显了美国民族学人
类学"历史化"的不断深化，而且昭示出民族史学视野对于美国民族学人类
学学科发展的重要意义。我国的民族学人类学学科建设，"社会学"色彩日
益浓厚，对于中国民族史学的借重并不突出，一定程度上忽视了中国民族史
学在我国民族学人类学学科建设中的基础作用。①吸纳中国民族史学的研究成
果、推动我国民族学人类学的学科发展，并非要借助与美国的民族学人类学
作比附才能完成，但必要的对照会给我们的民族学人类学学科建设提供反思
之镜，有助于学科的不断完善与发展。

美国民族史学每个历史发展阶段还蕴含着美国学者自己的研究、评述、
反思与论断，这些讨论虽然只具有阶段性意义，但能够反映出美国学界的困
惑、问题与成就，会给我国的史学理论研究、史学史研究的相关认知和研究
带来启发，对于推动我国的美国史研究、外国史研究以及世界民族研究具有
一定的借鉴意义。

如前所述，美国史学基于对"我者—他者"二元对立进行解构的"美
国民族史学"新视角来推动其"跨国转向"，拓展其全球史视野，建构其世
界史研究范式。与女性史、性别史等一样，它成为美国史学战后不断拓展和
更新的重要途径。这对于我国实现由外国史研究向世界史研究的跨越也有一
定的启发意义。

众所周知，中国民族史学立于中国史学研究具有重要的贡献。②美国民族
史学对于美国史学研究的价值，对于认识中国民族史学之于中国史学研究的
贡献是否存在反思意义？美国民族史学对于美国史学研究的价值，与中国民
族史学对于中国史学研究的贡献，是否存在逻辑或意义关联？这些都是需要
进一步深入思索的问题。

---

① 北京大学王铭铭教授在 2020 年 10 月 21 日中国社会科学院民族学与人类学研究所主办的民
　族发展论坛 2020 年第十讲"《超社会体系：文明与中国》（2015）书后"中，对中国民族学
　人类学目前存在的过于强调社会学，对民族语言学、民族史学借重不够的现状进行了论述。
　还可参见王铭铭《民族地区人类学研究的方法与课题》，《西北民族研究》2010 年第 1 期，
　第 129 页。本文此处受到王铭铭教授见解的启发，特此鸣谢！

② 此问题需要另文专门研讨。

　　美国民族史学的百年发展是美国社会发展的一面镜子，由此，我们不但可以窥探和洞察美国当代社会问题，也可以追溯美国当代社会问题的历史根源。作为制约美国社会发展的种族问题，为何长期存在，为何不能得到有效解决？美国社会为何要面对当代"白人极端主义复燃"的严峻挑战？美国民族史学的百年发展，逐渐显示出美国民族史学的"族裔政治"特性，彰显出美国的种族和族群问题研究与意识形态、政策制定之间的复杂纠葛，显示出"民族熔炉主义""多元文化主义"及其相关政策的历史局限性，同时也有力说明美国种族问题作为一个复杂的社会系统工程的艰巨性。

　　在推进国家治理体系和治理能力现代化过程之中，我国也会面临包括民族问题在内的诸多社会问题。在解决这些问题的过程之中，我们没有必要比附、抄搬美国及西方的治理理念、制度和举措。但是，美国及西方的治理理念、制度和举措可以为我们提供一种历史反思的视野，我们有必要以冷静客观的研究态度来认识和把握它们，对其进行反思。我们相信，在中国共产党的领导下，包括国家治理现代化在内的中国特色社会主义各项事业，将在"道路自信、理论自信、制度自信、文化自信"中不断得到推进。

　　当今世界，"全球化"与"逆全球化"同时并存，种族歧视隔离和民族分离主义盘根错节，大国战略博弈全面加剧，国际政治经济秩序格局日趋复杂，人类文明发展面临的新机遇新挑战层出不穷，不确定不稳定因素明显增多，"世界处于百年未有之大变局"[①]。全面认识以美国为代表的西方历史社会，深入了解我们的外部环境，牢牢把握世界变局给中华民族伟大复兴带来的重要机遇，不断开拓我们的发展空间，是一个需要不断深入和不断推进的重大时代课题。

---

① 在2018年6月中央外事工作会议上，中国国家主席习近平发表重要讲话时指出，"当前，我国处于近代以来最好的发展时期，世界处于百年未有之大变局，两者同步交织、相互激荡"。（新华社北京2018年6月23日电）习近平主席关于当今世界百年未有之大变局的重大论断，对于我们如何认识我国的外部环境，如何把握好重要战略机遇期具有重要的指导意义。

附录　美国民族史学百年大事①

- 1909 年民族学人类学家威斯勒（Clark Wissler）在引介考古学系列报告《大纽约和哈德逊河下游的印第安人》（*The Indians of Greater New York and the Lower Hudson*，Anthropological Papers，American Museum of Natural History，vol. 3，New York，1909）时，使用了"ethno‐historical"概念。

- 1914 年民族学人类学家斯旺顿（John R. Swanton）和狄克逊（Roland B. Dixon）在《美国人类学家》期刊（*American Anthropologist*，New Series，Vol. 16，No. 3，Facts and Problems of North American Anthropology 1，Jul. ‐ Sep.，1914）上发表文章《美洲土著史》（Primitive American History）。

- 1915 年民族学人类学家罗维（Robert H. Lowie）在《美国人类学家》期刊（*American Anthropologist*，New Series，Vol. 17，No. 3，Jul. ‐ Sep.，1915）上发表文章《口述传统与历史》（Oral Tradition and History）［该文中含有狄克逊（Roland B. Dixon）的回应］。

- 1922 年民族学人类学家斯旺顿（John R. Swanton）出版了《克里克印第安人及他们的邻居的早期历史》（*Early History of the Creek Indians and Their Neighbors*）。

- 1928 年民族学人类学家斯佩克（Frank G. Speck）出版了《马萨诸塞万帕诺亚格人与瑙塞特印第安人的版图划分与边界》（*Territorial Subdivisions and Boundaries of the Wampanoag，Massachusetts and Nauset Indians*）。

- 1931 年民族学人类学家斯旺顿（John R. Swanton）《乔克托印第安人的社会和仪式生活的材料来源》（*Source material for the social and ceremonial life of the Choctaw Indians*）出版。

- 1940 年旨在"献给斯旺顿"的系列著述（*Essays in Historical Anthropology*

---

① 附录中出现的西方学者的中文译名，采用了传统的翻译方式，同时参考了《英语姓名译名手册》（新华通讯社译名资料组编，商务印书馆1965年版）。正文各处有关西方学者名字的翻译，也均依此例。

of North America in Honor of John R. Swanton） 由史密森研究院 （Smithsonian Institution） 出版。其中包括芬顿 （William N. Fenton） 的文章《问题源自历史上的易洛魁东北部驻留》 （Problems Arising From the Historical Northeastern Position of the Iroquois）， 斯特朗 （William Duncan Strong） 的文章《从历史到史前的北部大平原地区》 （From History to Prehistory in the Northern Great Plains）， 斯图尔德 （Julian H. Steward） 的文章《大盆地地区的土著文化》 ［Native Cultures of the Intermontane （Great Basin） Area］ 等。

- 1940 年民族学人类学家斯图尔德 （Julian H. Steward） 发表文章《北美历史人类学文章之引介》 （*Introduction to Essays in Historical Anthropology of North America*， Smithsonian Miscellaneous Collections， Vol. 100.， Washington， 1940）

- 1942 年民族学人类学家斯图尔德 （Julian H. Steward） 在《美洲古物》期刊 （*American Antiquity*， Vol. 7， 1942） 上发表文章《有关考古学的直接历史方法》 （The Direct Historical Approach to Archaeology）。

- 1946 年美国国会通过《印第安人权利申诉委员会法案》 （Indian Claims Commission Act）。

- 1946 年民族学家斯旺顿 （John R. Swanton） 出版了《美国东南部的印第安人》（*The Indians of the Southeastern United States*）。

- 1952 年民族学家芬顿 （William N. Fenton） 在《美国人类学家》（*American Anthropologist*， New Series， Vol. 54， No. 3， Jul. – Sep.， 1952） 期刊上发表文章《美国 "历史民族学家" 的训练》 （The Training of Historical Ethnologists in America）。

- 1953 年 11 月 21 日， 俄亥俄流域印第安历史协会 （the Ohio Valley Historic Indian Conference） （OVHIC） 成立， 同年在伊利诺伊州博物馆召开第 1 届年会， 自此每年召开一次。1954 年 OVHIC 移师印第安纳大学， 并在印第安纳大学召开第 2 届年会。自此直到 20 世纪 60 年代中期， 印第安纳大学一直是 "民族史学" 的大本营和第一个研究中心。

- 1953 年由美国司法部提出， 美国司法部与印第安纳大学进行合作的大湖区—俄亥俄流域研究计划 （the Great Lakes – Ohio Valley Research Project） 出台。在一开始的 3 年内 （1953—1955）， 印第安纳大学任命厄米尼·沃格林 （Erminie W. Voegelin） 的丈夫卡尔·沃格林 （Carl Voegelin） 为该计划主任， 沃格林为副主任。作为合作研究活动的一部分， 印第安纳大学历史系的学生和人类学系的学生， 都参加了进来。

- 1954 年 10 月在美国密歇根州的底特律专门举行了关于 "人类学与印第安

权利申诉"（Anthropology and Indian Claims Litigation）的学术论坛，就人类学家在印第安权利申诉中所扮演角色等有关事宜进行了集中探讨。

- 1954 年 *Ethnohistory* 创刊，自此每年出版 1 卷。其中，在 1955 年卷第 1 期扉页的显要位置上明确提出了期刊的研究宗旨，在随后的 1957、1968、1978、1982、1984 年卷上出现了新的变化和调整。

- 1954 年在 *Ethnohistory* 创刊号第 1 卷第 1 期上，民族学家厄米尼·沃格林（Erminie W. Voegelin）为俄亥俄流域印第安历史协会（Ohio Valley Historic Indian Conference）的成立发表了《主席宣言》（A Note from the Chairman）。

- 1954 年在 *Ethnohistory* 创刊号第 1 卷第 2 期上，民族学家厄米尼·沃格林（Erminie W. Voegelin）发表了专题研讨文章《一个民族史学家的观点》（An Ethnohistorian's Viewpoint），对 ethnohistory 一词进行系统阐释，给出了其操作性界定（a working definition of ethnohistory）。

- 1955—1964 年厄米尼·沃格林（Errninie Wheeler‑Voegelin）任 *Ethnohistory* 期刊主编。

- 1956 年厄米尼·沃格林成为印第安纳大学历史系（the Department of History）教授。她在历史系中开设的北美印第安人历史的课程，对于国家的历史课程（the history curriculum of the nation）做出了先导性贡献，为历史系中"民族史学"等课程的设置提供了模式和先例。当时"民族史学"最初开设在印第安纳州大学历史系里，而由人类学家来教授。始于 1957 年的这两个学期的课程，由厄米尼·沃格林来讲授，连续进行了三年。在 1962 年重复开设。这些课程，实际上是美国历史系中最早和最正式的"民族史学"课程。

- 1956 年一项新的政府合同（隶属于大湖区—俄亥俄流域研究计划（the Great Lakes‑Ohio Valley Research Project），即扩展的中西部印第安历史调查生效。同年，厄米尼·沃格林（Erminie W. Voegelin）也被任命为该研究项目的主任，标志着其独立学术生涯的开始。

- 1956 年在印第安纳大学召开的第四届年会上，原来的"俄亥俄流域印第安历史协会"（the Ohio Valley Historic Indian Conference，OVHIC）更名为"美国印第安民族史协会"（the American Indian Ethnohistoric Conference，AIEC）。

- 1957 年达克（Philip Dark）在 *Ethnohistory*（Vol. 4，No. 3，Summer 1957）上发表文章《"民族史学"中的综合方法》（*Methods of Synthesis in Ethnohistory*）。

- 1959 年民族学人类学家尤勒（Robert C. Euler）在美国人类学联合会（American Anthropological Association，AAA）1959 年年会（Annual Meeting）上，发表文章《民族志方法论》（*Ethnographic methodology—A Tri - Chronic Study in Culture Change*，*Informant Reliability*，*and Validity from the Southern Paiute*），该文后经简要修改收入了 1967 年版的《美国历史人类学：莱斯利·施皮尔纪念文集》（Carroll L. Riley and Walter W. Taylor eds.，with a pref. by W. W. Hill；contributors：Harold L. Amoss...［et al.］，*American historical anthropology*：*essays in honor of Leslie Spier*，Carbondale：Southern Illinois University Press，1967）之中。

- 1960 年 11 月 12—13 日在印第安纳大学举办的美国印第安民族史协会（the American Indian Ethnohistoric Conference）的第 8 届年会上，召开了"民族史学概念"研讨会（Symposium on the Concept of Ethnohistory）。民俗学家多尔森（Richard Dorson）、历史学家沃什布恩（Wilcomb Washburn）、考古学家贝雷斯（David Baerreis）、民族学家卢里（Nancy Oestreich Lurie）分别提交了论文《民族史学与民俗学》（Ethnohistory and Ethnic Folklore）、《民族史学："全面的"历史学》（Ethnohistory，History "in the Round"）、《民族史学方法与考古学》（The Ethnohistoric Approach and Archaeology）、《民族史学：一种民族学的视角》（Ethnohistory：An Ethnological Point of View）。他们的论文后来在 1961 年卷第 1 期 *Ethnohistory* 上发表，在该卷第 3 期上又有三个民族学家利科克（Eleanor Leacock）、尤尔斯（John C. Ewers）和瓦伦丁（Charles A. Valentine）分别对这些论文做出了评论（*Symposium on the Concept of Ethnohistory - Comment*，Ethnohistory，Vol. 8，No. 3，Summer 1961，pp. 256 - 280），各自给出了"民族史学"的理解。在本次年会的晚宴会议上，埃根（Fred Eggan）做了题为《理解民族文化的一些人类学方法》（Some Anthropological Approaches to the Understanding of Ethnological Cultures）的讲话，回顾了美国民族史学的酝酿与 20 世纪 50 年代的发展情况。埃根的文章后在 *Ethnohistory* 期刊（Vol. 8，No. 1，Winter 1961）上发表。

- 1960 年《非洲史期刊》（*Journal of African History*）创刊，证明了官方记录中非洲传统以及一些阿拉伯和埃及材料的价值。这一时期《太平洋史期刊》（*Journal of Pacific History*）创立，它成为太平洋地区"民族史学"研究的重要窗口。

- 1960 年历史学家特里利斯（Allen W. Trelease）的《殖民地时期纽约的印第安人事务：17 世纪》（*Indian Afairs in Colonial New York：The Seventeenth*

Century，Lincoln：University of Nebraska Press，1997，c1960）出版。

- 1961 年 10 月 20—21 日，在罗得岛州首府普罗维登斯（Providence，Rhode Island）的布朗大学（Brown University）约翰—卡特—布朗图书馆（the John Carter Brown Library）举办的美国印第安民族史协会（the American Indian Ethnohistoric Conference，AIEC）第 9 届年会上，突出强调了"民族史学"研究的国际性，召开了题为"世界其他主要地区'民族史学'研究方法"研讨会（symposium on Ethnohistorical Research Methods in Other Major World Areas）。由此，"民族史学"的研究方法应用于非洲、拉丁美洲和西伯利亚的有关论文日益增多，研究范围已经跨出北美之外。简·范西纳（Jan Vansina）和理查德·亚当斯（Richard N. Adams）分别提交了论文《民族史学在非洲》（Ethnohistory in Africa）、《民族史学研究方法：一些拉丁美洲特色》（Ethnohistoric Research Methods：Some Latin American Features），他们的论文后来在 1962 年卷第 2 期 *Ethnohistory* 上发表。在本次年会的晚宴会议上，人类学家芬顿（William N. Fenton）发表了题为《民族史学及其问题》（Ethnohistory and Its Problems）的演讲，该文后发表于 *Ethnohistory* 期刊（Vol. 9，No. 1，Winter 1962）上。

- 1964 年斯特蒂文特（William C. Sturtevant）在《美国人类学家》（*American Anthropologist*，New Series，Vol. 66，No. 3，Part 2：Transcultural Studies in Cognition，Jun.，1964）上发表文章《民族科学研究》（Studies in Ethno-science），从认知人类学的角度，从"民族科学"（ethnoscience）的意义上来解释和使用"民族史学"，给出了"民族史学"新的解释。该文后来被收入论文集《人类学理论》（William C. Sturtevent，"Studies in Ethno-science"，in Robert A. Manners and David Klan eds.，*Theory in Anthropology*，New York：Aldine Publishling Company，1968）之中。

- 1966 年 10 月在加拿大国家博物馆（渥太华）召开的第 14 届年会上，美国印第安民族史协会（the American Indian Ethno – historic Conference，AIEC）更名为"美国民族史学会"（the American Society for Ethnohistory，ASE）。在该届年会上，赖特（J. V. Wright）发表论文《对于易洛魁人和奥吉布瓦人的直接的历史方法的应用》（*The Application of the Direct Historical Approach to the Iroquois and the Ojibwa*），对"民族史学"中的"直接历史方法"进行了集中展示，该文后在 *Ethnohistory* 期刊（Vol. 15，No. 1，Winter 1968）上发表。

- 1966 年 *Ethnohistory* 期刊的第 1/2 期中，发表了斯特蒂文特（William C. Sturtevant）的文章《人类学、历史学与民族史学》（Anthropology，His-

tory, and Ethnohistory, Vol. 13, No. 1/2, Winter – Spring 1966, pp. 1 –
51）；赫德森（Charles Hudson）的文章《民俗史学与"民族史学"》（Folk
History and Ethnohistory, Vol. 13, No. 1/2, Winter – Spring, 1966, pp. 52
–70）；芬顿（William N. Fenton）的文章《田野工作、博物馆研究与民族
史学研究》（Field Work, Museum Studies, and Ethnohistorical Research,
Vol. 13, No. 1/2, Winter – Spring, 1966, pp. 71 – 85）。其中，斯特蒂文特
的《人类学、历史学与民族史学》是这一时期对"民族史学"等有关概
念进行深入总结的一篇代表之作。

- 1967 年民族学家赖利（Carroll. I. Riley）等编辑出版了论文集《美国历史
  人类学：莱斯利·施皮尔纪念文集》（Carroll L. Riley and Walter W. Taylor
  eds., with a pref. by W. W. Hill; contributors: Harold L. Amoss... [et al.],
  American historical anthropology: essays in honor of Leslie Spier, Carbondale:
  Southern Illinois University Press, 1967）其中包括赖利的文章《美国历史人
  类学：一种评价》（American historical anthropology: an appraisal）、尤勒
  （Robert C. Euler）的文章《民族志方法论：》（Ethnographic methodology—A
  Tri – Chronic Study in Culture Change, Informant Reliability, and Validity from
  the Southern Paiute）等一些与这一时期"民族史学""历史人类学"有关
  的理论研讨和实证研究文章。

- 1968 年历史学家科恩（Bernard S. Cohn）为《国际社会学科百科全书》
  （David L. Sills ed., *International Encyclopedia of the Social Sciences*, New
  York: The Free Press, 1968, Volume 5）撰写了"民族史学"（Ethnohisto-
  ry）词条；另外，德莱沃（Harold E. Driver）为《国际社会学科百科全
  书》撰写了"历史民族学"（Historical Ethnology）词条。

- 1969 年 10 月 24 日在纽约伊萨卡（Ithaca）召开的美国民族史学会第 17 届
  年会上，在题为"肯塔基州新浮现的亚文化区域"（"Emerging County Sub-
  cultural Units in Kentucky"）的研讨会中，多宾斯（Henry F. Dobyns）的会
  议提交论文《民族史学与当代美国社会问题》（Ethnohistory and Contempo-
  rary United States Social Problems）将"民族史学"与美国当代社会问题联
  系起来。该文后又在 *Ethnohistory* 期刊（Vol. 19, No. 1, Winter 1972）上
  发表。

- 1969 年科里斯（Peter Corris）在 *Ethnohistory* 期刊（Vol. 16, No 3, Sum-
  mer 1969）上发表文章《澳大利亚的"民族史学"》（Ethnohistory in Aus-
  tralia）。

- 1969 年民族学人类学家华莱斯（Anthony Wallace）专著《塞内卡人之死与

再生》（*The death and rebirth of the Seneca*, New York：Vintage Books，1972，c1969）出版。

- 1969 年威廉·亚当斯（William Y. Adams）在 *Ethnohistory* 期刊（Vol. 16，No. 4，Autumn，1969）上发表文章《民族史学与非洲的伊斯兰传统》（Ethnohistory and Islamic Tradition in Africa）。

- 1971 年卡马克（Robert M. Carmack）在 *Ethnohistory* 期刊（Vol. 18，No. 2，Spring 1971）上发表文章《民族志与民族史学：中美洲研究中的应用》（Ethnography and Ethnohistory：Their Application in Middle American Studies）。

- 1972 年卡马克（Robert M. Carmack）在《人类学年鉴》（*Annual Review of Anthropology*，Vol. 1，1972）上发表文章《民族史学：发展、界定、方法和目标的回顾》（Ethnohistory：A Review of Its Development，Definitions，Methods，and Aims）。

- 1972 年历史学家格雷蒙特（Barbara Graymont）的《边界战争：美国独立战争中的易洛魁人》（*The border war：The Iroquois in the American – Revolution*，Ann Arbor，Mich.：UMI，1972）出版。

- 1972 年尤勒（Robert C. Euler）在 *Ethnohistory* 期刊（Vol. 19，No. 3，Summer 1972）上发表文章《民族史学在美国》（Ethnohistory in the United States）。

- 1973 年怀利（Kenneth C. Wylie）在《跨学科历史期刊》（*Journal of Interdisciplinary History*，Vol. 3，No. 4，Spring 1973）上发表文章《民族史学的使用与误用》（The Uses and Misuses of Ethnohistory）。

- 1974 年 10 月在明尼苏达州圣保罗召开的美国民族史学会第 22 届年会的会长致辞上，施韦因（Karl H. Schwerin）发表了题为《民族史学的将来》（The Future of Ethnohistory）的讲话，该文后在 *Ethnohistory* 期刊（Vol. 23，No. 4，Autumn 1976）上发表。

- 1974 年弗格森（Raymond D. Fogelson）发表了《印第安史的多样性：塞阔雅和旅行鸟》（"On the Varieties of Indian History：Sequoyah and Traveller Bird"，*Journal of Ethnic Studies* 2，1974），在该文中他提出了 ethno – ethnohistory 概念。

- 1974 年历史学家纳什（Gary B. Nash）《红人白人黑人：早期美国人》（*Red，white，and black：the peoples of early North America*，Upper Saddle River，N. J.：Prentice Hall，1974，2006）出版。

- 1975 年历史学家摩根（Edmund S. Morgan）《美国奴隶、美国自由：殖民地弗吉尼亚的考验》（*American slavery*，*American freedom*：*the ordeal of colo-nial Virginia*，New York：W. W. Norton & Co.，Inc.，1975）出版。

- 1975 年历史学家沃什布恩（Wilcomb E. Washburn）《美国印第安人》（*The Indian in America*，New York：Harper Colophon Books，1975）出版。

- 1975 年历史学家詹宁斯（Francis Jennings）《入侵美洲：印第安人，殖民主义，有关征服的伪善之言》（*The invasion of America*：*Indians*，*colonialism*，*and the cant of conquest*，Chapel Hill：Published for the Institute of Early American History and Culture by the University of North Carolina Press，1975）出版。

- 1976 年考古学家特里杰（Bruce G. Trigger）《安坦恩提斯的孩子：至 1660 年间休伦人的历史》（*The Children of Aataentsic*：*A History of the Huron People to* 1660，Montreal：McGill – Queen's University Press，1976）出版。

- 1977 年在芝加哥召开的美国民族史学会第 25 届年会上，阿克斯特尔（James Axtell）提交论文《民族史学：一个历史学家的观点》（Ethnohistory：An Historian's Viewpoint），该文后发表在 *Ethnohistory* 期刊（Vol. 26，No. 1，Winter 1979）上。

- 1978 年 11 月 3 日在德克萨斯州奥斯丁举行的美国民族史学会第 26 届年会上，斯波思（Ronald Spores）发表了会长致辞《民族史学已到中年：评估和行动呼吁》（Ethnohistory in Middle Age：An Assessment and a Call for Action），该文后发表在 *Ethnohistory* 期刊（Vol. 25，No. 3，Summer 1978）上。

- 1978 年阿克斯特尔（James Axtell）在《威廉和玛丽季刊》（*The William and Mary Quarterly*，3rd Ser.，Vol. 35，No. 1，Jan.，1978）上，发表文章《美国早期的民族史学：一个回顾》（The Ethnohistory of Early America：A Review Essay）。

- 1978 年秋天，美国内务部（Department of the Interior）印第安事务署（Bureau of Indian Affairs）发布了一项新的规定，将美国印第安群体（American Indian Group）作为印第安部族（Indian Tribe）。这种规定，主要在于通过历史档案以及更多的社区描述，为建立印第安部族地位提供证据。在此之前，还没有经由标准的系统的过程，印第安人能够取得美国联邦的认可——联邦所公认的部族（tribes）。

- 1980 年民族学人类学家吉尔茨（Clifford Geertz）的《尼加拉：十九世纪巴厘剧场国家》（*Negara*：*The Theatre State in Nineteenth – Century Bali*，N. J.：Princeton University Press，1980）出版。

- 1980 年民族学人类学家罗萨多（Renato Rosaldo）的《伊龙戈特人的猎头（1883—1974）：一项社会和历史研究》（*Ilongot headhunting*，1883－1974：*A study in society and history*，Stanford，Calif.：Stanford University Press，1980）出版。

- 1980 年民族学人类学家陶西格（Michael Taussig）的《南美洲的罪恶观与商品拜物教》（*The Devil and Commodity Fetishism in South America*，Chapel Hill：The University of North Carolina Press，1980）出版。

- 1980 年斯波思（Ronald Spores）在《人类学年鉴》（*Annual Review of Anthropology*，Vol. 9，1980）上发表文章《新世界的民族史学与考古学（1970—1980）》（*New World Ethnohistory and Archaeology*，1970－1980）。

- 1980 年斯托费尔（Richard W. Stoffle）和希姆金（Demitri B. Shimkin）在 *Ethnohistory* 期刊（Vol. 27，No. 1，Winter 1980）上发表文章《非裔美洲民族史学探索》（*Explorations in Afro－American Ethnohistory*）。

- 1982 年民族学家沃尔夫（Eric R. Wolf）《欧洲与没有历史的人们》（*Europe and the People Without History*，Berkeley，Los Angeles，London：University of California Press，1982）出版。

- 1982 年民族学家约翰·卡马罗夫（John L. Comaroff）《人类学与历史学，辩证的体系：研究单元和理论问题》（"Dialectical Systems，History and Anthropology：Units of Study and Questions of Theory"，*Journal of Southern African Studies*，Vol. 8，No. 2，Apr.，1982）发表。

- 1982 年考古学家特里杰（Bruce G. Trigger）在 *Ethnohistory* 期刊（Vol. 29，No. 1，Winter 1982）上发表文章《民族史学：问题与前景》（Ethnohistory：Problems and Prospects）。

- 1982 年历史学家詹宁斯（Francis Jennings）在 *Ethnohistory* 期刊（Vol. 29，No. 1，Winter 1982）上发表文章《逐渐成为伙伴关系：历史学家、人类学家和美国印第安史学》（A Growing Partnership：Historians，Anthropologists and American Indian History）。

- 1983—1992 年凯琦（Shepard Krech III）任 *Ethnohistory* 期刊主编。

- 1983 年人类学家理查德·普莱斯（Richard Price）的《初始时间：非裔美洲人的历史视野》（*First－time：The historical vision of an Afro－American people*，Baltimore：Johns Hopkins University Press，1983）出版。

- 1985 年民族学家珍·卡马罗夫（Jean Comaroff）的《权力的身体、反抗的精神：一个南非民族的文化和历史》（*Body of Power*，*Spirit of Resistance：The Culture and History of a South African people*，Chicago：University of Chicago Press，1985）出版。

- 1985 年耶韦特（Deborah Gewertz）和席费林（Edward Schiefflin）在对《巴布亚新几内亚的历史与民族史学》（Gewertz，Deborah & Edward Schieffelin eds，*History and Ethnohistory in Papua New Guinea*，University of Sydney Press，Sydney，1985，p. 3.（Introduction））一书的引介中，为民族史学的本质给出了一种很具影响力的解释。

- 1985 年在美国民族史学会第 33 届年会的会长致辞上，考古学家特里杰（Bruce G. Trigger）发表文章《民族史学：未完成的大厦》（The Unfinished Edifice），该文后来发表于 *Ethnohistory* 期刊（Vol. 33，No 3，Summer 1986）上。

- 1986 年敏兹（Sidney W. Mintz）的《甜蜜与权力：现代历史中糖的地位》（*Sweetness and power*：*The place of sugar in modern history*，New York：Penguin Books，1986）出版。

- 1986 年斯波思（Ronald Spores）对《中美洲印第安人手册》之《民族史》卷（增补卷，1986）（Ronald Spores，volume editor，with the assistance of Patricia A. Andrews，*Ethnohistory*，（*volume* 4）*Supplement to the handbook of Middle American Indians*，Austin：University of Texas Press，1986.）进行了介绍。

- 1987 年克鲁克曼（Laurence Kruckman）在《田野考古期刊》（*Journal of Field Archaeology*，Vol. 14，No. 3，Autumn 1987）上发表文章《遥感在民族史学研究中的角色》（The Role of Remote Sensing in Ethnohistorical Research）。

- 1987 年民族学家卡马罗夫夫妇（John & Jean Comaroff）的《精神病患者与移居者：在南非人历史意识中的工作和劳动》（*The madman and the migrant*：*work and labor in the historical consciousness of a South African people*，*American Ethnologist*，Vol. 14，Issue 2，1987）发表。

- 1987 年美国人类学家德克斯（Nicholas B. Dirks）出版了《空空的王冠：一个印度王国的民族史学》（*The Hollow Crown*：*Ethnohistory of an Indian Kingdom*，Cambridge，New York：Cambridge University Press，1987）。

- 1987 年西蒙斯（William S. Simmons）在美国民族史学会第 35 届年会的会长致辞上，发表文章《当代民族史学中的文化理论》（Culture Theory in Contemporary Ethnohistory），该文后发表在 *Ethnohistory* 期刊（Vol. 35，No. 1，Winter 1988）上。

- 1987 年威斯康星大学历史系教授雷金纳德·霍斯曼（Reginald Horseman）

《美国土著史研究的最近趋势及新动向》一文出版。该文来自杰罗姆·O·斯蒂芬编：《美国的西部：新观点，新视野》（俄克拉荷马大学出版社1987年再版）中第5篇论文，对那个时代美国土著史研究的最近趋势及新动向进行总结，其中涉及ethnohistory研究的一些发展情况。

- 1988年伯顿（John W. Burton）在《美国哲学社会的进程》（*Proceedings of the American Philosophical Society*，Vol. 132，No. 4，Dec.，1988）上，发表文章《微光中的影子：一项关于历史与民族志现在的笔记》（Shadows at Twilight：A Note on History and the Ethnographic Present）。

- 1988年弗格森（Raymond D. Fogelson）在美国民族史学会第36届年会的会长致辞上发表了文章《民族史学中的事件与非事件》（The Ethnohistory of Events and Nonevents），该文后来发表于*Ethnohistory*期刊（Vol. 36，No. 2，Spring 1989）上。

- 1988年奎因（William W. Quinn，Jr.）在《公众历史学家》（*The Public Historian*，Vol. 10，No. 2，Spring 1988）上，发表文章《公众历史学？还是在印第安事件办公署上书写部族的历史》（Public Ethnohistory? Or，Writing Tribal Histories at the Bureau of Indian Affairs）。

- 1988年坦纳（Helen Hornbeck Tanner）在美国民族史学会第36届年会上发表文章《沃格林（1903—1988），美国民族史学会的创立者》（Erminie Wheeler‑Voegelin（1903‑1988），Founder of the American Society for Ethnohistory），对沃格林（Erminie Wheeler‑Voegelin）的学术生平进行介绍，该文后发表在*Ethnohistory*期刊（Vol. 38，No. 1，Winter 1991）上。

- 1989年帕曼（Donald L. Parman）和普莱斯（Catherine Price）在《西部历史季刊》（*The Western Historical Quarterly*，Vol. 20，No. 2，May 1989）上，发表文章《一项进步中的工作：作为一个职业领域的印第安史学的出现》（A "Work in Progress"：The Emergence of Indian History as a Professional Field）。

- 1990年颁布了美国印第安艺术和工艺法案（the American Indian Arts and Crafts Act）。法案宣布，在售卖艺术品的时候，那些不属于联邦政府承认的部族成员，若自己声称是该种族的成员，就要受到制裁。即，凡是违反了"官方民族史学"（an official ethnohistory）的人们，就要受到处罚。学界的民族志数据必须得到一系列联邦授权的部族权威机构的过滤。

- 1990年布朗（Jennifer S. H. Brown）在1990年美国民族史学会第38届年会的会长致辞上，发表文章《民族史学家：临时的伙伴，志趣相投的人》（Ethnohistorians：Strange Bedfellows，Kindred Spirits），该文后在*Ethnohisto‑*

ry 期刊上（Vol. 38，No. 2，Spring 1991）发表。

- 1990 年凯琦（Shepard Krech III）在 1990 年 11 月 1—4 日在加拿大安大略省首府多伦多举行的美国民族史学会的第 38 届年会上发表文章《民族史学、历史人类学、历史学：差别何在？》（Ethnohistory, Anthropological History and History：What Are the Differences?），后经修改和扩充以《民族史学的发展状况》（The State of Ethnohistory）发表在 1991 年的《人类学年鉴》（*Annual Review of Anthropology*，Vol. 20，1991）上。

- 1990 年日本女民族学人类学家大贯惠美子（Emiko Ohnuki - Tierney）在为《时间中的文化》（In Emiko Ohnuki - Tierney，ed.，*Culture through time*：*anthropological approaches*，Stanford，Calif.：Stanford University Press，1990）作引介时（Introduction：The Historicization of Anthropology），讨论了人类学的"历史化"（Historicization）问题。

- 1990 年民族学人类学家萨林斯（Marshall Sahlins）发表文章《1810—1830 年间夏威夷中的宏大政治经济》（"The Political Economy of Grandeur in Hawaii from 1810 to 1830"，in Emiko Ohnuki - Tierney ed.，*Culture through time*：*anthropological approaches*，Stanford，Calif.：Stanford University Press，1990）。

- 1991 年凯洛格（Susan Kellogg）在《社会科学历史》（*Social Science History*，Vol. 15，No. 4，Winter 1991）上，发表文章《为了人类学的历史：由人类学家所书写的十年的历史研究（1980—1990）》（Histories for Anthropology：Ten Years of Historical Research and Writing by Anthropologists，1980 - 1990）。

- 1991 年民族学人类学家萨林斯（Marshall Sahlins）发表文章《事件的回归》（"The Return of the Event，Again"，in Aletta Biersack ed.，*Clio in Oceania*：*Toward a Historical Anthropology*，Washington D. C.：Smithsonian Institute Press，1991）。

- 1991 年民族学人类学家特伦斯·特纳（Terence Turner）的《反映、反抗和反思：卡亚波文化及人类学意识的历史转换》（"Representing，Resisting，Rethinking：Historical Transformations of Kayapo Culture and Anthropological Consciousness"，in George W. Stocking，Jr ed.，*Colonial situations*：*essays on the contextualization of ethnographic knowledge*，Madison，Wis.：University of Wisconsin Press，1991）发表。

- 1992 年民族学人类学家萨林斯发表文章《别了，忧郁的譬喻：现代世界历史中的民族志》（*Goodby to Tristes Tropes*：*Ethnography in the Context of*

Modern World History）（the Nineteenth Annual Edward and Nora Ryerson Lecture at the University of Chicago，April 29，1992；*The Journal of Modern History*，Vol. 65，No. 1，Mar.，1993）。

- 1992 年民族学家卡马罗夫夫妇（John & Jean Comaroff）的《民族志与历史想象》（*Ethnography and the historical imagination*，Boulder：Westview Press，1992）出版。

- 1993 年弗宾（James D. Faubion）在人类学年鉴（*Annual Review of Anthropology*，Vol. 22，1993）上发表文章《人类学中的历史学》（History in Anthropology）。

- 1993 年迈尔斯（William F. S. Miles）在《非洲研究评论》（*African Studies Review*，Vol. 36，No. 2，Sep.，1993）上，发表文章《殖民地豪撒语方言：面向一个西部非洲的 Ethno – Ethnohistory》（Colonial Hausa Idioms：Toward a West African Ethno – Ethnohistory）。

- 1994 年民族学人类学家萨林斯（Marshall Sahlins）发表文章《资本主义的宇宙观——"世界体系"中的泛太平洋地区》（"Cosmologies of Capitalism：The Trans – Pacific Sector of 'The World System'"，in Nicholas B. Dirks，Geoff Eley，and Sherry B. Ortner，*Culture/power/history：a reader in contemporary social theory*，Princeton，N. J.：Princeton University Press，1994）。

- 1995 年钱斯（John K. Chance）在 1995 年美国民族史学会第 43 届年会的会长致辞上，发表文章《中美洲的民族志过去》（Mesoamerica's Ethnographic Past），该文后又在 *Ethnohistory* 期刊（Vol. 43，No. 3，Summer 1996）上发表。

- 1996 年凯琦（Shepard Krech III）为《文化人类学百科全书》（David Levinson and Melvin Ember eds.，*Encyclopedia of Cultural Anthropology*，New York：Henry Holt and Company，1996，Volume 2）撰写了"民族史学"（Ethnohistory）词条。

- 1996 年人类学家萨林斯（Marshall Sahlins）的《甜蜜的悲哀：西方宇宙观的本土人类学探讨》（"The Sadness of Sweetness：The Native Anthropology of Western Cosmology"，*Current Anthropology*，Vol. 37，No. 3，Jun. 1996）出版。

- 1997 年霍克西（Frederick E. Hoxie）在 *Ethnohistory* 期刊（Vol. 44，No. 4，Autumn 1997）上，发表文章《部族世界的民族史学》（Ethnohistory for a Tribal World）。

- 1998—2007 年怀特海德（Neil L. Whitehead）任 *Ethnohistory* 期刊主编。

- 1998 年米勒（Jay Miller）在 *Ethnohistory* 期刊（Vol. 45，No. 4，fall 1998）上发表文章《茨姆锡安人的 Ethno – Ethnohistory：一种"真正"的土著年代学》（Tsimshian Ethno – Ethnohistory：A "Real" Indigenous Chronology）。
- 2005 年日本女民族学人类学家大贯惠美子（Emiko Ohnuki – Tierney）在其文章《本性一直是中断或延续及"杂交"：文化概念的历史化》（"Always Discontinuous/Continuous, and 'Hybrid' by Its Very Nature：The Culture Concept Historicized"，*Ethnohistory*，Vol. 52，No. 1，Winter 2005）中，讨论了人类学的"历史化"（historicized）问题。
- 2007 年曾任 *Ethnohistory* 期刊主编长达 10 年之久（1998—2007）的怀特海德（Neil L. Whitehead），在他即将卸任之际（2007 年底），在 *Ethnohistory* 期刊 2007 年卷最后一期的编辑引言（Neil L. Whitehead，"Editor's Introduction"，*Ethnohistory*，Vol. 54，No. 4，fall 2007）中，给出了"民族史学"的总结性界说，认为它标志着范式的转换。
- 2007 年文德（John R. Wunder）在 *Ethnohistory* 期刊（Vol. 54，No. 4，fall 2007）上发表文章《美洲土著史、民族史学与情境》（Native American History，ethnohistory，and Context）。

参考文献

一　研究的基本材料

第一，1954—2020 年（从创刊至 2020 年，共 67 卷）*Ethnohistory* 期刊中刊载的代表性文章（主要包括经验研究类和史实介绍类）。

第二，20 世纪上半叶以及二战以来，美国民族学人类学家的代表性经验研究（*Ethnohistory* 期刊之外的文章和著作）。

第三，二战以来美国历史学家的代表性经验研究（*Ethnohistory* 期刊之外的文章和著作）。

第四，以美国学者为代表的西方学者对美国 ethnohistory 所做的述评性研究（这也是美国 ethnohistory 的重要组成部分，是本书要关注的重要研究对象之一，参见导论中的有关评述）。

这里将这四类研究材料集中在一起，以作者来排序的方式呈现。

Adolph M. Greenberg; James Morrison, "Group Identities in the Boreal Forest: The Origin of the Northern Ojibwa", *Ethnohistory*, Vol. 29, No. 2, Spring 1982.

Allen W. Trelease, *Indian affairs in colonial New York: the seventeenth century*, introduction to the Bison book edition by William A. Starna, Lincoln: University of Nebraska Press, 1997, c1960.

Anthony F. C. Wallace, *The death and rebirth of the Seneca*, with the assistance of Sheila C. Steen, New York: Vintage Books, 1972, c1969.

Barbara Graymont, *The border war: The Iroquois in the American – Revolution*, Ann Arbor, Mich.: UMI, 1972.

Bernard S. Cohn, "Ethnohistory", in David L. Sills, ed., *International Encyclo-*

pedia of the Social Sciences, New York: The Free Press, 1968. Volume 5.

Bruce G. Trigger, "Brecht and Ethnohistory", *Ethnohistory*, Vol. 22, No. 1, Winter 1975.

Bruce G. Trigger, "Ethnohistory: Problems and Prospects", *Ethnohistory*, Vol. 29, No. 1, Winter 1982.

Bruce G. Trigger, "Ethnohistory: The Unfinished Edifice", *Ethnohistory*, Vol. 33, No. 3, Summer 1986.

Bruce G. Trigger, *The Children of Aataentsic: A History of the Huron People to 1660*, Montreal: McGill – Queen's University Press, 1976.

Caroline B. Brettell, "Introduction: Travel Literature, Ethnography, and Ethnohistory", *Ethnohistory*, Vol. 33, No. 2, Spring 1986.

Carroll. I. Riley, "American historical anthropology: an appraisal", in Carroll L. Riley and Walter W. Taylor, eds., with a pref. by W. W. Hill; contributors: Harold L. Amoss... [et al.], *American historical anthropology: essays in honor of Leslie Spier*, Carbondale: Southern Illinois University Press, 1967.

Charles A. Valentine, "Symposium on the Concept of Ethnohistory – Comment", *Ethnohistory*, Vol. 8, No. 3, Summer 1961.

Charles Hudson, "Folk History and Ethnohistory", *Ethnohistory*, Vol. 13, No. 1/2, Winter – Spring 1966.

Clark Wissler ed., *The Indians of Greater New York and the Lower Hudson*, Anthropological Papers, American Museum of Natural History, Vol. 3, New York, 1909.

Clifford Geertz, *Negara: The Theatre State in Nineteenth – Century Bali*, Princeton, N. J.: Princeton University Press, 1980. （同时参考了中译本，参见〔美〕克利福德·格尔兹《尼加拉：十九世纪巴厘剧场国家》，赵丙祥译，上海人民出版社 1999 年版）

Daniel K. Richter, "Iroquois versus Iroquois: Jesuit Missions and Christianity in Village Politics, 1642 – 1686", *Ethnohistory*, Vol. 32, No. 1, Winter 1985.

David A. Baerreis, "The Ethnohistoric Approach and Archaeology", *Ethnohistory*, Vol. 8, No. 1, Winter 1961.

Deborah Gewertz & Edward Schieffelin eds, *History and Ethnohistory in Papua New Guinea*, Sydney: University of Sydney Press, 1985.

Dianne Kirkby, "Colonial Policy and Native Depopulation in California and New

South Wales 1770 – 1840", *Ethnohistory*, Vol. 31, No. 1, Winter 1984.

Donald L. Parman; Catherine Price, "A 'Work in Progress': The Emergence of Indian History as a Professional Field", *The Western Historical Quarterly*, Vol. 20, No. 2, May 1989.

Edmund S. Morgan, *American slavery, American freedom: the ordeal of colonial Virginia*, New York: W. W. Norton & Co., Inc., 1975.

Edward I. Steinhart, "Introduction", *Ethnohistory*, Vol. 36, No. 1, Special Issue: Ethnohistory and Africa, Winter 1989.

Eleanor Leacock, "Symposium on the Concept of Ethnohistory – Comment", *Ethnohistory*, Vol. 8, No. 3, Summer 1961.

Emiko Ohnuki – Tierney, "Always Discontinuous/Continuous, and 'Hybrid' by Its Very Nature: The Culture Concept Historicized", *Ethnohistory*, Vol. 52, No. 1, Winter 2005.

Emiko Ohnuki – Tierney, *Introduction: The Historicization of Anthropology*, in Emiko Ohnuki – Tierney ed., *Culture through time: anthropological approaches*, Stanford, Calif. : Stanford University Press, 1990.

Eric R. Wolf, *Europe and the People Without History*, Berkeley, Los Angeles, London: University of California Press, 1982. （同时参考了中译本，参见〔美〕埃里克·沃尔夫《欧洲与没有历史的人民》，赵丙祥等译，上海人民出版社 2006 年版；〔美〕埃里克·R·沃尔夫《欧洲与没有历史的人》，贾士蘅译，民主与建设出版社 2018 年版）

Erminie W. Voegelin, "A Note from the Chairman", *Ethnohistory*, Vol. 1, No. 1, Apr. 1954.

Erminie W. Voegelin, "An Ethnohistorian's Viewpoint", *Ethnohistory*, Vol. 1, No. 2, Nov. 1954.

Ethnohistory, Vol. 20, No. 4, (Autumn, 1973).

Ethnohistory, Vol. 23, No. 2, (Spring, 1976).

Ethnohistory, Vol. 25, No. 1, (Winter, 1978).

Ethnohistory, Vol. 47, No. 1., 3. – 4. (winter, summer – fall, 2000).

Ethnohistory, Vol. 49, No. 3. (summer, 2002).

Ethnohistory, Vol. 53, No. 1. (winter, 2006).

Francis Jennings, "A Growing Partnership: Historians, Anthropologists and American Indian History", *Ethnohistory*, Vol. 29, No. 1, Winter 1982.

Francis Jennings, *The invasion of America: Indians, colonialism, and the cant of conquest*, Chapel Hill: Published for the Institute of Early American History and Culture by the University of North Carolina Press, 1975.

Fred Eggan, "Some Anthropological Approaches to the Understanding of Ethnological Cultures", *Ethnohistory*, Vol. 8, No. 1, Winter 1961.

Frederick E. Hoxie, "Ethnohistory for a Tribal World", *Ethnohistory*, Vol. 44, No. 4, Autumn 1997.

Frederick J. Turner, "The Significance of the Frontier in American History", in F. Moore ed. , *The Early Writings of Frederick Jackson Turner*, Madison: University of Wisconsin Press, 1938, pp. 183 – 232.

Gary B. Nash, *Red, white, and black: the peoples of early North America*, Upper Saddle River, N. J. : Prentice Hall, 1974, 2006.

Harold E. Driver, "Ethnology (Historical Ethnology)", in David L. Sills ed. , *International Encyclopedia of the Social Sciences*, New York: The Free Press, 1968, Volume 5.

Helen Hornbeck Tanner, "Erminie Wheeler – Voegelin (1903 – 1988), Founder of the American Society for Ethnohistory", *Ethnohistory*, Vol. 38, No. 1, Winter 1991.

Henry F. Dobyns, "Ethnohistory and Contemporary United States Social Problems", *Ethnohistory*, Vol. 19, No. 1, Winter 1972.

James Axtell, "Ethnohistory: An Historian's Viewpoint", *Ethnohistory*, Vol. 26, No. 1, Winter 1979.

James Axtell, "The Ethnohistory of Early America: A Review Essay", *The William and Mary Quarterly*, 3rd Ser. , Vol. 35, No. 1, Jan. 1978.

James D. Faubion, "History in Anthropology", *Annual Review of Anthropology*, Vol. 22, 1993.

Jan Vansina, "Ethnohistory in Africa", *Ethnohistory*, Vol. 9, No. 2, Spring 1962.

Jan Vansina, "Recording the Oral History of the Bakuba: I. Methods", *Journal of African History*, Vol. 1, 1960.

Jay Miller, "Tsimshian Ethno – Ethnohistory: A 'Real' Indigenous Chronology", *Ethnohistory*, Vol. 45, No. 4, fall 1998.

Jean Comaroff, *Body of Power, Spirit of Resistance: The Culture and History of a South African people*, Chicago: University of Chicago Press, 1985.

Jennifer S. H. Brown, "Ethnohistorians: Strange Bedfellows, Kindred Spirits",

Ethnohistory, Vol. 38, No. 2, Spring 1991.

John C. Ewers, "Symposium on the Concept of Ethnohistory – Comment", *Ethnohistory*, Vol. 8, No. 3, Summer 1961.

John & Jean Comaroff, *Ethnography and the historical imagination*, Boulder: Westview Press, 1992.

John & Jean Comaroff, *The madman and the migrant: work and labor in the historical consciousness of a South African people*, American Ethnologist, Vol. 14, Issue 2, 1987.

John K. Chance, "Mesoamerica's Ethnographic Past", *Ethnohistory*, Vol. 43, No. 3, Summer 1996.

John L. Comaroff, "Dialectical Systems, History and Anthropology: Units of Study and Questions of Theory", *Journal of Southern African Studies*, Vol. 8, No. 2, Apr. 1982.

John R. Swanton; Roland B. Dixon, "Primitive American History", *American Anthropologist*, New Series, Vol. 16, No. 3, Facts and Problems of North American Anthropology 1, Jul. – Sep., 1914.

John R. Wunder, "Native American History, ethnohistory, and Context", *Ethnohistory*, Vol. 54, No. 4, fall 2007.

John W. Burton, "Shadows at Twilight: A Note on History and the Ethnographic Present", *Proceedings of the American Philosophical Society*, Vol. 132, No. 4, Dec. 1988.

Julian H. Steward, "Introduction to Essays in Historical Anthropology of North America", *Smithsonian Miscellaneous Collections*, Vol. 100, Washington, 1940.

Julian H. Steward, "The Direct Historical Approach to Archaeology", *American Antiquity*, Vol. 7, 1942.

J. V. Wright, "The Application of the Direct Historical Approach to the Iroquois and the Ojibwa", *Ethnohistory*, Vol. 15, No. 1, Winter 1968.

Karl H. Schwerin, "The Future of Ethnohistory", *Ethnohistory*, Vol. 23, No. 4, Autumn 1976.

Kenneth C. Wylie, "The Uses and Misuses of Ethnohistory", *Journal of Interdisciplinary History*, Vol. 3, No. 4, Spring 1973.

Kevin Gosner and Deborah E. Kanter, "Introduction", *Ethnohistory*, Vol. 42, No. 4, Special Issue: Women, Power, and Resistance in Colonial Mesoamerica, Autumn 1995.

Kirsten Hastrup, *A place apart*: *an anthropological study of the Icelandic world*, Oxford: Clarendon Press; New York: Oxford University Press, 1998.

Kirsten Hastrup, *Culture and history in medieval Iceland*: *an anthropological analysis of structure and change*, Oxford; New York: Oxford University Press, 1985.

Kirsten Hastrup, *Nature and policy in Iceland*, 1400 – 1800: *an anthropological analysis of history and mentality*, Oxford [England]: Clarendon Press; New York: Oxford University Press, 1990.

Laurence Kruckman, "The Role of Remote Sensing in Ethnohistorical Research", *Journal of Field Archaeology*, Vol. 14, No. 3, Autumn 1987.

Marian E. White, "Ethnic Identification and Iroquois Groups in Western New York and Ontario", *Ethnohistory*, Vol. 18, No. 1, Winter 1971.

Marshall Sahlins, *Apologies to Thucydides*: *Understanding History as Culture and Vice Versa*, Chicago: The University of Chicago Press, 2004。

Marshall Sahlins, "Cosmologies of Capitalism: The Trans – Pacific Sector of 'The World System'", in Nicholas B. Dirks, Geoff Eley, and Sherry B. Ortner, *Culture/power/history*: *a reader in contemporary social theory*, Princeton, N. J.: Princeton University Press, 1994. [同时参考了中译本, 参见〔美〕马歇尔·萨林斯《资本主义的宇宙观——"世界体系"中的泛太平洋地区》, 赵丙祥译, 载〔美〕马歇尔·萨林斯《历史之岛》, 蓝达居等译, 上海人民出版社 2003 年版 (附录)]

Marshall Sahlins, *Culture and Practical Reason*, Chicago: University of Chicago Press, 1976. (同时参考了中译本, 参见〔美〕马歇尔·萨林斯《文化与实践理性》, 赵丙祥译, 上海人民出版社 2002 年版)

Marshall Sahlins, "Goodby to Tristes Tropes: Ethnography in the Context of Modern World History", *The Journal of Modern History*, Vol. 65, No. 1, Mar. 1993. [同时参考了中译本, 参见〔美〕马歇尔·萨林斯《别了, 忧郁的譬喻: 现代历史中的民族志学》(1992, 1993), 李怡文译, 载王筑生主编《人类学与西南民族——国家教委昆明社会文化人类学高级研讨班论文集》, 云南大学出版社 1998 年版]

Marshall Sahlins, *How "natives" think*: *About Captain Cook, for example*, Chicago; London: University of Chicago Press, 1995. (同时参考了中译本, 参见〔美〕马歇尔·萨林斯《"土著"如何思考: 以库克船长为例》, 张宏明译, 上海人民出版社 2003 年版)

Marshall Sahlins, "The Political Economy of Grandeur in Hawaii from 1810 to 1830", in Emiko Ohnuki – Tierney ed. , *Culture through time: anthropological approaches*, Stanford, Calif. : Stanford University Press, 1990.

Marshall Sahlins, "The Return of the Event, Again", in Aletta Biersack ed. , *Clio in Oceania: Toward a Historical Anthropology*, Washington D. C. : Smithsonian Institute Press, 1991.

Marshall Sahlins, "The Sadness of Sweetness: The Native Anthropology of Western Cosmology", *Current Anthropology*, Vol. 37, No. 3, Jun. 1996. （同时参考了中译本，参见〔美〕马歇尔·萨林斯《甜蜜的悲哀——西方宇宙观的本土人类学探讨》，王铭铭、胡宗泽译，生活·读书·新知三联书店2000年版）

Marshall Sahlins, "What is Anthropological Enlightenment? Some Lessons of the Twentieth Century", *Annual Review of Anthropology*, Vol. 28, 1999. ［同时参考了中译本，参见〔美〕马歇尔·萨林斯《何为人类学启蒙?》，载〔美〕马歇尔·萨林斯《甜蜜的悲哀——西方宇宙观的本土人类学探讨》，王铭铭、胡宗泽译，生活·读书·新知三联书店2000年版（附录）］

Maureen Trudelle Schwarz, "Holy Visit 1996: Prophecy, Revitalization, and Resistance in the Contemporary Navajo World", *Ethnohistory*, Vol. 45, No. 4, fall 1998.

Michael Harkin and Sergei Kan, "Introduction", *Ethnohistory*, Vol. 43, No. 4, Special Issue: Native American Women's Responses to Christianity, Autumn 1996.

Michael Taussig, *The Devil and Commodity Fetishism in South America*, Chapel Hill: The University of North Carolina Press, 1980.

Nancy Oestreich Lurie, "Ethnohistory: An Ethnological Point of View", *Ethnohistory*, Vol. 8, No. 1, Winter 1961.

Neil L. Whitehead, "Editor's Foreword", *Ethnohistory*, Vol. 52, No. 1, Winter 2005.

Neil L. Whitehead, "Editor's Introduction", *Ethnohistory*, Vol. 54, No. 4, Fall 2007.

Neil L. Whitehead, "Editor's Introduction", *Ethnohistory*, Vol. 54, No. 1, Winter 2007.

Neil L. Whitehead, "Editor's Statement", *Ethnohistory*, Vol. 45, No. 2, Spring 1998.

Neil L. Whitehead, "Editor's Statement", *Ethnohistory*, Vol. 46, No. 4, fall 1999.

Neil L. Whitehead, "Editor's Statement", *Ethnohistory*, Vol. 48, No. 1 – 2, Winter – Spring 2001.

Neil L. Whitehead, "Editor's Statement", *Ethnohistory*, Vol. 49, No. 1, Winter 2002.

Neil L. Whitehead, "Editor's Statement", *Ethnohistory*, Vol. 49, No. 2, Spring 2002.

Neil L. Whitehead, "Editor's Statement", *Ethnohistory*, Vol. 50, No. 1, Winter 2003.

Neil L. Whitehead, "Editor's Statement", *Ethnohistory*, Vol. 50, No. 3, Summer 2003.

Nicholas B. Dirks, *The Hollow Crown*: *Ethnohistory of an Indian Kingdom*, Cambridge, New York: Cambridge University Press, 1987.

"Notes on the Business Meeting", *Ethnohistory*, Vol. 1, No. 1, Apr. 1954.

Peter Corris, "Ethnohistory in Australia", *Ethnohistory*, Vol. 16, No. 3, Summer 1969.

Philip Dark, "Methods of Synthesis in Ethnohistory", *Ethnohistory*, Vol. 4, No. 3, Summer 1957.

"Program of the 1953 Meeting", *Ethnohistory*, Vol. 1, No. 1, Apr. 1954.

Raymond D. Fogelson, "On the Varieties of Indian History: Sequoyah and Traveller Bird", *Journal of Ethnic Studies* 2, 1974.

Raymond D. Fogelson, "The Ethnohistory of Events and Nonevents", *Ethnohistory*, Vol. 36, No. 2, Spring 1989.

Renato Rosaldo, *Ilongot headhunting, 1883 – 1974*: *A study in society and history*, Stanford, Calif.: Stanford University Press, 1980. 〔同时参考了中译本，参见〔美〕罗纳托·罗萨尔多《伊隆戈人的猎头（1883—1974）：一项社会与历史的研究》，张经纬等译，北京大学出版社 2012 年版〕

Richard M. Dorson, "Ethnohistory and Ethnic Folklore", *Ethnohistory*, Vol. 8, No. 1, Winter 1961.

Richard N. Adams, "Ethnohistoric Research Methods: Some Latin American Features", *Ethnohistory*, Vol. 9, No. 2, Spring 1962.

Richard Price, *First – time*: *The historical vision of an Afro – American people*, Baltimore: Johns Hopkins University Press, 1983.

Richard W. Stoffle and Demitri B. Shimkin, "Explorations in Afro – American Ethnohistory", *Ethnohistory*, Vol. 27, No. 1, Winter 1980.

Robert C. Euler, "Ethnographic methodology—A Tri – Chronic Study in Culture Change, Informant Reliability, and Validity from the Southern Paiute", in Carroll L. Riley and Walter W. Taylor eds. , with a pref. by W. W. Hill; contributors: Harold L. Amoss... [et al.], *American historical anthropology: essays in honor of Leslie Spier*, Carbondale: Southern Illinois University Press, 1967.

Robert C. Euler, "Ethnohistory in the United States", *Ethnohistory*, Vol. 19, No. 3, Summer 1972.

Robert H. Lowie, "Oral Tradition and History", *American Anthropologist*, New Series, Vol. 17, No. 3, Jul. – Sep. , 1915. (该文中含有 Roland B. Dixon 的回应)

Robert Lawless, "An Ethnoethnography of Missionaries in Kalingaland", *Studies in Third World Studies* 26, 1983.

Robert Lawless, "Ethnoethnographers and the Anthropologist", *Anthropology* 10, 1986.

Robert M. Carmack, "Ethnography and Ethnohistory: Their Application in Middle American Studies", *Ethnohistory*, Vol. 18, No 2, Spring 1971.

Robert M. Carmack, "Ethnohistory: A Review of Its Development, Definitions, Methods, and Aims", *Annual Review of Anthropology*, Vol. 1, 1972.

Ronald Spores, "Ethnohistory in Middle Age: An Assessment and a Call for Action", *Ethnohistory*, Vol. 25, No. 3, Summer 1978.

Ronald Spores, "New World Ethnohistory and Archaeology, 1970 – 1980", *Annual Review of Anthropology*, Vol. 9, 1980.

Ronald Spores, volume editor, with the assistance of Patricia A. Andrews, *Ethnohistory*, (volume 4) *Supplement to the handbook of Middle American Indians*, Austin: University of Texas Press, 1986.

Shepard Krech III, "Ethnohistory", in David Levinson and Melvin Ember eds. , *Encyclopedia of Cultural Anthropology*, New York: Henry Holt and Company, 1996, Volume 2.

Shepard Krech III, "The State of Ethnohistory", *Annual Review of Anthropology*, Vol. 20, 1991.

Sidney W. Mintz, *Sweetness and power: The place of sugar in modern history*, New York: Penguin Books, 1986. (同时参考了中译本, 参见〔美〕西敏司

《甜与权力：糖在近代历史上的地位》，朱健刚等译，商务印书馆 2010 年版）

Susan Kellogg，"Histories for Anthropology：Ten Years of Historical Research and Writing by Anthropologists，1980 – 1990"，*Social Science History*，Vol. 15，No 4，Winter 1991.

Terence N. D'Altroy，"Introduction"，*Ethnohistory*，Vol. 34，No. 1，Special Issue：Inka Ethnohistory，Winter 1987.

Terence Turner，"Representing，Resisting，Rethinking：Historical Transformations of Kayapo Culture and Anthropological Consciousness"，in George W. Stocking Jr ed.，*Colonial situations：essays on the contextualization of ethnographic knowledge*，Madison，Wis.：University of Wisconsin Press，1991.

"The Constitution and By – Laws of the Ohio Valley Historic Indian Conference"，*Ethnohistory*，Vol. 1，No. 1，Apr.，1954.

"The History of OVHIC"，*Ethnohistory*，Vol. 1，No. 1，Apr.，1954.

Thomas S. Abler，"Introduction"，*Ethnohistory*，Vol. 27，No. 4，Special Iroquois Issue，Autumn 1980.

Verne F. Ray，"Introduction"（Anthropology and Indian Claims Litigation：Papers Presented at a Symposium Held at Detroit in December，1954），*Ethnohistory*，Vol. 2，No. 4，Autumn 1955.

Wilcomb E. Washburn，"Ethnohistory，History 'in the Round'"，*Ethnohistory*，Vol. 8，No. 1，Winter 1961.

Wilcomb E. Washburn，*The Indian in America*，New York：Harper Colophon Books，1975.（同时参考了中译本，参见〔美〕威尔科姆·E·沃什布恩《美国印第安人》，陆毅译，商务印书馆 1997 年版）

William C. Sturtevant，"Anthropology，History，and Ethnohistory"，*Ethnohistory*，Vol. 13，No. 1/2，Winter – Spring 1966.

William C. Sturtevant，"Studies in Ethnoscience"，*American Anthropologist*，New Series，Vol. 66，No. 3，Part 2：Transcultural Studies in Cognition，Jun.，1964.

William C. Sturtevent，"Studies in Ethnoscience"，in Robert A. Manners and David Klan eds.，*Theory in Anthropology*，New York：Aldine Publishling Company，1968.

William F. S. Miles，"Colonial Hausa Idioms：Toward a West African Ethno – Ethnohistory"，*African Studies Review*，Vol. 36，No. 2，Sep.，1993.

William N. Fenton, "Ethnohistory and Its Problems", *Ethnohistory*, Vol. 9, No. 1, Winter 1962.

William N. Fenton, "Field Work, Museum Studies, and Ethnohistorical Research", *Ethnohistory*, Vol. 13, No. 1/2, Winter – Spring 1966.

William N. Fenton, "The Training of Historical Ethnologists in America", *American Anthropologist*, New Series, Vol. 54, No. 3, Jul. – Sep., 1952.

William S. Simmons, "Culture Theory in Contemporary Ethnohistory", *Ethnohistory*, Vol. 35, No. 1, Winter 1988.

William W. Quinn, Jr., "Public Ethnohistory? Or, Writing Tribal Histories at the Bureau of Indian Affairs", *The Public Historian*, Vol. 10, No. 2, Spring 1988.

William Y. Adams, "Ethnohistory and Islamic Tradition in Africa", *Ethnohistory*, Vol. 16, No. 4, Autumn 1969.

〔美〕弗雷德里克·杰克逊·特纳:《边疆在美国历史上的重要性》,黄巨兴译、张芝联校;弗雷德里克·杰克逊·特纳:《拓荒者理想和州立大学》,王玮译、杨生茂校,载杨生茂编:《美国历史学家特纳及其学派》,商务印书馆 1984 年版。

〔美〕雷·A·比林顿:《美国边疆论题:攻击与辩护》,阎广耀译,杨生茂校,载杨生茂编:《美国历史学家特纳及其学派》,商务印书馆 1984 年版。

〔美〕雷金纳德·霍斯曼:《美国土著史研究的最近趋势及新动向》(原载《美国的西部:新观点,新视野》一书,1987 年版),胡锦山译,丁则民、黄兆群校,《世界民族》1990 年第 5 期。

另外,还参考了期刊 *Ethnohistory* 1954—2020 年各卷期的封皮及扉页(尤其是 1955、1957、1968、1978、1982 年卷各期的扉页)。

二 研究的辅助材料

(一) 英文著述 (以作者来排序)

A. L. Kroeber, "History and Science in Anthropology", *American Anthropologist*, New Series, Vol. 37, No. 4, Part 1, Oct. – Dec., 1935.

Bernard S. Cohn, *An Anthropologist among the Historians and Other Essays*, New York: Oxford University Press, 1988.

Bernard S. Cohn, "History and Anthropology: The State of Play", *Comparative Studies in Society and History*, Vol. 22, No. 2, Apr., 1980.

Clifford Geertz, *Works and lives: the anthropologist as author*, Stanford, Calif: Stanford University Press, 1988. （同时参考了中译本，参见〔美〕克利福德·格尔兹《论著与生活：作为作者的人类学家》，方静文等译，中国人民大学出版社 2013 年版）

Clifford Wilcox, *Robert Redfield and the development of American anthropology*, Lanham, Md.: Lexington Books, 2004.

E. E. Evans – Pritchard, *Anthropology and History*, *Essays in social anthropology*, London 1962.

"Encyclopaedia Britannica", *Encyclopaedia Britannica*, Inc, 1980, Volume Ⅴ.

Franz Boas, "History and Science in Anthropology: A Reply", *American Anthropologist*, New Series, Vol. 38, No. 1, Jan. – Mar., 1936.

Jack D. Forbes, "Frontiers in American History and the Role of the Frontier Historian", *Ethnohistory*, Vol. 15, No. 2, Spring 1968.

Leslie Banks (Review Author [s]), "Ethnography and the Historical Imagination", *The Journal of the Royal Anthropological Institute*, Vol. 1, No. 1, Mar., 1995.

Marc J. Swartz, "History and Science in Anthropology", *Philosophy of Science*, Vol. 25, No. 1, Jan., 1958.

Marcel Mauss, "A Category of the Human Mind: The Notion of Person, the Notion of Self", in Michael Carrithers et al. eds., *The Category of the Person: Anthropology, Philosophy, History*, Cambridge: Cambridge University Press, 1985 [1938].

Marvin Harris, *Theories of culture in postmodern times*, Walnut Creek, CA: AltaMira Press, 1999.

Nicholas B. Dirks, Geoff Eley, and Sherry B. Ortner, eds., *Culture/power/history: a reader in contemporary social theory*, Princeton, N. J.: Princeton University Press, 1994.

Paul Ricoeur, *The Contribution of French Historiography to the Theory of History*, Zaharoff Lectures, New York: Oxford University Press, 1980.

Peter Burke, "Historians, anthropologists, and symbols", in Emiko Ohnuki – Tierney ed., *Culture through time: anthropological approaches*, Stanford, Calif.: Stanford University Press, 1990.

Peter Burke, *New perspectives on Historical Writing*, University Park, Pa.：Pennsylvania State University Press, 2001.

Peter Burke, *The historical anthropology of early modern Italy—essays on perception and communication*, Cambridge [Cambridgeshire]；New York：Cambridge University Press, 1987.

Peter Burke, *Varieties of cultural history*, Cambridge：Polity Pr., 1997.

P. Steven Sangren, *History and magical power in a Chinese community*, Stanford, Calif.：Stanford Univ. Pr., 1987.

Robert Conkling, "Expression and Generalization in History and Anthropology", *American Ethnologist*, Vol. 2, No. 2, May, 1975.

Robin G . Collingwood, *The Idea of History*, Oxford：Oxford University Press, 1946.

Sherry B. Ortner, "Theory in Anthropology since the Sixties", *Comparative Studies in Society and History*, Vol. 26, No. 1, Jan., 1984.

Webster's new twentieth century dictionary of the English language, unabridged / based upon the broad foundations laid down by Noah Webster.. — [Cleveland]：W. Collins, 1979.

（二）译著（以作者来排序）

〔澳〕迈克尔·罗伯茨：《历史》，王琼译，载中国社会科学杂志社编：《人类学的趋势》，社会科学文献出版社 2000 年版。

〔法〕列维—斯特劳斯：《忧郁的热带》，王志明译，生活·读书·新知三联书店 2000 年版。

〔美〕弗兰茨·博厄斯：《绪言》，载〔美〕露丝·本尼迪克：《文化模式》，何锡章等译，华夏出版社 1987 年版。

〔美〕丹尼尔·贝尔：《当代西方社会科学》，范岱年等译，社会科学文献出版社 1988 年版。

〔美〕戈登威泽：《文化人类学》（《历史、心理学与文化论文集之社会科学史纲第五册》）（本书原名为《文化传播辩论集》）（1932），陆德音译，载〔美〕斯密斯等：《文化的传播》，周骏章译，上海文艺出版社 1991 年版（据商务印书馆 1937 年版影印）。

〔美〕哈维·威什：《特纳和移动的边疆》，王玮译、杨生茂校，载杨生茂编：《美国历史学家特纳及其学派》，商务印书馆 1984 年版。

〔美〕R·霍夫施塔特：《美国思想中的社会达尔文主义》，郭正昭译，台北联经出版事业公司 1982 年版。

〔美〕克利福德·格尔兹:《文化的解释》,纳日碧力戈等译,上海人民出版社 1999 年版。

〔美〕C·恩伯、M·恩伯:《文化的变异——现代文化人类学通论》,杜杉杉译,辽宁人民出版社 1988 年版。

〔美〕卡罗林·布赖特尔:《资料堆里的田野工作——历史人类学的方法与资料来源》,徐鲁亚译,《广西民族研究》2001 年第 3 期。

〔美〕H·S·康马杰、S·E·莫里斯:《编者导言》,载〔美〕威尔科姆·E·沃什布恩:《美国印第安人》,陆毅译,商务印书馆 1997 年版,

〔美〕克莱德·M·伍兹:《文化变迁》,何瑞福译,河北人民出版社 1989 年版。

〔美〕雷纳托·罗萨尔多:《从他的帐篷的门口:田野工作者与审讯者》,载〔美〕詹姆斯·克利福德、乔治·E·马库斯编:《写文化》,高丙中等译,商务印书馆 2006 年版。

〔美〕罗安清:《末日松茸——资本主义废墟上的生活可能》,张晓佳译,华东师范大学出版社 2020 年版。

〔美〕林·亨特主编:《新文化史》,江政宽译,台北麦田出版社 2002 年版。

〔美〕罗伯特·达恩顿:《屠猫记》,吕健忠译,新星出版社 2006 年版。

〔美〕乔治·E·马尔库斯、米开尔·M·J·费彻尔:《作为文化批评的人类学》,王铭铭、蓝达居译,生活·读书·新知三联书店 1998 年版。

〔美〕路易斯·亨利·摩尔根:《古代社会》,杨东莼等译,商务印书馆 1981 年版。

〔美〕琼·文森特:《迷人的历史决定论》,载〔美〕理查德·G·福克斯主编:《重新把握人类学》,和少英、何昌邑等译,云南大学出版社 1994 年版。

〔美〕格奥尔格·G·伊格尔斯:《二十世纪的历史科学——国际背景评述(续四)》,王燕生译,《史学理论研究》1996 年第 1 期。

〔美〕约翰·弗里德尔:《社会与文化的变迁》,李彬译,载中国社会科学院民族研究所编:《民族学译文集(三)》,中国社会科学出版社 1991 年版。

〔美〕詹姆斯·克利福德:《论民族志寓言》,载〔美〕詹姆斯·克利福德、乔治·E·马库斯编:《写文化》,高丙中等译,商务印书馆 2006 年版。

〔苏〕C.A. 托卡列夫:《外国民族学史》,汤正方译,中国社会科学出版社 1983 年版,中国社会科学出版社 1983 年版。

〔英〕彼得·伯克:《历史学与社会理论》,姚朋等译,上海人民出版社 2001

年版。

〔英〕杰弗里·巴勒克拉夫：《当代史学主要趋势》，杨豫译，北京大学出版
　　社 2006 年版。

〔英〕迈克尔·吉本斯等著：《知识生产的新模式——当代社会科学与研究
　　的动力学》，陈洪捷、沈文钦等译，北京大学出版社 2011 年版。

〔英〕莫里斯·布洛克：《马克思主义与人类学》，冯利等译，华夏出版社
　　1988 年版。

（三）中文著述（以作者来排序）

白振声：《历史民族学》，载施正一主编：《简编广义民族学》，中央民族大
　　学出版社 1996 年版。

曹鸿：《美国女性史、性别史与性存在史研究的全球及跨国转向》，《全球史
　　评论》第十八辑"全球史视角下的美国"，2020 年第 1 期。

陈恒：《卷首语》，载陈恒主编：《新史学（第四辑）——新文化史》，大象
　　出版社 2005 年版。

陈连开：《中国民族史研究的基本特点和发展三阶段》，《西北民族研究》
　　1993 年第 2 期。

陈山：《痛苦的智慧——文化学说发展的轨迹》，辽宁人民出版社 1997 年版。

陈彦：《历史人类学在法国》，《法国研究》1988 年第 3 期。

陈国强主编：《简明文化人类学词典》，浙江人民出版社 1990 年版。

陈永龄主编：《民族词典》，上海辞书出版社 1987 年版。

陈永龄、王晓义：《二十世纪前期的中国民族学》，载中国民族学研究会编：
　　《民族学研究》第一辑，民族出版社 1981 年版。

陈育宁：《民族史学概论》，宁夏人民出版社 2001 年版、2006 年版（第 2
　　版，增订本）。

陈育宁：《民族史研究漫谈》，《西北第二民族学院学报》（哲学社会科学版）
　　1992 年第 1 期。

戴裔煊：《鲍亚士及其学说述略》，《民族学研究集刊》（商务印书馆印行）
　　第 3 期，1943 年 9 月。

戴裔煊：《民族学理论与方法的递演》，《民族学研究集刊》（商务印书馆印
　　行）第 5 期，1946 年 5 月。

戴裔煊：《西方民族学史》，社会科学文献出版社 2001 年版。

丁见民：《二十世纪中期以来美国早期印第安人史研究》，《历史研究》2012
　　年第 6 期。

杜荣坤、华祖根：《新中国民族史学的回顾与展望》，《民族研究》1984 年第 6 期。

杜荣坤：《中国民族史学的现状和展望》，《民族研究》1989 年第 1 期。

范可：《中西文语境的"族群"与"民族"》，《广西民族学院学报》（哲学社会科学版）2003 年第 4 期。

范可：《"边疆发展"献疑》，《中南民族大学学报》（人文社会科学版）2011 年第 1 期。

范可：《边疆与民族的互构：历史过程与现实影响》，《民族研究》2017 年第 6 期。

范可：《田野工作与"行动者取向的人类学"：巴特及其学术遗产》，《民族研究》2020 年第 1 期。

高丙中：《〈写文化〉与民族志发展的三个时代（代译序）》，载〔美〕詹姆斯·克利福德、乔治·E·马库斯编：《写文化》，高丙中等译，商务印书馆 2006 年版。

格勒：《论藏族文化的起源形成与周围民族的关系》，中山大学出版社 1988 年版。

郭圣铭：《西方史学史概要》，上海人民出版社 1983 年版。

郝时远：《对西方学界有关族群（ethnic group）释义的辨析》，《广西民族学院学报》（哲学社会科学版）2002 年第 4 期。

郝时远：《中文"民族"一词源流考辨》，《民族研究》2004 年第 6 期。

郝时远、罗贤佑主编：《蒙元史暨民族史论集：纪念翁独健先生诞辰一百周年》，社会科学文献出版社 2006 年版。

何星亮：《创新：人类学本土化的关键》，《广西民族学院学报》（哲学社会科学版）2000 年第 4 期。

何星亮：《关于"人类学"与"民族学"的关系问题》，《民族研究》2006 年第 5 期（该文被《新华文摘》2007 年第 2 期全文转载）。

何星亮：《历史学与人类学》，云南大学西南边疆研究中心讲座讲稿，2003 年 8 月。

何星亮：《略说学术研究的类型》，《中国社会科学院院报》2005 年 3 月 15 日。

何星亮：《人类学与史学》，《民族研究信息交流》，1997（5）。

何星亮：《文化人类学：调查与研究方法》，中国社会科学出版社 2017 年版。

何星亮：《文化人类学理论》，中国社会科学院研究生院课程教材，未刊稿。

何星亮：《中西学术研究之异同》，《社会科学管理与评论》2003 年第 3 期。

和少英:《社会文化人类学初探》,云南大学出版社 2007 年版。

胡起望:《蔡元培和民族学》,《民族学论文选》(上册),中央民族学院出版社 1986 年版。

胡壮麟、刘世生主编:《西方文体学辞典》,清华大学出版社 2004 年版。

黄平等主编:《社会学人类学新词典》,吉林人民出版社 2003 年版。

黄淑娉、龚佩华:《文化人类学理论方法研究》,广东高等教育出版社 1998 年版。

黄淑娉:《评西方"马克思主义"人类学》,载《黄淑娉人类学民族学文集》,民族出版社 2003 年版。

黄应贵:《历史与文化:对于"历史人类学"之我见》,《历史人类学学刊》第 2 卷第 2 期,2004 年 10 月。

金天明、王庆仁:《"民族"一词在我国的出现及其使用问题》,《社会科学辑刊》1981 年第 4 期。

李海英:《沃勒斯坦的"世界体系"论:要旨与评析》,《山东行政学院·山东省经济管理干部学院学报》2003 年第 2 期。

李剑鸣:《关于二十世纪美国史学的思考》,《美国研究》1999 年第 1 期。

李剑鸣:《历史学家的修养和记忆》,上海三联书店 2007 年版。

李绍明:《民族学》,四川民族出版社 1986 年版。

李毅夫、王恩庆等编:《世界民族译名手册》,商务印书馆 1994 年版。

李玉君:《印第安人》,东方出版社 2008 年版。

林富士:《历史人类学:旧传统与新潮流》,载《学术史与方法学的省思》,台北"中研院"史语所 70 周年研讨会论文集 2000 年版。

林惠祥:《文化人类学》,商务印书馆 1991 年版(1934 年第 1 版)。

林开世:《鲍亚士》,载黄应贵主编:《见证与诠释:当代人类学家》,台北正中书局 1992 年版。

林开世:《人类学与历史学的对话?》,载台北"中研院"民族所编:《人类学与历史研究的结合——以台湾南岛民族研究为例》(打印稿),2003 年。

林耀华:《从书斋到田野》,中央民族大学出版社 2000 年版。

刘海涛:《对西方学界"ethnohistory"一词的历史考察》,《民族研究》2011 年第 2 期。

刘海涛:《二战后 ethnohistory 在美国学界的兴起》,《广西民族研究》2013 年第 4 期。

刘海涛:《二战后族群史研究凸显于美国学界的动因分析》,《世界民族》2014 年第 2 期。

刘海涛：《国内外学界对"ethnohistory"的研究与认知》，《青海民族研究》2018 年第 2 期。

刘海涛：《结构视域中的历史观：博阿斯学派新解》，《中央民族大学学报》（哲学社会科学版）2017 年第 1 期。

刘海涛：《论西方人类学"历史化"的学术环境》，《世界民族》2008 年第 5 期。

刘海涛：《美国"民族历史学"研究》，中国社会科学院 2009 年博士后出站报告。

刘海涛：《美国"民族史学"发展历程：回溯、反思与展望》，《思想战线》2020 年第 1 期。

刘海涛：《评述、反思与整合：西方学界当代"民族史学"观》，《中央民族大学学报》（哲学社会科学版）2018 年第 6 期。

刘海涛：《20 世纪上半叶美国学界的 ethnohistory：民族学人类学的一种有益补充》，《西南民族大学学报》（人文社会科学版）2013 年第 3 期。

刘海涛：《西方人类学"历史化"的动因分析：以美国"民族历史学"的影响为中心》，《中南民族大学学报》（人文社会科学版））2009 年第 1 期。

刘焱鸿：《贯通：建立跨文化比较研究的范式》，《中华读书报》2014 年 5 月 7 日。

刘正爱：《历史人类学与人类学意义上的历史》，《中国农业大学学报》（社会科学版）2008 年第 3 期。

刘中民等：《民族主义与当代国际政治》，世界知识出版社 2006 年版。

陆毅：《译者的话》，载〔美〕威尔科姆·E·沃什伯恩《美国印第安人》，陆毅译，商务印书馆 1997 年版。

吕一民：《法国心态史学述评》，《史学理论研究》1992 年第 3 期。

罗凤礼：《当代美国史学状况》，载《史学理论丛书》编辑部编：《八十年代的西方史学》，中国社会科学出版社 1990 年版。

罗贤佑：《对我国早期三部民族史专著的简评》，《在中国民族史学科建设与学科发展研讨会上的发言》，2006 年 10 月 7 日。

罗贤佑：《在中央民族大学历史系建系五十周年暨中国民族史学科建设与发展研讨会开幕式上的致辞》，2006 年 10 月 7 日。

Mtime 时光网 2009 年 4 月 6 日的未署名文章《解读克罗齐"一切历史都是当代史"》。

孟慧英：《西方民俗学史》，中国社会科学出版社 2006 年版。

乔健：《美国历史学派》，载周星等主编：《社会文化人类学讲演集》，天津人民出版社 1996 年版。

阮西湖：《加拿大民族志》，民族出版社 2004 年版。

施琳：《经济人类学》，中央民族大学出版社 2002 年版。

施琳主编：《美国族裔概论》，中央民族大学出版社 2006 年版。

施正一：《西方民族学史》，时事出版社 1990 年版。

史金波：《把中国民族史学研究引向深入》，《黑龙江民族丛刊》1992 年第
　2 期。

史金波：《中国民族史学的社会功能》，《民族研究》1990 年第 1 期。

史金波：《中国民族史学研究四十年的重要贡献》，《云南社会科学》1990 年
　第 2 期。

宋蜀华：《论历史人类学与西南民族文化研究》，《思想战线》1997 年第
　3 期。

宋蜀华：《中国的民族学研究必须和历史学紧密结合》，载中国民族学研究会
　编：《民族学研究》第一辑，民族出版社 1981 年版。

宋蜀华：《中国民族学理论探索与实践》，中央民族大学出版社 1999 年版。

孙丽萍：《民族历史学（ethnohistory）简介》，《史学集刊》2011 年第 2 期。

孙琇：《从美国史学史看美国史学研究的"跨国转向"》，《全球史评论》第
　十八辑"全球史视角下的美国"，2020 年第 1 期。

王爱和：《人类学与历史学：挑战、对话与发展》，《世界民族》2003 年第
　1 期。

王铭铭：《萨林斯及其西方认识论反思》（代译序），载〔美〕马歇尔·萨林
　斯《甜蜜的悲哀：西方宇宙观的本土人类学探讨》，王铭铭、胡宗泽译，
　生活·读书·新知三联书店 2000 年版。

王铭铭：《西方人类学思潮十讲》，广西师范大学出版社 2005 年版。

王铭铭：《民族地区人类学研究的方法与课题》，《西北民族研究》2010 年第
　1 期。

王庆仁：《民族的概念》《西方民族学流派》，载林耀华主编：《民族学通
　论》，中央民族大学出版社 1997 年版。

王伟：《21 世纪美国白人极端主义现象研究》，《民族研究》2019 年第 5 期。

翁独健：《论中国民族史》，《民族研究》1984 年第 4 期。

翁独健：《民族关系史研究中的几个问题》，《中央民族大学学报》（哲学社
　会科学版）1981 年第 4 期。

翁独健：《民族史研究中的几个理论问题》，《满族研究》1985 年第 1 期。

翁独健：《再谈民族关系史研究中的几个问题》，《民族研究》1985 年第

3 期。

巫达：《关于 ethnogenesis 一词的理解与翻译》，《西北民族研究》2009 年第 4 期。

吴金瑞编：《拉丁汉文辞典》，台湾光启出版社发行 1983 年版（第三版）（1965 年发行第一版）。

吴文藻：《文化人类学》，载孙寒冰主编：《社会科学大纲》，上海黎明书局 1932 年版。

吴文藻：《吴文藻人类学社会学研究文集》，民族出版社 1990 年版。

吴泽霖、张雪慧：《简论博阿斯与美国历史学派》，载中国民族学研究会编：《民族学研究》第一辑，民族出版社 1981 年版。

习近平：《在哲学社会科学工作座谈会上的讲话》（2016 年 5 月 17 日），新华网，2016 年 5 月 18 日。

习近平：《习近平致中国社会科学院中国历史研究院成立的贺信》（2019 年 1 月 2 日），新华网，2019 年 1 月 3 日。

夏柏秋：《历史研究中的统一性与不统一性：从年鉴学派到新文化史学的演变》，《国外理论动态》2005 年第 7 期。

夏建中：《文化人类学理论学派》，中国人民大学出版社 1997 年版。

新华通讯社译名资料组编：《英语姓名译名手册》，商务印书馆 1965 年版。

徐波：《文艺复兴时期法国民族史学研究》，四川人民出版社 2006 年版。

徐波：《西方史学中的民族史传统》，《社会科学研究》2004 年第 5 期。

阎嘉：《关键词：情感结构》，《国外理论动态》2006 年第 3 期。

杨昌勇：《新教育社会学：连续与断裂的学术历程》，中国社会科学出版社 2004 年版。

杨成志：《杨成志人类学民族学文集》，民族出版社 2003 年版。

杨堃：《论列维·斯特劳斯的结构人类学派》，载中国民族学研究会编：《民族学研究》第一辑，民族出版社 1981 年版。

杨堃：《民族学概论》，中国社会科学出版社 1984 年版。

杨堃：《民族学与史学》，《中法大学月刊》1936 年 9 卷 4 期。

杨善华：《当代西方社会学理论》，北京大学出版社 1999 年版。

杨生茂：《论弗雷德里克·杰克逊·特纳的边疆和区域说》，载杨生茂编：《美国历史学家特纳及其学派》，商务印书馆 1984 年版。

杨圣敏：《历史文献与民族学研究》，中国民族学学会第六届学术讨论会，打印稿，1997 年。

杨淑媛：《历史与记忆之间》，台北"中研院"民族所编：《人类学与历史研究的结合——以台湾南岛民族研究为例》（打印稿），2003 年。

杨豫：《西方史学史》，江西人民出版社 1993 年版。

叶春荣主持的台北"中研院"历史人类学（Historical Anthropology）研究群
　　网站（2004 年成立）上有关 ethnohistory 的简介文章。

叶秀山：《说"学问"》，《中国社会科学院院报》2008 年 6 月 5 日（第 2
　　版）。

于沛等：《全球化境遇中的西方边疆理论研究》，中国社会科学出版社 2008
　　年版。

余舜德：《葛德利尔》，载黄应贵主编：《见证与诠释：当代人类学家》，台
　　北正中书局 1992 年版。

张广智主著：《西方史学史》，复旦大学出版社 2000 年版。

张海洋：《文化理论轨迹》，载庄孔韶主编：《人类学通论》，山西教育出版
　　社 2004 年版。

张小军：《历史的人类学化与人类学的历史化：兼论被史学"抢注"的历史
　　人类学》，《历史人类学学刊》第 1 卷第 1 期，2003 年 4 月。

张友伦：《美国西进运动探要》，人民出版社 2005 年版。

赵丙祥：《马歇尔·萨林斯之〈历史的隐喻和神话的现实〉》，载王铭铭主
　　编：《西方人类学名著提要》，江西人民出版社 2004 年版。

赵丙祥：《马歇尔·萨林斯之〈文化与实践理性〉》，载王铭铭主编：《西方
　　人类学名著提要》，江西人民出版社 2004 年版。

《中国大百科全书》（民族卷），中国大百科全书出版社 1986（2004）年版。

周兵：《西方新文化史的兴起与走向》，《河北学刊》2004 年第 6 期。

周晓虹：《西方社会学：历史与体系》（第一卷），上海人民出版社 2002 年
　　版，第 281 页。

庄孔韶：《历史人类学》，载庄孔韶主编：《人类学通论》，山西教育出版社
　　2004 年版。

后　记

　　课题的最初设计是想在西方历史人类学范畴内展开一点研究。我之所以萌生系统专门研究美国民族史学（American ethnohistory）的想法，主要是因为在西方历史人类学研究过程中"偶然"发现美国民族史学对于开展西方历史人类学研究的重要意义和价值。在最初将"美国民族史学研究"的设计方案报告给博士后合作导师罗贤佑研究员时，罗老师当时明确指出，研究美国民族史学，其价值应该在美国民族史学对于中国民族史学、历史人类学等相关学科发展的借鉴意义中体现出来，如美国民族史学这样的专题研究作品，不仅要在国内的世界史、美国史研究领域受到关注，更应该在我国的民族史学界产生共鸣。

　　20余万字的博士后出站报告在提交之际就被"束之高阁"了。之后，虽然在不断增加材料，不断调整结构，不断提炼观点，也从中汲取若干精华以单篇论文形式发表出来，但"静置存放"的想法一直存在。这样"人为静置和雪藏"了几年时间以后，在同事友人的催问和提示下，我才想起通过申请国家社科基金后期资助的方式将博士后出站报告整体出版。国家社科基金五位外审专家虽然一致认可了书稿的出版价值，但所提出的具体修改意见是十分尖锐的。我渐渐感觉到学术研究本身的开放性特质，即任何研究作品不能总是"束之高阁"，必须接受学术批评，为学界所认可。学术研究，重要的不是"自我修炼"，而是能够影响别人。一部好的研究作品必须经得起更大范围的开放性的学术"检阅"。因此，匿名评审环节、出版环节也应该是学术研究的重要环节，甚至是不可或缺的关键环节。实事求是地讲，博士后出站报告与针对国家社科基金匿名评审意见所作修改后的书稿相比，与针对出版社三次审校所作修改后的书稿相比，有了明显不同，有了新的提升。匿名评审环节和出版环节，对于书稿学术质量的完善和提高有着特殊的意义。

　　当然，拉长时间出版书稿，并非都是缺憾。与10年前相比，今日出版书稿对于书稿充分理解和展示当今时代会产生更为积极的效果：将美国民族史学聚焦在当代"全球化"与"逆全球化"同时并存、人类文明发展面临的新机遇新挑战层出不穷、"世界处于百年未有之大变局"的时代背景下思考问题，更能清晰体现当代知识生产所特有的时代精神。

除了结语中提到的那些未能妥善解决的学术问题（需要专门的后续相关研究）之外，现在的书稿仍有不少未尽人意、值得"诟病"的地方：为了凸显研究样本的代表性和典型性，为了能够更为清晰地展示研究对象，书稿似有"人为放大"美国民族史学在美国史学研究、美国民族学人类学研究中作用的倾向，似有"人为夸大"美国民族史学对于认识美国历史和社会所起作用的倾向；因研究是在不同时间阶段内完成的，书稿存在章节内、章节之间的重复问题，存在人名等专有名词的注出不够统一规范的问题，存在注释中的"参见"未能统一处理等问题。另外，ethnohistory 的翻译与未译问题，虽然在书稿导论中有过明确交代，但"ethnohistory""民族史""民族史学""民族史学概念""民族史学（经验）研究"等这样几种不同表述方式穿插于文中还是会给人以有点"混乱"的感觉。

虽然书稿存在已发现的和目前尚未发现的林林总总的问题，但是博士后出站答辩、国家社科基金外审专家匿名评审和结项鉴定、出版社遴选校阅等严格的程序性学术把控，能够从总体上决定书稿不应该是一部太过"难看"的著述。书稿开放性地期待来自广大读者的更为广阔的学术"检阅"，期待来自学界更多层面的评判和批评，以使自己的学术研究之路能够走得更为长久一些。

罗贤佑研究员是我国著名的中国民族史研究专家。在罗老师面传心授下完成的美国民族史学这样一部研究作品，为我今后的学术研究之路铺设了坚实的基础。正是因为有了 20 余万字的博士后出站报告蓝本，才会有今天这样一部 40 多万字的书稿。研究之初，罗老师特别推荐了美国史研究专家李剑鸣教授的有关著述。我与李剑鸣教授虽未谋面，但书稿中的一些重要观点，如"由述而作的美国民族史学"等，则直接汲取于李剑鸣教授的有关思想。国家社科基金五位匿名评审专家针对书稿所提出的中肯意见不仅对完善这部书稿具有重要意义，也在不断推动和激励我今后的学术发展，让我更为清晰地认识到"问题意识"和"历史意识"对于学术研究的重要作用，认识到知识论方法论对于作为一种知识生产过程的学术研究的重要影响。此外，王庆仁、何星亮、王希恩、孟慧英、张海洋、刘世哲、李彬、刘正寅、曾少聪、施琳等多位专家学者为书稿写作提供了多种形式的帮助，中国社会科学出版社总编辑魏长宝研究员为书稿出版提供了及时有效的重要推动。梁景之研究员对我书稿结项和出版的不断督促和提示，本书责任编辑张湉老师对我长时间反复打磨文稿的包容和理解，中国社会科学出版社安芳老师的热忱相助和鼓励，以及我的家人给予我的慷慨无私的支持和关怀，也是本书得以顺利出版的重要保证。这里一并致谢！

最后，对中国社会科学院民族学与人类学研究所及博士后流动站、《民族研究》编辑部，以及全国哲学社会科学工作办公室、中国社会科学出版社表示衷心感谢！

刘海涛

2020 年 10 月 10 日